商业银行零售客户资产配置行为研究

咬 亮◎著

RESEARCH ON RETAIL CUSTOMER ASSET ALLOCATION BEHAVIOR OF COMMERCIAL BANKS

中国经济出版社
CHINA ECONOMIC PUBLISHING HOUSE
北京

图书在版编目（CIP）数据

商业银行零售客户资产配置行为研究/咬亮著．--北京：中国经济出版社，2019.5

ISBN 978-7-5136-5538-5

Ⅰ.①商… Ⅱ.①咬… Ⅲ.①商业银行-银行业务-研究-中国 Ⅳ.①F832.33

中国版本图书馆 CIP 数据核字（2019）第 021072 号

责任编辑 贺 静
责任印制 马小宾
封面设计 华子设计

出版发行 中国经济出版社
印 刷 者 北京力信诚印刷有限公司
经 销 者 各地新华书店
开　　本 710mm×1000mm 1/16
印　　张 29 彩页印张 0.25
字　　数 404 千字
版　　次 2019 年 5 月第 1 版
印　　次 2019 年 5 月第 1 次
定　　价 89.00 元
广告经营许可证 京西工商广字第 8179 号

中国经济出版社 **网址** www.economyph.com **社址** 北京市西城区百万庄北街 3 号 **邮编** 100037
本版图书如存在印装质量问题，请与本社发行中心联系调换（联系电话：010-68330607）

谨以此书献给我的父母

序 言

我们对人的心理与行为研究从未停歇,很难言尽。自心理学、人类学与经济学、金融学之间那看似偶然的理论碰撞,却诞生了现代经济学最耀眼的分支学科——行为经济学和行为金融学,它旨在用心理学的研究成果对传统经济(金融)理论的经典假定进行"符合现实"的修订,通过实验和分析,从而达到解释现象、指导实践的目的。其中,弗农·史密斯和丹尼尔·卡尔曼(2002)、埃尔文·罗斯(2012)、罗伯特·席勒(2013)、理查德·泰勒(2017)因此而获得了诺贝尔经济学奖,当然,还有阿莫斯·特维斯基、马修·拉宾、霍华德·拉克林、保罗·斯洛维克等学者大家在该领域做出了杰出的贡献。近年来,国内在此领域的研究成果也不少,但更多集中在资本市场中对股票投资决策的研究,本书是从行为金融角度研究商业银行零售客户的资产配置行为,这个视角的研究在业内算是凤毛麟角。

该书是咬亮博士在博士学位论文的基础上修订完成的。书中主要围绕不同财富水平的客户在资产配置上有何差异,以及这种差异如何影响银行非利息收入等问题来展开,当然,还就商业银行储蓄存款、私人银行、客户管理、营业网点管理等问题展开了讨论。在理论上,本书主要基于卡尔曼和特维斯基的前景价值理论,从损失厌恶视角出发,通过下偏二阶矩的非线性损失厌恶(NLA)模型,设定1种静态场景和8种动态场景、5种投资心理(禀赋效应、后悔厌恶、过度自信、赌徒谬误、有限理性)、3种投资风格(激进、温和、保守)的分析框架,研究银行客户的资产配置行为,进而研究其对银行非利息收入(NII)的影响;在实践上,该书通过深入挖掘银行客户真实的资产配置数据,比较私人银行客户、财富客户和普通客户在“牛市”“熊市”“平衡市”中的配置差异,找出主导客户每一时间段资产配置的投资心理、投资风格,并进一步分析它如何影响商业银行非利息收入(NII)。

本书的重要创新在于,能够深入挖掘并清晰展示银行真实的业务数据,首次将银行客户的资产配置结果与投资心理的行为决策有机结合,并将因财富水平不同带来的投资心理差异及其对银行收入的影响显著地呈现出来,通篇逻辑顺畅、层层递进,不仅扩展了行为金融理论的研究对象,更在银行客户管理实践中有一定的指导价值。当然,从行为金融理论出发研究实践,绝大多数是由实验和调查出发,“天然地”带有主观色彩,比如,存在投资心理的选择、概念的界定、数据的适用性、调查问卷的局限性等问题,这是社会科学理论普遍遭遇的“责难”,但却并不影响经济学范式的演进发展。

2019 年,正是新中国成立 70 周年之际,也是宏观经济走出阴霾、多措并举抒写新篇章的开启之时。正值“两会”期间,A 股市场迎来一波强劲的阳春,20% 的普涨不知是理性投资还是“羊群效应”的结果,但正是一个个投资者微妙的心理变化,最终筑成了单日万亿元的成交额,这些都是行为金融学研究的价值所在。未来,随着中国金融监管制度的日趋完整、完善,无论是资本市场的投资者,还是银行理财的购买者,是否能够实现投资决策的认知理性还有待观察解析,但金融业的健康发展,却是众志成城、众望所归。

西南财经大学中国金融研究中心主任

教育部长江学者特聘教授

博士生导师

王擎

2019 年 3 月 18 日

前 言

在中国，居民面临养老、医疗、子女教育、住房、保险、房贷等资金需求，在当前金融市场多元化、复杂化的环境下，金融资产的保值增值，主要依托商业银行理财来实现，但在2018年监管部门颁布“资管新规”后，传统预期收益型的理财产品将逐渐退出市场，取而代之的是净值型理财产品，这对未来商业银行的零售客户资产管理提出了更高的管理要求，特别是在当前个人投资者依托机构的专业性、规模性和净值平滑机制等优势来分享市场投资机会，向机构投资者靠拢的时期。从全球新兴市场的财富管理成熟度看，中国还处于发展阶段的初期，市场环境还未真正开放竞争，资产配置多元化模式还较单一。对于商业银行而言，虽然面临同样的政策背景，但都需要接受新的竞争环境和自身变革带来的机遇和挑战，除了专业机构和团队要做好大类资产配置外，如何管理好零售客户的小类资产配置，才是掷地有声的应对措施。

受制于商业银行人力、物力、财力等资源的有限投入，并非所有的零售客户都会被纳入财富顾问的管理中，因此，区分了“有管户”和“无管户”，但在工作实践中也发现了若干问题：①零售客户“有管户”与“无管户”在资产配置上差异不大，那么，如果在投资回报相差不大的情况下，“无管户”的资产配置行为有何特征？其如何影响资产配置中高风险资产和低风险资产之间的配比？如何从经济金融理论层面给予解释呢？

②当前的商业银行对零售客户都会从金融资产绝对量上划分服务层次，一般主要分为私人银行客户（AUM 800 万元以上）、财富客户（AUM 100 万～800万元）和普通客户（AUM 100 万元以下），不同类的零售客户在资产配置结构上有较大的差异性，其非利息收入贡献也因此各异。那么，如果从行为金融学损失厌恶的视角看，三类客户的投资心理及投资风格又有何不同呢？如果将金融市场分段研究，金融市场整体情绪有所不同，划分“平衡市”“牛市”“熊市”来研究投资情绪或投资心理是否有较大差异，或者说，三类客户之间有何异同？③在商业银行实务实践中，三类客户的零售贡献（或非利息收入，NII）随着其资产配置结构的差异有所不同，那么，不同的投资情绪或投资心理如何影响零售贡献？三类客户之间又有何差异呢？

深入研究商业银行零售客户的资产配置行为，具有一定的理论和现实意义。一方面，从理论意义上讲，自 Tversky 和 Kahneman 创立了前景价值理论以来，损失厌恶的行为特征就成为金融领域解释异象、弥补均值方差资产配置理论不足的重要理论基础和工具，但相关领域较少有对银行客户的资产配置行为进行研究，本书的研究进一步拓宽了行为金融学的研究范围和主体对象；另一方面，从现实意义上讲，中国的资管业已经进入 3.0 时代，商业银行如何大类资产配置、零售客户如何小类资产配置、银行与客户之间如何协作资产配置是个迫切需要考量的命题，特别是在净值化理财要求的政策导向下，对样本商业银行零售客户既往净值化理财的投资行为研究，有助于未来做好更多零售客户投资心理的研究，更好地服务客户，提高投资情商，通过资产配置创造更多的价值。

针对上述问题，本书结合工作实践，通过构建损失厌恶资产配置模型进行实证分析。以长期自主购买工银理财 1 号产品的零售客户为研究对象，以日均金融资产高低划分私人银行客户、财富客户和普通客户，以 2012 年 7 月至 2017 年 6 月的月度数据为研究基础，通过工商银行 CS2002 数据系统、Wind 资讯数据等官方渠道获取原始数据，并依据模型构建及运算需要对数据进行处理，分析的逻辑主要有五步：参数设定、构建模型、模型运用、分析结果和结论探讨。首先，选取禀赋效应、后悔厌恶、过度自信、赌徒谬误和有限理性为主要投资心理，激进、温和和保守为主要投资风格，设定1种静态场景和8种动态场景为分析框架；其次，构建了非线性损失厌恶资产配置模型，并通过二次规划法求解每个时期的最优资产配置比例及所对应的投资心理和投资风格；最后，将其与商业银行非利息收入建立线性回归模型，求解影响非利息收入的显著变量，并就商业银行零售客户管理及资产配置提出相应的政策建议。全书的主要结论如下：①非线性损失厌恶资产配置模型（NLA）更能真实反映损失厌恶程度中大额损失要比小额损失更让零售客户“费心”的特征，损失厌恶程度与高风险资产持有比例呈反向关系；②私人银行客户的投资绩效较其他客户偏高，从行为金融学的角度讲，主要在于初始财富高、市场敏感度高、主动管理能力强、投资风格偏保守、投资频次高、极值的投资心理较多等因素，特别是在投资心理犹豫的动态场景下，往往会作出与其他客户相反的投资决策，但财富客户和普通客户却较在相对有限的投资资金中力图“投机”获益，但整体战术性资产配置水平不高；③从市场分阶段看，平衡市中，私人银行客户投资心理的振幅宽旷，牛市中，三类零售客户却普遍缺少极值心理，熊市中，私人银行客户投资心理又开始宽幅震荡，但财富客户和普通客户的投资心理极值相反且单一；④从非利息收入影响分析看，财富客户最低，结合资产配置行为看，原因可能在于财富客户较多的过度自信和激进导致高风险资产账面的连续缩水，而普通客户却在市场下跌后不断转入低风险资产；⑤激进的投资风格对商业银行的非利息收入有显著影响，与投资心理相似，不同类的零售客户影响方向和程度不一致。除此之外，财富水平高低决定了“议价权”的大小，商业银行对中高端客户的贡献返还是常态，特别体现在“阶梯式”的预期收益率和管理费返还上，进而导致银行在同一金融市场的盈亏场景中所获非利息收入有所不同。

本书是基于工作实践而撰写的，相较既往研究成果，有以下三个创新点：①在前人理论的基础上建立了一个投资者投资心理和投资风格的分析模型；既往关于投资者投资心理及风格的分析，大多都是描述性地展示当前资产配置结构变化与投资心态的关系，并未对投资心理及风格、高低风险资产配置结构的关联度给予进一步的明确，且只有禀赋效应、过度自信两种投资心理的模型设定，而本书对禀赋效应、后悔厌恶、过度自信、赌徒谬误及有限理性五种投资心理，通过投资损益、损失厌恶系数、参照点收益率的动态变化给予了公式化的定义，并建立了1种静态场景、8种动态场景及3种投资风格的组合分析框架，在利用二次规划法求解理论最优值后，与实际值进行匹配，最终得出某一时间点（段）的投资心理，以及整个研究时间段的投资心理变化图。对非线性损失厌恶资产配置模型（NLA）有较大程度的理论延伸，也是对行为金融理论实验方法的添砖加瓦。②在思路上拓展了投资心理和投资风格变化对商业银行非利息收入影响的研究；在既往关于零售客户的研究中，较少有涉及真实账户数据及通过数据挖掘和理论结合来指导实践工作的，本书通过近5年关于零售客户管理的工作实践和数据挖掘，在前期研究的基础上进一步提高了数据质量和利用价值。③在方法上坚持用实践中分类和比较的方法进行研究。本书是从私人银行客户、财富客户和普通客户三类客户比较分析的视角出发，以财富水平高低不同的零售客户之间在商业银行的资产配置行为有差异的假设为前提，从储蓄存款到金融资产、从资产配置到投资心理、从财富水平到贡献水平、从熊市到牛市等多个分析维度展开了研究和探讨，这也是理论结合实践在方法上的一个创新。

目　录

1　绪　论

2 国内外相关理论文献综述

3 零售客户资产配置现状与影响因素

4 构建损失厌恶资产配置模型

5 零售客户资产配置行为的实证研究

7 新资管时代下零售客户资产配置行为的趋势与启示

8 研究结论、建议与展望

9 商业银行零售银行业务相关研究简论

1 绪 论

1.1 选题背景及意义

1.1.1 选题背景

商业银行在中国资管管理行业发展中的地位和作用可谓举足轻重，特别是在当前个人投资者依托机构的专业性、规模性和净值平滑机制等优势来分享市场投资机会，向机构投资者靠拢的时期。未来，在相对积极的财政政策和松紧适度的货币政策下，预计商业银行经营将进一步好转，多数指标回暖，银行业风险化解逐渐进入尾声，资产质量进一步改善，全国居民人均可支配收入同比持续增长。从全球新兴市场的财富管理成熟度来看，中国还处于发展阶段的初期，市场环境还未真正开放竞争，资产配置多元化模式还较单一，因此，商业银行的资管业发展尽管遭遇强监管，但资金环境和前景预期还是大有可为。

宏观上。过去 5 年，中国资产管理行业以 50% 的增速向前发展，规模已超 120 万亿元，在推动社会融资和居民理财的同时，也加大了经济的杠杆，助长了系统性风险的暴露水平，在成为中国金融业独一无二的主角后，监管的力度也在“资管新规”后呈现出显著的效果，中国的资管业至此进入 3.0 时代（2018—2020 年）的冷静和过渡期，其中，作为占据规模 1/4 的商业银行资管业的转型和发展也就成为一个热议的命题，不仅要“刹车”，还要“变道”，更要“慢开”，难度很大，这不是技术层面的逻辑，而是政策层面的态度，最为显著的特点是“统一监管、打破刚兑”和“受人之托、代客理财”，商业银行的大类资产配置与零售客户的小类资产配置之间的理财产品模式将发生巨大变化，虽然工商银行也在第一时间部署了“资管新规”下的新举措，但未来如何解决5.76亿零售客户的理财问题，如何实现社会需求方的融资问题，3万亿体量的“大象起舞”岂能是“哗众取宠”？

中观上。政策背景的区别不大，每个商业银行都要面临竞争环境和自身变革带来的机遇和挑战。商业银行除了专业机构和团队要做好大类资产配置外，如何管理好零售客户的小类资产配置，才是掷地有声的应对措施。受限于商业银行人、财、物的资源投入，并非所有的零售客户都会被纳入财富顾问的管理中，区分为“有管户”和“无管户”，但在工作实践中也发现了若干问题：①零售客户“有管户”与“无管户”在资产配置上差异不大，那么，在投资回报相差不大的情况下，“无管户”的资产配置行为有何特征？其如何影响资产配置中高风险资产和低风险资产之间的配比？如何从经济金融理论层面给予解释呢？②当前的商业银行对零售客户都会从金融资产绝对量上划分服务层次，一般主要分为私人银行客户（AUM 800万RMB以上）、财富客户（AUM 100万~800万RMB）和普通客户（AUM 100万RMB以下），不同类的零售客户在资产配置结构上有较大的差异性，其非利息收入贡献也因此各异，那么，从行为金融学损失厌恶的视角3类客户的投资心理及投资风格又有何不同呢？如果对金融市场分段研究，金融市场整体情绪有所不同，划分“平衡市”“牛市”“熊市”来研究投资情绪或投资心理是否有较大差异？或者说，三类客户之间有何异同？③在商业银行实务实践中，三类客户的零售贡献（或非利息收入，NII）随着其资产配置结构的差异有所不同，那么，不同的投资情绪或投资心理如何影响零售贡献？三类客户之间又有何差异？

微观上。理论研究与分析最终还是应该该指导工作实践，在当前的客户管理中，如何掌握一定客户群的投资情绪或投资心理是极有必要的，特别是中国资产管理业正迎来具有挑战的3.0时代，在不久的未来还要面临4.0

时代,在银行理财产品净值化的要求下,该如何与零售客户构建商业关系,这是需要提前思考和践行的。在当前政策下,净值化要求零售客户要视理财为投资,期限要求要匹配底层项目,因此,一方面,作为银行,要进一步认知客户的投资行为,应该建立一套分析模式,对零售客户的参照点收益率、投资损益、损失厌恶程度、投资风格、投资评估等作出预判;另一方面,作为零售客户,要提高自身的金融素养,要有学习路径,在短期内要形成一套战术资产配置策略,在各种金融资产间进行配置,在长期内要形成一套战略资产配置策略,要根据金融市场的大环境、自身的生命周期、财富水平、投资需求和投资计划等实现财富的保值增值。

1.1.2 研究意义

深入研究零售客户资产配置行为具有一定的理论意义和现实意义。

自 Tversky 和 Kahneman 创立了前景价值理论以来,损失厌恶的行为特征就成为金融领域解释异象、弥补均值方差资产配置理论不足的重要理论基础和工具,从现有的文献研究看,研究的行为主体有政府监管者、房屋销售者、管理层等,研究的主要领域有市场情绪、股票定价、神经科学等,研究的模型主要有行为资产配置模型(BPT)、S－S 行为资产配置模型、线性及非线性损失厌恶资产配置模型(LLA/NLA)等,但相关领域较少有对银行客户的资产配置行为进行研究的。本书是从工作实践的问题出发,借助行为金融理论进行解释和解决,从全书的理论演进、实证分析和政策建议看,理论意义主要有三方面:一是开辟了对银行客户行为金融的研究,通过构建投资心理和投资风格与资产配置结构之间的逻辑关系,推导出每一个研究时点零售客户的投资心理和投资风格,但暂时的投资心理范围主要包括禀赋效应、后悔厌恶、过度自信、赌徒谬误和有限理性,投资风格主要包括温和、激进和保守;二是开拓了零售客户行为资产配置的 1 种静态场景和 8 种动态场景的研究框架,并且对每种场景的损失厌恶系数、参照点收益率和实际投资损益进行了假设,通过实际资产配置结构锁定零售客户的投资心理特征;三是按照财富水平将零售客户划分为私人银行客户、财富客户和普通客户三类,并就上述研究过程逐一推导,以观察不同类零售客户的投资心理及风格之间的差异性,这是当前相关领域较少涉及的。

从现实意义上讲,中国的资管业已经进入3.0时代,商业银行如何大类资产配置、零售客户如何小类资产配置、银行与客户之间如何协作资产配置是个迫切需要考量的命题。针对本书而言,其现实价值有三点:一是零售客户的分层管理要细化,资产管理是其重要体现之一,据统计,美国每年有十多家大银行实施银行客户资产管理,实施客户资产管理后银行的资产平均收益率(ROA)从1%上升为1.5%,资本平均收益率(ROE)从14%上升为20%,成本收益比从63%下降到50%~55%,成效显著;二是净值化的理财要求政策导向,对工商银行样本客户既往净值化理财的投资行为研究,有助于未来做好更多零售客户投资心理的研究,更好地服务客户,提高投资情商;三是对样本客户投资心理及风格与商业银行非利息收入的研究,并非服务于研究如何掌握客户心理来实现银行的收入,而是工商银行要做好大类资产的相对最优配置,零售银行要管理好不同财富水平零售客户的金融服务,零售客户要在金融实践中进行投资心理的有效评价,以提高资产配置行为的效用价值。

综上所述,以损失厌恶的视角通过行为金融理论研究商业银行零售客户的资产配置行为具有一定的研究价值,未来还将通过挖掘更多的"自然"数据,更为细致地研究不同群体投资者的行为异同,找寻规律,夯实行为金融理论的实验基础,服务于提高商业银行与零售客户的契约价值。

1.2 研究目标、研究方法和研究内容

1.2.1 研究目标

本书研究的主要目标就是在借鉴行为金融学领域经济学者的研究成果的基础上,运用实证分析和规范分析相结合的方法,对商业银行零售客户资

产配置行为进行系统分析,主要包括以下三点内容:

第一,运用既有行为金融学中关于损失厌恶和投资心理的研究,选择适用于将商业银行零售客户作为研究对象的分支理论,并拓展已有理论的范围和内涵,力争建立一套以真实零售客户资产配置结构为数据,以投资损益、参照点收益率和损失厌恶系数为变量分析得出某一时间段(点)的投资心理和投资风格(特征),并能形成整个研究时间段各点的投资心理及投资风格变化走势图,能够在现有分析范式下对零售客户的投资心态作较为深入的分析。

第二,商业的客户管理工作是必要和必需的,特别是客户资产管理工作。在现有的管理实践中,分层管理是常用手段,但缺乏对分层管理方法的深入研究,特别是在现有文献较少的基础上,本书将对私人银行客户、财富客户和普通客户分别进行资产配置行为的研究,并对三类零售客户的投资心理及投资风格进行对比,进而论证财富水平的高低与投资心态的关联和差异。

第三,进一步延伸理论与实践的紧密度,通过引入每类零售客户的投资贡献,即非利息收入,来建立商业银行非利息收入与投资心理、投资风格及高风险资产持有规模、交易规模的线性回归关系,旨在得出不同的零售客户、不同的投资心理及投资风格对商业银行有何影响,商业银行应该如何掌握零售客户的资产配置心理,以更好地做到以资产配置为核心职能的客户管理。最后,能对商业银行客户管理和零售客户的资产配置提出政策建议。

1.2.2 研究方法

本书所研究的零售客户资产配置行为问题是经济学、金融学和投资学领域的重要问题之一,又与当前中国商业银行资管业跨入3.0时代的宏观背景紧密相连,因此,借鉴当前行为金融学领域非线性损失厌恶的资产配置模型(NLA),运用二次规划法和广义差分法,通过样本商业银行真实账户数据的有效处理,最终形成有可信度的分析结论及相应的政策建议。

(1)规范分析与实证分析相结合。以实证分析为主，又以规范分析和逻辑证明为指导，使经济理论与实际问题紧密结合。规范分析则主要运用行为金融学及投资学的通用理论等来进行深入分析。一方面，基于行为金融学理论的损失厌恶特征，并对不同财富水平客户在损失厌恶程度及资产配置行为动机上的差异进行对比，按照既往研究成果和经验，选取国债收益率作为参照点，动态分析资产配置权重；另一方面，围绕零售银行客户的资产配置，既有外部环境对行为决策的影响，又有内在心理因素对资产配置的影响，还有行为特征对商业银行非利息收入的影响，整体分析思路和框架较为清晰。实证分析，一是使用时间序列数据来揭示零售客户资产总量及结构变化，并且按照大资管市场周期走势划分"平衡市""牛市"和"熊市"，来分别讨论三种零售客户的资产配置行为；二是通过数据交叉验证的方法获得真实客户资产变动情况，揭示不同零售客户在资产选择上的行为特征；三是在研究客户资产配置行为的同时，就不同零售客户的投资心理特征对商业银行非利息收入影响建立线性回归模型，找到显著影响的解释变量。

(2)比较分析法。一是分析不同财富水平客户在资产总量及配置选择上的差异、根源及影响因素；二是分析资管环境"平衡市""牛市"与"熊市"对不同财富水平客户资产配置的投资心理和投资风格影响的差异；三是分析不同财富水平客户的投资心理和投资风格、高风险资产交易额、高风险资产持有量对商业银行非利息收入的影响，并比较三类零售客户之间及显著影响因素之间的特征差异。

(3)二次规划法及广义差分法。为了计算 5 年时间内每类零售客户的最优资产配置权重，在既往 7 种待配置资产收益率的数据基础上，通过非线性规划中的数学规划法——二次规划法，对非线性损失厌恶效用函数进行了 N(7 种理财子产品资产) + T(60 个月)维的求解，并将理论结果与现实情况做匹配，找到符合当前资产配置现状的投资者心理和风格。为了进一步分析零售客户对商业银行非利息收入的影响，特建立有虚拟变量的线性回归模型，并对模型的稳健性进行检验，通过广义差分法的科克伦—奥科特法进行模型修正,最终得到稳健的模型和显著的变量。

1.2.3 研究内容

本书的主要议题是对商业银行三类零售客户的资产配置行为通过基于损失厌恶的行为金融学理论进行解释和比较,并就不同类客户对商业银行非利息收益收入的影响进行实证分析,借助损失厌恶资产配置模型、二次规划法、广义差分法对议题展开论证,最终对新资管时代下商业银行零售客户资产配置行为提出政策建议。主要分为8章,主要研究内容如下:

第1章,绪论。主要就选题的背景、意义、方法、内容、概念辨析及创新、不足进行论述。重点在于展示本书的价值和逻辑。

第2章,国内外相关理论文献综述。主要对传统基于均值方差的资产配置理论、基于损失厌恶的行为金融资产配置理论及零售客户资产配置对商业银行非利息收入影响的相关理论及文献进行了介绍和评述。重点在于指出传统均值方差理论存在的现实不足,以及行为金融理论对现象解释的广泛认可,并最终引出全书的研究对象和主题。

第3章,零售客户资产配置现状与影响因素。主要就中国资管业发展的源头、现状和流向,商业银行资管业发展的机制、现状和问题,零售客户资产配置现状,影响零售客户资产配置行为的主要因素等内容进行了研究。重点在于展示中国资产管理行业的运作机制、商业银行的大类资产配置策略及零售客户的小类资产配置现状,为进一步研究铺垫现实背景。

第4章,构建损失厌恶资产配置模型。主要就前景价值、三参照点和下偏二阶矩,参照点和损失厌恶系数的动态变化,静态及动态场景的设定,由线性损失厌恶资产配置模型向非线性损失厌恶资产配置模型推导等内容进行了研究。重点在于展示非线性损失厌恶效用函数的理论演进和内涵,以及构建研究的理论模型。

第5章,零售客户资产配置行为的实证研究。主要就样本商业银行及零售客户的基本情况,所要研究问题的引出,二次规划法的实证计算,三类零售客户在“平衡市”“牛市”“熊市”的投资心理及投资风格变化时间表等内容进行实证研究。重点在于通过上章的非线性损失厌恶资产配置模型及二次规划法得出每类客户在不同时间段的投资心理及投资风格，并对三类客户进行有效比较。

第6章，零售客户资产配置行为对商业银行非利息收入影响的实证研究。主要就非利息收入的界定、现状和影响，构建以零售客户投资心理及投资风格为虚拟变量的线性回归模型对非利息收入影响进行实证分析，并找出显著影响非利息收入的变量及比较三类客户之间的差异性等内容进行实证研究。重点在构建线性模型并进行稳健性检验，最终得到显著影响非利息收入的投资心理和投资风格，并与上一章结果进行对比。

第7章，新资管时代下零售客户资产配置行为的趋势与启示。主要就新资管时代的影响和样本商业银行的行动、商业银行的大类资产配置策略及零售客户资产配置行为的启示等内容进行相关研究。重点在于客观对待零售客户的资产配置问题，商业银行既要做好大类资产配置，还要分层管理好零售客户，而零售客户要提高投资情商，形成战略资产配置和战术资产配置。

第8章，研究结论、建议与展望。归纳全书的主要结论，提出相应的政策建议，并作出研究展望。重点在于对全书的实证分析结论的对比总结，提出当前有关商业银行零售客户资产配置行为的政策建议。

第9章，商业银行零售银行业务相关专题简论。本章主要就笔者近年来关于储蓄存款、金融资产、资产配置、银行卡、私人银行、客户管理等领域发表的论文进行摘编，旨在让读者进一步认知商业银行零售领域的现状、问题和未来。

1.2.4 研究框架

本书关于零售客户资产配置行为研究的逻辑结构如图1-1所示。

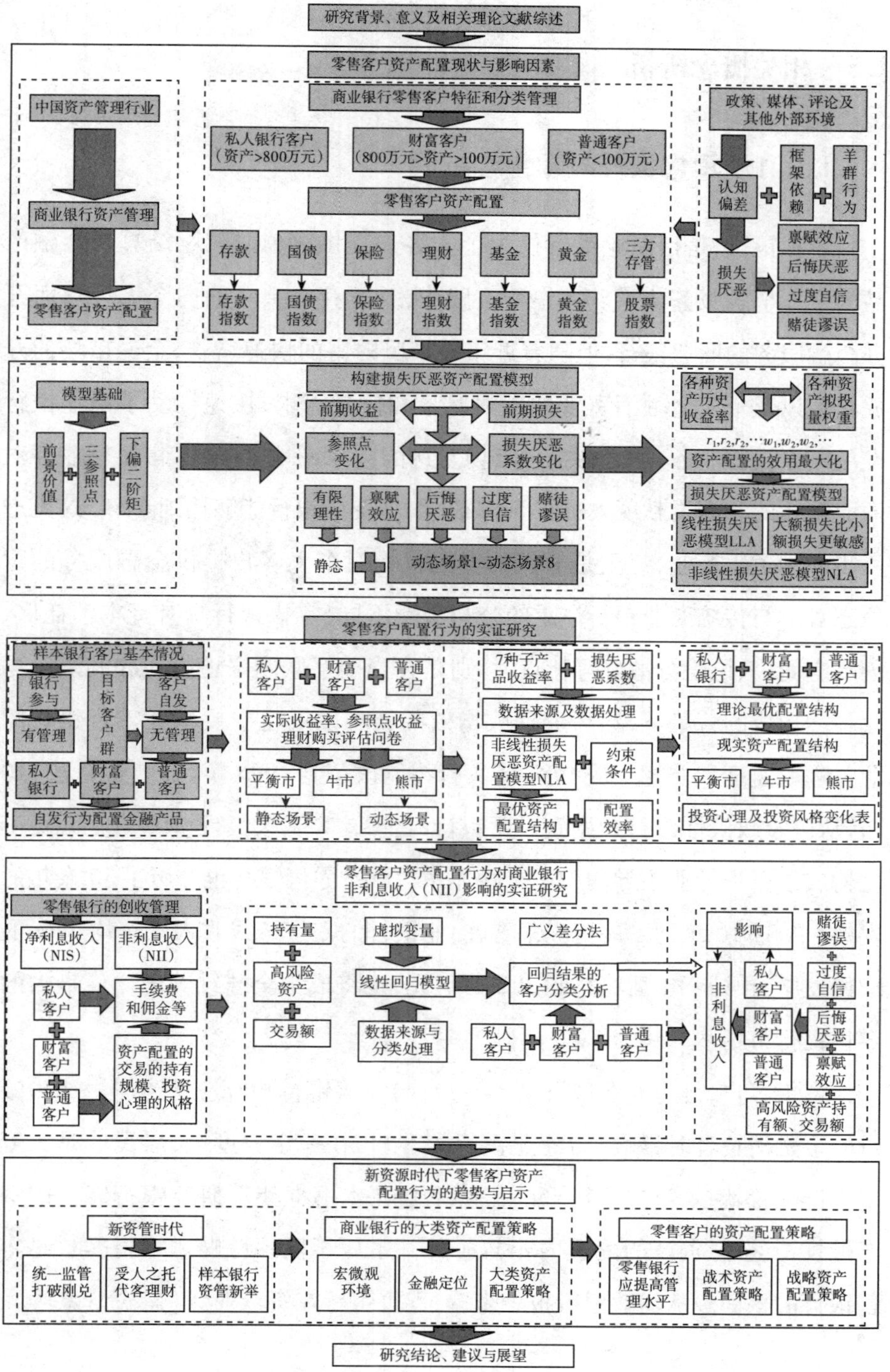

图1－1 商业银行零售客户资产配置行为研究的逻辑结构

1.3 相关概念辨析

1.3.1 零售银行与零售客户

零售银行,是指商业银行仅为个人客户提供存款、贷款、结算及金融产品的个人金融服务体系。在银行实践中,并不存在单一面向个人客户而开办金融服务的商业银行,但随着近年来国民财富的快速增长,金融市场的开放繁荣以及个人金融消费者的理财愿景和信贷需求,快速推动了商业银行发展零售银行业务,加之在金融市场发达的国家或地区中,零售银行业务对商业银行的利润贡献度大都在50%以上,如花旗银行能够达到69%,这更进一步加剧了银行业,甚至是非银行金融机构对个人客户提供金融服务的竞争态势。与传统商业银行注重的公司金融不同,零售银行具有资本消耗低、创新空间广、风险分散好等特点,特别是在当前互联网渠道打通和利率市场化环境形成的背景下,银行业创收增效的转型发展也主要依托零售银行的业务进取速度和质量。从1984年央行体制改革到1995年《商业银行法》颁布,从国家政策性银行开始到民营银行诞生,这832家银行、256万亿元资产就构成了以银行业主导的中国金融体系,其中,零售银行也经历了30余年的发展。从近10年的发展情况来看,商业银行的零售条线收入以年均23%的增速发展,预计三年后将达到3.2万亿元,也将成为全球继美国之后最大的零售银行市场①。

零售客户,是指商业银行个人客户,与零售银行相呼应。当居民成为银行的金融消费者时,就成为商业银行的客户,在一定程度上,居民或是家庭的资产配置就是客户的资产配置,特别是在本书框架下研究银行客户的资产配置,其金融资产的配置内容与居民基本属于同一范畴。零售客户是零售银行的核心。从商业银行报表来看,零售银行在资产业务(融资贷款等)、

---

①麦肯锡咨询公司.集约化、智能化、跨越式发展零售银行之路[J].新金融,2017(10):32-38.

负债业务（理财存款等）和中间业务（代销顾问等）都有较大范围的涉及贡献；从产品角度来看，零售银行主要提供储蓄存款、理财、基金、保险、贵金属、三方存管等金融产品。为了更好地体现“零售”而非“批发”，零售银行对零售客户在分层服务、营销推动、产品研发和公私联动等方面做足了文章，也形成了类似产品渗透率、客户活跃度、客户贡献度等同业竞争指标，然而，指标口径上的不一致性，也使得很多指标业绩成为吸引零售客户的噱头。从现有零售客户分类策略看，以资产规模大小作为服务对象的划分标准，是业内较为统一和认可的，主要分为私人银行客户（AUM > 800 万元）、财富客户（100 万元 < AUM < 800 万元）和普通客户（AUM < 100 万元）。近年来，随着隐形富豪的增多，零售银行加大了对私人银行及财富客户的重视和投入，这成为零售银行利润增长的重要砝码。

1.3.2 资产管理与资产配置

就特定金融领域而言，资产管理是指企业机构或个人客户作为委托人，金融机构作为受托人，根据双方合同约定的方式、条件、要求及限制，由受托人提供金融产品并收取报酬的投资管理服务。资产管理滥觞于欧洲，发展壮大于美国，目前美国拥有世界上最大、最成熟、竞争最激烈的资产管理市场，在全球基金管理业的 40 万亿美元中，50% 投资于美国市场，35% 投资于欧洲市场，12% 投资于亚太及非洲市场。中国当前的资产管理业也逐步走向净值化、专业化和国际化，资产管理总规模（AUM）已越120 万亿元，场内资产管理人主要包括商业银行、券商、保险、基金、私募及其控股或子公司等，既有面向企业机构或个人客户的代客理财，也包括权益类、固收类、商品类和另类的大类资产，还分为理财、保险、基金、黄金、国债、存款和股票等小类资产，虽然资管需求在逐年提升，但问题事件也频频发生，才横空出世了“资管新规”来防止资金空转、多层嵌套和杠杆过高等风险隐患，也为中国经济平稳发展极大地降低了系统性风险的暴露机会。

就特定个人而言，资产配置是指在现有的资产管理小类资产中选择各种资产的投资配比，目标是实现整体资产收益最大化或风险最小化。个人客户的资产配置需求是资产管理行业的主要服务对象，马科维茨(1952)在《金融杂志》上发表论文“资产组合选择”，开启了现代金融理论研究，事实上，谈及资产组合、资产选择、资产配置都大同小异，都是关于如何对一组有限资产进行主动配置，以达到效用或收益最佳，或者风险或损失最小的目的。本书的研究对象是零售银行的零售客户，主要从行为金融学的角度，研究个人金融行为如何从环境到心理的传递，最终对个人在银行的金融资产(储蓄存款、理财、基金、保险、贵金属、三方存管)配置结果产生影响。

1.3.3 风险厌恶与损失厌恶

风险厌恶。对投资者而言，放弃公平的赌局和更差的投资，而愿意考虑无风险资产和有正风险溢价的投资，会“处罚”除去风险组合一定的收益率，以弥补其承担的风险，即风险越大，处罚越大，这就是对风险厌恶的描述性定义。虽然对投资而言，是承担一定的投资风险并获取相应的报酬，但对“一定的风险”和“相应的报酬”却很难准确定义。可以说，“一定的风险”是说风险水平足够影响投资决策，一个投资者也许会因为一项投资产品的潜在收益并不足以弥补它的风险而放弃投资，“相应的报酬”是指投资有正的风险溢价，即期望收益高于无风险收益率。从目前来看，大量深入的研究表明，绝大多数投资者是风险厌恶的，只是风险厌恶的程度不同，对于一个极度风险厌恶的投资者，任何风险组合甚至风险溢价为正的投资，其效用都有可能低于无风险资产是其会拒绝风险资产组合；相反，风险厌恶程度较低的投资者可能从同样的风险资产组合获得的效用高于无风险资产从而愿意投资。当然，与风险厌恶相对，风险偏好的投资者更愿意参加公平博弈或其他赌博，风险中性的投资者不需要风险补偿。一般而言，风险厌恶程度就是用来衡量投资者对风险的态度，而这也主要借助调查问卷获取。

损失厌恶。行为金融学理论认为，投资者对待风险的态度是损失厌恶而非风险厌恶型，这在 Tversky 和 Kahneman 的描述性定义中可以看出，投资者在面临同笔金额的收益或损失时，损失带给其的负效用远大于收益带来的正效用。这个心理学在投资领域的发现，有力地解释了诸多“金融异象”，也得到广泛的认可和应用。例如，如果让投资者在 A. 100% 获得 1000 元和 B. 70% 概率 2000 元之间选择时，实验对象大多选择了 A，同样，如果再让同一批投资者在 A. 100% 损失 1000 元和 B. 70% 概率损失 2000 元之间选择时，实验却又选择了 B。前景理论（Prospect Theory）的创始人 Tversky 和 Kahneman（1979）指出，如有实验对象是风险厌恶的，两种情况下都会选择 A，同样，如果实验对象是风险偏好的，两种情况下都会选择 B，那么，这就违背了偏好一致性的理性假设。上述实验现象从理论上说明，传统经济学将风险厌恶设定为外生的，而行为金融学却认为是内生的，投资者可以同时具备冒险和保守两种投资心理。在经典的 M－V 模型中，风险厌恶系数往往被认定为一个常值。但行为金融理论认为，将风险厌恶系数设定为常数是不符合现实的，它会随着投资者的财富水平及投资收益而变化①。损失厌恶在现实经济中的表现有货币幻觉、禀赋效应、终局效应、股票溢价之谜、过度自信等。同样，损失厌恶系数成为衡量不同投资者对同一笔金额损失的厌恶程度的标准，多是基于调查问卷评价而来。

1.3.4 投资账户与心理账户

投资账户。从狭义上讲，是指投连险中用于投资的专户，是依据法律政策而设定的。从广义上讲，就是企业机构或个人客户在金融机构开立的专门用于投资金融市场的账户。以商业银行为例，零售客户即便申请了一张借记卡，在该卡内也可以开立多种账户，大体分为存款账户、贷款账户和投资账户。其中，储蓄存款账户主要用于资金往来的记账，贷款账户主要用于信用借款、消费贷款、按揭贷款等借还情况的记账，投资账户主要用于对买

---

①Brauers，W. K. M.，Zavadskas，E. K.，Turskis，Z. et al. Multi－objective Contractor's Ranking by Applying the MOORA Method[J]. *Journal of Business Economics and Management*，2008，9(4)：245－255. PHam

卖理财、基金、原油、黄金、纸白银等产品的记账。本书研究的零售客户金融资产,囊括了储蓄存款账户及投资账户,属于银行资产端,以储蓄存款、国债、保险、理财、基金、黄金等金融产品余额总量计为金融资产,各个资产有其各自的收益率水平和损溢情况,这与实际业务中投资者的心理账户相对应,是研究零售客户资产配置行为的重要基础。

心理账户。也称作心智账户、心理核算、心理会计和心理分账,是由2017年诺贝尔经济学家Thale于1980年提出的,由Tversky和Kahneman在1984年给予了明确定义,是指投资者在心理上对结果,特别是投资结果的分类记账、编码、估价和预算等过程,主要表现在投资者对不同资产品种有差异的“期望”,而差异性具体表现在对不同资产有不同的价格参照点,在对心理账户进行处理时,遵从享乐编辑,即通过对投资结果的重新编辑来最大限度地增加自己的效用。虽然对不同资产各自建账并不有利于整体金融资产的收益最大化,但却提高了投资者的投资管理能力。对于保值类资产的心理账户,投资者期望的损失很小,风险厌恶程度较大;相反,对于风险类资产的心理账户,投资者愿意承担的损失较大,风险厌恶程度较小,这较好地对“弗里德曼—萨维奇之谜”和“股利之谜”进行了解释,也印证了商业银行在多元化资产配置时,既买股票型基金又有储蓄存款,既有储蓄存款还要有银行贷款。在对心理账户的研究中,主要采用实验法、问卷法和访谈法。行为资产配置理论(BPT)认为,现实中投资者不能做到将最优组合配置置于现代金融理论投资组合模型的有效边界上。Shefrin和Statman提出的行为风险投资理论将心理账户划分为单心理账户(BPT - SA)和多心理账户(BPT - MA),在单心理账户中,投资者要考虑各资产之间的相关性,而在多心理账户中,却忽略了相关性。

1.4 研究的创新点与存在的不足

1.4.1 研究的创新点

本书是基于工作实践而撰写的,相较于既往研究成果,有以下三个创新点。

(1)在前人理论的基础上,建立了一套投资者投资心理和投资风格的分析模型。既往关于投资者投资心理及风格的分析,大多都是描述性地展示当前资产配置结构变化与投资心态的关系,此前 Hallow 的下偏矩分析思路以及国内金秀、王佳、詹泽雄、吴宗法等利用损失厌恶系数和参照点收益率变化来推导投资心理的方法,并未对投资心理及风格、高低风险资产配置结构的关联度给予进一步的明确,且只有禀赋效应、过度自信两种投资心理的模型设定,而本书对禀赋效应、后悔厌恶、过度自信、赌徒谬误及有限理性 5 种投资心理,通过投资损益、损失厌恶系数、参照点收益率的动态变化给予了公式化的定义,并建立了 1 种静态场景、8 种动态场景及 3 种投资风格的组合分析框架,在利用二次规划法求解理论最优值后,与实际值进行匹配,最终得出某一时间点(段)的投资心理,以及整个研究时间段的投资心理变化图。这是对非线性损失厌恶资产配置模型(NLA)较大程度的理论延伸,也是对行为金融理论实验方法的添砖加瓦。

(2)在思路上拓展了投资心理和投资风格变化对商业银行非利息收入影响的研究。在现有对商业银行非利息收入影响的文献中,并未有微观层面,特别是行为金融理论方面的触及,除原始数据是一个问题外,在研究思路上还有一定的创新。在既往关于零售客户的研究中,较少有涉及真实账户数据及通过数据挖掘和理论结合来指导实践工作的,笔者通过近 5 年关于零售客户管理的工作实践和数据挖掘,在前期撰写并发表十余篇相关论文后,已经在一定程度上实现了数据的挖掘价值,也得到了行内的关注和认可,特别是提出了要在“资管新规”理财净值化趋势下,做好零售银行业务,必须要关注投资者的投资心理和资产配置结构的变化,这是提高客户关系管理 CRM 水平的手段之一。

(3)方法上坚持用实践中分类和比较的方法进行研究。既有关于投资者或商业银行零售客户的研究,大多是围绕私人银行或财富客户单独进行分析,本书是从私人银行客户、财富客户和普通客户三类客户比较分析的视角出发,在财富水平高低不同的零售客户之间在商业银行的资产配置行为有差异的假设前提下,从储蓄存款到金融资产,从资产配置到投资心理,从财富水平到贡献水平,从"熊市"到"牛市"等多个分析维度展开了研究和探讨,这在已有文献中并不多见,也是本书在理论结合实践的方法上的一个创新。

1.4.2 存在的不足

本书在研究过程中受理论水平、工具方法和实务数据的限制,存在以下三点不足:

(1)理论水平有限。对当前商业银行零售客户资产配置行为的研究,主要集中在行为金融学损失厌恶视角,选择五种投资心理建立了分析框架,但笔者在大量阅读文献的过程中,也认为现有的五种投资心理并未能完全包含与资产配置相关的心理因素,还可以进一步通过定义更多的投资心理来更为准确地匹配资产配置行为,未来关于此主题的研究还将纳入更多因素来综合提高理论水平,提高研究深度。

(2)工具方法有限。现有的方法做到了通过二次规划法和广义差分法的工具方法来达到过程目标,也是一般文献惯用的方法,但并未通过更多的数学方法和计量方法对比验证,或者说,并未通过新工具方法的运用得出更为理想和显著的结果。

(3)实务数据有限。从现有的数据挖掘看,已有了三类客户的资产配置结构、资产的收益率和投资账户的收益率情况,但在研究资产配置行为过程中,笔者认为还应该具有更多描述客户金融特征和动态行为的数据,一定程度上受限于保密因素,更多的还需要大量地挖掘和清洗。除此之外,在理财购买的调查问卷中,还未有更多描述投资行为的调查,更多只能是对整体问卷的主观判断。

2 国内外相关理论文献综述

2.1 资产配置相关理论综述

2.1.1 市场有效性假说的演进

(1)金融市场有效性的假设

Markowitz(1952)创立了现代投资组合理论(Modern Portfolio Theory),在理性预期的基础上提出了分散投资降低风险的资产组合思想,并创立了均值方差(Mean - Variance)的风险测度方法,获得了1990年的诺贝尔经济学奖。其重要的理论假设是市场的有效性,这是Gibson(1889)最早提出的,认为如果市场是“公平游戏”,则不存在投机和套利。Kendall(1953)在对股指、大宗商品和小麦的价格进行序列相关分析后,发现股票价格序列就像在随机漫步一样,次周价格是上周价格加上一个随机数。Roberts(1959)的研究表明股价波动符合普通布朗运动,呈“随机游走”(Random Walk)规律。而Samuelson(1965)和Mandelbrot(1966)在细致研究随机游走理论后指出,如果市场上信息完全,没有交易成本,那么未来价格变动将独立于市场的当前价格。在对资产定价有关的信息分类的基础上,Fama(1967)在Roberts(1967)之后提出了弱有效市场(Weak - form Efficiency)、半强式有效市场(Semi Strong - form Efficiency)、强式有效市场(Strong - form Efficiency),并成为有效市场理论的集大成者。Fama(1970)提出了有效市场假说(Efficient Market Hypothesis):如果一个市场的证券价格总是能够“充分反映”所有可以得到的信息,则该市场是"有效的",从经济学意义上讲,就是没有人能够持续地获取超额利润。

(2)有效市场假说的理论逻辑

有效市场理论是现代金融学的基础。Fama(1970)认为证券价格充分反映了全部可以提供的信息,而"信息"即三类有效市场的划分依据:弱有效市场的特征是历史信息,一般是指股票既往的价格、成交量和公司特性等;半强式有效市场的特征是公开信息,一般是指公司的重组并购、派息和增发等;强式有效市场的特征是内部消息,一般是指内幕且非公开的信息。这包含了三个逐步弱化的前提假设:一是投资者是理性的,可以理性评估资产价值,这是理性投资者相互竞争的均衡结果;二是即便并非全部人是理性的,也会因为非理性交易之间的相互抵消而产生理性的资产价格;三是如果是非理性,也会因套利者的存在而使价格"公平"。Friedman(1953)早年就指出,非理性投资者不会永远亏损,从长期来看,因为竞争的选择和套利(Sharpe & Alexander,1990)的存在,市场的有效性会一直持续下去。

(3)市场有效性的实证检验

Fama(1991)研究并归纳了近20年来关于有效市场假说的理论,并将之前的三种有效市场分类作了如下调整:市场的弱式检验主要在对市场过去收益的预测能力上,现在调整为与收益可预测性有关的更广泛的检验,这类检验包括了股利报酬率、利率等变量预测收益;由于有效市场假说与均衡定价理论密不可分,可预测性也就包括了资产定价模型检验和在检验中发生的一些异象(如规模效应);关于季节效应(如1月效应)和关于证券价格波动的研究也包括其中;市场的半强式和强式检验的包括范围则不变,但分别更名为"事件研究"和"内幕信息检验"。

市场弱式有效的实证检验。在Kendall(1953)检验价格之前,Cowles和Jones(1937)早就发现股票价格具有随机游走的性质,Osborne(1959)研究发现股价变化和化学分子的运动特性相似,Granger和Morgenstern(1963)有证据表明股价运动具有独立性,French和Roll(1986)证明了个股存在自相关性,French 和 Fama(1988)发现股票长期收益存在显著序列负相关等特点,Ojah 和 Karemera(1999)对拉美地区新兴市场的多数市场进行了弱有效性检验。虽然中国证券市场兴起较晚,但张兵、李晓明(2003)对上证综指采取了分段观测,认为 1997 年以后市场更为有效,胡金焱、郭峰(2013)认为总体具有弱式有效特征。

市场半强式有效的实证检验。Fama(1970)集中研究了公开信息(如公司年度财务报告、新股发售和股票拆细等)对证券价格的调整反应,发现在股票拆细月份之后累计平均残差未作调整,但拆细中 71.5% 在拆细后年份中相对于纳斯达克所有股票都经历了更大比例的股利增长,由此可以看出,当宣布拆细时,市场的确将其解释为一种信号。Scholes(1969)证明企业再次募集股票或新发股票时,会使相关股票的累计平均残差下降 1 ~ 2 个百分点。Beltratti 和 Caccavaio(2007)认为中国证券市场还不是半强式有效市场。

市场强式有效的实证检验。内幕信息很难取得,研究者只能观测掌握市场信息的人获取信息后的反应。Jaffe(1974)搜集了 1962—1968 年 200 次不同企业内部人员进行的股票交易所获得的平均超额利润数据,发现在扣除交易成本后都有超额利润;研究者通过开放式共同基金的回报情况判断,虽然在考虑了交易费,以平均组合交易量比率估计佣金,再加上基金的回报,最终市场线平均偏差从 -2.5% 增加到 0.09%(已与完全竞争中的市场线基本吻合),表明基金经理中仍有特殊信息,但从目前来看,市场强式有效的证据还不具有普遍性。

(4)有效市场理论的“无解”

有效市场的检验成为一个既难证实又难证伪的命题(陈奇斌,2014)。理论上,价格充分反映了所有可能得到的理想状态,但有效市场假说自身不具备良好的可检验性和可预测性,因为任何检验都必须依赖模型,但很多试图检验的模型都会遇到联合假设问题(Joint Hypothesis Problem),如资本资产定价模型(CAMP)和套利定价模型(ATP)都需要假设市场有效,但若市场无效,CAMP 和 ATP 就不成立,也就无法进一步检验市场有效。Kahneman 和

Tversky(1979)就指出非理性投资者的决策并非完全是随机的,也常会朝同一方向,因此不会相互抵消。大量关于金融异象"价值溢酬之谜"(Basu,1977)、"规模溢酬之谜"(Banz,1983)、"股票溢价之谜"(Mehra & Prescott,1985)、"周末效应"(Kato & Shallheim,1985)、"赢者诅咒"(De Bondt & Thale,1985)研究成果的出现,暴露了有效市场理论的缺陷。从现有文献看,有效市场理论与真实市场之间存在的背离,主要有三方面:实际的股价并非随机游走,股价与信息并非线性相关,风险和收益并不总是匹配(李灵燕、石高宏、白永秀,2010)。付诗涵(2013)应用 Andrew Lo 和 Mac Kinlay 提出的方差比法对中国证券市场 1994—2011 年股票收益率是否服从随机游走进行了检验,也得到了有悖常理的结果。

2.1.2 传统主流资产配置理论的缺陷和改良

(1)基于均值—方差风险测度的静态资产配置理论

Markowitz 的均值—方差风险测度方法开启了静态风险度量思想,其资产配置理论是在有效市场假设下,理性经济人通过无风险资产和风险资产的最优组合,最终得到在一定预期收益下的风险最小或在一定风险水平下的最大预期收益的一组资产组合。与此同时,Roy(1952)提出了"安全第一资产组合理论"(Safety - First Portfolio Theory):一般的经济理论只考虑了收益最大化行为,而常常忽略了行为决策者对于保全自己的安全底线的要求,这是正常人在决策时必然会关心的一个方面。在 Roy 的模型中,投资者害怕其资产 w 跌破某一给定水平 s,该水平被称为"破产(Ruin)水平",因此,投资者试图最小化破产概率 $P(w<s)$,这也为后来的 VaR(Value at Risk)方法提供了思路。Tobin(1958)提出"两基金分离定理",引入了无风险借贷因素,这推动了均值—方差资产配置理论向前一大步。Sharpe,Lintner,Mossin(1964)独立完成并建立了资本资产定价理论及模型(CAPM),提高了 Markowitz 均值方差理论的应用价值。Rose(1976)开创了套利定价模型(ATP),所需假设较 CAPM 的更少、更合理。随着金融衍生品市场的发展,

Black 和 Scholes(1973)首次给出了欧式股票期权定价公式,而 Merton 也同时提出了与 BS 期权定价相似的模型,Cox,Ingersoll 和 Rubinstein(1979)也在此基础上提出了二元期权定价模型。上述理论主要围绕资产的定价展开了影响价格的基本因素和测量方法,构建了传统主流资产配置理论的基本框架,为投资决策提供了理论依据。

(2)静态资产配置理论的改进

投资决策就是要选择哪些证券和多少数量,这是以 Markowitz 为代表的静态资产配置决策的主要内容。近年来,研究方向大体有三个:

一是对均值—方差模型的改良,由于 Markowitz 模型计算方差和协方差不稳定,经常导致协方差矩阵病态,很难得到稳定的最优投资组合,Stein(1960),Sclove(1968)和 Balakrishna(1988)等提出了压缩估计(Shrinkage Estimator)法;Massy(1965)提出了主成分(PC)估计法;Marquardt(1970)提出了分数轶(FR)估计法;Hoerl 和 Kennard(1970)提出了岭估计、广义岭估计等方法,Kan 和 Zhou(2007)提出了最优两基金、三基金模型。

二是对均值—方差模型的转型,Hallow(1991)、张喜彬和荣喜民(2000)、何宜庆和王浣尘(2001)等认为 Markowitz 模型中默认收益分布对称并不符合现实,提出了均值—半方差模型;Konno 和 Yamazaki(1991)建立了线性规划的资产配置模型,提出了均值—绝对离差模型,并衍生出了均值—下半绝对离差模型;Simaan(1997)、徐绪松等(2002)、柳宏珠等(2003)认为资产配置在同均值和同方差下偏度可能不同,且偏度大的资产配置获得较大收益率的可能性也会相应增加,Wei Liu 等(2013)在零贝塔模型的基础上提出了改进的 Z - CAPM 模型。

三是对均值—方差模型假设条件放宽的相关研究,考虑有税收、红利和新型交易成本下摩擦市场的多因素均值—方差模型,Morton 和 Pliska(1995),Levy 和 Livingstion(1995),Atkinson 和 Al - Ali(1997)、胡国政和李楚霖(1998)、刘海龙、孔良和樊治平等(1999)、罗秋兰和陈有禄(2003)、荣喜民和张奎庭等(2003)研究了在交易费用约束情况下的最优资产配置问题,刘善存和邱菀华等(2000)、李仲飞和汪寿阳(2003)、缪琳和姚俭(2003)、孙世杰和高岩(2008)等研究了同时存在交易费用和税收情况下的最优资产配置问题,唐小我和潘景铭(1995)、马永开和唐小我(2003)、范宝珠和滕成业等(2001)、张卫国和谢建勇等(2002)、韩其恒和唐万生等(2003)研究了卖空限制、买空限制和借贷限制的资产组合问题,Maillardy 等(2010)建立了等风险贡献策略。

(3)动态资产配置理论的兴起

多阶段投资组合或动态投资组合是资产配置理论的又一个重要领域,近年来,呈现出三种研究思路和四个新研究动向。

研究思路方面。一是加入了消费因素,经济人追求投资与消费总效用最大化目标下的消费—投资多阶段决策,Smith(1967),Fama(1970),Bajeux - Besnainou 和 Portait(1998)、杨德权和杨德礼(2000)、刘海龙和吴冲锋(2000)、李仲飞和汪寿阳(2001)、陈华友和王居平(2001)、李仲飞和汪寿阳(2003)、袁军鹏和宿洁(2003)、Pan 和 Liu(2003)开展了相关研究;二是利用序贯决策研究多阶段动态资产配置问题,对股价收益率分布不作假设或规定,甚至其随机性可以与投资者的策略完全对抗,Cover 和 Ordentlich(1996),Helmbold(1998)、刘善存、邱菀华和汪寿阳(2003)等学者做了相关研究;三是运用随机最优控制理论、随机微积分等数学工具考虑连续时间条件下的资产配置问题,建立了带有风险规避的最优策略,Merton(1971),Jamshidian(1992)、刘海龙和樊治平(2000)、Dachraoui 和 Georges(2001)等进行了相关研究,在此基础上,郭存芝(2001)、曾建华和汪寿阳(2003)、秦学志和吴冲锋(2003)等引入了模糊控制理论。

新研究动向方面。一是考虑资产流动性的资产配置理论,Davis 和 Norman(1990),Kamara(1994),Morton 和 Pliska(1995)等将流动性定义为买卖价差或与证券交易相联系的交易成本,Longstaff(2001)、廖懿和陈收等(2001)、陈收和杨宽(2002)等将流动性定义为交易者快速从某一头寸中解脱出来的速度和能力(与执行交易的规模相关);二是当前许多监管机构和金融机构已经将 VaR 作为控制市场风险的主要方法,也有学者将 VaR 风险度量方法引入了资产配置理论的研究,如 Alexander 和 Baptista(1999),Embrechts 和 McNeil(1999),Kast 和 Luciano、Peccati(1999)、马超群和杨晓光(2002)、屠新曙和王春峰(2002)、林辉和何建敏(2003)、胡海鹏和方兆本(2003)、Cambell(2006)等,其中,Basak 和 Shapiro(2001)、刘小茂和李楚霖(2003)等基于 CVaR 约束构造了资产配置优化模型;三是将资产配置问题看成一个对策问题,将博弈论思想引入决策中,Bell 和 Cover(1988)研究两个独立的投资人在资产配置决策时如何通过策略变换达到财富因子比值最大,刘善存和汪寿阳(2001)将最小的可能受益作为风险度量,将投资者和市场看作博弈中的双方,将投资心理及证券市场随机性考虑在内;四是将行为金融理论纳入资产配置理论中,取得了较为贴近现实的理论成果,但研究文献尚不多,Shefrin 和 Statman(2001)、马永开和唐小我(2003)、胡昌生和丰赋(2003)进行了一定的研究,提出了单一心理账户资产配置模型(BPT - SA)和多心理账户资产配置模型(BPT - MA),本书则是基于行为金融理论开展的动态资产配置研究。

2.1.3 行为资产配置理论的应用和发展

(1)“金融异象”与行为金融

自行为金融学先驱 Vernon L. Smith 和 Daniel Kahneman 于 2002 年获得诺贝尔经济学奖后,Richard Thaler 在 2017 年又获此殊荣,他也是行为金融学领域的杰出代表,通过探索有限理性、社会偏好和缺乏自我控制的后果,展示了人的人格特质是如何系统地影响人的决策和市场变化后。20 世纪 80 年代,以 Kahneman 和 Tversky 为代表的行为金融理论兴起后,对现代金融理论形成了强有力的挑战。

1)有效市场假说(EMH)的“无解”,特别是在验证市场有效时借助 CAPM、ATP 等模型形成了假设循环的悖论,Hawawini 和 Keim(1998)认为现有的金融手段无法验证 CAPM 的错误和市场无效。

2)理性经济人假说背离现实,在对理性经济人不确定环境下作决策时,使用理性预期、风险规避和期望效用最大化等方法进行论证,但"阿莱悖论""Ellsberg悖论"、确定性效应、同结果效应、同比率效应、发射效应、概率保险、孤立效应、偏好反转等金融异象都证明了人们的决策与期望效用理论相背离,资产配置的决策中情绪、压力等都会有影响力。

3)套利使市场达到均衡,但现实中的套利存在经济人转让资产时对未来价格的不可知性,因此,套利是有局限性的,而有限市场假说认为市场最终是无套利空间的。

4)在金融市场发展中,存在诸多理性预期假说、有效市场假说、理性经济人等传统金融理论无法解释的现象(Anomalies),但建立在实验经济学基础上的行为金融理论却给予了合理解释,诸如"弗里德曼—萨维奇之谜"(Friedman - Savage Puzzle)(Friedman & Savage,1948)、"股利之谜"(The Puzzle of Dividend)、"封闭式基金之谜"(The Puzzle of Closed - end Mutual Fund)(Zweig,1973)、"股价对基础价值的长期偏离"(Shiller,1979,1981)、"股票溢价之谜"(Equity Premium Pazzle)(Mehra & Precott,1985)、"账面市价比效应"(Book - to - Market Effect)(Fama & French,1992)、"日历效应"(Calendar Effect:1月效应,周一效应)(Rozeff & Kinney,1976;Keim,1983)、"赢者输者效应"(Winner - loser Effect)(De Bondt and Thaler,1985;Jegadeesh & Titaman,1993;Lakonishok & Ritter,1992)、"规模效应"(The Size Premium)(Banz,1981;Siegel,1998)、"家乡情结"等①。

表2-1　三种理性理论的简要比较

	理性人假说	有限理性理论	生态理性理论
决策者的理性程度	完全理性	有限理性	生态理性
决策目标	最大利益	令人满意的目标	与环境相适应
决策标准	最优	满意	与环境相匹配即可
决策方式	边际决策	搜索—满意机制	启发式

①饶育蕾,盛虎.行为金融学[M].北京:机械工业出版社,2012:44-61.

续表

	理性人假说	有限理性理论	生态理性理论
决策条件和结果	完全信息	信息不完全	信息不完全
决策者自私程度	所有人完全自私	未分析	大部分人比较自私
情感与意志是否影响决策	不影响	不影响	影响
环境是否影响决策	不影响	不影响	影响
是否适用于非人格化组织	适用	适用	适用

(2)行为金融学的学科基础、主要观点和发展方向

当今经济学的发展越来越多地依赖于实验分析和数据挖掘,进而使得论证更有说服力,行为金融学正是在心理学、行为学、实验经济学、行为经济学等学科的基础上发展起来的。

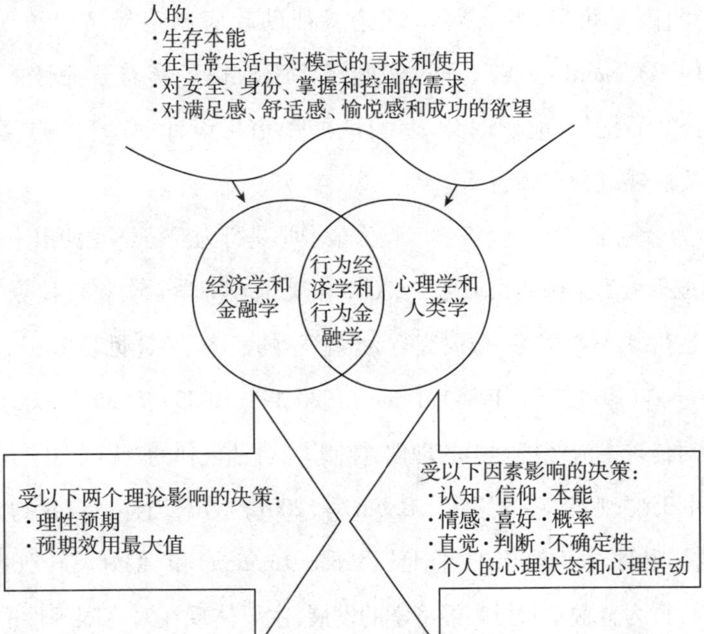

图2-1 行为金融学和行为经济学的学科来源

1)行为金融学与心理学。1902 年,Tarde 出版了《经济心理学》,标志着经济心理学的诞生,Statman(1999)认为行为金融学的研究对象是与投资者决策相关的情感因素,是社会心理学、认知心理学和情感心理学在金融领域

的研究成果,包括“羊群效应”“晕轮效应”、过度自信、后悔厌恶等。

2)行为金融学与行为学。自 George Akerlof 和 George Homans 将行为学的假设引入经济学分析后,微观经济学“需求曲线向下倾斜”等主要定律都可以从行为学中推演出来(Homans,1974),但行为学所涉及的主体“非理性”行为与传统主流经济学的理性经济人假设不相符合,这也与行为金融学在多方面达成了一致。

3)行为金融学与实验经济学。Sauermann 和 Selten(1967),Tietz(1967)和 Becker(1967)将实验经济学(Experimental Economics)定义为“就是可控条件下,针对某一现象,通过控制某些条件,观察决策者的行为并分析实验结果,以检验、比较和完善经济理论,目的是通过设计和模拟实验环境,探究经济行为的因果机制,验证经济理论或帮助政府制定经济政策”,Plott 和 Grether(1979),Smith(1982)通过实验经济学取得了富有革命性的成果,涉及拍卖、公共品提供、航班时刻表设计、能源市场设计、政府采购、国有资产拍卖,以及解规过程的设计等。

4)行为金融学与行为经济学。行为金融学是行为经济学延伸出来的众多分支学科中成果最为丰硕的领域之一,2001 年美国经济学学会将克拉克奖颁给了 Rabin,这是获得该奖的第一位研究行为经济学的经济学家(见表 2 - 2)。Kahneman 和 Tversky(1974、1979、1984),Thaler(1980、1981、1985),Shiller(2000),Shleiger(1990)等对传统主流经济学中的理性、控制力、自私自利的“无限”进行了一定的修正,并回归到“现实人”的假定。Rabin 等(2001)指出,当存在自我约束(Self - control)的局限时,人们会出现“拖延”(Procrastination)和“偏好反转”(Preference Reversal)。行为金融学对行为经济学的发展,主要体现在对有限理性的发展,认为决策会受到主体认知偏差和外部环境干扰的影响。在决策判断过程中,决策者的启发式思维(Heuristic)、心理框定(Mental Frames)和锚定效应(Anchoring Effect)往往发挥着决定性作用,而在决策选择过程中,对问题的编辑性选择(Choice of Problem Editing)、参考点(Reference Point)、损失厌恶(Loss Aversion)和小数定律(Small Probability Effect)也会产生关键性影响。

表 2-2 行为金融学和行为经济学领域部分国外代表性学者

国域	学者	教育机构	网址
国外	施罗默·伯纳兹（Shomo Benatzi）	加州大学洛杉矶分校	anderson. ucla. edu
	尼古拉斯·C. 巴伯瑞斯（Nicholas C. Barberis）	耶鲁大学管理学院	msb. yale. edu
	加里·S. 贝克尔（Gary S. Becker）	芝加哥大学	home. uchicago. edu/ ~ gbecker
	史蒂芬·J. 布朗（Stephen J. Brown）	纽约大学斯特恩商学院	stern. nyu. edu/ ~ sbrown
	西门·杰维斯（Simon Gervais）	杜克大学富科商学院	duke. edu/ ~ sgervais
	威廉·杰茨曼（William N. Goetzmann）	耶鲁大学管理学院	viking. som. yale. edu
	罗杰·G. 伊博森（Roger G. Ibbotson）	耶鲁大学管理学院	mba. yale. edu
	丹尼尔·卡尔曼（Dnaiel Kahnman）	普林斯顿大学	princeton. edu
	约瑟夫·拉克尼瑟克（Josef Lakonishok）	伊利诺伊大学	business. uiuc. edu
	特伦斯·奥迪恩（Terrance Odean）	加州大学伯克利分校	faculty. haas. berkeley. edu/odean
	威廉·R. 莱彻斯特（William R. Reichenstein）	贝勒大学	Finance. baylor. edu/reinchenstein
	赫什·舍夫林（Hersh Shefrin）	对塔克莱拉大学	lsb. scu. edu
	罗伯特·J. 席勒（Robert J. Shiller）	耶鲁大学	econ. yale. edu/ ~ shiller
	杰里米·J. 西格尔（Jeremy J. Siegel）	宾州大学华顿商学院	finance. wharton. upenn. edu
	保罗·斯洛维克（Paul Slovic）	俄勒冈大学	uoregon. edu
	梅尔·斯达特曼（Meir Statman）	对塔克莱拉大学	lsb. scu. edu

续表

国域	学者	教育机构	网址
	劳伦斯·H. 萨默斯(Lawrence A. Summers)	哈佛大学	harvard. edu
	理查德·塞勒(Richard Thaler)	芝加哥大学商学院	chicagogsb. edu
	阿莫斯·特沃斯基(Amos Tversky)	斯坦福大学	stanford. edu
	理查德·J. 济科豪瑟(Richard J. Zeckhauser)	哈佛大学约翰肯尼迪政府学院	ksghome. havard. edu/ ~ Rzeckhause

从现有文献综述来看,行为金融学的基本观点(饶育蕾,2002;Kahneman,2002;李心丹,2004;苏同华,2006;陆家骝,2006;彭飞,2010;董志勇,2015;Thaler,2017;等)包括(见表2-3):①投资者是在认知偏差的影响下受到情绪影响来作出投资决策的,是有限离线;②投资者是损失厌恶,而非风险厌恶,即同一笔数额的损失所带来的心理痛苦程度要远大于收益所带来的心理感受程度,"前景理论"(Prospect Theory)通过实验得出大约为2.25倍(Kahneman & Tversky,1992);③投资者对待风险的态度并非一成不变,而是可能根据环境变化,同时具备风险偏好和风险厌恶,既愿意储蓄存款又要向银行贷款等;④投资者之间在气质、性格、损失厌恶程度等方面的不同导致同一情景下的投资决策反差很大;⑤市场价格的异常波动等主要是由投资者情绪引起,如"羊群效应"加速证券价格上升和下降,造成市场过度的兴奋和恐慌等。

表2-3　行为金融学和行为经济学的部分期刊

期刊	英文名称	网址
《认知心理学》	*Cognitive Psychology*	academicpress. com
《经济行为和组织周刊》	*Journal of Economic Behavior and Organization*	elsevier. com
《金融工程期刊》	*Journal of Financial Engineering*	iafe. org
《经济学视角期刊》	*Journal of Economics Perspectives*	aeaweb. org/jep
《心理学和金融市场杂志》	*Journal of Psychology and Financial Markets*	psychologyandmarkets. org
《风险和不确定性杂志》	*Journal Risk and Uncertainty*	springerlink. com
《经济学季刊》	*Quarterly Journal of Economics*	mitpressjournals. org

当前的金融学研究越发注重理论的微观基础，围绕行为金融理论，现代金融学发展呈现出三个方向：①坚持传统金融理论和有效市场假说（EMH），不赞成行为金融理论，Rubinstein（2001）等认为"金融异象"并非与EMH格格不入。②认为行为金融将取代传统金融理论成为主流，Hirshleifer（2004）认为现代经济学家已经接受了不完全理性的假设；章融、金雪军（2002）认为行为金融学将成为金融学的主流。③将传统金融理论与行为金融理论有机结合，Rosel（2000）认为行为金融理论是传统经济学、传统金融理论、心理学研究以及决策科学的综合体，Shiller（2002）认为行为金融学不是对标准金融学取而代之，现代金融学中逻辑严密的数学模型仍在指导着金融实践。丁志国、苏治、杜晓宇（2005，2006）认为两种理论是可以相互借鉴补充的。Shefrin和Statman于1994年构建了行为资本资产定价模型（BAPM），于2000年构建了行为资产配置模型（BPT），这是传统资产配置与行为资产配置两种理论的有机结合。

表2－4　行为金融学和行为经济学领域中的部分组织

组织	所在地	网址
美国决策研究组织（Decision Reseach）	俄勒冈州，尤金市	decisionresearch. org
美国金融心理公司（Financila Psychology Corporation）	佛罗里达州，北迈阿密市	financialpsychology. com
理财顾问协会（National Association of Personal Financial）	伊利诺伊州，阿灵顿高地市	napfa. org
美国国家经济研究局（National Bureau of Economic Research）	马塞诸州，坎不里奇市	nber. com
美国金钱心理顾问（Psychology of Money Consultants）	加利福尼亚州，洛杉矶市	psychologyofmoney. com
史派克坦集团（Spectrem Group）	伊利诺伊州，芝加哥市	spectem. com

（3）行为资产配置基本理论及模型

1952年，Markowitz和Roy先后提出了三种资产组合理论。其中，Markowitz（1952a）提出的均值—方差资产组合理论（即一般所说的"现代资产组合理论"，MPT）首次合理地描述了风险和相关性在投资决策中所起的作用，也成为 CAPM 理论的重要基础，但其他类型的资产配置理论受到了一定的忽视。但在面对金融市场上频繁发生的弗里德曼—萨维奇之谜（Friedman – Savage Puzzle）①、资产溢价之谜（Equity Premium Puzzle）②、资产处置之谜（Equity Disposition Puzzle）③、资产分配之谜（Equity Allocation Puzzle）④等，行为金融学的研究者却能较为合理地给予解释，而这也是行为资产配置理论发展的源头。

1）Roy 的"安全第一"资产配置理论。Roy（1952）认为，一般的经济理论只考虑了收益最大化行为，而常常忽略行为决策者对保全自己的安全底线的要求，这是正常人在决策时必然会关心的一个方面。在 Roy 模型中，投资者害怕其资产 W 跌穿某一给定水平 S ，该水平被称为"破产（Ruin）水平"，因此投资者试图最小化破产概率 $P(w \leqslant s)$ 。一组收益呈正态分布的资产组成的资产组合 P ，其收益期望为 μ_p ，标准差为 σ_p ，假设不存在无风险的资产组合，且所有的 μ_p 均大于 S ，投资者的目标函数就是 $\max(\mu_p - s) / \sigma_p$ 显然，满足这样的资产组合将落在均值—方差有效边界上，即使收益不呈正态分布，有 Chebyshev 不等式也可以得出相同的目标函数，"安全第一"资产组合同时也是均值—方差有效的。对此，Kataoka（1963）认为投资者都希望保住

---

①如果每个人的风险偏好是一定的，为什么人们会同时购买保险（风险厌恶的表现）和彩票（风险偏好的表现）？Markowitz（1952a）模型未能解决这一问题，但是，同时代的其他几个模型却能够解释，包括 Markowitz（1952b）提出的"惯常财富"理论和 Roy（1952）提出的"安全第一"理论。在行为经济学和行为金融学兴起后，相关学者一直在尝试寻找可用于解释弗里德曼—萨维奇之谜的行为资产组合理论。其中，Shefrin 和 Statman（2000）在 Roy 资产组合理论以及其后发展的基础上建立了一套较为完备的资产组合理论，解释了人们在投资时并存的两种心态。

②为什么股票相对于国债（或其他风险接近于 0 的资产）的溢价如此之高，而人们还愿意持有国债？这个问题也是 Markowitz 模型所解释不了的。以 Benartzi 和 Thaler（1995）为代表的一些国外学者基于 Kahneman 和 Tversky（1979）的损失厌恶理论和心理账户理论发展出一系列与资产组合相关的理论，说明了资产溢价的一个可能解释途径是考虑投资者的"短视"（较短的评价周期）和对损失的厌恶。

③为什么人们喜欢卖出价格正在上涨的资产，而保留有着明显损失的资产？对于这个问题的解释一般基于资产保险行为，即投资者在资产价格高位时希望保住当前的财富数量。资产保险行为常与损失厌恶相结合，用于建立资产组合模型。

④在 Markowitz 模型中，所有投资者都会购买市场组合与无风险资产的一个线性组合。因此，在没有购买限制的条件下，所有投资者对风险资产的配置比例应该是相同的。但是，现实中的投资者显然没有遵循这一推论，即使投资专业人员也没有按照这一规则进行投资建议。

的资产水平即破产水平不应该是外生的，Elton 和 Gruber（1995）认为人们希望能够保住尽可能多的财产，“安全第一”模型中给定的变量应该是目标破产概率 α，然后投资者试图最大化破产水平 S，Kahneman 和 Tversky（1979）指出人们在现实中的决策是系统地违背这些假设，之后 Lopes 创立了 SP/A 理论①（1987）运用心理学来解释资产组合问题。Lopes 指出，人们对随机事件的认识受到恐惧和希望两种心理倾向的影响，h_s 表示恐惧时的影响，h_p 表示希望时的影响，D 表示获得回报 w 的累计概率 P，总影响就是二者的加权平均。在 SP/A 框架下，人们的效用受到两个因素的影响：$E_s(w)$ 和 $P(w \leq s)$，前者反映投资者（经过心理修正）的期望回报，后者反映投资者希望有的安全保障，而资产组合也因此受到影响，这依赖于投资者恐惧和希望心理影响的大小，其中，当 $q_p = q_s = 0$ 时，SP/A 资产组合理论即退化为 Arzac－Bawa 理论。

恐惧的影响：$h_s(D) = D^{1+q_s}$ （2－1）

希望的影响：$h_p(D) = 1 - (1 - D)^{1+q_p}$ （2－2）

总影响：$h(D) = \delta h_s(D) + (1 - \delta) h_p(D)$ （2－3）

2）S－S 行为资产配置理论。Shefrin 和 Statman（2000）将 SP/A 理论与 Kahneman 和 Tversky（1979）的心理账户②有机结合，创建了行为资产配置理论（Behavioral Portfolio Theory），又称为 S－S 理论，并对应单心理账户和多心理账户两种状况。单心理账户行为资产配置模型（BPT－SA）是指投资者将所有资产都放在一个心理账户时，他们会像均值—方差理论中的投资者一样考虑某个的期望回报和回报之间的相关性，但是，他们的决策并非在 Markowitz 的均值—方差空间中得出，而是在 SP/A 理论的｛$E_h(w)$，

①SP/A 理论中，S 表示安全（Security），P 表示潜力（Potential），A 表示愿望（Aspiration），事实上，SP/A 是一个一般的个体选择理论，但也可以被看成是 Arzac－Bawa（1977）理论中加入更多的心理学元素之后的结果：S 相当于“安全第一”，A 对应期望效用，P 表示高收益的潜力，这个目标在 Arzac－Bawa 理论中没有对应物。

②心理账户是 Kahneman 和 Tversky（1979）在前景理论（Prospect Theory）中用来解释人们在风险情景下决策时，对经济活动进行关注、编辑和评估的认知操作系统，也称为心理会计、心智账户、心理分账、心理核算。

$P(w \leqslant s)\}$空间中寻找最优点，如果 BPT－SA 有效的资产配置中包括至少三个可以获得正回报的状态，则该资产组合一定不是均值—方差有效的。除此之外，当投资者的 $P(w \leqslant s)$ 需求很低而 $E_h(w)$ 的要求很高时，有可能出现纯“彩票”型资产组合，即所有财富都配置在 v_i/p_i 最低的一种资产上。多心理账户行为资产配置模型（BPT－MA）是指投资者一层层地构建自己的投资组合——部分财富用于保值，避免遭受贫困，部分财富用于增值，博取高回报；一般假设投资者有 2 个心理账户：较高“期望”的，即 $P(w \leqslant s)$ 中的 s 较高，较低“期望”的，即 $P(w \leqslant s)$ 中的 s 较低，其中，低“期望”的心理账户效用函数为 U_s，W_s 为低“期望”水平账户配置的资产量，$P_s = P(w_s \leqslant s)$，γ 是取值在（0,1）的权重，同样，较高“期望”的效用函数为 U_r，那么整体效用函数如下，其中，K_r，K_s 分别是赋予高“期望”和低“期望”账户的权重，并有 $K_r \ll K_s$，如果高“期望”账户效用为 0，总效用不一定为 0，但若低“期望”账户效用为 0，总效用一定为 0，这又包含了 Roy“安全第一”的理论思想。

低“期望”账户效用：$U_s = P_s^{1-\gamma} E_h(W_s)^{\gamma}$ （2－4）

高“期望”账户效用：$U_r = P_r^{1-\beta} E_h(W_r)^{\beta}$ （2－5）

总效用：$U = \left[1 + K_r(P_r^{1-\beta} E_h(W_r)^{\beta})\right]\left[K_s(P_s^{1-\gamma} E_h(W_s)^{\gamma})\right]$ （2－6）

3）损失厌恶资产配置理论。损失厌恶是 Kahneman 和 Tversky 前景理论的核心概念，这是源于“金融异象”：从 1926 年起，美国市场上的股票年均回报率为 7%，而国债的年均回报率低于 1%；Mehra 和 Prescott（1985）指出，只有假设投资者的风险规避系数超过 30 才能解释，而此前的风险规避系数约为 1，说明人们有很重的风险规避倾向。虽然 Shefrin 和 Statman 认为人们会将不同“期望”的投资放在不同的心理账户，但 Benartzi 和 Thaler 利用损失厌恶和心理账户给予了“金融异象”很好的解释：认为人们将短期投资和长期投资放在不同的心理账户，其中长短期的区分根据评价周期的长短而定，且人们普遍认为长期投资的收益较稳定而短期投资的波动较大。尽管 Merton（1969）和 Samuelson（1969）已经证伪此结论，但确实是事实。因此，相对于均值—方差资产配置理论，在短期投资中，人们更愿意持有低风险的国债等资产，Thaler，Kahneman，Tversky，Schwartz（1997）称这种现象为“近视风险厌恶”。Gomes（2003）在 Benartzi 和 Thaler 定性理论的基础上建立了损失厌恶资产配置理论，他认为损失厌恶取决于两点：①现有财富与参考点财富的差值；②当证券价格变化时的参考点财富的变化；在 Epstein 和 Zin（1990）的一阶损失厌恶概念下，效用函数具有以下形式（其中，Γ 为参考点财富水平）：

$$V^0 = \begin{cases} V_G = \dfrac{(W - \Gamma)^{1-\gamma}}{1-\gamma}, & \text{当 } W \geqslant \Gamma \text{ 时} \\ \lambda V_L = -\lambda \dfrac{(\Gamma - W)^{1-\gamma}}{1-\gamma}, & \text{当 } W < \Gamma \text{ 时} \end{cases} \tag{2-7}$$

Gomes 认为，在损失足够大的时候，消费的边际效用递减应当占主导，并对效用函数进行了修改，W_0 为损失变得足够大的临界值：

$$V^0 = \begin{cases} V_G = \dfrac{(W - \Gamma)^{1-\gamma}}{1-\gamma}, & \text{当 } W \geqslant \Gamma \text{ 时} \\ \lambda V_L = -\lambda \dfrac{(\Gamma - W)^{1-\gamma}}{1-\gamma}, & \text{当} W_0 \leqslant W < \Gamma \text{ 时} \\ V_{BL} = \dfrac{W^{1-\rho}}{1-\rho} - \left(\lambda \dfrac{(\Gamma - W_0)^{1-\gamma}}{1-\gamma} + \dfrac{W_0^{1-\rho}}{1-\rho}\right), & \text{当 } W < W_0 \text{ 时} \end{cases} \tag{2-8}$$

通过考察一个静态的两期资产配置问题，Gomes 求解得出，当风险溢价不够大时，投资者可能完全不投资股票，只有风险溢价和损失厌恶程度满足 $R^+ - R_f > \lambda(R_f - R^-)$ 时，才会有正的财富投资在股票上，于是，资产溢价之谜在该模型所确定的局部均衡范围内得到了解释。然而，Berkelaar 和 Kouwenberg（2000）却认为损失厌恶资产配置理论并不能解释资产溢价之谜和资产处置之谜，他们认为，在给定其他条件不变时，当投资者的“期望”水平上升或者风险厌恶程度下降时，反而更愿意冒险参加高风险的投资，并称这种倾向为“无亏损倾向”，正是在这种心理下，承受巨大损失的投资者往往配置更多的股票。因此，Berkelaar 和 Kouwenberg 认为资产溢价之谜无法在损失厌恶模型中得到解释，但二人在引入股票收益的偏性和厚尾进行论证时却未能成功，认为家庭金钱效应（Thaler & Johnson，1990）是资产溢价之谜的主要原因。

4)前景理论回报—风险模型。Siebenmorgen 和 Weber(2000)认为现实中投资顾问不会给投资者按照均值—方差的风险测度配置资产,而是根据投资者对风险的态度来制定一个相对均值—方差损失不大的资产配置,其理论模型就是要控制“纯风险”,求解期望回报和风险分散目标的线性组合,即

$$\max \gamma \sum_{i=1}^{n} \alpha_i \sigma_i - (1-\gamma) Std(\alpha_1, \cdots, \alpha_n) \tag{2-9}$$

$$\text{s.t.} \sum_{i=1}^{n} \alpha_i \sigma_i = \widehat{r}, \sum_{i=1}^{n} \alpha_i = 1 \text{ 且 } 0 \leqslant \alpha_i \leqslant 1, \forall i = 1, \cdots, n \tag{2-10}$$

与 Siebenmorgen 和 Weber 的观点相似,de Giorgi, Hens 和 Mayer(2006)从前景理论的视角考察回报和风险的矛盾,认为投资者并不一定会按照均值—方差进行资产配置,因为:一方面,当证券收益是非对称分布时,衡量风险就意味着依然对大于期望的部分和小于期望的部分一视同仁;另一方面,收益的偏性和厚尾性使得方差(即收益的二阶中心距)无法完全描述收益分布。de Giorgi 等建立了前景理论的资产评价标准:

$$V(X) = \sum_{s=1}^{S} u\Big[X(s) - \mathrm{RP}(X)\Big]\pi_s \tag{2-11}$$

其中,u 是一个将收益/损失化为效用的函数,在 0 以外的点均二阶可导,在 $(0, +\infty)$ 上严格凹,在 $(-\infty, 0)$ 上严格凸;RP 是决定基础财富点的函数;π_s 是经过调整的概率。并且证明,若 RP 是一次齐次的,且 PT^+(回报)在 R^+ 上是 $\gamma^+ > 0$ 次齐次的,PT^-(风险)在 R^- 上是 $\gamma^- > 0$ 次齐次的,则资产问题的解满足基金分离,例如,典型的前景理论效用函数所导出的 PT^+ 和 PT^- 就满足基金分离,据此,得出前景理论回报—收益模型可以对资产分配之谜给出理性的解释。

$$U = \begin{cases} -A(\theta - \chi)^{\gamma_1}, & \text{当} \chi \leqslant \theta \\ B(\chi - \theta)^{\gamma_2}, & \text{当} \chi > \theta \end{cases} \tag{2-12}$$

2.2　损失厌恶资产配置相关理论综述

2.2.1　损失厌恶的理论渊源与发展现状

(1)前景理论中的损失厌恶

Kahneman 和 Tversky(1979)创立了前景理论(Prospect Theory),通过实验数据说明,人们投资决策时会设定一个参照点,低于参照点的负效用远大于高于参照点的正效用,提出了损失厌恶(Loss Aversion)的概念,其中,损失厌恶系数被用来衡量痛苦与满足的效用绝对值之比。这主要包含了两层含义:一是损失或失去拥有对人们而言会带来情感上或心理上的不适,二是对于投资者而言,等量的损失要比收益带来的效用显著。损失厌恶成为前景理论的核心概念,也是构建行为资产配置理论的重要假设前提,诸多学者对损失的界定、本质、性质、测度、存在性和金融异象有着多角度、广范围的深入研究。Gleitman 等(2000)认为人们普遍想极力避免损失,损失厌恶成为决策时显著而广泛存在的心理模式;卢佐冬(2012)认为损失厌恶对投资者而言是自尊保护机制的重要体现。

(2)损失厌恶的感受来源

对于损失厌恶的感受来源,当前研究主要有三个方向:一是将损失厌恶推广到生物领域研究,如 Chen 等(2006)通过将猴子作为被实验者,得出损失厌恶是灵长类动物趋利避害的一种本能表现,Trepel 和 Poldrack(2007)认为损失厌恶是人类或动物的一种基本机制,反映了大脑对可能结果进行评估的基本特征,是大脑对可能损失进行评估的一种反应。二是将损失厌恶从投资领域拓展到人类自然属性研究,Harbaugh 等(2001)从 5 ~ 10 岁儿童的交易行为中得出,损失厌恶与人的思想成熟度和阅历没有明显关系。三是从大脑神经系统研究损失厌恶的来源,Tom 等(2007)将核磁共振技术引入行为学实验中,研究发现,神经上与行为上的损失厌恶是显著相关的,而神经的损失厌恶区域包括前部纹状体和前额皮质;叶航和黄达强(2014)通过实验推测前额叶皮层的左右背外侧分别解读来自大脑杏仁核的信息，最终编码为一个统一的行为意图，使决策者进行风险决策。当然，也有学者如Ohnson，Haubl 和 Keinan（2004）对损失厌恶进行了研究，认为损失厌恶来源于由于个体看到问题的不同侧面的先后顺序不同。

（3）损失厌恶的影响因素

损失厌恶更多的是一种人的情感，但影响投资者损失厌恶的因素主要有 6 个方面：

1）情感。这里包括心理因素（情感和认知等）和情境因素（收入、损益、信息和投资周期等），Strahilevitz 和 Loewenstein（1998）通过研究发现个人占有物品的事件越长，禀赋效应越明显，就越不愿意失去所有而产生损失厌恶，Dhar 和 Wertenbroch（2000）也发现人们不愿意放弃心爱之物，Carmon 等（2003）认为卖家会有失去某种物品而产生心理的不适感而为了回避这种心理去向买家抬高要价。

2）认知。人们对所拥有的物品特性，如重要性、可替代性、用途的认知感受程度不同，损失厌恶程度就不同，Chapman（1998）认为如果人们拥有的物品可替代性越强，损失厌恶程度就越低，同样，Johnson，Gaechter 和 Herrmann（2006）等认为人们觉得越重要的物品，损失厌恶程度就越高，“赢者的诅咒”（Carmon 等，2003）现象就是拍卖过程中买家典型的损失厌恶表现。

3）财富。投资者前期的损益状况和财富水平影响损失厌恶程度，Wicker 和 Hamman 等（2003）在实验中发现，应试者拥有的资源较多时，禀赋效应降低，即损失厌恶程度也有所降低，Garmaise（2006）在对加拿大的投资者的调查中发现，投资者的前期损益表现会影响其损失厌恶程度。

4）信息。信息的充足性和反馈频次影响损失厌恶，Benartzi 和 Thaler（1995）就发现如果有长期、稳定的收益分布信息，投资者更愿意持有风险资产，甚至达到 90%，损失厌恶程度明显下降，Barron 和 Erev（2003）认为如果一项投资的信息反馈频次很高，投资者更愿意持有，损失厌恶程度也有所降低。

5)投资周期。Fellner 和 Sutterd(2009)设计了固定反馈频率但投资调整周期不固定的实验,发现即便存在较少的反馈,较长的投资调整周期也会增加投资者持有风险资产的意愿,损失厌恶程度进而会有所降低,Langer 和 Weber(2012)也通过设计信息反馈频次和投资调整周期得出了相似的结论。

6)外部环境。杨永华(2014)通过多主体演化模拟实验,发现损失厌恶主体的适应性会随着系统外部环境趋于恶劣而变强,并得出当系统外部环境的机会 $P[E(r)] < 0$ 时,研究主体的适应性最强。

(4)损失厌恶的研究方向

损失厌恶的研究不仅停留在投资领域对投资者心态的描述和分析,更在神经科学、金融异象以及围绕损失厌恶自身及资产配置等方向的研究上广泛开展。

1)神经科学领域。神经科学主要是从脑神经角度研究损失厌恶的来源,当前主要有两个细分方向:一方面是有关损失厌恶神经机制的脑成像研究,主要利用功能性磁共振成像技术(functional Magnetic Resonance Imaging, fMRI),具有非侵入性、无辐射暴露以及成像的空间分辨率较高等优点,Breiter 等(2001)最早使用 fMRI 对实验者在风险决策时的神经反应作了记录和分析,杏仁核和眶回(Orbital Gyrus)区域是实验者在风险决策时面对损失情况下激发的脑区,Kuhnen 和 Knutson(2005)也通过 fMRI 发现投资者在作出冒险选择时,纹状体(Striatum)中的伏隔核(Nucleus Accumbens)显著被激活,Fukunaga 等(2012)等也有类似的研究成果,Bembich 等(2014)通过功能性近红外成像(functional Near - infrared Spectroscopy, fNIRS)技术发现,投资者在作出低风险或高风险选择时,背外侧前额叶皮层被激活的程度有显著差异,国内的叶航和黄达强(2014)也有类似的发现;另一方面有关损失厌恶神经机制的脑刺激研究,也是通过新生"脑刺激"技术来弥补脑成像不足进行研究的,Weber 等(2014)结合"经颅直流电刺激"(transcranial Direct Current Stimulation, tDCS)和 fMRI 两种技术,对人们在风险决策时的脑部神经活动作了观察,发现人们在面对损失时,tDCS 刺激增加了右背外侧前额叶皮层与前扣带回皮层（ACC）的活跃程度，然而，在面对收益时却无此现象。当然，上述的神经科学对损失厌恶的研究还存在样本数量少、非经济学范式、无分离收益和损失情景、无分离刺激区域具体作用等问题和不足，未来还有待进一步改进①。

2）"金融异象"领域。损失厌恶是投资领域普遍存在的现象，也是被经济学家证明市场非理性的重要概念，它可能引发股票溢价、现状偏好、禀赋效应、处置效应等"金融异象"。Tversky（1991）构建了损失厌恶消费者行为模型。Benartzi 和 Thaler（1995）提出了短视损失厌恶（Myopic Loss Aversion, MLA）理论，认为如果投资者较少地评价投资绩效，则其会更愿意购买风险资产，风险溢价也就越低；Barberis，Huang 和 Santos（2000）认为 MLA 中的"短视"更能解释"股票溢价之谜"。Genesove 和 Mayor（2001）认为售房者惜售房产，并将这种销售者因为卖出房产而感到不适的情绪归为损失厌恶，而且销售者为了回避损失厌恶而提高卖价，Carmon 等（2003）也有类似的发现；国内的周嘉南和黄登仕（2009）利用随机占有的方法，用损失厌恶解释了"好消息提前"的现象，但却不能单独解释"坏消息延后"的现象；肖峻（2013）认为投资者"处置效应"强弱会受到"私房钱效应"和"过度自信"的影响，因为正是认知偏差导致了损失厌恶程度和风险厌恶程度的不同，最终导致投资者行为呈现出不对称性。

3）损失厌恶特质领域。研究者主要围绕损失厌恶的定义范围、形成来源、损失厌恶和风险厌恶关系、衡量损失厌恶程度等方面展开研究，Simon，Johnson 和 Herrmann（2007）认为损失厌恶随着年龄、收入和财富的增加而增强，随着教育程度的提高而降低；近年来，西方迅速发展的计算实验金融学（Agent - based Computational Finance，ACF）将对有效开展市场监管、维护市场稳定、制定相应的政策措施具有重要的借鉴和启示意义，张海峰（2011）研究认为损失厌恶投资者的存在并非不好，反而有助于提升市场整体的质量，但是对于投资者个体而言，损失厌恶秉性是否有益，还需要作进一步的

①黄达强. 损失厌恶与偏好异质性——来自神经经济学的证据[J]. 南方经济，2014(7)：88 - 93.

研究;吴军和陈丽萍(2017)从损失厌恶视角研究居民的通货膨胀承受能力,认为居民或者消费者存在对通胀和收入的非对称心理,在构建了通胀承受能力的损失厌恶模型后,用中国近年来的数据测算得出:通胀承受能力与损失厌恶呈负相关,如果物价上升,损失厌恶的心理会让消费者物价满意度下降。

4)损失厌恶的资产配置领域。Markowitz(1952)的均值—方差模型奠定了现代投资组合理论的基础,虽然创立了关于资产配置的经典分析范式,但因为计算结果与现实不符,无法解释"金融异象"等问题,研究者不断地在改进和应用新的理论研究资产配置问题,行为资产配置理论(BPT)也应运而生,其中,损失厌恶的资产配置模型正是其主流。一方面,早期的研究者对损失厌恶的研究都以单期静态为主,如 Berkelaar 等(2004)将基于期望效用价值理论的凹型幂函数下的最优资产配置权重与前景价值函数的损失厌恶 S 型幂函数进行了对比;Bernard 等(2010)研究了累计前景理论(Cumulative Prospect Theory)的最优资产配置。另一方面,当前的主要研究都以多期动态为主,米辉、张曙光(2013)假定投资者是损失厌恶的,其投资损益取决于期末状态的价格密度值,如果事先有设定投资的平仓线,则可以避免损失更多,但也降低了更多获利的机会,詹泽雄等(2017)通过设定动态参照点和变损失厌恶系数的二阶非线性损失厌恶资产配置模型,通过中国股市的实证研究,得出资产配置效率要优于传统经典的 Markowitz 均值—方差模型的结论,同时,静态和 4 种动态场景下的投资绩效表现也不尽相同。

2.2.2　损失厌恶主体的相关研究

损失厌恶是人们行为和决策时普遍表现出的特征,除将投资者本身作为研究主体外,还有将政府监管者、房屋销售者、管理层等作为主体的研究。

对于证券市场的监管者,Hill(2004)认为其也会因为自身的情绪变化而不合理地干扰市场。Jolls(2006)认为,尽管监管者拥有比其他市场参与者更为宏观和丰富的信息,且自认为处在一个市场中立的角色,但也会受到可得性偏差等影响而偏离理性，因此，并不比投资者更为理性，或者说更为冷静和智慧，甚至受到狭窄框定的影响，因为先验的不足而导致更大的风险敞口；Hirshileifer（2008）认为监管者会存在排外和寻找替罪羊、效用层叠、过度自信等非理性的心理因素等。国内的相关研究较少，赵静梅、吴风云（2008）对监管政策的透明度、监管效果、监管者等行为偏差进行了分析，认为监管者也存在损失厌恶的倾向；郝旭光（2015）等通过调查问卷分析得出，监管者与被监管者都存在损失厌恶、后悔厌恶、过度自信、认知偏差等。

除了监管，学术界还有对社会其他角色损失厌恶的研究。Kahneman（1990）对商品市场参与者通过买卖咖啡杯的实验，认为“禀赋效应”就是损失厌恶的一种表现；Genesove（2001）等对房屋销售商通过实验研究得出，即便不计算销售成本，销售商也会希望卖出价远高于购入价，两个价格的价值定位自始就不一样；Fogel（2004）通过实验研究消费者损失厌恶，认为消费者更关心商品质量，当商品质量下降时，消费者愿意出更高的价格购买高质量商品，价格可能比之前低质量商品的价格高出很多；Frederickson 等（2005）研究了委托—代理中的损失厌恶，通过实验检验了薪酬契约模式，认为要利用现有信息产生更为有效的激励作用；Sawers 等（2011）通过实验得出，公司经理对不同股权激励模式在主观上的估值要比可观估值发挥更大的作用，进而驱使其行为更加风险偏好；张茂军等（2012）建立了管理者有损失厌恶时带有风险约束的委托投资组合模型；王健、庄新田等（2015）对开放式基金业绩激励模型在完全理性和损失厌恶情形下进行研究，发现均会存在因为信息的非对称而出现的效率损失，但凡投资者只是业绩追求，则会在损失厌恶的影响下因为投资失败而过低估计未来的预期。

损失厌恶在现实经济中的表现有很多，诸如，净资产溢价表现为股票回报率远高于债券回报率；不动产惜售表现为房价低于买入价时长期持有房产，不惜支付各种成本；禀赋效应表现为人们对拥有或占有的某一物品效用大于他没有或失去这个物品的效用；非对称消费弹性表现为收入提高时消费增加，但收入下降时消费不变，也称“荆轮效应”；等等（见表 2－5）。

表 2-5　损失厌恶在现实经济中的各种表现

现象名称	涉及领域	相关描述	代表性文献
净资产溢价	金融学	股票回报率远高于债券回报率	Beartzi & Thaler, 1995
持股意向	投资决策	投资者过早出售盈利股票，却长期持有亏损股票	Shefrin & Statman, 1985
不动产惜售	投资决策	房价低于买入价时长期持有房产，不惜支付各种成本	Genessove & Mayer, 2001
终局效应	投资决策	每天赛马的最后一局，输钱人更倾向于改投高风险的赌注	Jullien & Salanie, 2000
非对称价格弹性	微观经济学	消费者对涨价的反应远比降价更为敏感	Putler, 1992
禀赋效应	微观经济学	人们对某一他所占有的物品效用的估值大于他所没有的物品	Kahneman et al., 1990
非对称消费弹性	宏观经济学	收入提高时消费水平增加，但收入减少时消费水平不变	Duesenberry, 1951
货币幻觉	宏观经济学	物价水平和名义收入等比提高，比二者等比下降更吸引人	Shafir et al., 1997
劳动供给曲线的拐点	劳动经济学	完成每天预定的收入目标后，出租车司机就倾向于收工	Camerer et al., 1997
维持现状和默认状态	保险学	投保者很少改变保险计划，往往选择默认的保险品种	Johnson et al., 1997

资料来源：根据凯莫勒等（2004）、威尔金森（2008）和金迪斯（2009）等相关著作编写而成。

2.2.3　损失厌恶资产配置理论的相关研究

（1）损失厌恶与风险厌恶的关系

在经典的 M-V 模型中，风险厌恶系数往往被认定为一个常值。但行为金融理论认为，将风险厌恶系数设定为常数不符合现实，Brauers（2008）等认为投资者的风险厌恶系数会随着其收益、财富水平的变化而变化。损失厌恶在现实经济中的表现有：货币幻觉、禀赋效应、终局效应、股票溢价之谜、过度自信等。同样，损失厌恶系数成为衡量不同投资者对同一笔金额损失的厌恶程度，多是基于调查问卷评价而来，既有主观成分又有经验依据。

风险厌恶(Risk Aversion)。对于投资者而言,放弃公平的赌局和更差的投资,而愿意考虑无风险资产和有正风险溢价的投资,会“处罚”除去风险组合一定的收益率,以弥补其承担的风险,即风险越大,处罚越大,这就是对风险厌恶的描述性定义。虽然对于投资而言,是承担一定的投资风险并获取相应的报酬,但对“一定的风险”和“相应的报酬”却很难准确定义。可以说,“一定的风险”是说风险水平足够影响投资决策,一个投资者也许会因为一项投资产品的潜在收益并不足以弥补它的风险而放弃投资,“相应的报酬”是指投资有正的风险溢价,即期望收益高于无风险收益率。从目前来看,大量深入的研究表明(Roy,1952;Simaan,1997;徐绪松等,2002),绝大多数投资者是风险厌恶的,只是风险厌恶的程度不同,对于一个极度风险厌恶的投资者而言,任何风险组合甚至风险溢价为正的投资,其效用都有可能低于无风险资产,于是其拒绝风险资产组合;相反,风险厌恶程度较低的投资者可能从同样的风险资产组合获得的效用高于无风险资产从而愿意投资。当然,与风险厌恶相对,风险偏好的投资者更愿意参加公平博弈或其他赌博,风险中性的投资者不需要风险补偿。一般而言,风险厌恶程度就是用来衡量投资者对风险的态度,而这也主要借助调查问卷获取。

损失厌恶(Loss Aversion)。行为金融学理论认为,投资者对待风险的态度是损失厌恶而非风险厌恶型,这在 Tversky 和 Kahneman 的描述性定义中可以看出,投资者在面临同笔金额的收益或损失时,损失带给其的负效用远大于收益带来的正效用。这个心理学在投资领域的发现,有力地解释了诸多“金融异象”,也得到了广泛的认可和应用。如果让投资者在 A. 100% 获得 1000 元和 B. 70% 概率 2000 元之间选择时,实验对象大多选择了 A,同样,如果再让同一批投资者在 A. 100% 损失 1000 元和 B. 70% 概率损失 2000 元之间选择时,实验对象却又选择了 B。前景理论(Prospect Theory)的创始人特维斯基和卡尔曼(Tversky & Kahneman,1979)指出,如有实验对象是风险厌恶的,两种情况下都会选择 A,同样,如果实验对象是风险偏好的,两种情况下都会选择 B,那么,这将违背偏好假定中的一致性公理。上述实验现象从理论上说明，传统经济学将风险厌恶设定为外生的，而行为金融学却认为是内生的，投资者可以同时具备冒险和保守两种投资心理。

（2）损失厌恶模型的参数设定

在 Kahneman 和 Tversky（1979）的 S 型前景价值函数中，最为重要的参数有 3 个（ α ，β 和 λ ），α 和 β 是解释效用对获利和损失敏感性的曲率参数，λ 是度量损失厌恶程度的系数，它们共同刻画投资者对损失的态度或程度，并通过实验得出 α 和 β 取值 0.88，取值越大说明越愿意冒险，λ 取值 2.25。

$$\nu(x) = \begin{cases} (x)^{\alpha}, & \chi \geqslant 0 \\ -\lambda(x)^{\beta}, & \chi < 0 \end{cases} \tag{2-13}$$

此后的研究者也多用此作实证研究，如 Benartzi 和 Thaler（1995），Berkelaar（2004）等，Barberis 和 Huang（2001），Camerer 和 Ho（1994）与 Wu 和 Gonzalez（1996）认为尽管 α ，β 取值一样，但较 Thaler 等（1995）的估计要小；同样，Patricia（2009）通过非线性回归方法研究损失厌恶对贸易政策的影响时，发现 λ 大约为 2；Booij 等（2010）在研究效用函数和概率权重函数时，发现 λ 约为 1.6；Hwang 和 Satchell（2010）发现 λ 在不同国家或地区的市场上会有所差异，英、美市场的 λ 分别为 3.25 和 2.75。

Abdellaoui M. 等（2007）认为当前对损失厌恶参数的研究实验很多，但学术界还未有统一定论。Schmidt 等（2002）研究了动态的损失厌恶情形，提出了绝对和相对的损失厌恶溢价。Brooks 等（2005）通过学生实验得出被试者整体都有显著的损失厌恶。自 Thaler 将损失厌恶引入非风险领域后，Novemsky 等（2005）用商品买者愿意支付的最高价与卖者愿意支付的最低价差距来衡量损失厌恶程度，但还未将研究扩展到风险领域。Gachter（2007）等通过“禀赋效应”实验发现，风险状态不同，损失厌恶程度也不同，且无风险决策与风险决策的损失厌恶有显著的正相关。除此之外，收入、财富、年龄会加重损失厌恶程度，而学历会减轻损失厌恶程度。Abdellaoui（2007）等通过实验得出了效用函数图形，进而得到损失厌恶系数。Thaler 和 Johnson

(1990)在发现“私房钱效应”时,Gervais 和 Odean(2001)提出“过度自信”假说时,都曾预测“牛市”行情会降低投资者的损失厌恶程度,进而导致投资行为更加激进;Berberis 等(2001)认为市场处于“熊市”时,投资者对损失和风险的厌恶程度将上升;李雪峰(2011)等的研究证明了在“牛市”行情中,投资者因普遍盈利而高估了自身的投资能力,致使损失厌恶程度降低;肖峻(2013)认为投资者“处置效应”强弱会受到“私房钱效应”和“过度自信”的影响,因为正是认知偏差导致损失厌恶程度和风险厌恶程度的不同,最终导致投资者行为呈现出不对称性。

除此之外,Kahneman 和 Tversky(1979)将收益和损失的参考点(Reference Point)设定为 0,这在后来的研究者看来并不完善,这取决于投资者的心理认定和因环境变化而变化。研究者们只关注单一参照点,但不久之后便意识到多种参照点会同时作用于决策过程(Huang & Tseng,2007;Koop & Johnson,2012)。当前,国内外学者主流应用的是由 Wang(2002),Wang 和 Johnson(2012)提出的三参照点理论(Tri - reference Point Theory),认为在风险决策时,行为主体考虑了最低要求(Minimum Requirement,MR)、现状(Status Quo,SQ)和目标(Goal,G)三个参照点,并将心理预期划分为四个区域(Area):成功($D>G$)、收益($SQ<C<G$)、损失($MR<B<SQ$)和失败($A<MR$),投资者避免失败是最重要的,其次是成功,最后是维持现状,这也为损失厌恶提供了新解释,投资者从损失到失败的心理效应要远大于从获益到成功,又被称为失败厌恶(Failure Aversion);王晓田和王鹏(2013)认为在动态决策中,MR 和 SQ 影响投资者的风险倾向,而 G 则在最后一轮的投资中发挥作用。

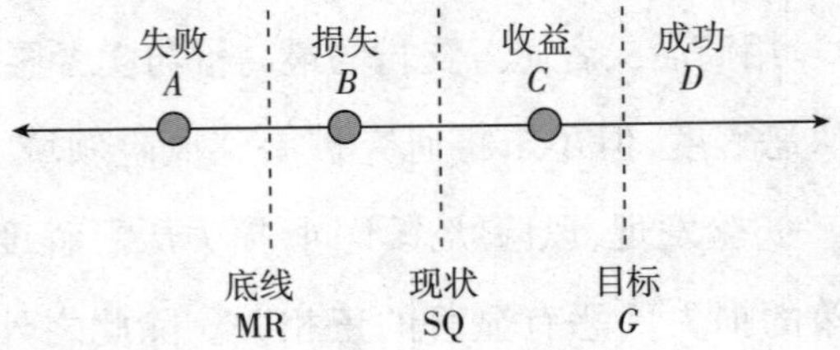

图 2-2 三参照点理论图示

从中可以看出,研究者分析因素各有不同,对于前景价值函数的参数取值也各有不同,但对分析资产配置行为研究却至关重要,既往有 Wakker 和 Deneffe(1996)的权衡法(Trade - off)、Abdellaoui 等(2007)的无假设测度法,而国内学者在损失厌恶参数测度方面的研究极少。

(3)损失厌恶资产配置模型的相关研究

Markowitz 的均值方差模型是资产配置的经典分析范式,影响深远,但其关于理性经济人、有效市场假说等研究较现实有所偏差,故从有限理性出发的行为金融学成为资产配置的新理论工具。卫海英(2002)认为均值—方差的传统风险测量方法放大了大方差的风险却缩小了小方差的风险,而且忽视了小方差风险的累计作用,这是 M - V 理论的缺失;李腊生(2013)认为将投资者假定为同质预期、风险偏好一致是不符合现实的。因此,资产配置理论的研究方法就集中在如何测度投资者的风险上,出现了下半方差、下侧风险和在险价值等有别于传统均值—方差的风险测度方法,如 Foo 等(2000),Estrada 等(2008)以半方差测度资产组合风险,Hallow(1989)提出了下偏矩方法(Low Partial Moments,LPM)。事实上,Rockafeller 等(2000)认为 VaR 模型或 CVaR 模型也是基于下侧风险或基于参照点损失的思路;汪贵浦等(2003)用非线性方法改良了 Hallow 模型,使其能够求解一阶下偏矩的精准值;Usman Ayub 等(2005)将下偏二阶矩的资产配置模型与均值—方差、均值—半方差模型进行了比较,并就模型的收益偏度、优化算法、稳健性检验等方面作了进一步研究;李仲飞(2010)对单期、多期资产配置问题进行了最优解,姚海洋等(2014)在不确定决策理论的框架下用传统资产组合理论通过不断修正假设条件的效用函数寻求最优解。

在 Kahneman 和 Tversky(1979)前景理论的 S 型模型框架下,通过改变参照点、损失厌恶系数等方式不断完善前景价值函数,Barberis 等(2001)结合心理账户研究了线性前景理论函数(Linear Prospecet Theory Model,LPT),将 α 和 β 设置为 1,而非 Kahneman 和 Tversky 的 0.88,通过股票回报率和动态损失厌恶系数解释了“私房钱效应”(Housing Money Effect);李仲飞、梅琳

(2004)对 CRRA、LA、DA 三种效用模型进行了比较分析,认为 DA(Disappointed Aversion)比 LA 更能解释"金融异象";Gomes 等(2005)在此基础上,通过改造的三段式 LLA 模型,发现投资者面对进一步的损失时会变得更加冒险,而获利时又变得更为保守;De Giorgi E. 等(2006)将其转化为指数效用函数,胡支军等(2010)通过优化算法,但都存在计算复杂、转化后效果不佳的问题;Fortin 等(2011)研究了 MV、CVaR 以及 LLA 达到相同最优解的条件,并对欧美股票市场进行了实证研究。

Cumova 等(2014)拓展了前景理论,利用基于参照点的偏距测度收益或损失,并设定了上偏矩和下偏距(UPM - LPM),重点研究了对投资者风险和收益态度各异情况下资产组合及有效前沿问题;对于变量较多的非线性混合整数规划问题,王纯子等(2013)设计了一种扩展时间 Petri 网模型及其算法;林志炳(2010)、He(2011)、Fong(2013)和 Best M.(2014)等假定损失厌恶函数为线性和投资者的边际效用恒定来求最优解;王佳等(2016)考虑了资产均值的模糊不确定性以及投资者损失厌恶的心理,对风险资产收益分布未知条件下的分布鲁棒投资组合问题;也有学者如詹泽雄、吴宗法等(2017)采用线性损失厌恶资产配置模型(Linear Loss Aversion Model,LLA)替代经典前景价值函数模型,来分析参照点动态变化和损失厌恶系数调整下的一组股票的最优配置比例,并将其与 M - V 在投资绩效上作出对比,认为下偏二阶矩的非线性损失厌恶资产配置模型具有更优的配置效率。

2.3 商业银行零售客户资产配置与非利息收入的相关研究综述

2.3.1 商业银行零售客户资产配置相关研究综述

(1)商业银行零售客户分层管理

根据国家统计局每季居民收入和消费支出情况报告及主要上市银行年报数据,中国居民具有 50% 的储蓄率,这是各家商业银行主要竞争的战场,只要有储蓄存款,就可以对居民开展金融资产服务,特别是资产配置业务,进而获取非利息收入(Non－Interest Income,NII),但这需要商业银行持续有效地做好客户关系管理(Customer Relationship Management,CRM),提升获客贡献。Barry(1983)最早提出了客户关系管理的核心理念——关系营销,此后,Christophe,Reichheld,Sasser 等在深入探究的基础上逐渐形成理论体系;1997 年,CRM 概念才由美国权威战略咨询机构高德纳(Gartner Group)公司首度提出,它是一项企业的商业策略,细分和组织企业客户资源,通过点对点服务,来提高企业客户的满意度,提升客户贡献值,增加营业收入。在引入商业银行客户管理后,主要是通过搭建 CRM 系统支持客户管理人员维护中高端客户或潜力目标客户,但面对庞大的客户群,系统滞后的更新速度和功能开发,远远不能满足当下客户管理工作的要求,那么,银行该如何在有限的资源投入下管理好各类资产水平的客户群呢?

关于商业银行零售客户管理的文献,主要围绕顶层设计、技术保障、关系维护及精准营销四方面展开研究,内容涉及客户分层、激励支持、CRM 的设计运用、筛选目标与营销达成等。詹志斌(2010)、马长啸(2016)等从顶层设计研究客户管理,抛开领导重视程度、管理能力等主流原因,认为当前以销售、存款、贷款等维度划分客户层次的认知是不全面的,也是缺乏系统规划的,并较为深刻地从制度流程设计、员工激励、创新与品牌等方面剖析并提出解决问题的思路和措施;建行江西分行课题组(2006)、刘玲(2012)等从客户信息的基准化角度研究客户管理的技术保障,从信息平台搭建、采集和整理、职责分工、共享等方面,进一步明确客户管理标准化和差异化的要求,提升客户管理规范化和职业化水平,改变主要依靠客户经理个人经验及习惯的工作方式,以利于提高营销服务的效率和效果;南京市农村金融学会课题组(2017)、黄斐、张同建(2010)等,基于客户关系生命周期理论衡量客户价值,并就 CRM 数据的周期来分析银行的目标和盈利;楚秀娟(2017)、李小庆(2015)等,从客户关系维护角度研究客户的精准营销,运用比较分析、案例分析等方法,实证解析了先进同业及互联网公司的精准营销案例,并结合工作实践,最终从系统优化、大数据应用、渠道建设及风险防范等四个方面,提出了商业银行推进精准营销的建议。然而，50%～70%的CRM是无效的（Gartner Group，2003；Forrester Research，2009）。也就是说，在没有足够的信息和产品差异时，客户管理的内容是相似的，结果是趋同的。笔者（2018）在对商业银行"长尾客户"的研究中发现，"有管理"和"无管理"的客户在资产配置结构比例和波动趋势上却有较高的一致性，认为银行在金融市场中对客户的管理是弱有效的，甚至是无效的，是客户及银行财富顾问在"羊群行为"的作用下"自然"形成的。

商业银行的零售客户分类会因各种情景的需要而进行不同种类的划分。吕昀卿（2006）总结了客户细分的方法，主要包括关联法、分类发现、聚类法等多种定量研究方法；笔者（2016）主要根据零售客户金融资产的规模（Asset Under Management，AUM）而划分为私人银行客户（AUM＞800万元）、财富客户（800万元＞AUM＞100万元）、普通客户（AUM＜100万元）3类，但从现有的权威文献或重要学术刊物看，关于商业银行零售客户分类管理的文章寥寥可数[①]；当然，也有将零售客户分为基础客户层、普及客户层及优越客户层（叶学英等，2000），以及最有价值顾客（Most Valuable Customer）、最具增长性顾客（Most Growable Customer）和负值顾客（Below Zero Customer）（中国工商银行上海市分行课题组，2011）。自招商银行2007年成立国内首家私人银行中心以来，高端客户就成为商业银行"争抢"的首要对象，此后10年，工商银行、中国银行、交通银行、浦发银行等陆续成立了私人银行管理机构，从投中信息《2017年中国财富管理行业研究报告》的数据看，中国的高净值人群已经达到187万人左右，个人可投资资产总规模达到188万亿元。李景然（2014）认为商业银行零售客户细分的原因主要在于客户需求的异质性和银行资源的有限性，同时，也将零售客户细分标准划分为自然属性和行为属性，自然属性包括零售客户的年龄、受教育程度、职业、收入、持有资产种类等，行为属性包括零售客户对金融产品的满意度、对银行的认可度、资产的配置偏好、资金的流动频次和方向、风险容忍度等。

---

①咬亮. 基于客户分层视角的零售银行资产配置与零售贡献研究[J]. 西南金融，2016（11）：32－39.

(2)零售客户资产配置的种类和现状

资产在法律上已经表明了经济主体所具有的财产权利。商业银行零售客户的资产配置所涉及的只是其自身商业银行的金融资产。刘楹(2007)认为金融资产是以信用关系为特征,以货币流动或资金流通为核心的债权和物权资产,与实物资产完全不同,包括货币现金、储蓄存款、股票、保险、国债、外币和金融衍生品等;商业银行零售客户可配置的资产主要是存款、理财、基金、保险、国债、黄金、第三方存管等七大类(咬亮,2018)。零售客户所持有的金融资产可以称为小类资产,这是与商业银行资产管理业务所持有的大类资产相对应的,只有在商业银行将零售客户资金吸纳后才能以理财形式分割、分类、分配给零售客户,形成小类资产。大类资产主要包括固收类、权益类、货币类、房地产类和其他另类(巴曙松等,2017),再到具体产品种类又包括债券、股票、现金、衍生品、私募股权等。虽然有效的大类资产配置是长期投资成功的关键,但对于如何衡量择类(大类资产)和择时(选择种类和时机)对配置成功的贡献时,却无定论,而唯一可以肯定的是,大类资产配置具有分散风险的功能,特别是如果将金融机构的大类资产配置范围从国内扩展到国际,就可以为投资者实现有效边界的向外扩张,进一步提高最优组合收益(Grubel,1968;Levy & Sarnat,1970),美国率先致力于研究大类资产配置策略。

零售客户的小类资产依据商业银行的大类资产的风险、期限、标的、收益率等进行分类,但并非一种大类资产就对应一种小类资产,而是根据其代表性特征及销售对象进行划分,包括保证收益型和非保证收益型、开放式和封闭式、预期收益型和净值型、个人客户理财和机构客户理财等。零售客户在成为银行金融产品消费者的同时,也是居民部门中的一员。现有金融产品的同质化严重、国民预期不确定性、房产持有惯性等中国特有的国情,导致居民部门的资产结构中,以房产为代表的非金融资产和以储蓄存款为代表的无风险金融资产仍然占据绝对份额,从债券到股票的风险金融资产占比虽然有所提升,但相比发达国家或地区而言仍然偏低。大量的居民金融资产都沉淀在银行体系，促进了银行资管业的发展，从居民部门资产数据（李杨等，2015）看，居民资产结构中房产占比60%，通货存款占比25%，股票和债券仅占比4%，其中，通货存款就成为银行资管运营的重要资金源头①，从家庭调查数据（王渊等，2016）看，家庭金融资产的风险高低依次是：储蓄存款、银行理财、国债、基金、股票及期货期权的衍生品等，这也成为家庭持有金融资产占比高低的一般顺序。

（3）影响零售客户资产配置的主要因素

李善平、毛丹平（2010）认为，当居民的个人收入持续大于日常支出，出现收支结余和可投资资产时，出现了一批高净值财富个人，成为核心金融消费者。零售客户作为家庭成员，自身就有凯恩斯（1936）在《就业、利息和货币通论》中所提到的储蓄动机之一：以赚取利息或投资收益，增加未来收入和消费而牺牲现期消费为目的的替代储蓄动机。零售客户依托商业银行打理资产，除了保值增值外，也是因为在面对当前金融市场多元化、复杂化时对投资无所适从，但又要面临通胀压力下的养老、医疗、子女教育、住房、保险、信贷等问题。影响客户资产配置的主要因素可分为宏观和微观两个方面，或者外在和内在两大类。

宏观上，金融市场的信息透明度、信息质量、交易成本、市场监管、经济发展水平等会对零售客户的预期形成较大的影响（刘楹，2007）；当经济环境向好、收入提升和家庭负担减少时，风险资产如股票型基金持有比重会有所提高，相反，会持有储蓄存款较多（王都富，2012）；王敏（2016）认为收入、房产风险是影响客户资产配置最重要的宏观因素；范从来（2013）认为当前中国已经出现了资产短缺，传统银行储蓄存款已无法满足客户的需要。

微观上，王小平（2015）认为零售客户资产配置的本质就是通过分散化投资，降低风险、确保收益。但从行为金融学角度而言，零售客户受到外部政策、媒体、理财师和其他银行信息的影响，加之在自发性偏差和框架依赖的作用

①李扬，张晓晶，常欣. 中国国家资产负债表2015——理论、方法与风险评估［M］. 北京：中国社会科学出版社，2016.

下,出现认知偏差,主要表现为易获得性偏差、代表性偏差和锚定与调整,导致了客户的非理性行为,进而表现在配置资产权重时的过度自信、过度反应、处置效应、认知失调、反应不足和自我控制等(彭飞,2010;董志勇,2015)。零售客户的风险厌恶程度并非始终不变,会随着自身财富水平、收益状况和认知水平等发生变化,因此,其资产配置也是一个动态调整的过程。Giusppe 和 Cappelletti(2012)认为居民财富水平的变化确实会影响居民的相对风险厌恶程度,最终影响其各项资产配置权重;李心丹(2014)认为,损失厌恶也会发生在银行客户身上,银行客户在面对同样数量的收益和损失时,损失会比收益带来的感受更为强烈;也会将银行账户的资产按照资金用途、性质、来源等进行归类和评价,其一系列结果被列入一个账户(饶育蕾、张轮,2015)。

2.3.2 商业银行非利息收入相关研究综述

(1)非利息收入的界定

按照中国人民银行颁布的《商业银行中间业务被被暂行规定》(2001),中间业务被定义为"不构成商业银行表内资产、表内负债,形成银行非利息收入的业务",它与资产业务、负债业务一起构成了商业银行的主营业务,也是利率市场化环境下考量银行竞争力的重要指标。按照巴塞尔委员会所确定的标准,表外业务可分为两类:一是狭义的表外业务,是指或有债权、或有债务,不在商业银行的资负表内反映,但在一定条件下可转变为资产和负债的业务;二是金融服务类业务,是指那些能为银行带来无风险性收入的业务。因此,中间业务即是非利息收入(None - Interest Income,NII),本书所探讨的非利息收入正是客户在资产配置时买卖产品为商业银行带来的手续费收入(中间业务收入的重要组成)。

魏鹏(2012)认为商业银行的非利息收入具有抗周期性强、资本金占用小、风险程度低的优势;Gallo,Apilado 和 Kolari 等(1996)认为银行参与的共同基金可以降低银行的系统性风险并提高收益率,薛鸿健(2006)、赫国胜(2006)、李海辉(2012)、韩静(2013)等持有相似的观点;但随着商业银行开展中间业务的增多,非利息收入呈规模性扩张,逐渐渗透到证券、保险、投资等诸多领域后,非利息收入却对银行产生了一定的波动性。因此,也有学者开始怀疑其与银行传统利息收入不相关的说法(Boyd & Graham,1996),Wall(1987)通过数据显示银行多元化经营与风险之间存在正相关,Fraserd(2002),Stiroh(2006)、黄隽和章艳红(2010)等也持有此观点,Acharya,Hassan 和 Saunders(2006)认为意大利商业银行存在规模不经济,李泉和延莉莉(2014)认为非利息收入占比过高反而会抑制商业银行经营收益的增长;当然,Keenon(1991)、刘燕和王雅芳(2013)等学者持中性观点。

近年来,国内商业银行非利息收入发展呈现出以下特点(魏鹏,2012;周正清,2017):①与商业银行资产规模呈比例持续上升,2015 年达到峰值0.77%;②占营业收入比重平稳提升,平均每年增长 1 个百分点,如今达到 26%,其中,股份制银行发展迅速,银行业非利息收入占比增长 3 倍;③手续费及佣金收入占比最高,都在 80% 左右,在金融危机投资收益大幅缩水时,数值能够达到 100%①。但也存在以下问题(陈芙,2015;雷洪光,2017):①现有商业银行的中收业务分为 9 大类 260 多个品种,虽然涉及领域广泛,子品种达到 2 万多种,但银行间同业差距较小,随零售客户市场需求的创新速度较慢,仅停留在结算、代收代付上;②"息转费"现象仍然很严重,这是信贷约束体系下的"变相"收费,非利息收入反映了银行中收贡献能力不真实;③部分非利息收入所对应的潜在风险较大,银行承压风险敞口,特别是期货、衍生品等。

(2)非利息收入的理论依据

商业银行大力发展非利息收入,陈芙(2015)认为主要受以下四种理论的支撑:①规避"监管税收效应"假说(Flannery,1989),是指商业银行因监管对资本充足率和拨备率的要求而损失利息收入,处于"税收劣势";②"风险分担"假说(Benveniste & Berger,1987),如果商业银行进入破产清算,则非利息收入相当于为客户提供了储蓄存款的优先受偿权;③"范围经济"和"成本

①周正清. 商业银行盈利模式转型研究——基于非利息业务的影响因素、收益与风险的实证分析[D]. 上海:上海社会科学院,2017.

互补”效应假说(Teece,1980;John Panzar & Robert Willing,1981;Chandeler,1990),是指多元化的发展有利于增加商业银行的经济效应,降低成本;④“资产组合理论”和“协同效应理论”(Markowitz,1952),也是多元化发展的思路,主要在于商业银行搭配不同的产品体系,更有利于化解系统性风险、提高抗风险能力。

(3)影响非利息收入的主要因素

非利息收入的构成主要有:手续费佣金收入、投资收益、公允价值变动收益、汇兑收益和其他收入。陈芙(2015)在对16家商业银行的数据剖析后得出,非利息收入占比平均为14.46%,最高的是中国银行,为24.51%,主要受到两方面因素的影响:一是自身的经营策略;二是宏观环境变迁。其中,手续费佣金收入的贡献最高,零售客户在商业银行进行资产配置时,通过买卖银行产品为商业银行贡献手续费佣金收入,主要受到金融市场环境变化和交易频次的影响,笔者(2016)在对银行客户进行分层分析后得出:普通客户虽然属于储蓄类客户,但其每万元资产零售贡献(RCAPM)却高于财富客户,其信用卡及贷款贡献占比高于财富客户及私银客户;财富客户虽然资产量不低,但其资产配置却在国债和保险方面较普通客户和私银客户高,而这些资产都是中长期类,对零售贡献只能在一次而非长期内返还,因此,财富客户的资产容易成为“睡眠资产”;私银客户的零售贡献最高,多在于私银客户在投资方面更愿意“冒险”,资金的配置频率高和标的风险性大,特别是在银行渠道代理类产品的配置方面给予零售银行的贡献较大。

2.3.3 零售客户资产配置与非利息收入的相关研究综述

关于零售客户资产配置与非利息收入二者关系研究的文献非常少,相关研究大体有:一是从宏观层面的金融市场对银行产品资产投向标的的配置角度研究,王光宇(2016)对银行理财业务资产配置的状况分析中,指出资产配置分为战略性和策略性的,并认为策略性资产配置需要银行根据自身对宏观经济和金融市场的理解,对投资组合进行管理,实施再平衡操作,商业银行的大类资产配置应该具有市场逻辑，应该长远布局和积极创新，加速转型。二是从微观层面的家庭单位研究国内个人资产配置，陈蕾（2015）认为中国还将继续处于存贷利率控制的金融环境，低利率和高通胀使家庭财富配置由储蓄转理财，但也通过设定目标效用函数最优化得出，家庭会不自觉减少风险资产的持有；杜春越、韩立岩（2013）从 2009 年奥尔多家庭资产负债调查结果看出，家庭金融资产结构中银行存款 78.08%、债券 1.58%、股票 12.07%、外汇 0.43%、基金 7.77%、期货 0.06%等①。中国居民投资的特点主要有：一是储蓄率高，高风险资产持有比例低，交易不活跃（魏先华、张越艳、吴卫星、肖帅，2014）；二是财富水平高的家庭，资产多元化配置程度高，且高风险资产如股票等持有规模较大，财富效应显著（陈彦斌，2008；陈斌开、李涛，2011）；三是金融资产配置以银行理财、储蓄存款、国债为主，保险、基金、黄金次之，股票占比还是较低（史代敏、宋艳，2005）。

综上所述，目前学术界和实业界的主流文献，从宏观上看，主要基于金融市场环境变化对商业银行大类资产配置结构的影响做研究，提出应对性的决策思路和建议，从微观上讲，是基于家庭问卷调查形式获得金融及非金融资产配置结构及趋势，提出影响家庭资产配置的主要因素，如人口数量、收入、教育程度、风险偏好等，其中，对银行客户的资产配置尚可纳入此类研究。然而，其一，较少文献能从银行客户的真实金融行为结果来分析资产配置与非利息收入之间的变动关系，也少有关于资产配置结构对银行主体贡献结果的研究；其二，少有出自客户真实资产配置及各类资产贡献的数据分析，大多基于问卷调查，数据的可信度不高；其三，对于按照财富水平划分零售客户层次，也较少有依据明确的银行资产标准，且更少有针对不同层次客户来分析金融市场、资产配置与零售贡献的研究。

2.4 总结与评述

Markowitz（1952）在理性预期的基础上提出分散投资降低风险的均值—

①杜春越，韩立岩. 家庭资产配置的国际比较研究[J]. 国际金融研究，2013(6)：44－55.

方差投资组合选择理论,但其重要假定是:市场的有效性和人的完全理性。然而,多年的理论探讨却得出了有效市场的检验成为一个既难证实又难证伪的命题。20 世纪 80 年代,以 Kahneman 和 Tversky 为代表的行为金融理论兴起后,对现代金融理论形成了强有力的挑战,创立了前景理论(Prospect Theory),通过实验数据说明,人们投资决策时会设定一个参照点,低于参照点的负效用远大于高于参照点的正效用,提出了损失厌恶(Loss Aversion)的概念,其中,损失厌恶系数是用来衡量痛苦与满足的效用绝对值之比。损失厌恶除将投资者本身作为研究主体外,还有将政府监管者、房屋销售者、管理层等作为研究主体。零售客户作为投资者也具有损失厌恶特征,但当前学术界研究甚少。

关于商业银行零售客户管理的文献,主要围绕顶层设计、技术保障、关系维护及精准营销展开研究,内容涉及客户分层、激励支持、CRM 的设计运用、筛选目标与营销达成等。零售客户依托商业银行打理资产,除了保值增值外,也是因为在面对当前金融市场多元化、复杂化时对投资无所适从,但又要面临通胀压力下的养老、医疗、子女教育、住房、保险、信贷等问题,影响客户资产配置的主要因素可分为宏观和微观,或者外在和内在两大类,本书主要从投资心理和投资风格的视角进行资产配置研究。

目前学术界和实业界的主流文献,从宏观上看,主要基于金融市场环境变化对商业银行大类资产配置结构影响做研究,从微观上讲,是基于家庭问卷调查获得金融及非金融资产配置结构及趋势,如人口数量、收入、教育程度、风险偏好等,其中,对银行客户的资产配置尚可纳入此类研究。然而,一是较少文献能从银行客户投资心理来分析资产配置行为,也少有关于资产配置结构对银行主体贡献结果的研究,二是少有出自客户真实资产配置及各类资产贡献的数据分析,大多基于问卷调查,数据的可信度不高,三是对于按照财富水平划分客户层次,也较少有依据明确的银行资产标准,且更少有针对不同层次客户对比来分析资产配置行为及其与非利息收入关系的。

3 零售客户资产配置现状与影响因素

3.1 中国资产管理行业发展的源头、现状和流向

3.1.1 中国资产管理行业发展的源头

中国资管业的悄然兴起源自中国2001年入世,在金融业逐步开放的过程中,以国有商业银行为主导的金融体系也在不断地巩固和完善。自2003年中国银行推出第一款外币理财产品“汇聚宝”以来,“理财产品”就正式登上了中国金融体系的舞台,到2004年光大银行发行第一款人民币理财产品“阳光理财B计划”时,银行理财就成为中国居民打理储蓄存款的重要渠道。与2005年开办理财业务的20家银行理财产品余额2000亿元相比,2017年银行理财总规模达到近30万亿元,增长了150倍。与此同时,以银行、券商、保险、信托、公募基金、私募股权基金和阳光私募基金的规模之和计算中国资产管理行业总规模,数值接近120万亿元①,是同期中国GDP 83万亿元的1.5倍,发展速度之快规模之大,已经是除美国以外世界第二大财富管理市场。

发展的源头,主要有三方面:一是中国经济增速和规模带动了居民财富快速增长,虽然2017年GDP增速回落至6.9%,是2007年14%的一半,但

①基金子公司和基金专户有大量银行理财委外或者通道业务,此数据有重复计算,但业内通常使用,实际为高估数据。银行、保险和券商的资产管理之中涉及基金投资,券商资管规模之中涉及通道业务和委外业务,信托之中涉及通道业务,因此,很难或者无法确定准确规模。

规模却是其3倍,且人均GDP也由3315美元增至8836美元,而城镇居民人均可支配收入也增长了1.5倍,实现了过去10年年均复合12%的高增长率,这是中国资管业发展的资产源头①;二是按照世界银行和国际货币基金组织“国民储蓄率”计算,目前全球的平均数为25%,而中国却是56%,位居世界前三②,在利率市场化和“刚性兑付”的推动下,国民有着强烈的理财需求,这加速推动了存款“理财化”,从中国人民银行公布的居民金融资产配置数据来看,居民储蓄存款已从10年前的71%下降至55%,资管产品也从6%升至27%,③这是中国资管业发展的负债源头;三是在2018年中国人民银行、中国银行保险监督管理委员会、中国证券监督管理委员会、国家外汇管理局联合发布《关于规范金融机构资产管理业务的指导意见》以前,监管部门也曾积极推动中国资管业的快速发展,特别是2012年以来的一系列政策文件,包括保监会退出改革创新13条扩大了险资投资的范围和渠道,证监会修订券商资管业务也扩大了经营范围等,国家金融改革的混业推动,虽然也带来了影子银行、高杠杆、多层嵌套等实质风险问题,但却促进了资管业的蓬勃发展,这是中国资管业发展的“表外”源头。

除上述从金融角度分析外,生育率持续下降、平均生育年龄增加、人口老龄化趋势、互联网和信息技术提速、居民认知水平提高等社会因素也是促进中国资管业发展的重要源头。

3.1.2　中国资产管理行业发展的现状

回顾中国资管业的发展历程,可以分为四个阶段:①资管1.0时代(2004—2012年),以2004年光大银行发行中国第一款理财产品“阳光理财B计划”为始,以2012年全国人大通过的《中华人民共和国证券投资基金法(修订草案)》为终,这是中国资管业的起步成长时期;②资管2.0时代

①数据来源:国家统计局网站。

②数据来源:搜狐官网。

③数据来源:中国人民银行网站。

(2013—2017年),以国务院金融稳定发展委员会成立为终,这是中国资管业的繁荣膨胀时期;③资管3.0时代(2018—2020年),以2018年中国人民银行等四部委联合发布《关于规范金融机构资产管理业务的指导意见》为始,以“新老划断”的过渡期为终,这是中国资管业的冷静修复时期;④资管4.0时代(2021年至今),在政策过渡期结束后,国务院要求金融机构的资产管理产品要按照《指导意见》进行全面规范(因子公司尚未成立而达不到第三方独立托管要求的情形除外),不得再发行或存续违反本意见规定的资产管理产品,中国资管业进入监管与合股发展时期,银行吸收的客户资金要真正引导到实体经济中,促进产业行业的升级换代和经营模式的转型升级。

过去5年,资管业是中国金融业的主角,连续多年保持50%的增速,根据央行口径统计,2017年大资管行业总规模为118.58万亿元:从产品发行机构看,银行表内、表外理财余额为6.75万亿元、21.63万亿元,保险产品资产余额13.7万亿元,信托产品资产余额23.1万亿元,公募、券商资管、基金专户和子公司、私募的产品资产余额分别为11.14万亿元、17.37万亿元、14.4万亿元和10.3万亿元;从投资者结构来看,银行理财、券商资管集合计划中个人投资者占比相对较高,分别达46.3%和42.9%,信托产品中以个人投资者为主的集合产品占到37.3%。而在基金子公司、基金专户、券商定向资管的投资者结构中,机构投资者占比分别高达94.5%、95.6%和99.7%,这其中以银行和信托委托资金的比例分别达到68.5%、64.9%和86.4%;资管产品数量上,2017年年底达到15万只,较2007年扩张了37.5倍;资管产品种类上,除了传统的现金类、固收类、权益类产品外,基金公司推出了ETF、分级基金及杠杆基金,证券公司推出期货资管、收益权凭证,信托公司推出黄金、房地产投资信托,银行推出汇率挂钩、黄金递延和商品期货,等等①。

①中国工商银行教育部,资产管理部. 中国工商银行资产管理业务研究手册(2017年版):上册[Z].2017.

图3－1　中国资产管理业规模及结构发展(2013—2017 年)

美国的资管业起步于20 世纪30 年代,在经历了近60 余年的发展后,随着国民财富积累、利率市场化加速和互联网技术创新等,也进入高速发展轨道,资管规模与 GDP 占比一度达到2 倍,与当前中国资管业体量和态势相似,但在次贷危机后进入冷静修整期。中国的资管业在快速发展中已经暴露出诸多问题:一是监管套利,虚假创新,少数金融机构通过多层嵌套等方式在“分业监管”背景下将资管产品包装成类信贷产品,加剧社会融资杠杆度;二是监管水平良莠不齐,资本约束不够,部分金融机构通过结构化设计提高收益率,遇市场大幅震荡时容易触发系统性风险;三是隐形“庞氏骗局”,金融机构在“刚兑”需求下,不断通过滚动发行产品实现资金的“新老交替”,导致资金加速空转,助长泡沫风险。问题远不止这些,因此,国务院也及时颁布了《关于规范金融机构资产管理业务的指导意见》,防微杜渐,悬崖勒马。

3.1.3　中国资产管理行业发展的流向

中国的资管业较金融发达国家或地区还有很长的路要走,其金融功能的定位是关键。Merton(1995)的“金融功能理论”认为,金融体系的核心功能是资源配置,资管业作为金融体系的重要组成之一,除了不具备底层基础设施性质的直接清算和支付功能外,在提供投融资、资源配置、风险管理、处理信息不对称等方面均发挥着重要作用。如图3－2 所示,对于金融市场上的各类融资方，也就是资管业中各项基础融资需求的供给方而言（宏观上的资产端），资管业是融资渠道；对于投资方，也就是资管产品的购买方或者说是金融市场上资金的提供方而言（宏观上的资金端），资管业是资产保值增值的途径。尽管国家或地区的金融体系、资管体系、金融结构甚至社会文化有较大的差异，但金融体系中的资管业链接融资方和投资方的本质是确信无疑的，因此，对于中国的社会经济体而言，资管业应该体现的是对金融要素的资源配置功能，借助市场化力量不断提升资管业效率及核心竞争力已经成为重塑国家资产负债表最有效的方式。

资管业的管理本质是"受人之托、代客理财"，因此，对于资管机构而言，未来要从三方面着手改革：一是打破刚性兑付，实现产品净值化，要在当前以银行资管业为主导的负债端上加速计量测算和模型建立，使投资者认知底层资产的风险程度，避免因银行体系引发系统性风险；二是依法履职资管产品的信息披露，强化内控合规建设，不仅要确保信息披露的真实和完整，还要从保护投资者利益出发提高信批的有效性，而且要崇尚商业契约精神，依据约定各司其职；三是大而广不再是竞争的必要方向，要在混业而同质的资管业中寻求长远发展，必须立足行业自身的金融功能，深耕细作领域内的净土。

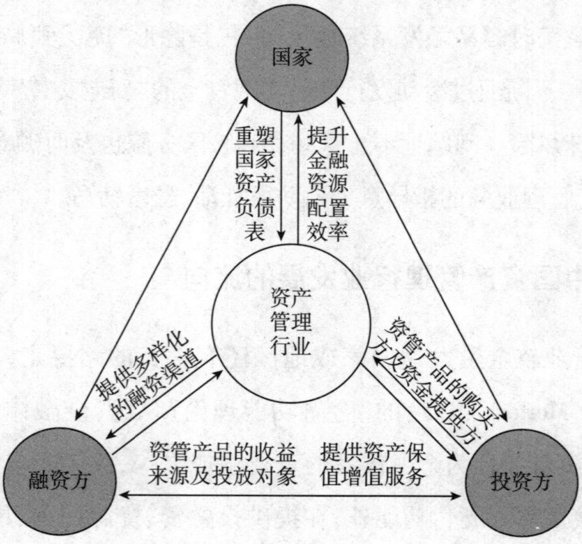

图3－2　中国资产管理行业发展的流向

对于资管业的监管而言，未来的方向在于：第一，中国资管市场上60%以上是个人投资者，应该引导机构投资者发展，为社会资源提供养老、医疗、教育甚至住房等领域的长期补充；第二，在统一监管的宏观背景下，构建统一的资管业信息平台，有效解决当前银行、券商、信托、保险、公募及私募等资管机构在信息共享和关联上的缺陷，杜绝因诚信水平、管理能力和风控机制的低下而造成监管套利、徇私舞弊和违法乱纪；第三，法律体系要给予资管业的资管产品以合法地位，杜绝法律法规上的真空和隐患，同时，明确法律监管要按照去通道、降杠杆、穿透审查的原则执行，进一步提高资管业金融效率在服务实体上的功能定位和发展宗旨。

3.2 商业银行资产管理业务发展的机制、现状和问题

3.2.1 商业银行资产管理业务发展的机制

商业银行的资管业务可以等价于理财。虽然银监会在2005年指出："个人理财业务是指商业银行为个人客户提供的财务分析、财务规划、投资顾问、资产管理等专业化服务活动"①，但与金融发达国家或地区为高净值以上客户提供财务规划、资负管理及投资顾问的理财内涵相比，还相去甚远，更多的是居民个人储蓄存款被转化为社会融资的一种产品或工具。经过十余年的摸索和成长，特别是在资管2.0时代（2013—2017年）实现了突飞猛进、遍地开花，如今也占据了中国资管业1/4的规模，主要依靠的是"资金池—资产池"的运作机制，一边是居民端资金汇集，将理财产品募集到的客户资金放入池中等待对接资产项目；另一边是融资端资产发放，通过投资权益市场、债券市场、货币市场、非标市场、货币市场等金融工具，虽然在一定

①中国银行业监督管理委员会的《商业银行个人理财业务管理暂行办法》（中国银监会2005年2号令）发布于2005年9月24日，2005年11月1日起实施，需要特别指出的是，由于银行理财业务的迅速发展，后来又发展出机构理财和私人银行的理财，尽管监管法规没有及时更新，但《商业银行个人理财业务管理暂行办法》和其他个人理财的监管规定大部分都同样适用于机构理财和私人银行的理财业务。

程度上可以分散风险、留存收益的优势，但也存在“黑箱运作”“庞氏之谜”的嫌疑，作为中国金融体系的核心，监管机构也在多措并举地防范银行端触发系统性风险。

在绝大多数中国居民的心中，银行的信誉名列前茅，“刚性兑付”成为银行理财的隐形条款，“帮助”居民在银行争存揽储的竞争中高息受益，同时，也“省去了”居民认知理财本质、认清底层资产、认识风险大小的金融课程，然而，2018 年“资管新规”办法出台后，理财净值化回归本源也成为银行资管发展的必要和必然。那么，为什么银行资管的发展如此之快呢？一是理财作为银行表外扩张的工具，在一定程度上规避了监管；二是当前预期收益型的理财产品存在“刚性兑付”，受到居民热捧；三是中国的信贷管控具有较强的“计划性”，融资方总是处在“资产荒”的环境中，而资金方的居民却又受限于较少的投资品中，这使得银行理财成为连接双方的重要桥梁。但是，在银行依托理财收益率竞争的格局下，资金端的高息盘旋与资产端的逐步下行有着较长的时滞，还导致了资金的“空转”，越发显现出“资金池—资产池”的理财运作机制所积累的巨大风险。

因此，在资管 3.0 时代（2018—2020 年）以及资管 4.0 时代（2021 年至今），银行发展资管业务的趋势是：一是理财资产配置要从单一的“非标准化债权 + 协定存款 + 债券”转向更多样化、全球化的投资标准；二是投资模式从早期对接非标准化，到后来演绎出很多有限类的分级，再到必须实行净值化的投资管理策略；三是委外投资因其更为专业化的分工、更强的风险识别和杠杆操作能力被银行理财普遍接受，形成良性的合作机制，并快速发展。

3.2.2 商业银行资产管理业务发展的现状

对于中国居民而言，银行理财收益率的第一参照点就是同期定期利率或者国债收益率，大量的储蓄资金自银行竞争中往来划转，这也是中国银行业储蓄存款偏离度较大的主要原因。根据中国银行业协会统计，银行理财规模在 2007 年年底余额仅有 5000 亿元水平，但在 2009 年、2013 年、2015 年和2017年分别突破万亿元、10万亿元、20万亿元和30万亿元的规模。银行业理财登记托管中心最新公布的《中国银行业理财市场报告(2017年)》中,全国共有562家银行业金融机构有存续的理财产品,理财产品数9.35万只,理财产品存续余额29.54万亿元,其中,金融同业类产品规模较年初下降3.40万亿元,降幅为51.13%①。

表3－1　中国银行业理财产品余额

单位:万亿元

年份	国有大型商业银行	全国性股份制银行	城市商业银行	外资银行	农村金融机构	其他机构	余额合计
2017年年初	9.69	13.02	4.5	0.37	1.71	1.01	30.31
2017年年末	9.97	11.95	4.72	0.37	1.57	0.96	29.54

2017年,监管部门以守住不发生系统性风险的底线为基本前提,以推动银行理财回归"代客理财"的资管业务本源为宗旨,加强监管,治理乱象,防范风险,积极引导产品转型。在此背景下,银行业理财市场运行总体平稳,主要指标保持稳定,呈现出稳健发展的良好态势。总体来看,理财产品增速下降,同业理财规模与占比较年初"双降",理财资产配置以标准化资产为主,新发行理财产品以低风险等级为主。

从投资者类型来看,个人类是机构类的2倍,余额在3倍左右,如表3－2所示。

表3－2　不同投资者类型产品发行与存续情况(2017)

产品类型	全年总募集金额/万亿元	全年总募集金额占比(%)	年末存续余额/万亿元	年末存续余额占比(%)
个人类	110.44	63.62	19.79	66.99
机构专属类	49.23	28.36	6.5	22.01
金融同业类	13.92	8.02	3.25	11.00
合计	173.59	100.00	29.54	100.00

从风险等级来看,低风险理财产品占80%以上,这是理财业的现状,如

①数据来源:中国银行业理财登记托管中心[EB/OL].2018－02－02,www.chinawealth.com.cn.

表3-3所示。

表3-3 不同风险等级理财产品募集情况

	一级(低)	二级(中低)	三级(中)	四级(中高)	五级(高)	合计
募集金额/万亿元	44.55	99.95	28.8	0.21	0.07	173.59
占比(%)	25.67	57.58	16.59	0.12	0.04	100

从产品类型看①,非保本产品的存续余额为22.17万亿元,保本产品的存续余额为7.37万亿元,占比分别为75%、25%;从资产配置看,标准化资产是主要资产,债券、银行存款、拆放同业及买入返售等标准化资产共占理财产品投资余额的67.56%,其中,债券是理财资金配置的最重要的一类资产,其配置比例为42.19%;从产品收益看,银行业理财市场共有28.46万只产品发生兑付(其中有23.01万只产品到期),累计兑付客户收益11854.5亿元,其中,个人投资者获取收益6667.5亿元,占比为56.24%②。

目前,影响银行资管业发展最重要的是在新监管要求下能否真正实现净值化的产品,让理财回归到财富管理,而不是投资者眼中只有一个收益率价格的银行产品。传统商业银行资产管理业务模式正在经历从类利率市场化业务向真正资产管理业务的转型,业务模式的转型需要产品体系、风险管理体系、投资运作体系、盈利模式等相应转型调整。在转型期,银行资产管理业务规模继续保持快速增长,产品种类不断丰富,大类资产配置逐步从原有的债券、非标债权、票据、货币市场工具扩延至“两融”收益权、定向增发、结构化配资、量化对冲等资本市场业务,也参与了境外债券、优先股的投资,债券和类信贷业务也出现了项目收益债、次级债、永续债、可转债等新的投资品种。随着银行资产管理业务投资品种的扩充,也更多依赖于委托投资来改变原有的配置型投资模式,优化投资的风险收益特征。总体来看,伴随着组织形态、产品形态和资产形态的逐步演进,银行资产管理作为资产管理

①银行发行的理财产品主要有保本和非保本两大类。保本理财产品应纳入银行表内核算,视同存款管理,相应地纳入存款准备金和存款保险基金的缴纳范围,相关资产应按银监会规定计提资本和拨备。

②数据来源:中国银行业理财登记托管中心[EB/OL].2018-02-02,www.chinawealth.com.cn.

产业链的最上游资金提供者、项目推介者、资产整合者、大类资产配置者和委托投资委托人的角色定位也趋于清晰。

3.2.3 商业银行资产管理业务发展的问题

风险积累方面。银行资管的发展不单是银行本身,牵动着整个资管业的诸多方面,可以认为是风险的选择和承担,因为绝大多数的银行理财产品都是通过券商、信托等"通道"进行投资,"通道"即是中间人的角色,并不承担业务背后的投资风险,而银行在承接此类市场项目时,却积累了大量的市场风险、信用风险、道德风险,同时,购买理财产品的客户却惯以"预期收益率"来认知银行理财,在很大程度上掩盖了底层资产的风险,银行因而成为风险的唯一承受者,这也促使银行在理财产品说明书中更多的是列明法律条款,而对产品本身资产的配置、投向、担保等信息披露不详,造成投资者教育不足、风险隐患积累。

同业竞争方面。银行资管也面临来自同业的挑战:一是券商在行业研究、业务延展及市场实战等方面较商业银行具有明显优势,市场范围从一级到二级,能够为客户提供贴近市场的资管产品或资管计划,同时,监管允许券商分级设计产品,产品涉及中期票据、资管计划、定向资管计划、利率互换、集合子基金信托计划等,而且产品可在不同投资者之间转让;二是信托较商业银行在投资范围上有明显优势,因此产品种类也十分丰富,特别是融资类信托,包括类基金集合类信托、中小企业融资信托、银信理财类信托等,不仅市场需求量大,而且运营模式很难让同业复制,价值收益稳定,这是银行在此投资领域的经验和成熟度上还远不及的;三是保险资管产品兼顾保障和避债两大优势,主要体现在投连险、分红险和万能险,客户购买保险理财产品既能够在出险时获得赔偿,还可以使受益人免除债务追偿。除此之外,近年来,基金公司、理财公司、民营金融公司等第三方理财机构都在创新资管产品,而且其目标就是银行的高净值客户、财富客户。

净值化改造方面。这是当前银行理财负债端改造最为迫切和重要的课题,也是中国资管业走向资管 4.0 时代的关键,这需要银行将传统理财的“负债化”管理转为“净值化”管理,真正实现客户的资产管理,还要考虑银行的改造结果如何直接影响到金融中介自身所承担的风险敞口、金融风险所在的形式以及未来可能的应对方式。虽然传统“负债化”的理财管理方式具有一定的优势:政府易于针对金融机构进行集中的问题解决处理,更有利于直接把控市场风险的扩散和蔓延,但其风险则在于,相对于资金来源“净值化”的机制安排,“负债化”的道路选择容易在风险初萌的时候将风险掩盖,风险积累到一定程度之后才会受到应有的关注。“净值化”改造是 2018 年“资管新规”所要求的,在很大程度上也保护了资管机构,虽然需要做好投资者教育事宜,但将风险更多地传导给了投资者自身,形成“卖者有责、买者自担”的资管规矩,在此结构下,金融机构并不需要很高的资本金要求和风险吸收能力,但是从社会经济体系中存在风险的角度来看,“投资者赎回—被迫抛售资产—资产边际定价影响市场总体资产价格—引发更多赎回和抛售”的链条结构,会使得风险的传导性变得更强,市场的波动性变得更大。在中国,对于处理此类通过传导而放大的风险事件的经验相对匮乏,随着市场的快速发展和资产管理行业改革的深入,不同基础资产一、二级交易市场之间已经具备了相互之间感染和影响的能力,但是中国的监管和金融市场风险控制的体质和经验还并不能完全适应和很好地控制、把握此类风险,这一点在 2015 年权益市场大波动的过程中已经得到了充分证明。

3.3 零售客户资产配置现状

3.3.1 商业银行的大类资产配置

资产“asset”一词原为“asez”,是 16 世纪诺曼时代的一个法语词汇,本意为“足够的”,指的是有用、值得拥有的资源和所有物,或者具有交换价值、可转换成钱的物品,就广义而言,大部分有形资产和金融资产都可归为:资本资产、消费或交易资产，以及价值储藏资产[①]。从金融机构资产配置的资产角度讲，在一定程度上，直接或间接涵盖了上述所指资产，但从全球财富管理机构的产品角度讲，就是通常意义上的大类资产，其主要包括五大类：固收类、权益类、货币类、房地产类、其他另类（详见附录表1）。虽然有效的大类资产配置是长期投资成功的关键，但对于如何衡量择类（大类资产）和择时（选择种类和时机）对配置成功的贡献时，却无定论。一般而言，也是在增值、收益、安全的维度下选择种类，Shefrin（1999）提出了金字塔结构的投资组合（见图3－3）。唯一可以肯定的是，大类资产配置具有分散风险的功能，特别是如果将金融机构的大类资产配置范围从国内扩展到国际，就可以为投资者实现有效边界的向外扩张，进一步提高了最优组合收益（Grubel，1968；Levy & Sarnat，1970），美国率先致力于研究大类资产配置策略。

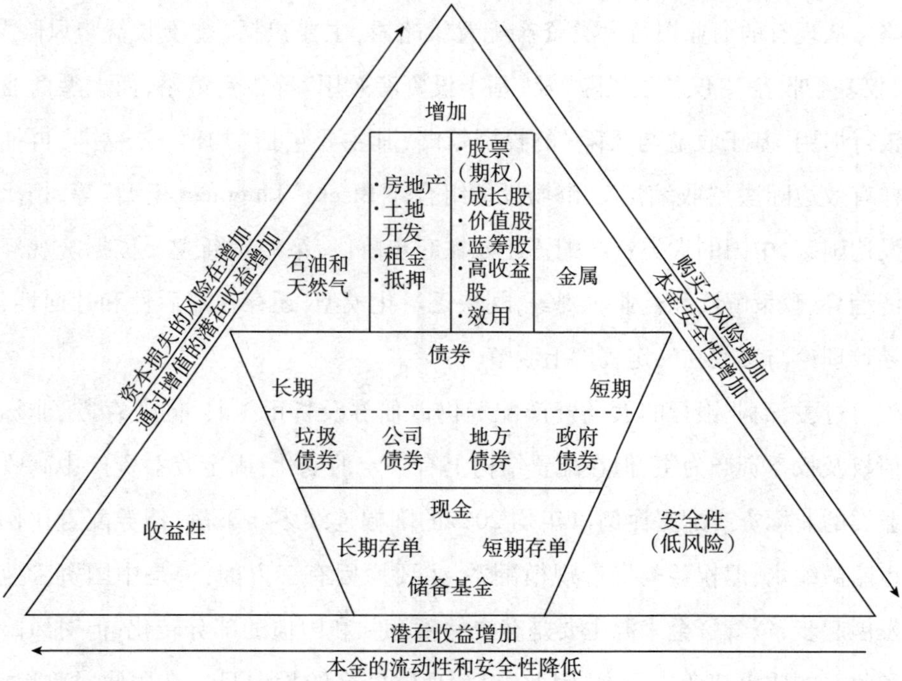

图3－3　金字塔结构的投资组合

①［美］戴维·达斯特．资产配置的艺术（完整版）：所有市场的原则和投资策略［M］．北京：中国人民大学出版社，2014．

依靠存贷利差的传统商业银行盈利模式在利率市场化加速进程中的优势递减,而资产管理将成为商业银行转型的必经之路和重要手段。商业银行的资产管理核心就是大类资产配置,研究表明,大类资产配置策略对投资收益的贡献度有90%,特别是在以银行为金融系统核心的中国资管业,银行的资产管理业务连接了客户的理财资金募集和各类基础资产的投资配置,所以资产情况和资金情况决定了银行资管业的盈利水平和发展空间。其中,资产情况包括资产的可得性、资产的收益水平和资产的风险状况,资金情况包括资金的可得性、资金的成本高低和资产的稳定性。对于中国的商业银行而言,“天然”具有大类资产配置的实现基础:广泛的销售渠道、隐性担保、刚性兑付和分业监管等,加之中国的宏观经济体量大、增长稳,金融市场结构相对单一、开放程度不高,促进了银行业更好地实现大类资产配置策略。从现有的商业银行大类资产配置策略看,主要包括“基于收益与风险”“仅基于收益”“仅基于风险”及“基于投资者效用”等投资策略,而大型商业银行惯用“基于收益与风险”的投资策略,其主要包括“均值—方差”“再抽样有效边际法”“收缩法”“市场投资组合”“Black - Litterman 模型”等,相比发达国家,中国的大类资产配置还处在起步阶段,策略判断主要依据宏观经济趋势、政策解读和行业研判等,既缺乏量化模型,还存在滞后性和片面性,导致理论与实践在一定程度上脱节。

过去,商业银行的大类资产配置仍以债券及货币工具、同业存款、非标债权及权益资产为主,但在配置结构上有一定的变化:固定收益资产中高收益类的非标资产配置比例以年均20%的降幅连续多年下滑,债券配置比例也略微缩水,但权益类资产规模翻番,主要原因有三方面:一是中国资管业发展起步,资管资金来源主要是客户储蓄存款和国债的部分转化,但对风险和收益的要求却变化不大,因此,银行理财资金的投向只能在固收类理财,如债券、同业存款等具有“刚兑”性质的产品;二是银行资管的资产端,从国内商业银行的风险偏好看,仍然偏向类信贷的非标准化债权资产、承销的债券资产和基于同业授信的货币市场资产;三是与金融发达国家或地区相比,中国银行业的资管水平有限，主要表现在对市场风险识别能力、研发水平和交易平台等方面的缺失和不足。2017 年，金融、房地产、地方政府债务的累加紧缩，在很大程度上影响了资本市场的活跃和繁荣，商业银行的大类资产配置也面临重构，从收益率排序看，海外中资股 > 海外资产 > A 股 > 大宗商品 > 黄金 > 房地产 > 货币 > 信用债 > 利率债。未来，一方面，货币紧缩，M2 同比增速持续下跌，已回落至 9%；另一方面，统一监管架构组建，“资管新规”颁布，刚兑要退，净值化要实施，因此，银行大类资产配置要向标准化资产和净值化产品发展，将逐渐加大风险资产配置，配置权重可能为：国内权益（A 股和港股）> 海外资产/大宗商品 > 固定收益（债券）/房地产，这进一步影响了零售客户的小类资产配置结构。

3.3.2　零售客户的小类资产配置

商业银行资管业的核心在于大类资产配置，是在权益类资产、债券类资产、现金类资产及其他等资产中根据各类资产的市场现状和趋势对客户端资金进行比例配置，再打包成各种小类资产——理财产品，最后由客户持有。零售客户的小类资产依据商业银行大类资产的风险、期限、标的、收益率等进行分类，但并非一种大类资产就对应一种小类资产，而是根据其代表性特征及销售对象进行划分。

（1）按照收益保证情况划分。依据银监会 2005 年颁布的《商业银行个人理财业务管理暂行办法》，依据客户收益的获取方式不同划分（见表 3－4），市场中绝大多数产品为非保本浮动收益型。

表 3－4　按收益保障情况划分

按收益保障情况划分	次分类	定义	市场份额占比（%）
保证收益理财计划	—	商业银行按照约定条件向客户承诺支付固定收益，银行承担此产生的投资风险，或银行按照约定条件向客户承诺支付最低收益并承担相关风险，其他投资收益由银行和客户按照合同约定分配，并共同承担相关投资风险的理财计划	10

续表

按收益保障情况划分	次分类	定义	市场份额占比(%)
非保证收益理财计划	保本浮动收益理财计划	商业银行按照约定条件向客户保证本金支付,本金以外的投资风险由客户承担,并依据实际投资收益情况确定客户实际收益的理财计划	20
	非保本浮动收益理财计划	商业银行根据约定条件和实际投资收益情况向客户支付收益,并不保证客户本金的理财计划	70

(2)按存续期限划分。分为开放式理财产品和封闭式理财产品。前者是指购买者可以在产品约定时间内买卖,后者是指购买者只能在产品起始日买卖,一般而言,商业银行通过开放式理财产品调剂现金流(储蓄存款),而通过滚动发行封闭式产品来满足“资金池—资产池”的高效运转,提高资金效益。

(3)按投资标的划分。分为结构性和非结构性理财产品,因为投资的底层资产不同,在安全性、流动性和收益性方面又各有特点(见表3-5)。

表3-5 按投资标的情况划分

按投资标的划分	投资品种	挂钩市场
结构型理财产品	存款、国债	利率、汇率、信用、股票、股票指数或ETF指数、期货、大宗商品(黄金和石油)等衍生工具
非结构型理财产品	货币市场型、债券型、债权型、基金型、股票型、非上市股权型、混合型及另类型	国债、央票、企业债、公司债、委托贷款、信托贷款、阳光私募基金、新股申购、定向增发或艺术品、酒、茶等

(4)按理财发售对象划分。分为个人客户理财产品和机构客户理财产品。个人客户理财产品,又根据客群资产高低划分为普通客户理财产品、财富客户理财产品和私人银行客户理财产品三类。当然,依据不同客户资产量大小,收益又会有所不同。

(5)按收益率定价方式划分。分为预期收益型理财产品和净值型理财产品。前者是指商业银行在发行时,会在产品说明书中明确指明产品收益率或其大致浮动范围,当前银行理财市场上,绝大多数产品属于此类;后者是商业银行根据投资收益情况通过成本法或平滑收益法等将产品收益折算成单位价格，这是未来“资管新规”对理财产品的硬要求。

3.3.3 零售客户资产配置现状

零售客户在成为银行金融产品消费者的同时，也是居民部门中的一员。现有金融产品同质化严重、国民预期不确定性、房产持有惯性等中国特有国情，导致居民部门资产结构中，以房产为代表的非金融资产和以储蓄存款为代表的无风险金融资产仍然占据绝对份额，从债券到股票的风险金融资产占比虽然有所提升，但相比发达国家或地区而言仍然偏低。大量的居民金融资产都沉淀在银行体系，促进了银行资管业发展，从居民部门资产数据（李杨等，2015）看，居民资产结构中房产占比60%，通货存款占比25%，股票和债券仅占比4%，其中，通货存款就成为银行资管的重要资金来源。从家庭调查数据（王渊等，2016）看，家庭金融资产的风险程度排序依次是：银行存款、理财产品、债券、基金、股票以及期货期权，这也成为家庭持有金融资产占比高低的一般顺序。

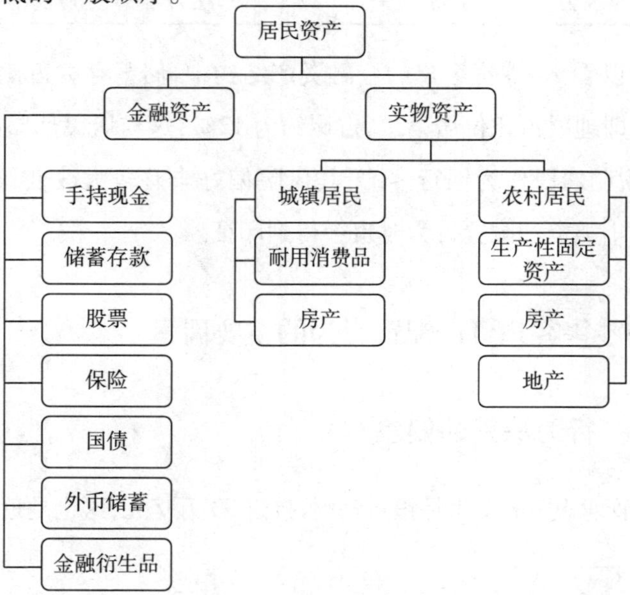

图3-4 中国居民家庭资产结构

零售客户在商业银行的金融资产是指个人客户账户内各类资产折算成人民币的总和,主要包括储蓄存款、国债、理财、基金、保险、贵金属及第三方存管等种类,其外币资产都将按照即期汇率折算成相应种类的资产。按照工商银行 CS2002 系统数据,零售客户金融资产结构及平均余额占比如表 3 – 6所示①:

表 3 – 6　零售客户金融资产结构及平均余额占比　（%）

储蓄存款	国债	保险	基金	理财	贵金属	第三方存管
活期 + 定期	包括 6 个品种的记账式国债及 4 个品种的储蓄式国债(凭证式)	银行系统内购买的本行及代售财险、寿险及保险类理财产品,虽然资金已经划拨到保险公司,但其到期后回账至银行,故纳入客户在银行的资产	银行系统内购买的本行及代售类货币、股票、债券、混合及集合理财计划等基金产品	银行系统内发生的金融理财交易,包括人民币和外币的各种类银行理财产品	银行系统内购买的实物、积存金及递延类黄金、白银、钯金等贵金属产品	银行与券商、客户开立证券交易账户的银行账户上未实现证转银的活期存款
64. 17	5. 23	7. 17	7. 42	12. 27	0. 66	3. 08

从中可以看出,零售客户的金融资产结构中,储蓄存款占比达到 64% ,但小类资产即理财占比位居第二,占比约为 12% ,这与居民部门的金融资产结构相似,说明居民作为银行客户,其风险偏好未有较大改变,这一点在研究零售客户小类资产配置行为时也会得到印证。

3.4　影响零售客户资产配置行为的主要因素

3.4.1　行为决策的偏差

中国资管业规模的 1/4 是银行理财,接近 30 万亿元,这也是近年来居民或

①咬亮: 银行“长尾客户”资产配置行为——基于“有管户”与“无管户”分类的实证研究[J]. 金融论坛,2018(5):40 – 53.

者客户主要的金融资产选择对象，依托银行的国有背景和理财的刚性兑付，为社会融资和居民投资之间牵线搭桥。从经济日报社中国经济趋势研究院编制的《中国家庭财富调查报告(2017)》调查数据看出，中国家庭人均财富为169077元，与2015年相比，增长幅度为17.25%，人们首选银行理财，而且也会听从家人、朋友和理财师的意见，也在对理财方式和资产配置结构不断进行调整。

国内首份《国人工资报告》的调查显示，储蓄存款的占比已经在金融资产的占比中下降到38.09%，而银行理财占比提高到24.29%①。但是，即便存在隐性的"刚性兑付"，商业银行的零售客户也会将理财看成是投资，也会受到外在宏观和内在心理的影响作出投资决策来配置各种金融产品，特别是净值化的理财，其性质基本和股票相似，依据金融市场的变化而改变净值，风险和盈亏并存，本书正是选取了25万名长期购买净值化理财的零售客户进行行为金融的研究分析。

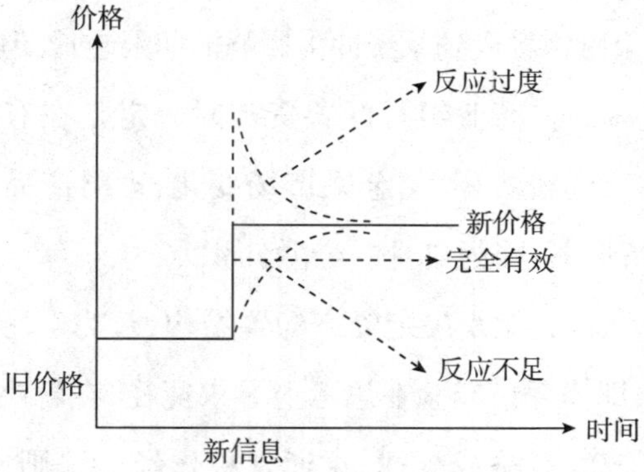

图3-5　零售客户行为决策的偏差路径

从国内外学者对投资理财的研究看，Edwin(2005)，Antony和Bo(2006)认为感知对投资者作决策有重要关系，魏敏、李江(2006)通过实验研究证明理财投资者的心理因素等非理性条件会影响理财决策；Fong(2007)发现人们既往的经验、个性特征以及信任等非理性因素会影响理财决策；尹阳、蔡敏(2008)指出，年龄、受教育程度、职业以及对理财的理解对投资者有一定的影响；CA

①数据来源：中国社科院联合腾讯研究院金融研究中心发布的《国人工资报告》(2017)。

Robb(2009)提出投资者的受教育程度对理财有着很重要的作用;El－Attar和Poschke(2011)提出风险态度对理财投资有很大的影响;张朕玺(2011)认为理财投资者也存在过度自信,会出现过度交易等;徐小换、方婷(2012)将收入高低纳入理财投资决策的分析中,并且认为收入高的人群风险资产配置较高;王吉恒(2012)和方非凡(2013)在对国内理财投资行为的研究中发现,理财投资者大多是谨慎型,但其投资收益也较低;Shih(2014)发现理财投资者在金融知识、财富态度、教育水平等方面的差异会影响其投资行为和资产配置结构;尹志超(2014)也证明了知识水平越高,越愿意参与金融市场,并且会配置较多的风险资产。除此之外,还有学者认为信任程度高的群体配置风险资产越多(Jiang & Lim,2013),也有从生命周期的角度分析,认为家庭年龄结构轻则配置风险资产较多(李丽芳、柴时军,2015),还有从宗教文化的角度研究理财决策(Georgarakos & Pasini,2011),笔者(2018)认为财富水平越高的理财客户,资产配置越多元化,金融市场受到系统冲击影响的期限越长,但影响程度越小。

实际上,零售客户在商业银行配置资产时一定是在有限理性的前提下进行的,但在面临宏观经济环境、金融市场变化、理财产品收益波动等复杂而又很难滤清的情形下,因为自身的金融知识水平、情绪、心情、财富及愿望等因素交织,往往通过直觉来决定资产配置结构,行为金融理论上称之为启发法(Heuristics),即指凭借经验在思考上寻求捷径,在解决问题的方式上趋于简单,通常用笼统的策略或规律,这通常称作经验法则或拇指法则(Rule of Thumb)。目前理论界对启发法的划分主要有三类:一是代表性启发法(Representativeness),反映个体与类别的关系,常要求人们在估计事物或事件A是否属于B时应用;二是可得性启发法(Availability),常要求人们在判断对某件事情发生的频率或可信任程度时应用;三是锚定或调整启发法(Anchoring & Adjustment),是指人们主观上对初始数据值选定一个参考点,并围绕参照点开展估计时应用。而正是启发法带来了人们的认知偏差,L. J. Chapman 和 J. P. Chapman(1969),Bar－hillel(1973),Kahneman 和 Tversky(1974)等通过一系列实验证明了偏差的存在。首先,代表性启发法会导致一些系统的偏差，包括对基础概率不敏感（Base Rate Neglect）、对样本规模不敏感（Insensitivity to Sample Size）、对偶然性的误解（Misconceptions of Chance）、对可预测性的不敏感（Insensitivity to Predictability）、有效性幻觉（Illusion of Validity）、对回归均值的误解（Misconception of Regression）等六大类；其次，可得性启发法是人们对事件发生概率进行判断时会因事件的新近性、显著性、生动性和事件发生时所伴随的情感相似性等导致事件发生概率的高估或低估，也属于认知上的偏差，包括由例证可得性导致的偏差（Biases Due to the Retrievability of Instances）、有搜索效率导致的偏差（Biases Due to the Effectiveness of A Search Set）、意象偏差（Biases of Imaginability）、虚幻的相互联系（Illusory of Correlation）等四大类；最后，锚定与调整启发法容易因为初始值（开始点，锚定）自身的来源模糊或偏差而导致在作决策时，又受到心理机制调整不充分影响而产生偏差，包括不充分调整（Insufficient Adjustment）、联合事件和分离事件估计中的偏差（Bias in the Evaluation of Conjunctive and Disjunctive Event）、主观概率分布估计的锚定问题（Anchoring in the Assessment of Subjective Probability Distributions）等三大类。在商业银行零售客户的理财行为中，主要表现如表 3－7 所示：

表 3－7　商业银行零售客户理财行为偏差的主要表现

启发法	偏差分类	主要表现
代表性启发法	基础概率不敏感	商业银行的理财中保本理财和非保本理财的占比差异很大，但如果说 A 银行一款理财收益非常稳健，客户大都认为是保本的，而实际上，A 银行的保本理财规模占比非常小
	对样本规模不敏感	客户认为市场发生突变时，理财收益水平应该及时调整以适应市场变化，但却忽视大型商业银行拥有巨大的理财体量
	对偶然性的误解	净值化理财产品因为市场低迷而浮亏，但客户认为这是偶然性事件，却很自信地不断购买该产品，期望能迅速反弹赚大钱
	对可预测性的不敏感	客户会根据商业银行品牌、网点数量、人员素质、服务态度等判断理财产品是否会高收益，而不是根据真正的投资标的
	有效性幻觉	客户经常购买一款商业银行净值化理财产品，其收益波动较小，并依据此预测未来收益的稳定性
	对回归均值的误解	客户会对理财真正的平均收益水平作出误判，在当期理财收益提高时加注，在理财亏损时懊悔且清仓，而下期该理财又出现了亏损或盈余，客户对收益均值总是出现判断偏差的现象

续表

启发法	偏差分类	主要表现
可得性启发法	由例证可得性导致的偏差	商业银行因为一次理财产品的运作失误导致客户亏损较大，客户就认为该商业银行理财能力较同业偏低
	有搜索效率导致的偏差	客户在商业银行购买理财产品时，主要询问"收益、期限、风险"等关键信息，进而形成对所有理财产品的认知都仅仅停留在这些信息上
	意象偏差	在有限的理财产品中，客户认为把较多种类的理财作为一组进行多组共同投资会分散化风险，但实际上即便较少理财作为一组进行多组投资其风险分散化程度也是无差异的
	虚幻的相互联系	客户会将商业银行的营业网点、到店客户、柜台数量等规模减小归结为该银行理财能力出现明显下滑
锚定或调整启发法	不充分调整	客户会将季末等特殊时期商业银行的理财收益率水平认定为应有的，进而决策是否继续购买
	联合事件和分离事件估计中的偏差	客户往往高估具备财富顾问路演的理财产品收益水平，而低估仅仅是公开发行的理财产品收益水平
	主观概率分布估计的锚定问题	客户认定一种净值化理财在一段时间的数值，并给出波动区间，但往往这种经验做法的准确性较低

3.4.2 资产配置中的框架依赖、投资情绪和"羊群行为"

多元化的资产配置主要解决了零售客户分散风险、流动性灵活、收益稳定的问题，但客户资产配置并非完全依靠真信息作出理性判断，而是在"噪声"(Noise)①中进行交易，Kahneman 和 Riepe(1998)认为人们在决策时在三大方面违背了标准决策模型，即对待风险的态度、非贝叶斯式的预期形成方式，以及对问题描述方式的敏感。最为重要也是最根本的，是零售客户在作决策时，会受到"框架依赖"(Framing Dependence)的影响，这是指在作资产配置判断与决策时依赖于所面临的决策问题的形式。框架依赖就是决策背景对决策的影响，饶育蕾、盛虎(2011)总结其包括对比效应(Contrast

①所谓噪声，是指具有如下特点的信息：①从性质上看，它是虚假或者失真的信号，是与投资价值无关的信息；②从来源上看，可能是市场参与者主动制造的虚假信息，也可能是被市场参与者误判的信息。

Effect)、首因效应(Primacy Effect)、近因效应(Recent Effect)、晕轮效应(Halo Effect)、稀释效应(Dilution Effect),例如,客户购买的是一款净值化的理财,假如客户得知历史最高收益是年化20%,购买意向强烈,但若得知近期有过最大回撤是20%,客户可能就不再考虑购买了,这就是客户受到近因效应(Recent Effect)的影响作出的有偏差的非理性决策。而这类非理性的客户比比皆是,在学术界,也称为"噪声交易者"(Noise Traders),其行为偏差根本来源于情绪,而这种情绪受到市场机制的影响(Kip Smith & John Dickhaut,2005)。

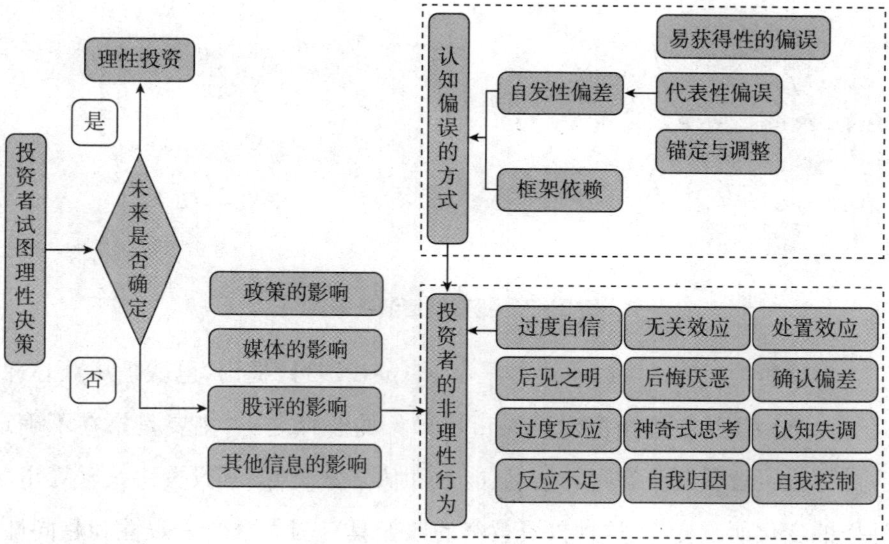

图3-6　投资者心理及行为变化

零售客户购买净值化的理财产品,其投资前提是认知风险与收益的匹配,但在时间横轴上,客户会因为得失而忽视、忘却甚至逆反风险与收益的关系,主要表现在:①对财富的渴望迫切;②投资缺乏耐性而浮躁;③贪婪而短视市场局面;④因信息真伪难辨而恐慌;⑤缺乏信心而走向恐惧。结合《洛杉矶时报》曾提出金融市场的情绪周期和每一时的情绪的"7C"路径图,将客户在投资周期中的一般情绪表现加入,组成较为完整的情绪周期图(见图3-7),反映出客户从不相信到试图相信,从过度自信到失去信心,最后较投资前更加厌恶损失。在情绪周期图中，还蕴含着一个行为金融学最重要的研究主题：羊群效应（Herd Behavior），正是大量的噪声交易者在面临市场价格波动时表现出相似或者一致的决策行为时，才会有市场情绪的显著表现。

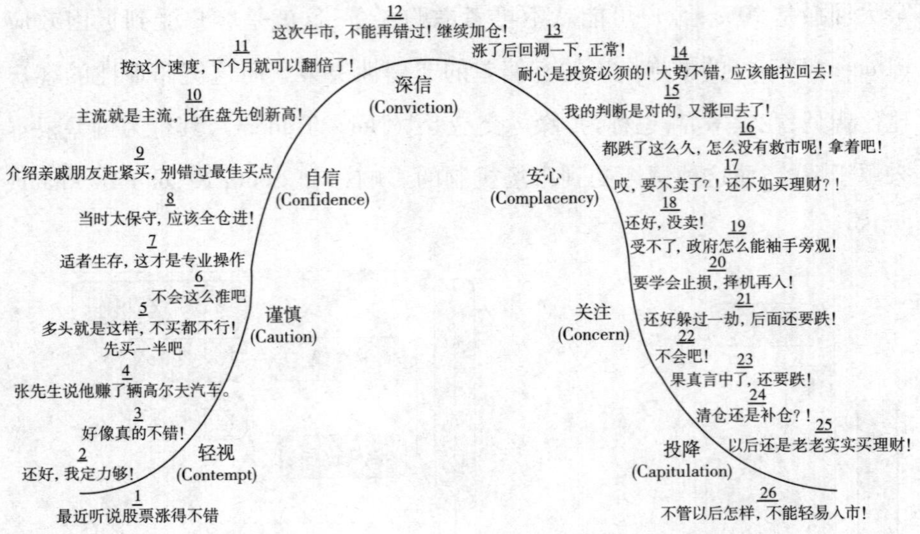

图 3-7　投资情绪演进的周期

羊群行为（Herd Behavior）最早由 Keynes（1934）提出，也就是从众心理，是行为金融学从心理角度对金融市场异象的解释之一，主要是指在不确定条件下投资者受制于有限的信息、能力和认知水平等，其投资决策随着市场环境的变化而改变，且这种投资策略的改变具有与大众的一致性和趋同性，是模仿而非自己所挖掘信息的结果①。关于羊群行为的划分有很多理解，如果“羊群行为”的从众结果使得自身获利，则称之为理性的羊群行为，若是非获利的，则称之为非理性的羊群行为，等等②，此处不再赘述。

商业银行的理财交易大多是在财富顾问和零售客户间形成的，笔者（2018）认为财富顾问是竞争上岗、薪酬较高的职业，同时，作为银行对客户资产配置的委托代理人，常常会基于声誉、薪酬、晋升等原因，在对市场环境

---

①Keynes, J. M. The *General Theory of Employment, interest and Money*[M]. Reprint 1973(The collected Writing of John Maynard Keynes. Vol(7). London - Basingstoke: Macmillan.

②Festinger, L. *A Theory of Cognitive Dissonance*[M]. CA: Stanford University Press, 1957.

没有明确的判断结果时，会模仿资历较深或业绩较优的财富顾问，对客户形成相似的配置建议，保持职业群体里居中的位势，这也符合统计分布中的大数定律，因此会产生“羊群行为”，Scharfstein 和 Stein（1990），Trueman（1994），Zweibel（1995），Prendergast 和 Stole（1996），Graham（1999）等提出了基于基金管理人或分析师声誉考虑的羊群理论，而 Maug 和 Naik（1996）考虑了一个风险规避的投资者（代理人），他的奖励随着自己投资绩效的增加而增加，由于报酬的激励，代理人将倾向于模仿基准投资者，使得他的最优投资组合更接近基准点的投资组合①。同样，客户群在面临金融市场时，关于投资的信息都是公共的，但信息的质量是不能确定的，如 GDP 增速的发布、党的十九大召开、投资品的价格等，这就会导致基于信息的羊群行为和“信息瀑布”，其非专业性必然致使其选择追逐一个市场平均的回报率，而“羊群行为”也会由此而发生，特别是资产规模较少的“长尾”客户，较大可能会咨询银行财富顾问相关的投资事宜，而结果会与财富顾问的“羊群行为”发生叠加，最终使得银行在资产配置上可能成为“噪声”交易者，即不能真正使资产配置成为价值投资，反而会进一步与银行外市场格局形成高度的趋同和联动②。

3.4.3 主要的心理特征

饶育蕾、盛虎（2011）认为行为金融学的“心理账户”（Mental Accounting），是人们根据自己资金的性质、来源、用途等在头脑中进行的分类处理。马永开和唐小我（2003）、胡昌生和丰赋（2003）进行了一定的研究，提出了单一心理账户资产配置模型（BPT - SA）和多心理账户资产配置模型（BPT - MA）。商业银行的零售客户在进行资产配置时，较大程度上会考虑理财产品之间的相关性，将所有理财产品纳入统一账户建账，根据资产配置综合收

①Maug, Naik. Herding and Delegated Portfolio Management: The Impact of Relative Performance Evaluation on Asset Allocation[R]. London Business School working paper, 1996: 12 - 15.

②咬亮. 银行“长尾客户”的资产配置——基于“有管户”与“无管户”分类的实证研究[J]. 金融论坛, 2018(5): 40 - 53.

益率而调整投资策略。Kahneman 和 Tversky(1979)在提出“前景理论”后，除了要考虑“心理账户”问题，在研究行为资产配置模型时最为重要的就是损失厌恶(Loss Aversion)和参照点(Reference Point)，Tversky(1991)就发展了基于参照点的损失厌恶消费者行为模型。行为金融学理论认为，投资者对待风险的态度是损失厌恶而非风险厌恶型，即投资者对同一数额在参照点以下的损失效用远大于参照点以上的收益效用。损失厌恶是行为金融学最早发现的金融“异象”之一，主要包括货币幻觉、禀赋效应、净资产溢价等现象，也正是在损失厌恶的前提下，才能进一步研究投资者的心理特征，并作出对损失厌恶系数(程度)和参照点调整的心理动态。

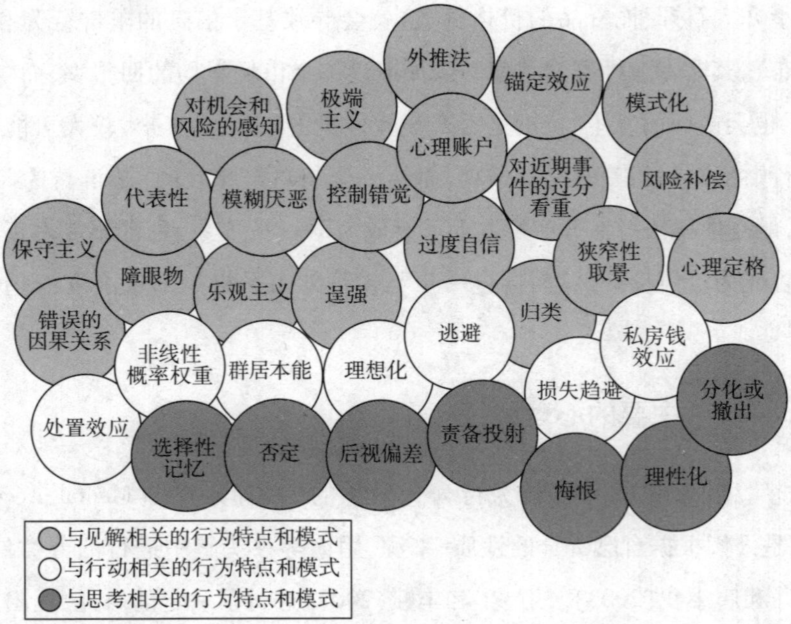

图 3-8　零售客户资产配置的主要心理特征

客户的心智是复杂和有内在联系的，其见解、行动和思考心理特征会有所不同①(见图 3-8)。见解是指客户会以一系列自觉或不自觉的判断、信

①[美]戴维·达斯特.资产配置的艺术(完整版)：所有市场的原则和投资策略[M].北京：中国人民大学出版社，2014.

仰和偏见来处理资产配置和投资、具体的投资提议以及金融市场的整体前景，主要包括：过度自信、逞强、乐观主义、控制错觉、狭窄性取景、锚定效应、模式化、代表性、外推法、心理账户、对近期事件过分看重、错误的因果关系、保守主义、障碍物、对机会和风险的感知、风险补偿、模糊厌恶、极端主义等。例如，过度自信就是许多客户倾向于过高评价自己的智慧、推测准确性和概率、未来结果的可能价值以及他们的金融决策的可靠性和价值，心理账户就是许多客户没有对设计整个投资组合的风险和回报关系采取全盘的、合计的考虑，而是把他们在资产管理中的担忧和决策划分到了几个单独的、不同的部分，而这些部分之间或者与整个投资组合之间存在矛盾，客户会对各个单独的资产组别采取更为激进或更为保守的投资策略，如退休账户、教育储备账户，或者用于购买房子或创业的账户。

行动是指客户会在资产配置和投资活动中采取多种战术和策略，在这个过程中，他们可能会表现出一些可辨别但难以发现的投资行为模式，主要包括群居本能、损失规避、逃避、理想化、非线性概率权重、处置效应、私房钱效应等。例如，禀赋效应就是客户还会将一项资产的初始买入价格作为所谓的"参照点"。在盈利的水平上，如果资产价格出现了下跌，但仍远高于初始买入价格，客户便不会太过重视，但如果价格的下跌接近了初始买入价格，或者已经跌到了该价格之下，客户便会较为警觉。换句话说，如果客户可以告诉自己和别人，他们的投资仍有盈利，那么他们便容易接受损失，因为这样的损失实际上是从之前的获利中拿出一部分，与最初的成本相比，客户仍然是有利润的。

思考是指客户在回头看投资行为的结果和影响时，可能会经历从得意到沮丧的情绪波动，主要包括悔恨、否定、后视偏差、理性化、选择性记忆、责备投射、分散或撤出。例如，后悔厌恶就是客户可能会后悔自己采取了导致不利结果的行为，或被称为"过失懊悔"；类似地，他们也会后悔自己错过了本可以带来有利结果的行为，或被称为"疏失懊悔"，在许多情况下，相比疏失懊悔"错过事情"，客户可能会对过失懊悔（做错事情）的感受更为深刻。

表 3-8 零售客户资产配置的行为特点和模式

心理层面	心理特征	特点和模式
见解	过度自信	许多客户倾向于过高评价自己的智慧、推测准确性和概率、未来结果的可能价值以及他们的金融决策的可靠性和价值
	乐观主义	相当一部分客户会乐观地看待金融领域，不相称地放大自己的能力，放大积极结果的可能性，以及对自己财务命运的掌控程度。同时，他们又会低估不成功的概率以及机会对投资结果的影响程度
	控制错觉	在面对金融市场时，客户常常会有一种错觉，以为自己可以对事情的发展有很好的控制；在某种程度上，这种控制错觉会使得客户担起他们原本不愿意承担的风险。对某一公司、工业、地区或国家的忠诚会让客户出于非金融原因采取投资行为
	狭窄性取景	有时，金融环境中出现了一个狭窄的问题（如一项投资的价格表现，或一个不合理的短期时间框架）或一个额外的变化，但客户却让它们对自己投资思维的整体架构产生了过大的影响
	锚定效应	许多客户过分地关注一个特定的价格或价格范围，并将其作为买卖决定的目标或参照
	归类	受习惯、急躁、图方便或惰性的驱使，客户常常会很快地（有时候是错误地）把证券、资产种类、投资策略或金融市场条件归到他们熟悉的类别中
	模式化	特别是在资产价格极端乐观或极端悲观的时期，客户可能会对某些方面持高度简化、趋势化、标准化和过于积极或消极的看法，其对象包括具体的证券、公司管理、核心的权威人士、经济预期以及投资经理人
	代表性	有的客户会很快得出关于某项投资或某组投资的结论，认为它们与自己熟悉的其他投资情况是类似的，或者在其中具有代表性
	外推法	在市场历史的不同阶段，客户一致倾向于将驱使外推到的未来，认为上涨的价格会持续上涨，下跌的价格会持续下跌。一般来说，客户可能会更看重长期持续的而不是短期存在的价格波动
	心理账户	许多客户没有对设计整个投资组合的风险和回报关系采取全盘的、合计的考虑，而是把他们在资产管理中的担忧和决策划分到了几个单独的、不同的部分，而这些部分之间或者与整个投资组合之间存在矛盾。客户会对各个单独的资产组别采取更为激进或更为保守的投资策略，如退休账户、教育储备账户，或者用于购买房子或创业的账户
	对近期事件的过分看重	与更早的经历相比，客户常常更看重刚刚发生的事件和市场波动，在一定程度上是因为人的记忆在不断褪去、不断模糊
	错误的因果关系	有时，客户会认为或推断以下两者之间存在因果关系：①特定的事件或情况；②资产的价格移动，而实际上这些结果都是随机的事件
	保守主义	在面对一些情况作出决定后，许多客户都倾向于拒绝改变自己的观点，即使面对与自己的判断相对矛盾的事实时

续表

心理层面	心理特征	特点和模式
见解	障碍物	客户可能会严格地遵循一种不够灵活的推理途径或行为，甚至会对基本面、估值或影响资产的心理、技术、流动性因素视而不见
	对机会和风险的感知	许多客户似乎更喜欢那些能够带来温和回报的投资机会，哪怕付出降低更高潜在回报的代价。还有的客户把投资机会中的风险程度看作是独立存在的，而没有考虑到未来的投资机会模式中风险与回报的关系
	风险补偿	当客户开始把高风险的投资活动看得不那么危险时，他们可能会有意无意地允许自己的投资行为承担更多的风险，这实际上是提高而不是降低了整体的风险水平。风险补偿的另外一种形式是，客房可能会进行高风险的投资，以弥补前期的损失
	模糊厌恶	客户有时会避开模糊、高度不确定的投资机会，而更喜欢那些他们感到更为熟悉、清楚、确定的投资。猜测、担忧和弥补会带来无法量化却十分重大的成本，意识到这一点后，有时客户可能会追求资产配置和投资活动中的舒适和简单
	极端主义	许多客户超出了适度和合理判断的界限，认为有可能性但概率不大的结果是不可能出现的，同时把概率很大但不一定会发生的结果看作是必然的
行动	群居本能	许多客户都喜欢按照大众的观点和一致意见进行投资，因为这会带给他们心理上的舒适感。这样的群居表现会在投资结果成功时坚定客户的看法，而当投资结果不成功时也可以为他们带来一定程度的安慰。有的客户会更看重自己在一个群体中的相对位置，而不是绝对福祉
	损失规避	对客户而言，损失的痛苦往往要比收益的快乐更加深刻，因此，他们会本能地避免面对或遭受损失。这使得许多客户在面对下降的价格时呆若木鸡。出于同样的原因，有的客户会把更多的精力投入到规避风险，而不是获得收益上
	逃避	客户会错误地选择推迟或延误行动，其原因有很多，从惰性到犹豫，再到不能或不愿坚定地面对事实
	理想化	特别是在较好的市场环境下，客户会对各个方面产生过高的信念，包括资产种类和子类、地区、货币、投资风格、投资经理人、具体的公司和公司执行者、投资评论员、管理者和权威机构
	非线性概率权重	与之前描述过的极端主义相反，许多客户会高估概率事件的可能性，或者低估高概率事件的可能性
	处置效应	客户更倾向于处理掉相对初始价格出现增值的资产，而不愿卖出相对初始价格出现下跌的资产，正好与“卖出价格下跌的资产，让价格上涨的资产为你赚钱”这一流传已久的长期投资理念背道而驰

续表

心理层面	心理特征	特点和模式
行动	禀赋效应	客户还会将一项资产的初始买入价格作为所谓的“参照点”。在盈利的水平上,如果资产价格出现了下跌,但仍远高于初始买入价格,客户便不会太过重视,但如果价格的下跌接近了初始买入价格,或者已经跌到了该价格之下,客户便会较为警觉。换句话说,如果客户可以告诉自己和别人,他们的投资仍有盈利,那么他们便容易接受损失,因为这样的损失实际上是从之前的获利中拿出一部分,与最初的成本相比,客户仍然是有利润的
思考	后悔厌恶	客户可能会后悔自己采取了导致不利结果的行为,或被称为“过失懊悔”;类似地,他们也会后悔自己错过了本可以带来有利结果的行为,或被称为“疏失懊悔”。在许多情况中,相比于疏失懊悔“错过事情”,客户可能会对过失懊悔(做错事情)的感受更为深刻
	否定	因为客户不喜欢承认和面对错误,所以,如果有信息提醒他们犯过的错误,他们便会对其否认,或者拒绝接受
	后视偏差	就像看后视镜一样,许多客户会夸大和粉饰自己的预测能力,在他们的记忆中,他们会认为某一确切发生的结果在他们当初的预测之中有很高的概率,或者某一没有发生的结果在他们当初的预测之中有着很低的概率
	理性化	有的客户不从自己的行为中寻找根本的原因,而是试图为自己导致不利结果的行为寻找貌似合理的借口
	选择性记忆	有的客户倾向于只记得之前条件、事件和环境中的积极或消极的部分,因为这些部分与他们目前对过去的理解是一致的
	责备投射	不管客户自己是否有错,他们都会把错误或无利润的资产配置和投资策略归咎于他人——从直接的消息源(如投资顾问)到比较远的消息源(如大众媒体中的金融评论员)
	分化或撤出	不利的金融结果可能会带来客户的分化或间断反应,他们会下定决心再也不采取导致这种结果的行为

3.5 本章小结

本章中,首先,从宏观角度分析了中国资管业发展的源头、现状和流向;其次,从中观角度分析了商业银行资管业发展的机制、现状和问题;最后,从微观角度分析零售客户资产配置的现状和主要影响因素,旨在从行为金融的角度对零售客户在资产配置中的决策偏差、框架依赖、投资情绪和“羊群行为”以及投资心理等进行描述性分析,并总结出资产配置行为特点和模式。主要结论及观点如下：

第一，中国资管业高速发展，银行理财成为居民金融投资的重要选择。2017 年银行理财总规模达到近 30 万亿元，较 2005 年增长了近 150 倍，与此同时，以银行、券商、保险、信托、公募基金、私募股权基金和阳光私募基金的规模之和计算中国资产管理行业总规模，数值接近 120 万亿元，是同期中国 GDP 83 万亿元的 1.5 倍，规模和发展速度之快，已经是除美国以外世界第二大财富管理市场。资管产品数量上，2017 年年底达到 15 万只，较 2007 年扩张了 37.5 倍；资管产品种类上，除了传统的现金类、固收类、权益类产品外，基金公司还推出了 ETF、分级基金及杠杆基金，证券公司推出了期货资管、收益权凭证，信托公司推出了黄金、房地产投资信托，银行推出了汇率挂钩、黄金递延和商品期货，等等。对于中国居民而言，银行理财收益率的第一参照点就是同期定期利率或者国债收益率，大量的储蓄资金自银行竞争中往来划转，这也是中国银行业储蓄存款偏离度较大的主要原因。目前，影响银行资管业发展最重要的是在新监管要求下能否真正实现理财产品净值化，让理财回归到财富管理，而不是投资者眼中只有一个收益率价格的银行产品。净值化改造方面，这是当前银行理财负债端改造最为迫切和重要的课题，也是中国资管业走向资管 4.0 时代的关键，这需要银行将传统理财的“负债化”管理转为“净值化”管理，真正实现客户的资产管理，银行的改造结果如何直接影响到金融中介自身所承担的风险敞口、金融风险所在的形式以及未来可能的应对方式。

第二，资管 4.0 时代的到来，对商业银行理财净值化改造和零售客户管理提出了挑战。未来，一方面，货币紧缩，M2 同比增速持续下跌，已回落至 9%；另一方面，统一监管架构组建，“资管新规”颁布，刚兑要退，净值化要实施，因此，银行大类资产配置要向标准化资产和净值化产品发展，将逐渐加大风险资产配置。零售客户在商业银行的金融资产即为小类资产，是指个人客户账户内的各类资产折算成人民币的总和，主要包括储蓄存款、国债、理财、基金、保险、贵金属及第三方存管等种类，其外币资产都将按照即期汇率折算成相应种类的资产。但是,即便存在隐性的"刚性兑付",商业银行的零售客户一样会将理财看成是投资,也会受到外在宏观和内在心理的影响作出投资决策来配置各种金融产品,特别是净值化的理财,其性质基本和股票相似,依据金融市场的变化而改变净值,风险和盈亏并存,本书正是选取了25万名长期购买净值化理财的零售客户进行行为金融的研究分析。

第三,当理财变成投资,商业银行该如何把握零售客户的心理特征?实际上,零售客户在商业银行进行配置资产时一定是在有限理性的前提下进行的,但在面临宏观经济环境、金融市场变化、理财产品收益波动等复杂而又很难滤清的情形时,因为自身的金融知识水平、情绪、心情、财富及愿望等因素交织,往往会通过直觉来决定资产配置结构,行为金融理论上称之为启发法(Heuristics),即指凭借经验在思考上寻求捷径,在解决问题的方式上趋于简单,通常用笼统的策略或规律,也常被称为经验法则或拇指法则(Rule of Thumb)。当零售客户购买净值化的理财产品时,其投资前提是认知风险与收益的匹配,但在时间横轴上,客户会因为得失而忽视、忘却甚至逆反风险与收益的关系,主要表现在:一是对财富的渴望迫切;二是投资缺乏耐性而浮躁;三是贪婪而短视市场局面;四是信息真伪难辨而恐慌;五是缺乏信心而走向恐惧。与此同时,商业银行的零售客户在进行资产配置时,较大程度上会考虑理财产品之间的相关性,将所有理财产品纳入统一账户建账,根据资产配置综合收益率而调整投资策略。如果投资亏损,即会产生厌恶情绪,损失厌恶就是行为金融学最早发现的金融"异象"之一,从国外代表性的研究者看,主要包括货币幻觉、禀赋效应、净资产溢价等现象,也正是在损失厌恶的前提下,根据损失厌恶系数(程度)和参照点调整的心理动态,才能进一步研究投资者的心理特征。

4 构建损失厌恶资产配置模型

4.1 模型基础:前景价值、三参照点和下偏二阶矩

4.1.1 狭窄框定下的前景价值函数

Markowitz(1952)是现代投资组合理论的先驱,他提出了以理性经济人和有效市场假说为前提,以期望效用理论为基础,用资产收益率偏离均值的方差刻画风险,号称"华尔街的第一次革命"的资产配置分析范式。对于均值—方差(M－V)模型,投资组合的风险不仅依赖于不同资产各自的方差,而且依赖于资产之间的协方差,但在收益率的非正态分布、有限理性及"金融异象"等现实问题中却遇到了很大的挑战,与此同时,在诸多学者(Harlow,1991;Simaan,1997;徐绪松、杨小青,2002;Basak & Shapiro,2001;Maillardy,2010;等)的不断改进下有所发展,其中,行为金融理论将心理学与投资决策有机结合,不仅有效地解释了"金融异象",还开启了行为资产配置理论的发展,并得到了学术界和实物界的认可和验证,21 世纪以后,在 Daniel,Hirsheifer 和 Subramanyam 发表了《过度自信、套利和均衡资产定价》以及 Barberis 和 Huang 发表了《心理账户、损失厌恶和单只股票收益》等影响力颇大的论文后,行为金融学理论被推至一个小巅峰,Thaler 也在 2017 年获得了诺贝尔经济学奖。

Kahneman 和 Tversky(1979)创了前景理论(Prospect Theory),也是在学者们不断改良收益与风险偏好关系的基础上演进而来的,是对 Friedman 和

Savage, Markowitz 和 Allais 等效用函数的扩展（见图 4－1）。图 4－1A 中，效用理论和预期效用理论认为，人们对风险的态度一致，其效用函数自始至终是凹型；图 4－1B 中，Friedman 和 Savage 认为人们对待风险的态度并非总是不变的，通过研究发现，人们通常会既买保险（风险厌恶）又买彩票（风险寻求），针对这个风险悖论，提出了凹凸兼有的效用函数，凹型代表购买保险，凸型代表购买彩票；图 4－1C 中，Markowitz 认为仅有很少人服从 Friedman 和 Savage 提出的风险特征，且穷人永远不会买彩票，中等财富的人将永远不会为其中度损失买保险，并指出既买保险又买彩票的人其财富会落入由他们提出的效用函数中的拐点位置限定的一个狭窄区域内，最后将 Friedman 和 Savage 的效用函数的拐点放在"通用财富"（Customary Wealth）的位置上形成了新的效用函数，这意味着无论正负期望，人们都有风险追求的现象；图 4－1D中，Kahneman 和 Tversky 在 Markowitz 的"通用财富"和 Allais 的基础上构造了"前景理论"，这是由人们投资决策过程中的两个缺憾造成的，即情绪变化和认知偏差。前景理论保留了构成预期效用理论基础的双曲线形式，关注的是价值的变化而非最终价值的大小，与预期效用理论的差异在于，非恒定性、非传递性和对优势性的违背等原本公理化假设。

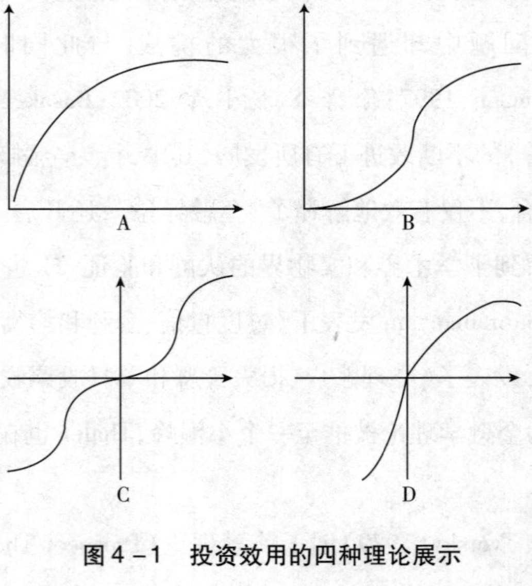

图 4－1　投资效用的四种理论展示

前景理论中期望的价值是由“价值函数”(Value Function)和“决策权重”(Decision Weight)共同决定,其决策权重 $\omega(p_i)$ 是一种概率性评价的单调增递增函数。$\nu(x_i)$ 是决策者主观感受所形成的价值,即价值函数:

$$V = \sum_{i=1}^{n} \omega(p_i)\nu(x_i) \quad (4-1)$$

在价值函数的图形(见图4-2)中,以参照点(Reference Point)x_0 为界分为盈利和亏损两个区域,盈利区间表现为下凹的风险厌恶特征,而在亏损区间表现为下凸的风险寻求,且 Kahneman 和 Tversky 通过实验得出,投资者对同一笔金额在效用感受上,会主观认为损失(负效用)是盈利(正效用)感受的2.25倍,其中,所谓的参照点是一种主观评价标准,人们对风险收益机会价值的判断也主要依赖于它,而非最终带来的总价值。

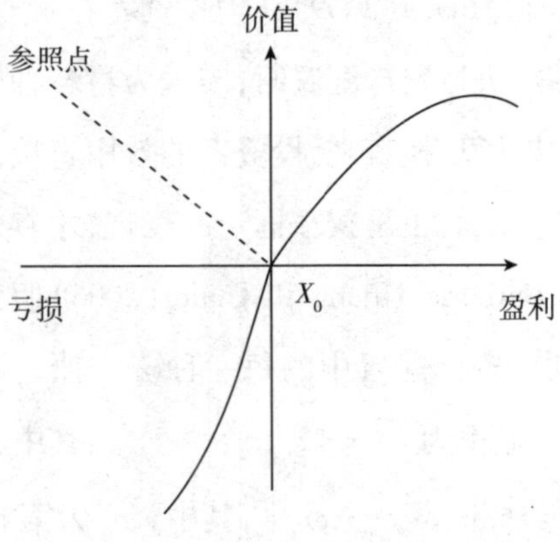

图4-2 前景价值理论的效用展示

Kahneman 和 Tversky(1992)对前景理论形成了标准的价值函数,其中,将超过参照点 $x-x_0 \geqslant 0$ 即定义为收益,将 $x-x_0<0$ 定义为损失,α,β 分别表示投资者对收益和损失的敏感程度,在价值函数曲线上体现为凹凸性,λ 表示投资者对损失的厌恶程度,即同一笔金额的损失负效用是盈利正效用的倍数,通过实验数据,Kahneman 和 Tversky 得出了 $\alpha=\beta=0.88$,$\lambda=2.25$,大多数学者都直接是使用此参数(Benartzi & Thaler,1995;Ang,2000;Barberis & Huang,2001;Berkelaar,2004),但也有学者认为曲率 α 和 β 虽然相同,但要较低些(Camerer & Ho,1994;Wu & Gonzalez,1996),Booij 等(2010)通过实验得出 $\lambda=$

1.6，Hwang 和 Satchell（2010）得出美国和英国市场上的 λ 分别为 3.25 和 2.75。前景价值函数的 S 型图形能够较好地反映出人们的投资心理，也暗含着一个行为金融学的重要发现：损失厌恶。

$$\nu(x) = \begin{cases} (x - x_0)^{\alpha} & \text{当 } x - x_0 \geqslant 0 \text{ 时} \\ -\lambda(x_0 - x)^{\beta} & \text{当 } x - x_0 < 0 \text{ 时} \end{cases} \tag{4-2}$$

除此之外，“框架依赖”（Framing Dependence）也是认知偏差的重要结论之一，是指在作资产配置判断与决策时依赖于所面临的决策问题的形式。框架依赖就是决策背景对决策的影响，饶育蕾、盛虎（2011）总结其包括对比效应（Contrast Effect）、首因效应（Primacy Effect）、近因效应（Recent Effect）、晕轮效应（Halo Effect）、稀释效应（Dilution Effect），其中的典型代表是狭窄框定（Narrow Framing），Barberis 和 Huang（2009）认为投资者在带有思维隔离、角度狭窄的一种倾向去分析问题，进行资产配置时，表现为将各种资产框定到一个取景框架中进行独立评价和计算，换言之，投资者的效用直接源于狭窄框定中的资产，而非资产总财富的贡献。正是狭窄框定的发现，才有效规避了前景价值函数非全局凹性的局限，Barberis，Huang 和 Thaler（2006）假设市场上的投资者具有狭窄框定的效应，则对资产配置中的每一种资产独立评价和计算其前景价值，对各种资产而言，收益率为 $r^T = [r_1, r_2, \cdots, r_N]$，其中，$r_i$ 为第 i 种资产的收益率；配置比例为 $\omega^T = [\omega_1, \omega_2, \cdots, \omega_N]$，其中，$\omega_i$ 为第 i 种资产的配置比例，且 $0 \leqslant \omega_i \leqslant 1$，$\sum_{i=1}^{N} \omega_i = 1$，其中，$r_p$ 为组合收益率；$\bar{r}$ 为参照点；当 $r_i \geqslant 0$ 时，$\eta = 0$，则资产配置的前景价值函数为：

$$\upsilon(r_p) = \omega^T \upsilon(r_i - \bar{r}) = \omega^T \left[\eta (\mathrm{r} - \bar{\mathrm{r}})^{\alpha} - (1 - \eta) \lambda (\mathrm{r} - \bar{\mathrm{r}})^{\beta} \right] \tag{4-3}$$

4.1.2 引入三参照点的前景价值函数

美国判断与决策学会（Society for Judgment and Decision Making，SJDM）原主席 George Wu 在 2012 年指出，关于参照点的研究是行为决策领域最具挑战性的课题,近年来的重要研究成果就是三参照点理论(Tri - Reference Point Theory,TRP 理论),Wang(2008),Wang 和 Johnson(2012)等对此都有非常深入的研究。自 Markowitz(1952、1959)开创现代投资组合理论以来,投资者在不确定性和风险背景下进行投资决策,既要给定自己的期望值,又需要考虑各种收益情况均值方差的分布情况,想要作出准确的判断就要在资产配置中引入参照点。TRP 理论也是在前人的理论上演进而来的,Roy(1952)提出的"安全第一"理论,指出了人们需要在资产配置时设定一个保全自己安全的收益率"参照点"(一个点),Lopes(1987)提出的 SP/*A* 理论中,*S* 表示安全(Security),*P* 表示潜力(Potential),*A* 表示愿望(Aspiration),事实上,SP/*A* 是一个一般的个体选择理论,指出人们应该关注潜在高回报还是安全底线(两个点),Kahneman 和 Tversky(1992)的前景价值理论发现了损失厌恶,指出了收益与损失的感受存在不对称,反映了投资者既有损失 *B*,也有止损 *A*,还有正常收益 *C* 及得到极大收益时 *D* 的心理状态,在一定程度上促进了三参照点理论的形成(见图 4 -3)。

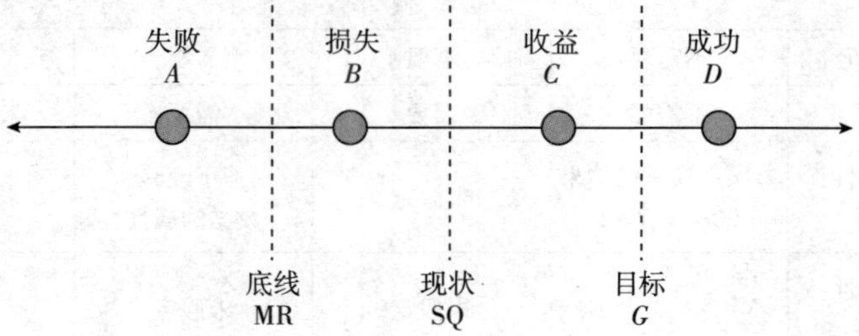

图 4 -3　三参照点理论图示

行为主体考虑了最低要求(Minimum Requirement,MR)、现状(Status Quo,SQ)和目标(Goal,G)三个参照点,并将心理预期划分为四个区域(Area):成功($D > G$),收益($SQ < C < G$),损失($MR < B < SQ$)和失败($A < MR$),投资者避免失败是最重要的,其次是成功,最后是维持现状,这也为损失厌恶提供了新解释,投资者从损失到失败的心理效应要远大于从获益到成功,又被称为失败厌恶(Failure Aversion)。王晓田和王鹏(2013)认为在动态决策中,MR 和 SQ 决定着风险倾向,而 *G* 则在最后一轮的投资中发挥

作用。Wang 和 Johnson(2012)围绕三参照点理论的五个基本假设①进行了实证检验,李海军、徐富明、相鹤、孔诗晓、孟贞贞等(2013)对此也做了大量研究。

在对参照点的四种理论进行比较后,得出:前景理论对于金融异象中“阿莱驳论”(Allais,1953)、“框架和反转效应”(Tversky & Kahneman,1992)②、“四重现象模式”(Tversky & Kahneman,1992)③、“之前的获益损失”(Thaler & Johnson, 1990; Barron & Erev, 2003; Erev, Ert, & Yechiam, 2008)④等决策现象都可以给予较好的解释。

表4-1 参照点的四种理论比较

对比项目	三参照点理论	期望效用理论	前景理论	累积前景理论
决策理性的假设				
随机支配性	不需要	需要	不需要	需要
传递性	参照点强化传递性	需要	需要	需要
独立性/相消性	不需要	需要	不需要	需要
不变形	不需要	需要	不需要	需要
运作特性				
效用最大化	不需要	需要	需要	需要
边际收益递减	不需要	需要	需要	未明确假定
损溢不对称性:损失厌恶	参照点权重的结果($\beta- > \beta+$)	未假定	基于经验数据的属性	未明确假定
损失不对称性:失败厌恶	$MR > G, \beta_F > \beta_S$	未假定	未假定	未假定
参照点依存性	依存于 MR,G,SQ	无参照点	依存于单一参照点(*e.g.*,SQ)	依存于单一参照点(*e.g.*,SQ)

①王晓田,王鹏.决策的三参照点理论:从原理到应用[J].心理科学进展,2013(21):1331-1346.

②对于带来收益的选项会回避风险,但对于带来损失的选项会寻求风险。

③人们在面对小概率的获益和中、高概率的损失时会寻求风险,而面对小概率的损失和中、高概率的获益时则会回避风险。

④不仅预期的获益和损失会影响到人们对于风险的态度,而且之前的获益或者损失经历也会影响风险态度和选择。

续表

对比项目	三参照点理论	期望效用理论	前景理论	累积前景理论
运作特性				
结果区域	失败、损失、获益和成功	无	损失和获益	损失和获益
参照点优先性排序	MR > G > SQ	未假定	未假定	未假定
概率的加权函数	线性和累加性(没有关于形状的假设)	线性和累加性(没有关于形状的假设)	"倒 S"形	依存于等级(没有关于形状的假定)
价值函数	双 S 型曲线	上凸型曲线	单的 S 形曲线	略带 S 形
决策现象的解释				
Allais 悖论	可解释	与理论相矛盾	可解释	可解释
框架和反转效应	可由 MR 或者 G 的设置效应来解释	与理论相矛盾	可由非线性的价值和加权函数来解释	可由针对获益和损失的独立的价值函数来解释
四重现象模式	可预测相反模式	无预测	预测四重模式	预测四重模式
之前的获益损失	可预测其效果	无预测	无预测	无预测
风险认知	对应 4 个区间	无推论	对应两个区间	对应两个区间

将 TRP 理论应用到狭窄框定下的前景价值函数时,其资产配置的效用函数为:

$$\upsilon(\tilde{r}_p) = \begin{cases} \dfrac{1}{T}\sum\limits_{i=1}^{N_1}\sum\limits_{t=1}^{T}\omega_i(\tilde{r}_{it})^{\alpha} & \tilde{r}_{it} \geqslant 0 \\ -\lambda\dfrac{1}{T}\sum\limits_{i=1}^{N_2}\sum\limits_{t=1}^{T}\omega_i(\tilde{r}_{it})^{\beta} & \tilde{r}_{it} < 0 \end{cases} \quad (4-4)$$

或者为:

$$\upsilon(\tilde{r}_p)\frac{1}{T}\sum_{i=1}^{N}\sum_{t=1}^{T}\omega_i\nu(\tilde{r}_{it})=\frac{1}{T}\sum_{i=1}^{N}\left[\eta\sum_{i=1}^{N_1}\omega_i(\tilde{r}_{it})^{\alpha}-(1-\eta)\lambda\sum_{i=1}^{N_2}\omega_i(\tilde{r}_{it})^{\beta}\right] \quad (4-5)$$

其中,$\tilde{r}_{it}$ 为第 i 种资产在 t 时刻相对参照点的收益率区间数,$i=1,2,\cdots,N$; $t=1,2,\cdots,T$; N_1 , N_2 分别为收益率 r_{it} 相对于不同参照点的收益或损失的资产数量,$N_1+N_2=N$;如果 $\tilde{r}_{it}\geqslant 0$,则 $\eta=1$,否则 $\eta=0$ 。

虽然 TRP 理论对前景价值函数进行了改进,但收益率的区间数并不清楚,对现实资产配置的求解是存在困难的。国际上对于模糊区间转化为确定实数的方法有很多,如 Yager 和 Xu(2006)提出的连续区间数据有序加权几何(Continuous Interval Argument OWG,C-OWG)算子,本书借鉴詹泽雄、吴宗法和程国雄(2017)与王新凡(2008)在 C-OWG 基础上提出的有序加强平均算子(Continuous Three Parameters Interval Argument OWA,CP-OWA),对三参数区间进行集成处理。三参数区间数 $[x,y,z]$,其中 $x,y,z \in R, x \leqslant y \leqslant z$,则令

$$g_{\rho_1,\rho_2}([x,y,z]) = \frac{g_{\rho_1}[x,y] + g_{\rho_2}[y,z]}{2}$$

$$= \frac{1}{2}\left\{\left[x\left(1-\int_0^1 \rho_1(u)\mathrm{d}u\right) + y\int_0^1 \rho_1(u)\mathrm{d}u\right] + \left[y\left(1-\int_0^1 \rho_2(u)\mathrm{d}u\right) + z\int_0^1 \rho_2(u)\mathrm{d}u\right]\right\}$$

$$= \frac{1}{2}\left[x\left(1-\int_0^1 \rho_1(u)\mathrm{d}u\right) + y\int_0^1 \rho_1(u)\mathrm{d}u - \int_0^1 \rho_2(u)\mathrm{d}u + z\int_0^1 \rho_2(u)\mathrm{d}u\right] \tag{4-6}$$

为了计算 CP-OWA 算子,其中, ρ_1 , ρ_2 为基本的单位区间单调(Basic Unit-Interval Monotonic,BUM)函数, $\rho_1(\mu) = \mu^{\tau}$, $\rho_2(\mu) = \mu^{\frac{1}{\tau}}$,对于任意 BUM 函数 ρ_1 , ρ_2 ,均有 $x \leqslant g_{\rho_1,\rho_2}([x,y,z]) \leqslant z$ 。

经过转化,将前景价值函数的收益率区间模糊数转化为确定实数,可以把 TRP 理论引入前景价值函数中。

4.1.3 基于下偏二阶矩的前景价值函数

在一定条件和一定时期内,不确定性会导致风险的存在,并引发损失,Markowitz 也曾考量下侧风险问题,下偏距风险(Low Partial Moments Risk)就是资产收益率低于参照点时的风险,其风险的测度方法有很多,Foo 等(2000)、Estrada 等(2008)以半方差测度资产配置风险,认为均值—半方差模型优于均值—方差模型,Hallow(1989)的下偏矩方法(Low Partial Moments,LPM)是将待配置的股票预先设定权重,再通过实验分布法的计量方法测算下偏矩,但求解参数过程较为复杂,Cumova 等(2014)拓展了前景价值理论,利用参照点的偏距测度损益,设定了上偏矩和下偏距(UPM -

LPM),研究投资者对风险和收益不同态度情况下的资产配置及有效前沿问题。LPM 恰好反映了前景理论中的损失厌恶,那么,以下偏矩为目标函数的优化模型可以较均值方差(M - V)有很好的损失预测,借鉴 Hallow(1991)的 LPM 模型,设离散型随机变量为 x,其中,既定的参照点为 k,下偏矩阶数给定为 $\gamma > 0$,观测样本量为 T,若 k 为均值,$\gamma = 0$,则 LPM 模型转化为传统的半方差模型。LPM 模型为:

$$LPM(\gamma,k) = \frac{1}{T}\sum_{x<k}^{k}(k-x)^{\gamma} \tag{4-7}$$

在引入 TRP 理论后,将 LPM 设定为实际前景价值相对于参照点前景价值的偏离,进一步突出了损失厌恶,当 $\gamma = 2$ 时,则对于单独一种资产 i 有 LPM_i:

$$LPM_i = E\left\{\left[\text{Min}(\nu(r_{it} - \bar{r}_{it}) - \nu(\bar{r}_{it}),0\right]^2\right\} \tag{4-8}$$

当 $\gamma = 2$ 时,对于存在两种资产 i 和 j 时有 $CLPM_{ij}$:

$$CLPM_{ij} = E\left\{\left[\min(\upsilon(r_{it} - \bar{r}_{it}) - \upsilon(\bar{r}_{it}),0)\right]\times\left[\min(\upsilon(r_{it} - \bar{r}_{it}) - \upsilon(\bar{r}_{it}),0)\right]\right\} \tag{4-9}$$

詹泽雄等(2017)运用定义协方差的方法将 i 和 j 的 LPM 进行了定义,即 i 和 j 的相关系数为 $\xi_{ij} = \frac{CLPM_{ij}}{\sqrt{LPM_i LPM_j}}$,则当 LPM_i 和 LPM_j 均不为 0 时成立。若其中 LPM_i 或 LPM_j 为 0,则 $\xi_{ij} = 0$。因此,$CLPM_{ij} = \xi_{ij}\sqrt{LPM_i LPM_j}$。又定义 $LPM_P = \tilde{\delta}_P = \sum_i^N \sum_j^N \omega_i \omega_j \bar{\delta}_{ij}$ 为资产配置的协 LPM(2),$Std\,LPM_P\sqrt{\tilde{\delta}_p}$ 即为资产配置的标准协 LPM(2),来计算 LPM 和 CLPM 的区间数,计算过程如下:

$$LPM_i = \tilde{\delta}_i = \frac{1}{T}\sum_t^T \left\{\min\left[\nu(r_{it} - \bar{r}_{it}) - \nu(\bar{r}_{it}),0\right]\right\}^2 \tag{4-10}$$

$$\tilde{\delta}_i = \frac{1}{T}\sum_t^T \left\{\min\left[\nu(r_{it} - r_{it}^{MR}) - \nu(r_{it}^{MR}),0\right]\right\}^2,$$

$$\sum_{t}^{T}\left\{\min\left[\nu(r_{it}-r_{it}^{SQ})-\nu(r_{it}^{SQ}),0\right]\right\}^{2},$$

$$\sum_{t}^{T}\left\{\min\left[\nu(r_{it}-r_{it}^{G})-\nu(r_{it}^{G}),0\right]\right\}^{2} \tag{4-11}$$

$$\mathrm{CLPM}_{ij}=\tilde{\delta}_{ij}=\frac{1}{T}\sum_{t=1}^{T}\left[\min(\upsilon(r_{it}-\bar{r}_{it})-\upsilon(\bar{r}_{i}),0)\right]\times\left[min(\upsilon(\mathrm{r}_{it}-\bar{r}_{it})-\upsilon(\bar{r}_{it}),0)\right] \tag{4-12}$$

$$\tilde{\delta}_{i}=\frac{1}{T}\sum_{t=1}^{T}\left\{\left[\min(\nu(r_{it}-r_{it}^{MR})-\nu(r_{it}^{MR}),0\right]\right\}\times\left[\min(\nu(r_{jt}-r_{jt}^{MR})-\nu(r_{jt}^{MR}),0\right],$$

$$\sum_{t}^{T}\left[\min(\nu(r_{it}-r_{it}^{SQ})-\nu(r_{it}^{SQ}),0\right]\times\left[\min(\nu(r_{jt}-r_{jt}^{SQ})-\nu(r_{it}^{SQ}),0\right],$$

$$\sum_{t}^{T}\left[\min(\nu(r_{it}-r_{it}^{G})-\nu(r_{it}^{G}),0\right]\times\left[\min(\nu(r_{jt}-r_{jt}^{G})-\nu(r_{jt}^{G}),0\right]) \tag{4-13}$$

根据有序加强平均算子(CP－OWA)方法,将模糊的区间数转化为确定实数,并得到协 LPM(2)矩阵。那么,投资者根据前景价值函数的效用最大化和下偏二阶矩最小化进行决策时,就构建了引入三参照点的基于下偏二阶矩的资产配置优化模型:

$$\max\nu(\tilde{r}_{p})=\frac{1}{T}\sum_{i=1}^{N}\sum_{t=1}^{T}\omega_{i}\nu(\tilde{r}_{it})=\frac{1}{T}\sum_{t=1}^{N}\left[\eta\sum_{i=1}^{N_1}\omega_{i}(\tilde{r}_{it})^{\alpha}-(1-\eta)\lambda\sum_{i=1}^{N_2}\omega_{i}(\tilde{r}_{it})^{\beta}\right] \tag{4-14}$$

$$\mathrm{s.t.\ LPM}_{P}=\tilde{\delta}_{P}=\sum_{i}^{N}\sum_{j}^{N}\omega_{i}\,\omega_{j}\,\tilde{\delta}_{ij} \tag{4-15}$$

或

$$\min \mathrm{LPM}_{P}=\tilde{\delta}_{P}=\sum_{i}^{N}\sum_{j}^{N}\omega_{i}\,\omega_{j}\,\tilde{\delta}_{ij} \tag{4-16}$$

$$\mathrm{s.t.}\ \ \nu(\tilde{r}_{p})=\frac{1}{T}\sum_{i=1}^{N}\sum_{t=1}^{T}\omega_{i}\nu(\tilde{r}_{it})=$$

$$\frac{1}{T}\sum_{t=1}^{N}\left[\eta\sum_{i=1}^{N_1}\omega_{i}(\tilde{r}_{it})^{\alpha}-(1-\eta)\lambda\sum_{i=1}^{N_2}\omega_{i}(\tilde{r}_{it})^{\beta}\right]=V \tag{4-17}$$

满足

$$\sum_{i}^{N} \omega_i = 1 \tag{4-18}$$

其中

$$\tilde{\delta}_{ij} = \frac{1}{T}\sum_{t=1}^{T}\left\{\min\left[\nu(r_{it} - \bar{r}_{it}) - \nu(\bar{r}_{it}),0\right]\right\}\times\left\{\min\left[\nu(r_{jt} - \bar{r}_{jt}) - \nu(\bar{r}_{jt}),0\right]\right\} \tag{4-19}$$

上述两模型本质上相同,根据最小化下偏矩求最优解:

$$\min\frac{1}{2}\text{LPM}_{P} = \frac{1}{2}\tilde{\delta}_P = \frac{1}{2}\sum_{i}^{N}\sum_{j}^{N}\omega_i\,\omega_j\,\tilde{\delta}_{ij} \tag{4-20}$$

$$\begin{aligned} \text{s.t. } \nu(\tilde{r}_p) &= \frac{1}{T}\sum_{i=1}^{N}\sum_{t=1}^{T}\omega_i\nu(\tilde{r}_{it}) \\ &= \frac{1}{T}\sum_{t=1}^{N}\left[\eta\sum_{i=1}^{N_1}\omega_i(\tilde{r}_{it})^{\alpha} - (1-\eta)\lambda\sum_{i=1}^{N_2}\omega_i(\tilde{r}_{it})^{\beta}\right] = V \end{aligned} \tag{4-21}$$

满足

$$\sum_{i}^{N} \omega_i = 1 \tag{4-22}$$

令拉格朗日函数为:

$$L = \frac{1}{2}\omega^T\sum\omega + \theta_1(1 - 1^T\omega) + \theta_2(V - \underbrace{\nu(\tilde{r})}_{\nu}{}^T\omega) \tag{4-23}$$

其中, $\sum$ 为元素 $\tilde{\delta}_{ij}$ 的协下偏矩矩阵,1 为 $N\times1$ 维列向量。

最优一阶条件为:

$$\frac{\partial L}{\partial\omega} = \sum\omega + \theta_1 1 - \theta_2\nu \tag{4-24}$$

$$\text{s.t. } 1^T\omega = 1 \tag{4-25}$$

$$\omega^T\nu(\tilde{r}) = V \tag{4-26}$$

则投资者的最优资产配置权重为:

$$\omega^* = \theta_1\sum{}^{-1}1 + \theta_2\sum{}^{-1}\nu \tag{4-27}$$

$$\theta_1 = \frac{C - \text{VB}}{\text{AC} - B^2}\quad \theta_2 = \frac{\text{VA} - B}{\text{AC} - B^2} \tag{4-28}$$

其中，$A = 1^T \sum^{-1} 1$；$B = 1^T \sum^{-1} 1$；$C = \nu^T \sum^{-1} \nu$。故最小二阶下偏矩集的方程可表示为：

$$\tilde{\delta}_P^* = \omega^T \sum \omega = \omega^T (\theta_1 \sum^{-1} 1 + \theta_2 \sum^{-1} \nu) =$$

$$\theta_1 \omega^T 1 + \theta_2 \omega^T \nu = \frac{AV^2 - 2BV + C}{AV - B^2} \tag{4-29}$$

该方程在前景价值—下偏二阶矩二维坐标系下表示一条抛物线。

全局最小 LPM 的资产组合可由下式求得

$$\frac{\partial \tilde{\delta}_P^*}{\partial V} = \frac{2VA - 2B}{AC - B^2} = 0 \tag{4-30}$$

其前景价值 $\nu_0 = \frac{B}{A}$，其 LPM(2)为 $\tilde{\delta}_0 = \frac{1}{A}$。

全局最小 LPM(2)的资产组合是：

$$\omega_0 = \frac{\sum^{-1} 1}{1^T \sum^{-1} 1} \tag{4-31}$$

4.2 模型演进：参数的动态变化

4.2.1 参照点的动态变化

Kahneman 和 Tversky(1979)的前景理论提出了前景价值中的参照点，这是与预期效用理论的效用函数的不同之处，但在早期理论中参照点是不变的，且等于 0，是实际收益和损失的交界点。参照点是人们的一种主观评价标准，对投资者而言，风险决策是具有社会属性的，Festinger(1954)从社会比较理论出发，认为社会人会主动、自发地与周围的其他社会人进行比较，通过比较的结果来评判自己的能力是强还是弱，如果说投资决策的本质是在风险与保守之间的价值判断，则如果选择能使投资者较别人获益，其决策判断对他的效用就会增大(Hill & Buss，2010)。因此，随着社会周遭环境的变化，个人的主观评价标准也是动态调整的，参照点也由此动态变化，以适应社会变化(见图4-4)。

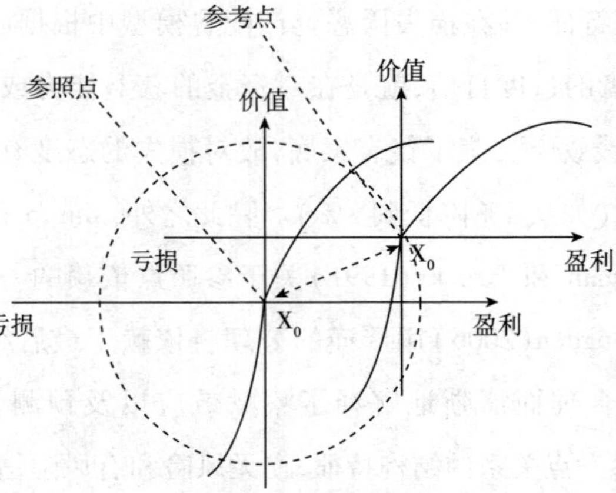

图4-4 参照点的动态变化

根据Mazumdar,Raj和Sinha(2005)划分参照点的三种标准:①可预测的期望,这是由决策者的既往经验和当前所处环境决定的;②规范的标准,它是决策者心中自有的公允尺度,如"公平"和"公正",反映在股票价格是高还是低;③渴望的标准或水平,是指群体中人们对同一事物应有大体相同的认知水平。谢晓非、陆静怡(2014)认为投资者存在两种参照点:①个人参照点,即个人收益或损失的零界点,具有真实、直接、绝对的特点;②社会参照点,是个人会将自己的得失与社会其他人的得失进行比较,并以此为参照点来评判自己的相对"得失"。陆静怡、谢晓非、Wang和唐鑫(2013)通过对北京市民投资理财的调查实验得出,相比于"社会损失"(个人投资亏损高于身边朋友),具有"社会获益"(个人收益高于身边朋友)的市民更愿意增加风险资产的配置,如增加股票、基金等金融产品的购买。

参照点依赖(Reference Dependent)是行为金融学理论的一个重要思想,是指人们更关心相对财富的变化而非绝对财富,这取决于人们内心设定的参照点或标准。Nick(2008)从生物学机制视角研究参照点,认为其来源于自身稳态(Homeostasis)和协同稳态(Allostasis)机制,二者具有显示生物适应性进化的基本功能。刘泽文和孔亮(2014)认为参照点对投资者而言,随着当前收入或支出的现状及预期收入或支出的非现状变化而变化。参照点依赖主要用于解释行为金融学中出现的诸如禀赋效应、过度自信、处置效应、后悔厌恶等心理特征，并在损失厌恶资产配置模型中根据心理特征的变化而调整，如投资者的过度自信，就是在对资金的获益能力或技巧充满信心，或者因为“私房钱效应”，赚了钱有家底，故对损失的态度有所减轻，进而调低了参照点系数（如从4%降低到3%）。除此之外，Munro 和 Sugden（2003）还扩展了 Kahneman 和 Tversky（1991）关于参照点依赖的一般模型，研究 N 维的商品空间；Sugden（2006）用严谨的公理将依赖于最后结果和参照点的偏好呈现出现，合理而清晰地解释了禀赋效应以及预测偏好反转。Sagi（2006）研究了参考点关系的结构特征，在无风险和有风险情景下，投资者都表现出“不后悔”（No - regret）的一致性；Apesteguia 和 Ballester（2004）通过公理的递进论证，得出人们的决策依赖于参照点变化时，上次的选择就成为本次决策的新参照点，并提供了一个系统的概念性框架；Enrico De Giorgi 和 Thierry Post（2008）认为参照点中应以内生的固定不变的部分为核心，随着新信息或意外事件而调整。

4.2.2 损失厌恶系数的静态和动态场景

损失厌恶（Loss Aversion）是前景理论中提出的重要假设前提，Kahneman 和 Tversky（1979）认为投资者在面临同笔金额的收益或损失时，损失带给其的负效用远大于收益带来的正效用。其中，损失厌恶系数 λ 是用来衡量痛苦与满足的效用绝对值之比，是 S 型的前景价值函数中最为重要的参数之一（α,β 和 λ），Kahneman 和 Tversky 通过实验得出 α 和 β（敏感度）取值 0.88，其越大说明越愿意冒险，λ 取值 2.25。

$$\nu(x)=\begin{cases}(x-x_0)^{\alpha} & \text{当 } x-x_0\geqslant 0 \text{ 时}\\ -\lambda\,(x_0-x)^{\beta} & \text{当 } x-x_0<0 \text{ 时}\end{cases} \tag{4-32}$$

关于 λ 的研究主要有两类：一是研究 λ 的取值，Patricia（2009）通过非线性回归方法研究损失厌恶对贸易政策影响时，λ 大约为 2；Booij 等（2010）在研究效用函数和概率权重函数时，发现 λ 约为 1.6；Hwang 和 Satchell（2010）

发现λ在不同国家和地区的市场上有所差异，英、美市场的λ分别为3.25和2.75。二是研究λ的动态变化，张小涛、潘琪和李悦雷（2016）等通过实证得出中国的股票市场并不适合用 Kahneman 和 Tversky 的参数，认为λ的下界略大于1，同时“牛市”的下界约为2.19，“熊市”的下界为0.59。λ的动态变化主要包含两层含义：一是损失或失去拥有对人们而言会带来情感上或心理上的不适；二是对投资者而论，等量的损失要比收益带来的效用显著。

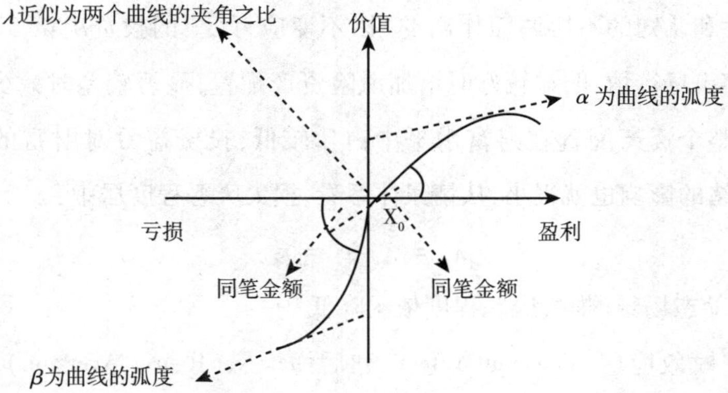

图4－5　损失厌恶系数在前景价值理论中的刻画

在损失厌恶资产配置模型研究中，Barberis 等（2001）基于“私房钱效应”构建了动态λ，意指决策者在先期盈利后再面临亏损时的痛苦程度较此前有所降低，也是因为盈利而被稀释，由此将λ降低，同理，若在先期损失后继续面临损失时，会越发厌恶损失，进而将λ提高，Fortin 和 Hlouskova（2011），金秀、王佳和高莹（2014），詹泽雄、吴宗法和程国雄（2017）等在动态损失厌恶资产配置模型中，根据投资者的心理特征将λ作为一个关键的动态变量来应用。笔者在此基础上，经过分析设计，主要分为1种静态场景和8种动态场景，其中，λ为初始值，λ_t 为调整后的值，r_t^f 为初始的收益率参照点，$\widehat{r_t}$ 为调整后的值，r_t 和r_{t-1} 为某种资产的当前和前期的毛收益率。同时，假定λ上升、不变和下降分别计损失厌恶的程度为3分、2分和1分，并对动态场景中“$r_t \geqslant r_{t-1}$”（较前期盈利）和“$r_t < r_{t-1}$”（较前期损失）两种情形的损失厌恶程度加总记录总的损失厌恶程度，则有：

(1)静态场景

有限理性(Bounded Rationality)(4分)。无论市场如何变化,投资者都不改变自己对损失的态度以及基准的资产收益率,即资产收益率的起伏并不影响同一笔金额的盈亏在投资者心中的差额分量,可能一开始 λ 就很低或很高,保持对损失的态度不变,认为投资本来就是有亏有赢,对 λ 和 r_t^f 都不作调整,这是较为理性的投资者心态,也是人们因为知识的局限性、环境的不确定性和认知的不协调而作出的"以不变应万变"的投资决策。谨慎、冷静地观察市场行情,明显较好时增加风险资产配置,显著较差时减少风险资产配置,整个资产配置在财富水平中占比较低,投资盈亏对财富的影响很小,对情绪的影响也就很小,从情景体系看,损失厌恶程度居中:

$$\lambda_t = \lambda, \widehat{r_t} = r_t^f \tag{4-33}$$

(2)动态场景(损失厌恶程度依次降低①)

1)禀赋效应(Endowment Effect)和后悔厌恶(Regret Aversion)(6分)。当投资者较前期盈利时,反而加大了对损失的厌恶程度,提高了 λ ,下降了 r_t^f, 这是人们害怕失去刚刚投资所得的收益;调低了投资预期,这是人们害怕失去刚刚投资所得的收益,心态属于禀赋效应,也是人们舍弃自有资产的痛苦感受超越获得资产的高兴程度。因此,会在拥有一项资产后变得谨慎小心,宁愿失去再获利的机会也不愿冒着再次损失的风险。当投资者较前期亏损时,对损失的态度更加厌恶,后悔当初的投资,也同时提高了 λ 、下降了 r_t^f ,调低了投资预期,这是人们做出错误的决策时对自己的行为感到痛苦,因为没有作出正确决定的情绪就是后悔,后悔比受到损失更加痛苦,因为这种痛苦让人觉得要为损失承担责任。从整体上看,最大限度地增加无风险资产配置比例,降低风险资产配置比例,对风险投资非常保守,对市场前景持悲观态度,害怕损失,一旦损失,就会更加厌恶风险,立即调低自己的预期,

①为了对一种场景下的损失厌恶程度进行整体评价,特将 λ 的上升、不变和下降给予3分、2分、1分的数值,对每种场景下不同投资心理的 λ 评价数值进行加总,即得该场景下的损失厌恶总程度,如动态场景①中的禀赋效应和后悔厌恶,都提高了 λ ,则损失厌恶程度为6分。

谨慎操作。投资风格最为保守,厌恶程度最大。

$$\lambda_t = \begin{cases} \lambda + \left(\dfrac{r_t}{r_{t-1}} - 1\right), & r_t \geqslant r_{t-1} \\ \lambda + \left(\dfrac{r_{t-1}}{r_t} - 1\right), & r_t < r_{t-1} \end{cases} \tag{4-34}$$

$$\widehat{r_t} = \begin{cases} \dfrac{r_{t-1}}{r_t} r_t^f, & r_t \geqslant r_{t-1} \\ \dfrac{r_t}{r_{t-1}} r_t^f, & r_t < r_{t-1} \end{cases} \tag{4-35}$$

2)有限理性(Bounded Rationality)和后悔厌恶(Regret Aversion)(5分)。当投资者较前期盈利时,保持对损失的态度不变,对 λ 不作调整,但对 r_t^f 有所下降,调低了投资预期,这是较为保守有限理性的心态,也是人们因为知识的局限性、环境的不确定性和认知的不协调而作出的相对正确的决策;当投资者较前期亏损时,对损失的态度更加厌恶,后悔当初的投资,故提高了 λ,但对 r_t^f 并未改变,r_t^f 的不变也是出于投资者正常拥有一定量的财富基础和对市场的预判,在人们作出错误的决策时,对自己的行为感到痛苦,因为没有作出正确决定的情绪就是后悔,后悔比受到损失更加痛苦,因为这种痛苦让人觉得要为损失承担责任。投资者会一定程度地增加低风险资产配置比例,降低高风险资产配置比例,盈利时会稍微下降预期,较为谨慎地根据市场行情投资,但投资亏损了会有较大程度的后悔情绪,加剧了风险厌恶。

$$\lambda_t = \begin{cases} \lambda, & r_t \geqslant r_{t-1} \\ \lambda + \left(\dfrac{r_{t-1}}{r_t} - 1\right), & r_t < r_{t-1} \end{cases} \tag{4-36}$$

$$\widehat{r_t} = \begin{cases} \dfrac{r_{t-1}}{r_t} r_t^f, & r_t \geqslant r_{t-1} \\ r_t^f, & r_t < r_{t-1} \end{cases} \tag{4-37}$$

3)禀赋效应(Endowment Effect)和有限理性(Bounded Rationality)(5分)。当投资者较前期盈利时,反而加大了对损失的厌恶程度,提高了 λ,但

未提高 r_t^f，r_t^f 的不变也是出于投资者正常拥有一定量的财富基础和对市场的预判，这是人们害怕失去刚刚投资所得的收益，心态属于禀赋效应，也是人们舍弃自有资产的痛苦感受超越获得资产的高兴程度，因此，会在拥有一项资产后变得谨慎小心，宁愿失去再获利的机会也不愿冒着再次损失的风险；当投资者较前期亏损时，保持对损失的态度不变，认为投资本来就是有亏有赢，故对 λ 不作调整，但对 r_t^f 有所下降，也就是调低了投资预期，这是较为保守的投资者有限理性的心态，也是人们因为知识的局限性、环境的不确定性和认知的不协调而作出的相对正确的决策。投资者会较小程度地增加低风险资产配置比例，降低高风险资产配置比例，持有一定量财富或前期盈利过，但担心失去曾经的获利，如果亏损就会调低自己的预期。

$$\lambda_t = \begin{cases} \lambda + \left(\dfrac{r_t}{r_{t-1}} - 1\right), & r_t \geqslant r_{t-1} \\ \lambda, & r_t < r_{t-1} \end{cases} \tag{4-38}$$

$$\widehat{r_t} = \begin{cases} r_t^f, & r_t \geqslant r_{t-1} \\ \dfrac{r_t}{r_{t-1}} r_t^f, & r_t < r_{t-1} \end{cases} \tag{4-39}$$

4）禀赋效应（Endowment Effect）和赌徒谬误（Gambler's Fallacy）（4 分）。当投资者较前期盈利时，反而加大了对损失的厌恶程度，同时提高了 λ 和r_t^f，r_t^f 的上升表示投资预期提高，也是拥有较少财富和对市场信息缺乏把握的投资者的激进行为，这是人们害怕失去刚刚投资所得的收益，心态属于禀赋效应，也是人们舍弃自有资产的痛苦感受超越获得资产的高兴程度，因此，会在拥有一项资产后变得谨慎小心，宁愿失去再获利的机会也不愿冒着再次损失的风险。当投资者较前期亏损时，反而降低了 λ 和 r_t^f，这是较为保守的投资心态，属于赌徒谬误，认为最近的结果会预示下一次结果，从而出现一次上涨或下跌之后会反方向发展均值回归，但实际上，从相关资金数据来看，市场并非向自己认为的状态发展，从而导致投资者过分地跟随或动量交易，也是急功近利的一种体现。投资者情绪较为矛盾，既有可能在盈利情况下调增预期，减少风险资产配置比例，也有可能在亏损情况下下调预期，增加风险资产配置比例，策略会有激进和保守同时存在的可能，充满谨慎和投机。

$$\lambda_t = \begin{cases} \lambda + \left(\dfrac{r_t}{r_{t-1}} - 1\right), & r_t \geqslant r_{t-1} \\ \lambda + \left(\dfrac{r_t}{r_{t-1}} - 1\right), & r_t < r_{t-1} \end{cases} \tag{4-40}$$

$$\widehat{r_t} = \begin{cases} \dfrac{r_t}{r_{t-1}} r_t^f, & r_t \geqslant r_{t-1} \\ \dfrac{r_t}{r_{t-1}} r_t^f, & r_t < r_{t-1} \end{cases} \tag{4-41}$$

5）过度自信（Overconfidence）和后悔厌恶（Regret Aversion）（4 分）。当投资者较前期盈利时，同时下降了 λ 和 r_t^f，这是过度自信中的一种保守心态，r_t^f 的降低意味着投资者降低了投资预期，但也会高估所持有的信息，出现知识幻觉，认为盈利是自己投资能力提高的表现，甚至认为可以跑赢市场；当投资者较前期亏损时，反而同时上调了 λ 和 r_t^f，对损失的态度更加厌恶，后悔当初的投资，r_t^f 表示提高了投资预期，这是人们作出错误的决策时对自己的行为感到痛苦，因为没有作出正确决定的情绪就是后悔，后悔比受到损失更加痛苦，因为这种痛苦让人觉得要为损失承担责任。这也是自我归因（Self Attribution）的一种投资心态，成功来源于自己，失败来自外界。投资者情绪较为矛盾，既有可能在盈利情况下调低预期，增加风险资产配置比例，也有可能在亏损情况下上调预期，减少风险资产配置比例，策略会有激进和保守同时存在的可能，充满自信和后悔。

$$\lambda_t = \begin{cases} \lambda + \left(\dfrac{r_{t-1}}{r_t} - 1\right), & r_t \geqslant r_{t-1} \\ \lambda + \left(\dfrac{r_{t-1}}{r_t} - 1\right), & r_t < r_{t-1} \end{cases} \tag{4-42}$$

$$\widehat{r_t} = \begin{cases} \dfrac{r_{t-1}}{r_t} r_t^f, & r_t \geqslant r_{t-1} \\ \dfrac{r_{t-1}}{r_t} r_t^f, & r_t < r_{t-1} \end{cases} \tag{4-43}$$

6)过度自信(Overconfidence)和有限理性(Bounded Rationality)(3 分)。当投资者较前期盈利时,下降了 λ ,但未调整 r_t^f ,这是过度自信中较为温和的一种心态,人们会高估所持有的信息,出现知识幻觉,认为盈利是自己投资能力提高的表现,甚至认为可以跑赢市场;当投资者较前期亏损时,保持对损失的态度不变,认为投资本来就是有亏有赢,不调整 λ ,但上调了 r_t^f ,这是较为投资者有限理性中激进的一种心态,也是人们因为知识的局限性、环境的不确定性和认知的不协调而作出的相对正确的决策。投资者较大程度地增加风险资产配置比例,降低无风险资产配置比例,对投资结果成功表示出自信,愿意继续冒险投资,即便是亏损情况下也要调高自己的投资预期。

$$\lambda_t = \begin{cases} \lambda + \left(\dfrac{r_{t-1}}{r_t} - 1\right), & r_t \geqslant r_{t-1} \\ \lambda, & r_t < r_{t-1} \end{cases} \tag{4-44}$$

$$\widehat{r_t} = \begin{cases} r_t^f, & r_t \geqslant r_{t-1} \\ \dfrac{r_{t-1}}{r_t} r_t^f, & r_t < r_{t-1} \end{cases} \tag{4-45}$$

7)有限理性(Bounded Rationality)和赌徒谬误(Gambler's Fallacy)(3 分)。当投资者较前期盈利时,没有调整 λ ,但上调了 r_t^f ,未因投资收益而改变损失的态度,但提高了预期,这是有限理性中较为激进的表现,虽然不认为获益是因为自己较为英明的投资策略,承认投资中还存在知识的局限性、环境的不确定性和认知的不协调,但相信市场上行,调高了投资预期,或许认为运气会不错;当投资者较前期亏损时,降低了 λ ,但未调整 r_t^f , r_t^f 的不变是拥有较少财富和对市场信息缺乏把握的投资者行为,这是较为温和的赌徒谬误心态,认为最近的结果会预示下一次结果,从而出现一次上涨或下跌之后会反方向发展均值回归,但实际上,从相关资金数据看,市场并非向自己认为的状态发展,从而导致投资者过分地跟随或动量交易,也是急功近利的一种体现。投资者更大程度地增加高风险资产配置比例,降低低风险资产配置比例,并且适当地调高自己的投资预期,在贪婪与恐惧中继续投机。

$$\lambda_t = \begin{cases} \lambda, & r_t \geq r_{t-1} \\ \lambda + \left(\dfrac{r_t}{r_{t-1}} - 1\right), & r_t < r_{t-1} \end{cases} \tag{4-46}$$

$$\widehat{r_t} = \begin{cases} \dfrac{r_t}{r_{t-1}} r_t^f, & r_t \geq r_{t-1} \\ r_t^f, & r_t < r_{t-1} \end{cases} \tag{4-47}$$

8）过度自信（Overconfidence）和赌徒谬误（Gambler's Fallacy）（2 分）。当投资者较前期盈利时，下降了 λ，但上调了 r_t^f，这是过度自信中最为激进的一种心态，人们会严重高估现有的信息，出现知识幻觉，肯定盈利是自己投资能力提高的表现，甚至认为可以跑赢市场；当投资者较前期亏损时，还是降低了 λ，上调了 r_t^f，提高了投资预期，这是投资心态中较为激进的赌徒谬误的表现，认为最近的结果一定会衍生出下一次结果，从而出现一次上涨或下跌之后会反方向发展均值回归，但实际上，从相关资金数据看，市场并非向自己认为的状态发展，从而导致投资者过分地跟随或动量交易，也是急功近利的一种体现。这是投资者损失厌恶程度最低的一种场景下的心态。投资者最大限度地增加风险资产配置，即便市场行情下行，也对自己的投资行为充满信心，自认为有运气可以投机，即使亏损时也会调高自己的投资预期，这是损失厌恶程度最低的一种表现。

$$\lambda_t = \begin{cases} \lambda + \left(\dfrac{r_{t-1}}{r_t} - 1\right), & r_t \geq r_{t-1} \\ \lambda + \left(\dfrac{r_t}{r_{t-1}} - 1\right), & r_t < r_{t-1} \end{cases} \tag{4-48}$$

$$\widehat{r_t} = \begin{cases} \dfrac{r_t}{r_{t-1}} r_t^f, & r_t \geq r_{t-1} \\ \dfrac{r_{t-1}}{r_t} r_t^f, & r_t < r_{t-1} \end{cases} \tag{4-49}$$

4.2.3 参数变化对资产配置的影响

近年来，诸多学者（Benartzi & Thaler，1995；Harlow，1991；Wu & Gonzalez,1996;Simaan,1997;Barberis & Huang,2000;徐绪松、杨小青,2002;Basak & Shapiro,2001;邹燕、郭菊娥,2007;Maillardy,2010;王佳、金秀,2014、2015;张小涛、潘琪和李悦雷,2016;詹泽雄、吴宗法,2017;等)对前景价值函数中参数及其对资产配置的影响进行了理论探讨和实证研究。

在对参照点的研究中,Barberis,Santos 和 Huang(2001)认为是外生的,并通过过去显著时刻的特殊股价等给予证明;而邹燕和郭菊娥(2007)认为投资者只与自己的前期表现作比较的情况和现实不符,衡量损溢的同时也会与市场平均水平进行攀比(Andrew,1990;Mao - Wei Huang 和 Jr - Yan Wang,2005),因此,参照点是内生的;王佳和金秀(2014)、詹泽雄和吴宗法(2017)等也有一致的观点。

在对损失厌恶系数 λ 的研究中,Wakker 和 Deneffe(1996)的设计权衡法(Trade - off)、Abdellaoui 和 Bleichrodt 等(2007)的假定法测量损失 λ 。而国内学者都沿用了 Kahneman 和 Tversky 推演出的数值,张小涛、潘琪和李悦雷(2016)认为 α,β 应该不相等,并在 $\alpha \neq \beta$ 的情况计算市场环境变化情况对 λ 的影响,如在"牛市"环境下,λ 的下界增大,约在 2.19;在"熊市"环境下,λ 的下界会降低,约在 0.59,这表明投资者对损失并不敏感,同样的负效用,"熊市"要比"牛市"小,这是基于高风险资产的收益和比例的关系给出了结论,本书就静态及动态场景下的投资者资产配置比例与损益情况、参照点变化情况、投资风格、心理状态等对应关系构建模型,如表 4 - 2所示。

也就是说,不同心理状态影响了 λ 的变化,损失厌恶程度越高,高风险资产的配置比例越高,低风险资产配置比例越低。张小涛、潘琪和李悦雷(2016)通过实证还证明了投资者对收益和损失的敏感程度 α,β 如果不相等(Kahneman 和 Tversky 认为二者相等),最优风险资产比例与 $\beta - \alpha$, λ 有关,其中,$\beta - \alpha$ 与风险资产配置比例呈正比例关系,随着差值增加,投资者对获利更加敏感,对损失却越发不敏感,在资产配置中更倾向于"处置效应"。

表 4 – 2　不同投资心理状态下的资产配置变化情况

	损溢情况	损失厌恶系数	参照点	是否现实	投资风格	心理状态	损失厌恶程度(分)	资产配置变化
静态场景	前期获益	不变	不变	是	温和	有限理性	4	谨慎、冷静地观察市场行情,明显较好时增加低风险资产配置,显著较差时减少风险资产配置,整个资产配置在财富水平中占比较低,投资盈亏对财富的影响很小,对情绪也就影响很小,从场景体系看,损失厌恶程度居中
	前期损失	不变	不变	是	温和	有限理性		
动态场景 1	前期获益	上升	下降	是	保守	禀赋效应	6	最大程度地增加低风险资产配置比例,降低风险资产配置比例,对高风险投资非常保守,对市场前景持悲观态度,害怕损失,一旦损失,就更加厌恶风险,立即调低自己的预期,谨慎操作
	前期损失	上升	下降	是	保守	后悔厌恶		
动态场景 2	前期获益	不变	下降	是	保守	有限理性	5	一定程度地增加低风险资产配置比例,降低风险资产配置比例,盈利时会稍微下降预期,较为谨慎地根据市场行情投资,但投资亏损了会有较大程度的后悔情绪,加剧了风险厌恶
	前期损失	上升	不变	是	温和	后悔厌恶		
动态场景 3	前期获益	上升	不变	是	温和	禀赋效应	5	较小程度地增加低风险资产配置比例,降低风险资产配置比例,持有一定量财富或前期盈利,但担心失去曾经的获利,如果亏损就会调低自己的预期
	前期损失	不变	下降	是	保守	有限理性		
动态场景 4	前期获益	上升	上升	是	激进	禀赋效应	4	情绪较为矛盾,既有可能在盈利情况下调增预期,减少高风险资产配置比例,也有可能在亏损情况下下调预期,增加高风险资产配置比例,策略会有激进和保守同时存在的可能,充满谨慎和投机
	前期损失	下降	下降	是	保守	赌徒谬误		

续表

	损溢情况	损失厌恶系数	参照点	是否现实	投资风格	心理状态	损失厌恶程度(分)	资产配置变化
动态场景5	前期获益	下降	下降	是	保守	过度自信	4	情绪较为矛盾,既有可能在盈利情况下调低预期,增加高风险资产配置比例,也有可能在亏损情况下上调预期,减少高风险资产配置比例,策略会有激进和保守同时存在的可能,充满自信和后悔
	前期损失	上升	上升	是	激进	后悔厌恶		
动态场景6	前期获益	下降	不变	是	温和	过度自信	3	较大程度地增加高风险资产配置比例,降低无风险资产配置比例,对投资结果成功表示出自信,愿意继续冒险投资,即便是亏损情况下也要调高自己的投资预期
	前期损失	不变	上升	是	激进	有限理性		
动态场景7	前期获益	不变	上升	是	激时	有限理性	3	更大程度地增加高风险资产配置比例,降低无风险资产配置比例,并且适当地调高自己的投资预期,在贪婪与恐惧中继续投机
	前期损失	下降	不变	是	温和	赌徒谬误		
动态场景8	前期获益	下降	上升	是	激进	这度自信	2	最大程度地增加高风险资产配置,即便市场行情下行,也对自己的投资行为充满信心,自认为有运气可以投机,即使亏损时也会调高自己的投资预期
	前期损失	下降	上升	是	激进	赌徒谬误		

4.3　模型构建:动态非线性损失厌恶资产配置模型

4.3.1　线性损失厌恶资产配置模型

在前景价值函数中,Kahneman 和 Tversky 通过幂函数的形式,测算了 α,β 为0.88,这是投资者对获益和损失的敏感程度,其中,λ 为同一笔金额对损失与盈利的效用程度差异。在早期研究中,De Giorgi E. 是通过将前景价值函数转化成指数效用函数,或者通过其他优化算法以研究标准模型下的最优问题,但从实际计算效果来看并不理想,故有学者采用线性损失厌恶资产配置模型(Linear Loss Aversion Model,LLA),即 α,β 都设定为1,简化了前景价值函数模型,Barberis 等(2001)等研究了股票市场中 λ 动态变化下的"私房钱效应"(Housing Money Effect),Gomes(2005)在此基础上对损失区域进行了改造,构造了三段式的 LLA 模型,发现当投资者的损失进一步加剧时,可能会变得风险寻求,出现"赌徒谬误",但在盈利时却又提高了 λ ,出现"禀赋效应"。

$$\nu(x) = \begin{cases} (x - \widehat{x})^{\alpha} & \text{当 } x - \widehat{x} \geqslant 0 \text{ 时} \\ -\lambda(\widehat{x} - x)^{\beta} & \text{当 } x - \widehat{x} < 0 \text{ 时} \end{cases} \tag{4-50}$$

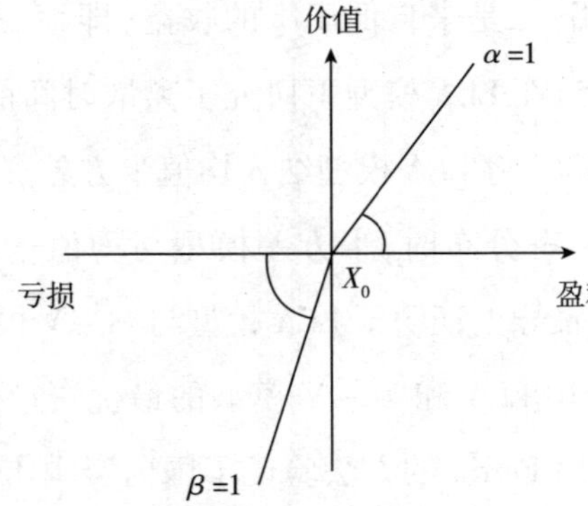

图4-6　线性损失厌恶资产配置模型

Hallow(1989)的下偏矩方法(Low Partial Moments,LPM),是将待配置的股票预先设定权重,再通过实验分布法的计量方法测算下偏矩,但求解参数过程较为复杂，Cumova 等（2014）拓展了前景价值理论，利用参照点的偏距测度损益，设定了上偏矩和下偏距（UPM – LPM），研究投资者对风险和收益不同态度情况下的资产配置及有效前沿问题。下偏矩恰好反映了前景理论中的损失厌恶，那么，以下偏矩为目标函数的优化模型可以较均值方差（M – V）有很好的损失预测，借鉴 Hallow（1991）的 LPM 模型，设 x 为离散型的随机变量，其中，$\widehat{x}$ 为参照点，$\gamma > 0$ 为下偏矩阶数，T 为样本观测量，若 k 为均值，$\gamma = 0$，则 LPM 模型就转化为传统 M – SV 模型。其效用函数基本形式如下：

$$\nu(x) = \begin{cases} u_1(x) & \text{当 } x - \widehat{x} \geqslant 0 \text{ 时} \\ u_1(x) - u_2(x) & \text{当 } x - \widehat{x} < 0 \text{ 时} \end{cases} \tag{4-51}$$

其中，$u_1(x)$ 和 $u_2(x)$ 为单调递增函数，$u_1(x)$ 为凹函数，x 为一组资产的组合收益率，$u_2(x)$ 则是代表基于参照点 $\widehat{x}$ 以下为损失的效用函数，以 LPM 表达：

$$\mathrm{LPM}(\gamma, \widehat{x}) = \int_{-\infty}^{\widehat{x}} (\widehat{x} - x)^{\gamma} \mathrm{d}F(x) \tag{4-52}$$

γ 为下偏矩阶数，$F(x)$ 为收益率的累计分布函数。若 $\gamma = 1$，LPM 的效用函数就为 LLA 模型，因此，$\nu(x)$ 的效用由两部分组成：一是来自投资的实际收益 $u_1(x)$ 的正效用；二是来自低于 $\widehat{x}$ 的收益（即为“损失”）的负效用。就此，Siegmann 等（2005）在 LLA 模型下研究了离散时间前提下的金融资产配置问题；Jarrow 等（2006）将 LLA 模型纳入均值半方差资产配置问题，并认为只有资产收益率非正态分布时，半方差模型与均值—方差才有差异；而 Fortin 等（2011）从数学推导上证明了 LLA 模型与 M – V 模型的一致性，也利用美欧市场验证了 CVaR、LLA 和 M – V 模型的最优资产配置问题，国内的金秀、王佳等（2014）运用 Fortin 的方法验证了国内资本市场，并进行了稳健性检验。

$$\nu(x) = x - \lambda\left(\max[\widehat{x} - x, 0]\right)^{\gamma} \tag{4-53}$$

为求一组资产的最优配置比例，对各资产而言，设收益率为 $r = [r_1, r_2, \cdots, r_N]^T$，配置比例为 $\omega = [\omega_1, \omega_2, \cdots, \omega_N]^T$，其中，$r_n$ 和 ω_n 为资产 n

的净收益率和配置比例，且 $\sum_{n=1}^{N}\omega_1 = 1, \omega_n \geqslant 0$。当投资者是根据某种资产的历史收益情况进行当前的资产配置时，一般的 LLA 模型为：

$$\max_{\omega} \frac{1}{T}\sum_{t=1}^{T} \left(r_t^{\omega} - \lambda \left(\max[\widehat{r} - r_t^T \omega, 0] \right)^{\gamma} \right) \quad (4-54)$$

$$\text{s.t.} \quad \omega^T 1_{N\times 1} = 1 \quad (4-55)$$

$$\omega_n \geqslant 0, \quad n = 1,2,\cdots,N \quad (4-56)$$

$\mathbf{1}_{N\times 1}$ 为元素均为 1 的 N 维列向量，若设置辅助变量 $z_t^- = \max[\widehat{r} - r_t^T\omega, 0] = \max[\widehat{r} - \sum_{t=1}^{T}\omega_n r_{nt}, 0]$ 用于测度 λ，$z_t^- = [z_t^-]_{T\times 1}$ 为 T 维列向量；LLA 模型就成为 $N+T$ 个决策变量、T 个不等式、一个等式的二次规划问题，继而求解每种资产的最优配置比例 ω^*。

$$\min_{\omega, z^-} -\frac{1}{T}\sum_{t=1}^{T} r_t^T\omega + \frac{\lambda}{T} 1_{T\times 1}^T z^- \quad (4-57)$$

$$\text{s.t.} \quad \omega^T \mathbf{1}_{N\times 1} = 1 \quad (4-58)$$

$$\omega_n \geqslant 0, \quad n = 1,2,3,\cdots,N \quad (4-59)$$

$$Z^- \geqslant 0 \quad (4-60)$$

$$R\omega + z^- \geqslant \widehat{r}\,\mathbf{1}_{T\times 1} \quad (4-61)$$

4.3.2 非线性损失厌恶资产配置模型

虽然 LLA 模型是分段线性函数，收益区域与损失区域都是拟凹的，可以较标准的前景价值函数求最优解，但 LLA 模型对损失区域中的不同位置和程度的损失并未加以区分，是一视同仁的，这并不与实际情况相符，特别是投资者在面对较大损失和较小损失时的感受还是有较大差异（Fortin & Hlouskova，2011）的，故针对 LLA 模型，假定下偏矩阶数 $\gamma = 2$，以表示不同量级的损失厌恶程度，那么，$\nu(x)$ 在收益区域内为线性函数，而在损失区域内为二次效用函数，即为非线性损失厌恶资产配置模型（None - Linear Loss Aversion Model，NLA），这较 LLA 模型具有很大的改良。

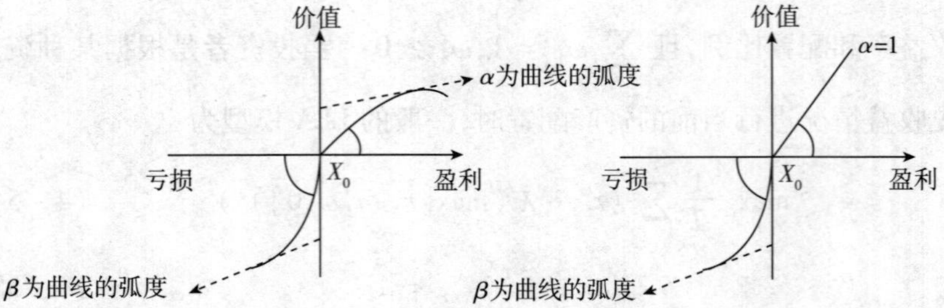

图4－7　非线性损失厌恶资产配置模型

类似于LLA模型，NLA模型是基于二阶下偏距测度的，为求最优资产配置比例ω^*，可以转化为$N+T$维的二次规划问题：

$$\min_{\omega,z^-} -\frac{1}{T}\sum_{t=1}^{T} r_t^T\omega + \frac{\lambda}{T}(z^-)^T z^- \tag{4-62}$$

$$\text{s.t.} \quad \omega^T \mathbf{1}_{N\times1} = 1 \tag{4-63}$$

$$\omega_n \geqslant 0, n = 1,2,3,\cdots,N \tag{4-64}$$

$$Z^- \geqslant 0 \tag{4-65}$$

$$R\omega + z^- \geqslant \widehat{r}\,\mathbf{1}_{T\times1} \tag{4-66}$$

4.3.3　投资绩效

资产配置的核心是管理风险，取得金融资产资产风险与收益的最优平衡。当前，衡量资产配置投资绩效的指标有很多，从风险测度的方法看，大体分为全面型评价指标和下偏型评价指标，前者主要有夏普指数、特雷诺指数和詹森指数，后者包括信息比率、索提诺比率和欧米伽比率，本书则选用夏普比率、信息比率、索提诺比率和欧米伽比率进行研究分析。

（1）夏普比率（Sharpe Ratio）。这是1966年Sharpe在其论文《共同基金的业绩》中对34只基金进行评估时用到的方法，也成为全球投资界普遍使用的资产组合评价指标。夏普比率表示资产组合每承受一单位综合风险的超额报酬，比率越大，说明资产组合在承受边际风险时所能获得的超额回报就越高，也就表示投资人投资业绩越强，其计算公式为：

$$SharpeRatio = \frac{E(r_p) - r_f}{\sigma_p} \tag{4-67}$$

其中，$E(r_p)$ 为资产组合的期望收益，r_f 为无风险收益率，σ_p 为资产组合标准差。由于夏普比率要求资产的收益率符合正态且独立同分布，而现实中的情况却相反（Brooks 等，2002），使得该指标可能会导致大量极端风险被忽视，以及容易被基金管理人操纵（Ingersoll，2007），此后研究者通过变换收益率分布特点来改良夏普比率（Zakamouline & Koekebakker，2009；杨爱军、孟德锋，2012）。

（2）特雷诺比率（Treynor Ratio）。1965 年，Treynor 在其论文《如何评价投资基金的管理》中提出了特雷诺比率，是以单位系统风险收益作为评价资产组合的业绩情况，数值越大，超额业绩越高，这意味着超出无风险利率的超额报酬越多，其计算公式如下：

$$TreynorRatio = \frac{(r_p - r_f)}{\beta_p} \tag{4-68}$$

其中，r_p 资产配置的组合收益，r_f 为无风险收益率，β_p 用来衡量个别资产或一组资产相对于整个市场的价格波动情况。但特雷诺比率容易忽视非系统性风险，这是该比率的关键缺陷。

（3）詹森指数（Jensen's Measure）。1968 年，Jensen 在其论文《1945—1964 年间共同基金的业绩》中提出了以 CAPM 模型为基础的业绩评价指标，是指资产组合的实际收益率与位于证券市场线上的期望收益率的差额，若大于零则意味着基金经理的投资业绩优于市场，否则劣于市场，其计算公式如下：

$$Jensen's\ Measure = r_p - r_f - \beta_p(r_m - r_f) \tag{4-69}$$

其中，r_p 为资产配置的组合收益，r_f 为无风险收益率，β_p 用来衡量个别资产或一组资产相对于整个市场的价格波动情况，也就是投资组合的系统性风险，r_m 是市场组合的收益率。与特雷诺比率一样，该指标容易忽略非系统性风险。

（4）信息比率（Information Ratio）。信息比率是指资产组合后的超额收益均值与其标准差的比值，这是一种主动管理能力的体现，该比率越大，说

明资产组合投资者单位跟踪误差所获得的超额收益越高,其计算公式如下:

$$Information\ Ratio = \frac{E(r_p - r_b)}{\sigma_p} \tag{4-70}$$

其中,r_p 为资产组合的期望收益率,r_b 为基准收益率,$E(r_p - r_b)$ 为超额收益,σ_p 为资产组合的标准差。

(5)索提诺比率(Sortino Ratio)。索提诺比率具有下偏矩风险测量的思想,区分了波动的好坏,在计算波动率时采用了下行波动率概念(Downside Risk)而非标准差,即在参照点以下的下半标准差。该比率在计算标准差的时候,不采用均值,而是一个设定的可接受最小收益率(r_{min}),如果实际收益率大于 r_{min} 的距离按照0计算,小于 r_{min} 的按平方距离累积,这样标准差就变成了半个下行标准差。其同样对应的,索提诺比率的分子也采用策略或产品收益超出最低收益的部分,其计算公式如下:

$$Sortiono\ Ratio = \frac{E(r_p - r_b)}{\mathrm{DR}} \tag{4-71}$$

其中,$E(r_p - r_b)$ 为超额收益,r_p 为资产组合的期望收益率,r_b 为基准收益率;$\mathrm{DR} = \sqrt{\sum_{n=1}^{N}\left[(r_b - r_n)^+\right]^2/N}$ 为下侧风险,r_i 为资产组合的收益率,$(r_b - r_n)^+ = \max(r_b - r_n, 0)$。

(6)欧米伽比率(Omega Ratio)。2002 年,Shadwick 和 Keating 提出了Omega比率,是对位于参照点的上测收益与下侧损失的比较,实际上考虑了收益的整个分布信息,因此包括了所有高阶矩的信息。在收益率不服从正态分布的时候,欧米伽比率是非常好的替代。

$$Omega\ Ratio = \frac{\mathrm{UPM}}{\mathrm{LPM}} \tag{4-72}$$

其中,$\mathrm{UPM} = \max(r_p - r_b, 0)$,$\mathrm{LPM} = \max(r_b - r_p, 0)$,$r_p$ 为资产组合期望收益,r_b 为基准收益水平。

4.4 本章小结

本章中,为了从损失厌恶的角度系统性地研究零售客户的资产配置行为,特构建了非线性损失厌恶资产配置模型(NLA)及投资绩效的主要指标,并从模型的理论渊源及发展演进开展了较为深入的剖析,主要内容有三方面:

(1)损失厌恶资产配置模型的基础:前景价值、三参照点与下偏二阶矩。Kahneman 和 Tversky(1979)开创了前景理论(Prospect Theory),也是在学者们不断改良收益与风险偏好关系的基础上演进而来的,是对 Friedman 和 Savage,Markowitz 和 Allais 等效用函数的扩展。前景理论中期望的价值是由"价值函数"(Value Function)和"决策权重"(Decision Weight)共同决定的,"框架依赖"(Framing Dependence)也是认知偏差的重要结论之一,是指在作资产配置判断与决策时依赖于所面临的决策问题的形式。其中,狭窄框定(Narrow Framing)是典型代表,投资者的效用直接源于狭窄框定中的资产,而非资产总财富的贡献。正是狭窄框定的发现,才有效规避了前景价值函数非全局凹性的局限,假设市场上的投资者具有狭窄框定的效应,则对资产配置中的每一种资产独立评价和计算其前景价值,设各资产的收益率为$r^T = [r_1, r_2, \cdots, r_N]$,其中,$r_i$ 为第 i 种资产的收益率,各资产的配置比例为$\omega^T = [\omega_1, \omega_2, \cdots, \omega_N]$,其中,$\omega_i$ 为第 i 种资产的配置比例,且 $0 \leqslant \omega_i \leqslant 1$,$\sum_{i=1}^{N} \omega_i = 1$,其中,$r_p$ 为组合收益率;$\bar{r}$ 为参照点;当 $r_i \geqslant 0$ 时,$\eta = 0$,则资产配置的前景价值函数为:

$$\upsilon(r_p) = \omega^T \upsilon(r_i - \bar{r}) = \omega^T \left[\eta (\mathrm{r} - \bar{\mathrm{r}})^{\alpha} - (1 - \eta) \lambda (\mathrm{r} - \bar{\mathrm{r}})^{\beta} \right]$$

投资者在不确定性和风险背景下进行投资决策,既要给定自己的期望值,又需要考虑各种收益情况均值方差的分布情况,想要作出准确的判断就要在资产配置中引入参照点。三参照点理论也是在前人的理论上演进而来的,Roy(1952)提出了"安全第一"理论,指出了人们需要在资产配置时设定一个保全自己安全的收益率"参照点"(一个点),Lopes(1987)提出的 SP/A 理论,*S* 表示安全(*S*ecurity),*P* 表示潜力(Potential),*A* 表示愿望(Aspiration),事实上,SP/A 是一个一般的个体选择理论,指出人们应该关注潜在高回报还是安全底线(两个点),Kahneman 和 Tversky(1992)的前景价值理论发现了损失厌恶,指出了收益与损失的感受存在不对称,反映了投资者既有损失 B,也有止损 A,还有正常收益 C 及得到极大收益时 D 的心理状态,在一定程度上促进了三参照点理论的形成,但在早期的理论中参照点是不变的,且等于0,是实际收益和损失的零界点。下偏矩恰好反映了前景理论中的损失厌恶,那么,以下偏矩为目标函数的优化模型可以较均值方差(M - V)有很好的损失预测。

(2)损失厌恶资产配置模型演进:参数的动态变化。实际上,随着社会周遭环境的变化,个人的主观评价标准也是动态调整的,参照点也由此动态变化,以适应社会的变化,不仅如此,损失厌恶 λ 也会随着投资环境的变化而变化。为了系统地利用损失厌恶资产配置模型分析零售客户的投资心理,特构建了 1 种静态场景和 8 种动态场景,对禀赋效应、过度自信、后悔厌恶、赌徒谬误和有限理性等主要投资心理进行组合,并对场景设计了损失厌恶得分及资产配置中高风险资产和低风险资产配置的变化方向和力度,其中,λ 为初始值,λ_t 为调整后的值,r_t^f 为初始的收益率参照点,$\widehat{r_t}$ 为调整后的值,r_t 和r_{t-1} 为某种资产的当前和前期的毛收益率,同时,假定 λ 上升、不变和下降分别计损失厌恶的程度为3 分、2 分和1 分,并对动态场景中"$r_t \geqslant r_{t-1}$"(较前期盈利)和"$r_t < r_{t-1}$"(较前期损失)两种情形的损失厌恶程度加总记录总的损失厌恶程度,则有:静态场景中的有限理性(4 分),动态场景中:禀赋效应和后悔厌恶(6 分)、有限理性和后悔厌恶(5 分)、禀赋效应和有限理性(5 分)、禀赋效应和赌徒谬误(4 分)、过度自信和后悔厌恶(4 分)、过度自信和有限理性(3 分)、有限理性和赌徒谬误(3 分)、过度自信和赌徒谬误(2 分)。

(3)构建动态非线性损失厌恶资产配置模型及选择绩效衡量指标。衡量资产配置投资绩效的指标有很多,从风险测度的方法看,大体分为全面型评价指标和下偏型评价指标,前者主要有夏普指数、特雷诺指数和詹森指数,后者包括信息比率、索提诺比率和欧米伽比率,本书则选用夏普比率、信息比率、索提诺比率和欧米伽比率进行研究分析。

5 零售客户资产配置行为的实证研究

5.1 样本商业银行及零售客户基本情况

5.1.1 商业银行零售客户的分类及管理

商业银行的资产管理业自 2003 年中国银行第一款外币理财产品“汇聚宝”和 2004 年中国光大银行第一款人民币理财产品“阳光理财 B 计划”发行以来,规模已经从 2000 亿元飙升至 30 万亿元。伴随着居民财富的升级,人民生活需求水平也从住房、医疗保健和食物的基本需求悄然升级到以教育、退休、生活方式的改善和资产的代际交换为代表的中等需求,拥有一定规模财富的居民也有了慈善和多处置业的高级需求,同时,居民储蓄存款理财化的需求越发强烈,不同财富水平也就对应不同种类的金融产品,客户巨大的非利息收入促进了商业银行对零售客户的分类及管理。

鉴于零售客户的自然特征、财富水平、金融需求和风险承受能力等存在较大的差异,一方面,商业银行会根据零售客户的性别、年龄、教育程度、收入水平、经济实力、职业、投资经历和风险偏好等对接匹配的金融产品和服务,例如,军人客户有“军队保障卡”,白领阶层有“薪金卡”,金融产品的风险等级从 PR1 到 PR5,等等。另一方面,也会根据零售客户在某一产品或服务领域的专注而进一步细分产品或服务,例如,根据信用卡消费额大小划分“普通卡/金卡/白金卡/黑金卡”等,以求最大限度地提高单个零售客户的贡献度。当然,商业银行会对同一类客户的不同层次配备不同级别的专职人员,如根据零售客户的金融资产高低,配备普通客户经理、高级客户经理、首席客户经理或财富顾问、高级财富顾问、专家财富顾问等。

商业银行的零售客户分类会因各种情景需要而进行不同种类的划分。吕昀卿(2006)总结了客户细分的方法主要包括关联法、分类发现、聚类法等多种定量研究方法;笔者(2016)认为主要根据零售客户金融资产的规模(Asset Under Management,AUM)而划分为私人银行客户(AUM>800 万元人民币)、财富客户(800 万元>AUM>100 万元人民币)、普通客户(AUM<100 万元人民币)三类(见表5-1)。但从现有的权威文献或重要学术刊物来看,关于商业银行零售客户分类管理的文章寥寥可数。当然,也有将零售客户分为基础客户层、普及客户层及优越客户层(叶学英等,2000),以及最有价值顾客(Most Valuable Customer)、最具增长性顾客(Most Growable Customer)和负值顾客(Below Zero Customer)(中国工商银行上海市分行课题组,2011)。自招商银行2007 年成立国内首家私人银行中心以来,高端客户就成为商业银行“争抢”的首要对象,此后 10 多年,工商银行、中国银行、交通银行、浦发银行等陆续成立了私人银行管理机构,从投中信息《2017 年中国财富管理行业研究报告》数据看,中国的高净值人群已经达到 187 万人左右,个人可投资资产总规模达到 188 万亿元。李景然(2014)认为商业银行零售客户细分的原因主要在于客户需求的异质性和银行资源的有限性,同时,也将零售客户细分标准划分为自然属性和行为属性,自然属性包括零售客户的年龄、受教育程度、职业、收入、持有资产种类等,行为属性包括零售客户对金融产品的满意度、对银行的认可度、资产的配置偏好、资金的流动频次和方向、风险容忍度等。

表5-1　零售客户主要分类及金融特征比较

零售客户类型	常用名称	常见的国际细分标准及资质要求	典型的人群	主要的金融业务需求	资产配置的特点
私人银行客户	高净值客户（含极高净值客户）	个人在该银行金融资产人民币800万元以上或美元100万元以上（中国银保监会认定为金融资产大于600万元以上，有机构如招商银行认定标准为日均人民币1000万元以上）	在房地产、外贸、制造和高科技等行业取得成功的中小企业主，还包括事业单位高管、名人、收藏家及其他有超大额资产的银行客户	私人银行服务等，主要包括为个人量身定制的资产管理、负债管理和传代规划服务以及量身定制的理财方案等；具体产品主要有高级报告、有个人和家庭信托组成的金融计划、结构性投资产品，对冲基金、避险基金、私募股权和个人嗜好的投资（艺术品和收藏品）等另类投资产品	对资产的全球配置服务需求较大；从资产投资分布的总体结构上看，近年来另类投资（31%）、房地产（25%）、现金（23%）、股票（14%）和固定收益产品（7%）
财富客户	理财客户（银行VIP、高端客户）	个人在该银行金融资产人民币100万元以上或美元10万元以上（有机构如建设银行认定标准为人民币50万元以上）	小企业业主、高级经理及专业人士等具有丰厚报酬的银行客户	主要是财务规划和资产配置。重视财富的积累，包括全权委托资产管理、存款、交易服务、高端消费贷款、标准报告、家庭信托产品等	对资产的境内配置需求较大；资产配置中现金/存款、保险和养老金比重相对较大，而另类投资所占的比重相对较小
普通客户	一般客户	个人在该银行金融资产人民币100万元以内或美元10万元以内	具有社会平均薪酬以上且无较大额收入来源的银行客户	银行结算、现金/存款、理财、国债和保险等	对银行理财配置需求高；持有现金/存款和理财较大

5.1.2　样本银行基本情况及其代表性

本书选取中国工商银行作为研究对象。工商银行跨越六大洲，境外网络扩展至42个国家和地区，向全球578.4万公司客户和5.3亿零售客户提供金融产品和服务，连续4年蝉联英国《银行家》全球银行1000强、美国《福布斯》全球企业2000强及美国《财富》500强商业银行子榜单榜首，并位列英国Brand Finance全球银行品牌价值500强榜单榜首[①]。工银资产管理加速推进工行"e－ICBC"战略，在产品端，网上银行、手机银行、融e购电商平台、融e行直销平台等电子渠道的理财产品销售额超过8万亿元；更有"e灵通"等专门面向互联网渠道打造的特色产品为客户服务，网银销售额1220亿元，手机银行销售额555亿元，融e购及融e行直销平台销售140亿元。"工银资产管理"微信公众号和"工银理财"融e联公众号为工行与客户以及客户之间搭起沟通桥梁，两个公众号共拥有12万粉丝，1年以来粉丝增长80%，年阅读量逾100万人次，让零售客户充分感受到了"互联网＋"时代的便利与高效。2016年投产理财产品二维码生成的系统功能，目前理财产品说明书中已具备产品二维码，客户可通过"融e行""融e联"扫描功能直接识别并购买理财产品，购买便利度得到极大提升。

截至2017年年末，工商银行总资产约为26.09万亿元，总负债约为23.95万亿元，营业收入7265.02亿元，净利润2874.51亿元，同比增长3%。全年平均资产回报率（ROA）为1.14%，加权平均净资产收益率（ROE）为14.35%，核心一级资本充足率为12.77%，一级资本充足率为13.27%，资本充足率为15.14%[②]。从近5年工商银行资管业发展情况来看，资产管理规模（AUM）年复合增长率25%，已超30091亿元，占银行资管业总规模的10%，行业排名第一；同时，为零售客户创造收益年复合增长率15.31%，已达1072亿元[③]（见图5－1）。

工商银行积极推进理财产品净值化转型，工银理财[④]旗下开放式产品余额在全部产品中的占比超90%。通过对传统预期收益型产品的梳理整合，

①摘自中国工商银行2017年年报。

②同上。

③数据来源：中国工商银行CS2002报表系统。

④工银理财为工商银行资产管理业务的宣传品牌。

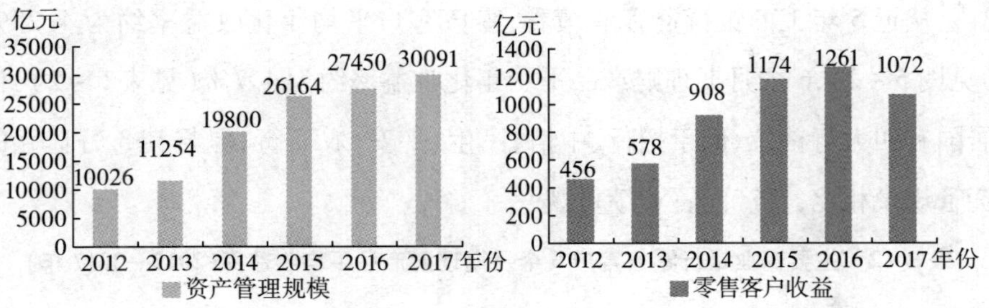

图 5－1　工商银行资产管理规模（AUM）及零售客户收益

工银理财打造了“增利”“尊利”“稳利”“同利”“如意人生”等系列主力产品，同时推出了“国债期货”“挂钩型产品”“随心 e”等特色产品，通过主动转型创新，使“市场风险”“业绩基准”“净值浮动”等概念深入人心，帮助零售客户树立正确的收益风险观，引领行业回归“受人之托，代客理财”的银行资管业务本质。同时，工银资产管理始终将客户的利益放在第一位，在深入了解零售客户诉求和倾听市场回声的同时，通过大众媒体、营业网点、社交网络等多种渠道与零售客户充分沟通，通过互动交流平台开展业绩发布、产品预告、答疑解惑、信息共享和客户回馈等活动，提高信息披露的规范性和时效性，向公众发布 2.8 万条信息，向监管部门报送 203 万条产品及交易信息，为零售客户营造公平、透明的投资理财环境，显著提升了产品售后体验。

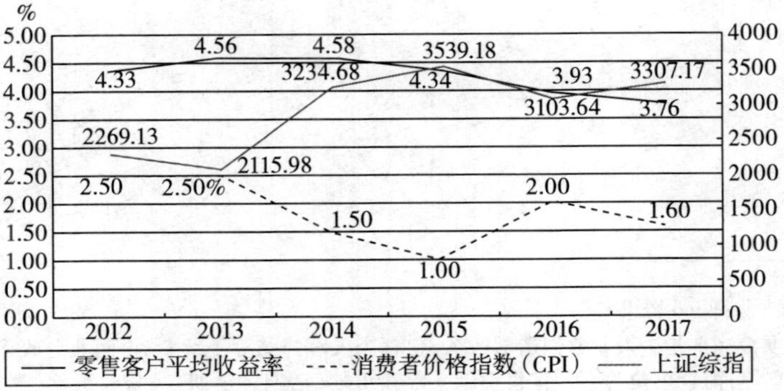

图 5－2　工商银行零售客户资产管理（AUM）及平均实际收益率（2012—2017 年）

从近5年工商银行资管业绩看，零售客户平均年化收益率约为4.25%（见图5-2），6个月期理财产品平均年化收益率约为4.7%（见表5-2），位居国有四大行首位，低于招行、中信、民生、平安、农商行，但与其3万亿元的资管规模相比，资产配置业绩可观①。

表5-2　主要商业银行零售客户6个月期理财产品平均收益率（2012—2017年）

（%）

工行	农行	建行	中行	交行	招行	光大	中信	民生	平安	浦发	邮储	农商行	北京银行	外资银行
4.70	4.41	4.49	4.58	4.66	5.11	4.59	4.95	4.80	4.91	4.11	4.69	4.84	4.45	4.38

在零售客户管理模式上，工商银行与美国第一大商业银行——美国银行较为相似，不仅按照零售客户的金融资产规模进行细分，还对不同的目标客户配备相应层级的财富顾问，以匹配不同类型的金融需求，商业银行对零售客户的运营模式是建立在零售客户的财富水平之上，这是行业惯例，也是基于财富水平越高的零售客户，其对银行的贡献越高。业内将高净值及超高净值客户统一称作私人银行客户，其每万元资产的零售贡献（Retail Contribution of Assets Per 1% Million，RCAPM）②在20~50元，远高于财富客户和普通客户（咬亮，2016），因此，也是各商业银行争相发展高端零售业务的关键所在。

①数据来源：Wind资讯。

②零售贡献主要指个人业务创造的收入，包含个人客户结算手续费、中间业务收入、信用卡消费、贷款付息等，衡量单位为元。零售贡献=存款贡献（活期+定期）+贷款贡献（消费贷+经营贷+住房贷）+银行卡贡献（贷记卡+准贷记卡+国际借记卡）+中间业务（国债+基金+理财+保险+贵金属）+其他贡献。零售贡献通常会随着零售资产规模的壮大而“自然”增加，通常也用零售贡献占比来衡量零售银行的“零售”水平。每万元资产的零售贡献指每万元零售资产所创造出的价值，既体现了零售银行对客户相对有限的资产在配置方面的水平，又是对零售资产使用效率的评判。

目标客户	大众客户	富裕客户	高净值客户	超高净值客户
客户细分标准	可投资资产小于10万美元	可投资资产大于10万美元或可投资资产加第一次抵押贷款大于50万美元	可投资资产大于300万美元	可投资资产大于5000万美元
服务类型	分行职员	专职客户经理团队	专职财富顾问	资深财富顾问
渠道	银行网点 ATM自助终端 网上银行 电话银行	专属的Premier服务网点 客户经理服务 专属的网上银行	顾问团队服务	顾问团队服务
服务类型	零售银行产品服务	专属产品 财务策划方案 全放的经纪业务 一定的产品定价优惠	包括资产管理、投资、存款、信托等在内的全面财富管理规划服务	高水准的关系维护 个性化服务 全方位满足客户复杂需求的财富管理解决方案

图5-3 美国银行对零售客户的细分模式

目标客户	普通客户	财富客户	高净值客户	超高净值客户
客户细分标准	可投资资产小于100万元人民币	可投资资产在100万~800万元人民币	可投资资产在800万至1亿元人民币之间	可投资资产大于1亿元人民币
服务类型	网点客户经理	兼职财富顾问	专职财富顾问	精英财富顾问
渠道	银行网点 ATM自助终端 网上银行 电话银行	专属财富中心网点 专职客户经理 专属的网上银行	区域私人银行中心	总部私人银行中心
服务类型	零售银行产品服务	专属产品 财务、投资策划方案 一定的非金融增值服务	专属的私人银行产品、税务、财务、保险、投资规划方案 专属的非金融增值服务	全业务协同服务，提供一揽子金融服务方案，提供银行独有资源

图5-4 工商银行对零售客户的细分模式

5.1.3 零售客户基本情况及其金融特征

本书选取了在工商银行长期自主购买净值化理财产品的零售客户作为研究对象，主要就私人银行客户、财富客户、普通客户购买一组七款风险等级依次不同的理财产品配置行为作为研究目标，按月度统计频率的数据作为分析依据，以行为金融学理论为基础，以损失厌恶资产配置模型为工具，以零售客户资产配置行为对样本银行非利息收入影响为目的展开探讨①。

(1)基本情况。从样本零售客户基本信息看(见表5-3)：普通客户规模远超财富客户和私人银行客户，财富客户资产规模大于私人银行客户和普通客户；性别中男性占比均过半数；私人银行客户和财富客户半数的年龄集中在40~60岁，普通客户半数的年龄集中在50岁以上。总体来看，样本零售客户具有学历较高、年龄适中、职业投资人和专业人士居多的特征。除此之外，从客户规模看，私人银行客户最少，占比仅为1.46%，但其资产规模占比达到为19.25%，财富客户居中，占比为37.17%，但其资产规模确占比过半，达到54.37%，庞大的普通客户占比达到61.37%，资产规模居中，占比为26.39%。

表5-3 样本银行零售客户基本信息

私人银行客户				
样本数量	客户规模/人	3670	占比(%)	1.46
	资产规模/亿元	639	占比(%)	19.25
性别	男性		52.21%	
	女性		47.91%	
年龄	20岁以下	2.31%	20~30岁	4.95%
	30~40岁	11.22%	40~50岁	29.37%
	50~60岁	30.69%	60岁以上	21.45%
职业	专业人士	22.38%	企业主	32.51%
	文艺体育界人士	5.14%	职业投资人	18.43%
	高管/公务员	12.87%	其他	8.67%
教育背景	高中及以下	15.57%	大专	28.66%
	本科	32.33%	硕士	20.25%
	博士以上	3.19%		

①本书就样本银行及理财产品的相关原始数据进行了脱密处理，但不影响论证及结论。

续表

财富客户				
样本数量	客户规模/人	93730	占比	37.14%
	资产规模/亿元	1805	占比	54.37%
性别	男性		61.26%	
	女性		38.74%	
年龄	20岁以下	1.22%	20~30岁	2.62%
	30~40岁	10.21	40~50岁	23.63%
	50~60岁	26.20%	60岁以上	36.12%
职业	专业人士	21.84%	企业主	13.99%
	文艺体育界人士	4.42%	职业投资人	20.34%
	高管/公务员	22.85%	其他	16.74%
教育背景	高中及以下	19.11%	大专	27.37%
	本科	29.35%	硕士	23.48%
	博士以上	0.69%		
普通客户				
样本数量	客户规模/人	154740	占比	61.37%
	资产规模/亿元	876	占比	26.39%
性别	男性		51.53%	
	女性		48.47%	
年龄	20岁以下	1.76%	20~30岁	4.11%
	30~40岁	13.73%	40~50岁	19.90%
	50~60岁	20.86%	60岁以上	39.62%
职业	专业人士	11.12%	企业主	9.87%
	文艺体育界人士	1.15%	职业投资人	15.43%
	高管/公务员	22.87%	其他	39.62%
教育背景	高中及以下	15.16%	大专	31.28%
	本科	35.02%	硕士	18.19%
	博士以上	0.35%		

(2)购买净值化产品情况。样本零售客户通过网上银行或手机银行购买了工行的明星产品——工银理财1号(Retail Bank Financial Product, RBFP)。该产品自2012年推出,内包含7种净值化指数产品,分别是存款指数产品(D-Index)、国债指数产品(N-Index)、保险指数产品(I-Index)、理

财指数产品（F－Index）、基金指数产品（O－Index）、黄金指数产品（G－Index）、股票指数产品（S－Index），每种产品都只能在工作日开放申赎并且公布净值（收益）情况，零售客户按照净值购买产品份额，子产品对应同业拆解市场、国债市场、财险市场、银行理财市场、公募基金市场、黄金递延市场和A股市场，风险等级依次增加。零售客户首先购买一定量的产品后，再在7种子产品资产中配置份额占比，形成资产配置格局。零售客户持有该产品除浮盈以外，还享受了一定的保险功能、抵押功能和其他非金融增值服务，但持续期至少5年，只有工行系统内历史贡献一定程度的客户才有购买资格，可以线上自主购买，也可线下咨询购买。

（3）不同年龄零售客户资产配置情况。首先，存款指数产品（D－Index）占比在不同年龄阶段普遍较高，普通客户尤为突出；其次，理财指数产品（F－Index）占比、基金指数产品（O－Index）在私人银行客户中始终居多；最后，普通客户在股票指数产品（S－Index）占比上较高，财富客户在国债指数产品（N－Index）、保险指数产品（I－Index）上占比较高，20岁以下私人银行客户存款指数产品（D－Index）占比、理财指数产品（F－Index）占比较高。总体上看，年龄越大，风险等级高的产品持有越少。

表5－4　不同年龄零售客户7类子产品资产配置占比情况　（%）

存款指数产品（D－Index）	60岁（含）以上	50（含）～60岁	40（含）～50岁	30（含）～40岁	20（含）～30岁	20岁以下
私人银行客户	30.86	41.23	47.53	46.99	49.58	37.39
财富客户	49.65	47.35	48.83	56.25	69.64	71.99
普通客户	69.08	62.63	67.84	71.10	80.32	84.62
国债指数产品（N－Index）	**60岁（含）以上**	**50（含）～60岁**	**40（含）～50岁**	**30（含）～40岁**	**20（含）～30岁**	**20岁以下**
私人银行客户	6.88	3.81	0.37	1.19	0.00	3.42
财富客户	13.19	6.81	5.21	2.74	2.32	5.11
普通客户	9.59	5.64	3.46	2.02	0.84	3.00

续表

保险指数产品（I－Index）	60岁（含）以上	50（含）～60岁	40（含）～50岁	30（含）～40岁	20（含）～30岁	20岁以下
私人银行客户	8.47	5.94	2.23	5.70	5.99	0.00
财富客户	11.71	14.26	9.63	6.44	4.46	0.58
普通客户	7.00	11.43	7.65	5.03	3.40	1.12
理财指数产品（F－Index）	60岁（含）以上	50（含）～60岁	40（含）～50岁	30（含）～40岁	20（含）～30岁	20岁以下
私人银行客户	33.86	35.8	37.20	38.53	16.22	59.19
财富客户	12.96	19.97	23.13	23.98	16.35	11.29
普通客户	6.37	10.64	11.26	13.95	10.46	5.16
基金指数产品（O－Index）	60岁（含）以上	50（含）～60岁	40（含）～50岁	30（含）～40岁	20（含）～30岁	20岁以下
私人银行客户	17.64	11.30	11.62	5.42	11.23	0.00
财富客户	13.74	9.56	8.81	7.09	4.68	10.59
普通客户	6.35	6.05	4.72	3.82	2.33	4.58
黄金指数产品（G－Index）	60岁（含）以上	50（含）～60岁	40（含）～50岁	30（含）～40岁	20（含）～30岁	20岁以下
私人银行客户	2.10	0.33	0.41	2.16	0.00	0.00
财富客户	0.41	0.42	1.31	0.46	0.19	0.13
普通客户	0.38	0.70	1.01	1.15	0.27	0.96
股票指数产品（S－Index）	60岁（含）以上	50（含）～60岁	40（含）～50岁	30（含）～40岁	20（含）～30岁	20岁以下
私人银行客户	0.19	1.52	0.63	0.00	16.71	0.00
财富客户	1.03	2.56	2.93	2.92	2.37	0.31
普通客户	1.22	0.89	3.96	2.84	2.26	0.51

（4）三类零售客户资产配置情况。从近5年的数据看，私人银行客户对理财指数产品（F－Index）、基金指数产品（O－Index）等风险资产的持有比

重日益增高，财富客户对基金指数产品（O－Index）的持有比重有所提高，普通客户国债指数产品（N－Index）、理财指数产品（F－Index）和保险指数产品（I－Index）的持有渐多。

表5－5　零售客户子产品配置情况比较（2012—2017年）　　（%）

	零售	存款指数产品（D－Index）	国债指数产品（N－Index）	保险指数产品（I－Index）	理财指数产品（F－Index）	基金指数产品（O－Index）	黄金指数产品（G－Index）	股票指数产品（S－Index）
2012	私人银行客户	41.14	2.13	2.59	38.32	9.06	2.96	3.08
	财富客户	53.50	5.37	9.35	20.71	8.35	1.01	2.11
	普通客户	69.58	4.42	6.16	9.82	7.03	0.85	2.14
2013	私人银行客户	34.37	2.23	2.43	41.56	14.86	1.69	2.86
	财富客户	53.20	6.60	9.52	18.07	9.93	0.84	1.83
	普通客户	70.38	4.78	6.49	8.49	6.97	0.91	1.97
2014	私人银行客户	28.38	3.72	2.85	43.45	18.68	1.21	2.07
	财富客户	49.78	7.76	9.45	19.68	11.04	0.64	1.65
	普通客户	66.43	5.63	7.47	11.07	6.64	0.84	1.91
2015	私人银行客户	26.61	3.43	2.38	44.42	15.68	0.75	6.72
	财富客户	46.94	8.08	9.71	17.02	12.52	0.60	5.13
	普通客户	65.56	6.53	7.94	9.40	6.47	0.65	3.45
2016	私人银行客户	31.02	3.02	4.28	43.66	13.93	0.98	3.10
	财富客户	47.39	8.77	12.09	16.82	11.13	0.70	3.11
	普通客户	60.71	7.66	10.67	9.90	7.38	0.74	2.94
2017	私人银行客户	33.91	2.97	4.47	41.36	14.20	1.01	2.08
	财富客户	49.35	8.63	10.98	18.01	10.13	0.74	2.15
	普通客户	64.02	7.59	8.94	10.26	6.45	0.72	2.02

（5）非利息收入（NII）贡献情况。总贡献方面，财富客户大于普通客户和私人银行客户；私人银行客户对黄金指数产品（G－Index）的贡献最高，普

通客户对保险指数产品(I－Index)的贡献最高,财富客户对国债指数产品(N－Index)的贡献最高;同时,普通客户在贷款贡献方面也为最高。

表5－6 零售客户不同产品对银行非利息收入(NII)贡献占比 (%)

零售客户	总贡献	存款指数产品(D－Index)	国债指数产品(N－Index)	保险指数产品(I－Index)	理财指数产品(F－Index)	基金指数产品(O－Index)	黄金指数产品(G－Index)	股票指数产品(S－Index)	贷款贡献
私人银行客户	22.33	8.52	0.02	4.34	42.51	33.05	80.42	12.70	4.31
财富客户	47.92	54.75	92.88	35.18	45.78	46.17	10.37	36.80	27.34
普通客户	29.75	36.73	7.10	60.47	11.71	20.78	9.21	50.49	68.35
合计	100.00	100.00	100.00	100.00	100.00	100.00	100.00	100.00	100.00

每万元资产的零售贡献(Retail Contribution of Assets Per 1% Million, RCAPM)是指每万元零售客户资产所创造出的价值,既体现了商业银行对零售客户相对有限的资产在配置方面的水平,又是对金融资产使用效率的评判。RCAPM在20~50元范围。然而,笔者(2016)认为呈现出一个悖论和两个特点:一个悖论。虽然财富客户的ADA和ADC① 值都高于普通客户,但其RCAPM小于普通客户的RCAPM,难道财富客户的资产配置效率低于普通客户,还是金融市场对二者的影响程度呈现出反差,或是风险偏好影响,又或是资产分割与羊群效应共同作用?两个特点:一是私人银行客户的RCAPM波浪约30个月,而普通客户与财富客户的RCAPM波浪约18个月;二是私人银行客户抵御金融市场风险能力要高于普通客户与财富客户,财富客户的RCAPM稳定在较小波动范围内延伸。

①户均资产偏离度(ADA) = $\frac{\text{某类客户户均资产} - \text{全部客户户均资产}}{\text{全部客户户均资产}}$ 户均贡献偏离度(ADC) = $\frac{\text{某类客户户均贡献} - \text{全部客户户均贡献}}{\text{全部客户户均贡献}}$

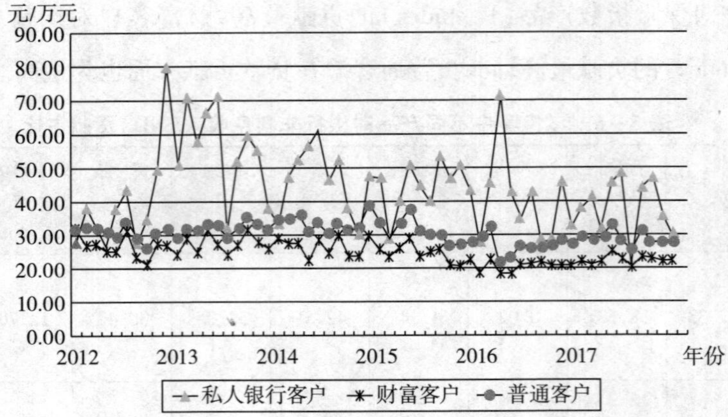

图5－5　三类零售客户每万元资产的零售贡献走势（2012—2017年）

5.2　问题的引出

5.2.1　零售客户“有管户”与“无管户”资产配置结果有差异吗？

商业银行为了更有效地管理客户，都建立了客户关系管理（Customer Relationship Management，CRM）机制，由专业的财富顾问负责对零售客户的资产配置提供建议，以创造更高的非利息收入（NII），然而，50%～70%的CRM是无效的（Gartner Group，2003；Forrester Research，2009）。也就是说，在没有足够的信息和产品差异时，客户管理的内容是相似的，结果是趋同的。那么，样本商业银行的客户关系管理（CRM）在资产配置上，对“有管户”和“无管户”是否有差异呢？如果真无差异，原因如何？又反映了怎样的投资心态呢？这样的投资心态又如何通过资产配置结果影响商业银行的零售贡献呢？本节先就“有管户”和“无管户”的资产配置差异性问题进行论证。

“有管户”是指被纳入CRM系统由财富顾问直接管理的零售客户，“无管户”是指未被纳入CRM系统不被财富顾问直接管理的零售客户，二者都包含私人银行客户、财富客户和普通客户，在此研究中将三类客户合并进行分析。当前,商业银行对零售客户群体的细分方法越发成熟和科学。传统划分零售客户的方法,主要利用背景、所持产品、行为特征等相关原始变量,但这种方法需要依据分析人员自身的实践经验且应具有一定的信任度,而且在遇到特殊情景时需要将零售客户的相关要素进行拆分和重组,人工成本及实施效果都存在不确定性。因此,零售客户分群方法成为现今较为流行的客户分类方法之一,它是通过将零售客户的相关要素变量进行不同的组合及判定,综合考察零售客户在贡献、风险、背景和行为等方面的差异,最终得到一组具备银行达成目标的客户群。

在样本银行的零售客户中,“有管户”占“无管户”的客户规模比重呈递减趋势,约在1% ~10%;资产占比相应递减,但比重却在50% ~200%(见图5-6),这说明财富顾问CRM的客户选择是有针对性的,在一定程度上可以理解为,此类纳入CRM的客户是可以主导并带来潜在价值贡献的。

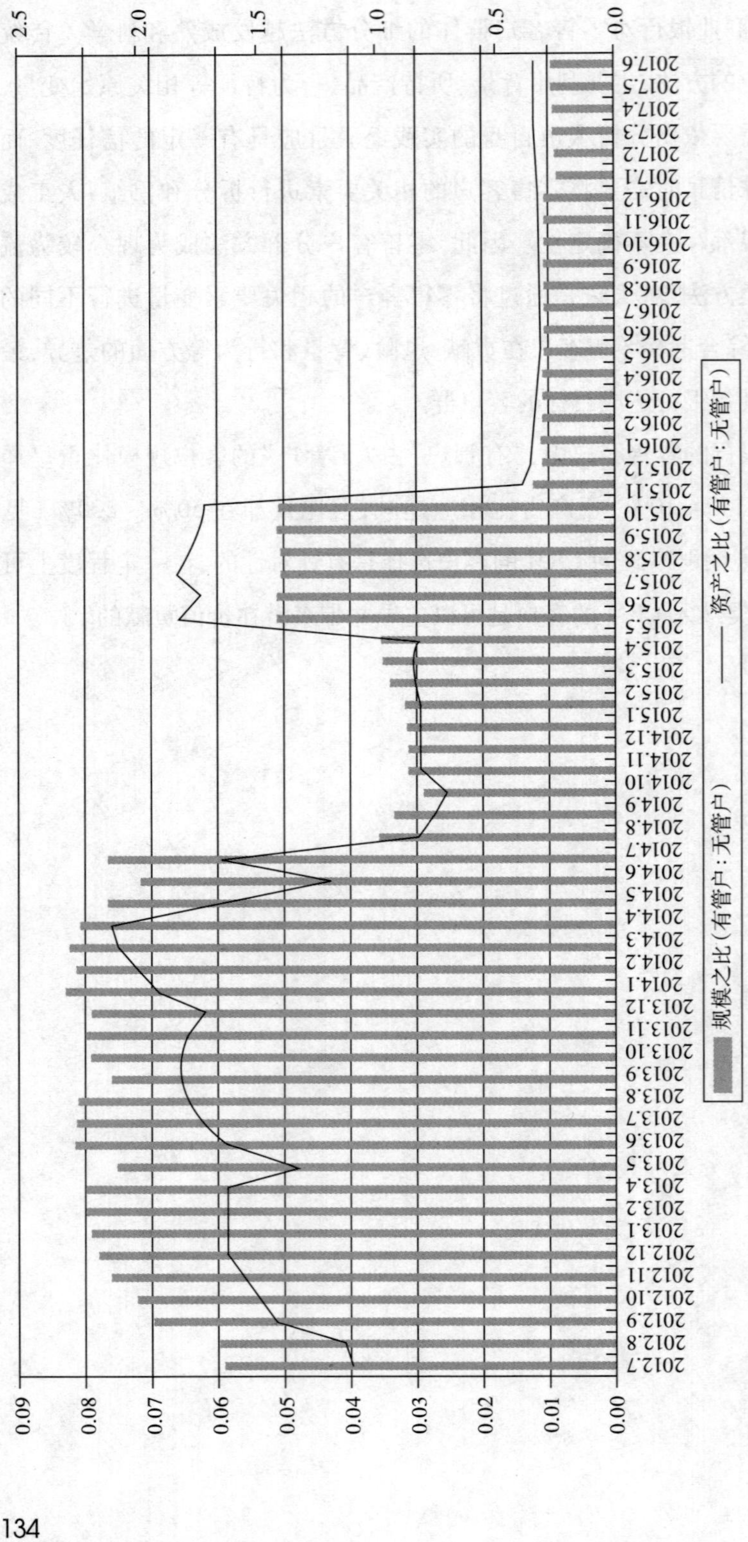

图 5-6　样本银行零售客户"有管户"与"无管户"的规模之比（左轴）和资产之比（右轴）

5.2.2 实证研究

为了验证商业银行对纳入CRM系统的“有管户”与“无管户”在资产配置上的无差异，特以工银理财1号产品为数据基础，分别对7个子产品所锚定的金融市场指标与零售客户对7个子产品资产的配置比例建立线性回归模型，并通过实证结果、Chow突变点检验及时序图结合的方式来验证观点。这里假定“有管户”都是商业银行主导下配置子产品资产，“无管户”则是自主配置子产品资产，二者的配置结果分别代表了银行主导和客户主导两种方式。线性回归模型如下：

$$y_t = \beta_0 + \beta_1 x_t + \varepsilon_t \quad (5-1)$$

(1)变量选取及数据来源

模型选取7个子产品资产配置比例为被解释变量 y_t，数据来源为工商银行CS2002报表系统，金融市场指标为解释变量 x_t，其中，金融市场指标分别选取了储蓄1年期定期利率、国债3年期收益率、保费收入(北京)、理财3个月期收益率、中证基金指数、黄金价格、A股银转证净额，数据来源为Wind资讯。数据特征：①时间跨度是2012年7月—2017年6月，连续5年，按月统计①；②对当月客户各类资产日均余额占比进行算数平均统计；③分析前提：所有纳入CRM系统的零售客户都是财富顾问管理的对象，其结果反映了财富顾问的配置决策；④在财富顾问CRM系统中，纳入了私人银行客户、财富客户和普通客户。变量的描述性统计如下：

表5-7 变量的描述性统计

	平均值	中位值	最大值	最小值	标准差	观测数
储蓄1年期定期利率	0.021542	0.0255	0.028	0.013	0.00697	60
存款指数产品占比(有管户)	0.65967	0.6566	0.7204	0.5994	0.038112	60
存款指数产品占比(无管户)	0.7961	0.79515	0.8439	0.7482	0.030564	60
国债3年期收益率	0.03198	0.03115	0.0443	0.0237	0.005467	60

①笔者暂不将时间跨度内行长轮换、经理轮岗及薪酬激励等因素加入分析中。

续表

	平均值	中位值	最大值	最小值	标准差	观测数
国债指数产品占比(有管户)	0.061193	0.0621	0.0804	0.0426	0.012823	60
国债指数产品占比(无管户)	0.035868	0.03595	0.0472	0.0261	0.004119	60
保费收入(北京)	1186559	988780.4	4728203	644141.1	684370.5	60
保险指数产品占比(有管户)	0.080248	0.0767	0.1162	0.0611	0.016192	60
保险指数产品占比(无管户)	0.050172	0.0448	0.0707	0.0394	0.010388	60
理财3个月期收益率	0.043337	0.0415	0.06	0.035	0.005694	60
理财指数产品占比(有管户)	0.097595	0.0972	0.1299	0.0709	0.013258	60
理财指数产品占比(无管户)	0.04694	0.0458	0.0733	0.0359	0.007178	60
中证基金指数	4902.229	4886.57	6945.15	3421.01	1053.363	60
基金指数产品占比(有管户)	0.068373	0.0692	0.0767	0.0549	0.005009	60
基金指数产品占比(无管户)	0.033725	0.0335	0.0479	0.0171	0.006837	60
黄金价格	277.0498	269.44	362.67	221.76	33.63482	60
黄金指数产品占比(有管户)	0.007852	0.008	0.0103	0.0056	0.001134	60
黄金指数产品占比(无管户)	0.006975	0.0069	0.0094	0.004	0.0000969	60
A股银转证净额	150.3788	48.1	2308.75	-1359.2	549.2754	60
股票指数产品占比(有管户)	0.024702	0.02175	0.0457	0.0159	0.007006	60
股票指数产品占比(无管户)	0.032095	0.03205	0.0796	0.0717	0.013147	60

以统计学经验的相关系数0.8为关注标准①，储蓄存款与国债、保险，国债与保险，相关程度很高，可以理解为储蓄存款的减少转化为国债和保险的同时提高，但都是低风险资产②。

表5-8 “有管户”的子产品资产间相关系数

	存款指数产品(有管户)	国债指数产品(有管户)	保险指数产品(有管户)	理财指数产品(有管户)	基金指数产品(有管户)	黄金指数产品(有管户)	股票指数产品(有管户)
存款指数产品(有管户)	1	-0.9	-0.94	-0.57	-0.43	0.43	-0.38

①庞浩. 计量经济学[M]. 北京：科学出版社. 2014：101.

②咬亮. 基于客户分层视角的零售银行资产配置与零售贡献研究[J]. 西南金融，2016(11)：30-37.

续表

	存款指数产品（有管户）	国债指数产品（有管户）	保险指数产品（有管户）	理财指数产品（有管户）	基金指数产品（有管户）	黄金指数产品（有管户）	股票指数产品（有管户）
国债指数产品（有管户）	-0.9	1	0.89	0.32	0.18	-0.65	0.45
保险指数产品（有管户）	-0.94	-0.89	1	0.33	0.42	-0.42	0.37
理财指数产品（有管户）	-0.57	0.32	0.33	1	0.18	0.09	-0.25
基金指数产品（有管户）	-0.43	0.18	0.42	0.18	1	0.3	-0.05
黄金指数产品（有管户）	0.43	-0.65	-0.42	0.09	0.3	1	-0.75
股票指数产品（有管户）	-0.38	0.45	0.37	-0.25	-0.05	-0.75	1

表5-9 “无管户”的子产品资产间相关系数

	存款指数产品（无管户）	国债指数产品（无管户）	保险指数产品（无管户）	理财指数产品（无管户）	基金指数产品（无管户）	黄金指数产品（无管户）	股票指数产品（无管户）
存款指数产品（无管户）	1	-0.42	-0.84	-0.43	-0.83	0.3	-0.69
国债指数产品（无管户）	-0.42	1	0.53	0.22	0.44	-0.53	-0.18
保险指数产品（无管户）	-0.84	0.53	1	0.32	0.71	-0.14	0.31
理财指数产品（无管户）	-0.43	0.22	0.32	1	0.06	0.02	0.06
基金指数产品（无管户）	-0.83	0.44	0.71	0.06	1	-0.24	0.55
黄金指数产品（无管户）	0.3	-0.53	-0.14	0.02	-0.24	1	-0.16
股票指数产品（无管户）	-0.69	-0.18	0.31	0.06	0.55	-0.16	1

(2)模型修正

模型经过初步回归后,经 DW 检验存在自相关,故采用科克伦—奥科特(Cochrane - Orcutt)迭代法对模型进行修正,其基本思想是通过逐次迭代去寻找ε_t与ε_{t-1},ε_{t-2}……之间的自相关系数ρ的估计值,然后再进行广义差分法。对于一元线性回归模型$y_t = \beta_0 + \beta_1 x_t + \varepsilon_t$,假定$\varepsilon_t$为一阶自回归 AR(1),即$\varepsilon_t = \rho_1 \varepsilon_{t-1} + \nu_t$,除“无管户”的黄金指数产品占比与黄金价格需要二阶自回归 AR(2)以外,其余模型均通过一阶自回归(AR(1))进行修正。

(3)模型回归结果

存款一年期定期利率对“无管户”的存款指数产品占比有显著影响,2014 年 10 月、2015 年 10 月是 Chow 突变点;中证基金指数对“无管户”的基金指数产品占比有显著影响,2015 年 9 月是 Chow 突变点;黄金价格对“无管户”的黄金指数产品占比有显著影响,2015 年 5 月是 Chow 突变点;A 股银转证净额对“有管户”和“无管户”均有显著影响,2014 年 6 月、2015 年 6 月及 2015 年 12 月是 Chow 突变点(见表 5 - 10)。

表 5－10 回归结果分析

一元线性回归		$X_{0.05}^2(1)=3.14864, d_L=1.549, d_W=1.1616. t=1.67$							
自变量	因变量	一阶自回归 AR(1) 后的 R^2	二阶自回归 AR(2) 后的 R^2	异方差 ARCH 检验 ($n*R^2$)	自相关 DW 检验	参数 β_2	t 值	是否显著	Chow 突变点检验
存款 1 年期定期利率	存款指数产品占比（有管户）	0.86949	—	0.23997	2.19	−2.4468	−0.93	否	201410 201510
	存款指数产品占比（无管户）	0.859871	—	1.170746	2.05	3.34538	4.83	是	
国债 3 年期收益率	国债指数产品占比（有管户）	0.952703	—	0.181245	1.89	0.09343	0.45	否	201405
	国债指数产品占比（无管户）	0.459647	—	0.007748	2.1	0.040695	0.22	否	
保费收入（北京）	保险指数产品占比（有管户）	0.941274	—	0.141207	1.84	−8.69E−10	−1.3	否	201505 201510 201610
	保险指数产品占比（无管户）	0.932761	—	0.141284	1.902521	1.10E−10	0.24	否	
理财 3 个月期收益率	理财指数产品占比（有管户）	0.628586	—	1.08959	2.35	−0.21117	−0.91	否	201511
	理财指数产品占比（无管户）	0.280451	—	0.000437	1.84	−0.21092	−1.16	否	
中证基金指数	基金指数产品占比（有管户）	0.566395	—	1.805982	1.77	1.12E−06	0.8	否	201509
	基金指数产品占比（无管户）	0.626094	—	0.009444	2.11	3.67E−06	2.94	是	
黄金价格	黄金指数产品占比（有管户）	0.759715	—	0.002522	2.25	1.36E−06	0.18	否	201505
	黄金指数产品占比（无管户）	—	0.667017	0.000335	2.03	1.21E−05	4.05	是	
A 股银行转证净额	股票指数产品占比（有管户）	0.887418	—	0.012006	2.07	2.97E−06	4.32	是	201406 201506 201512
	股票指数产品占比（无管户）	0.664528	—	0.354334	1.9	4.94E−06	2.05	是	

(4) Chow 突变点检验及时序图分析

存款指数产品。央行自 2014 年 10 月开启了 6 次降息工作,“有管户”和“无管户”都出现了减少存款指数产品资产的趋势,其中,“无管户”下降趋势明显,且与利率呈显著正相关,从 79% 下降到 76%,基本与回归结果相合(β_1 = 3.35,利率每下降 1 个百分点,储蓄存款占比下降 3.35 个百分点)。

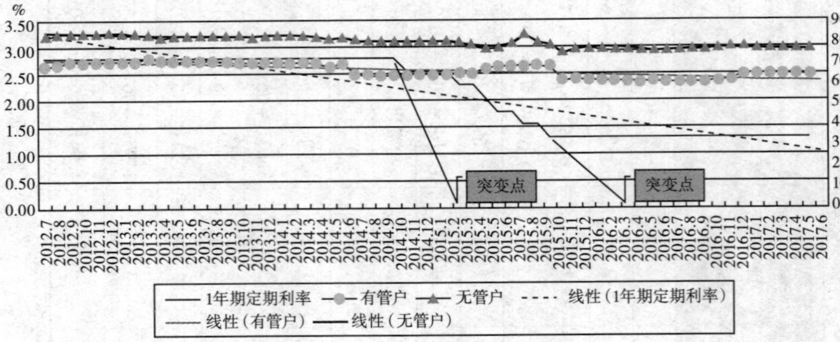

图 5-7 1 年期定期利率(左轴)与储蓄指数产品资产占比(右轴)

国债指数产品。国债 3 年期、5 年期收益率呈下降趋势,从回归结果来看,“有管户”与“无管户”绝对收益率变化不显著,但是,2014 年 5 月是 Chow 突变点,也正是“有管户”与“无管户”在国债指数产品配置上的分界岭,从图 5-8来看,“有管户”国债指数产品占比趋势是明显上升的,而“无管户”国债指数产品占比上升趋势较弱,但都与收益率趋势成相反态势,这是银行财富顾问主导资产配置差异性的体现之一。

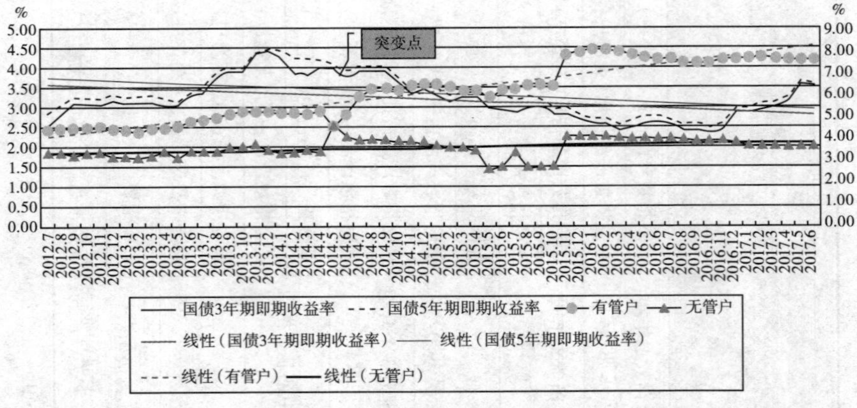

图 5-8 国债 3 年、5 年期即期收益率(左轴)与国债指数产品资产占比(右轴)

保险指数产品。保费收入(北京)呈递增趋势,与“有管户”“无管户”趋势相同,但2015年5月、10月和2016年10月是Chow突变点,可以看出,这正是“有管户”保险指数产品发生较大变化的关键点,而2015年10月、2016年10月是“无管户”保险指数产品变化的关键点。

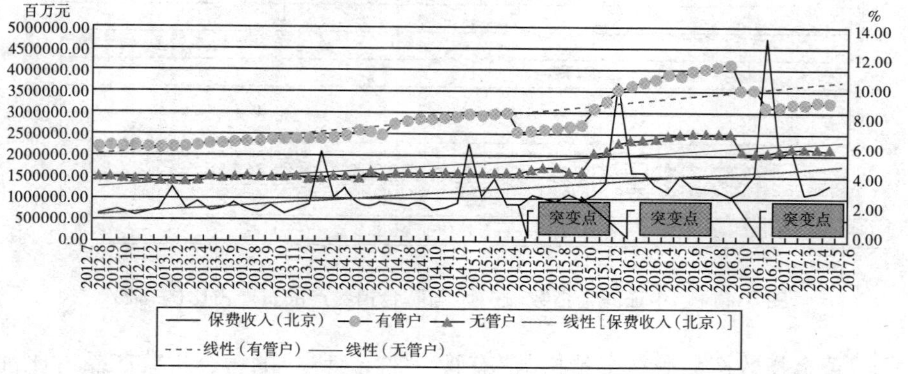

图5-9 保费收入(北京)(左轴)与保险指数产品资产占比(右轴)

理财指数产品。理财3个月、6个月期收益率呈下降趋势,但“有管户”和“无管户”的理财指数产品占比却是缓慢上升趋势,2014年6月出现了二者资产配置上的“相抵”,经过Chow检验,2015年11月却是突变点,且二者在此点出现了异常升高。

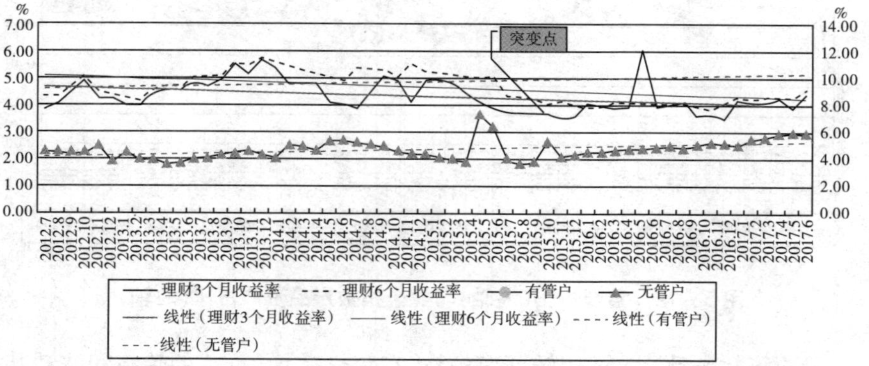

图5-10 理财产品3个月、6个月期收益率(左轴)与理财指数产品资产占比(右轴)

基金指数产品。中证基金指数有较为明显的上升趋势,但“有管户”的基金指数产品却呈缓慢下降的趋势,“无管户”的基金指数产品占比呈缓慢上升的趋势,这与模型回归结果相符,基金市场的整体变化对“无管户”有显著影响,2015 年 9 月是 Chow 突变点。

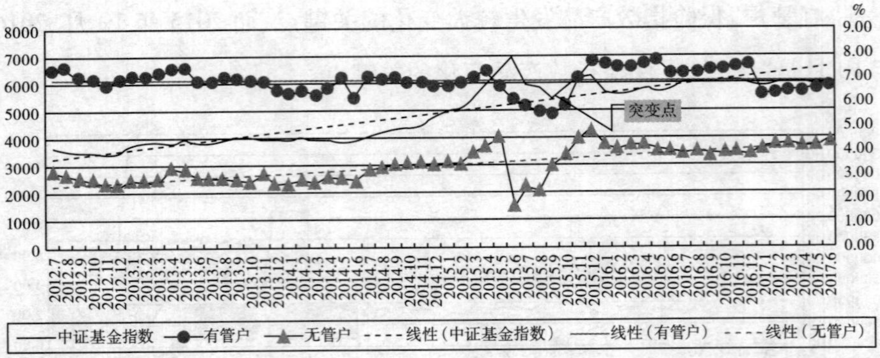

图 5 - 11　中证基金指数(左轴)与基金指数产品资产占比(右轴)

黄金指数产品。黄金价格与“有管户”“无管户”的黄金指数产品占比都呈递减趋势,2015 年 5 月是 Chow 突变点,可以看出,在此点两种客户出现了短暂的趋势反转,从回归结果看,黄金价格对“无管户”有显著影响,且二者下降速度相似。

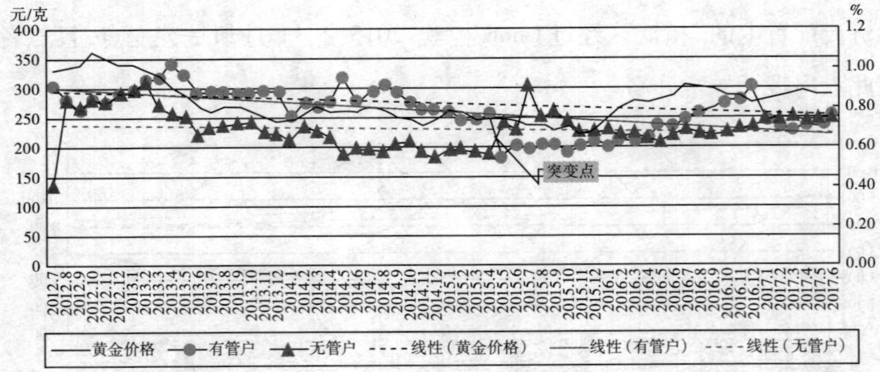

图 5 - 12　黄金价格(左轴)与黄金指数产品资产占比(右轴)

股票指数产品。A 股银转证净额与“有管户”“无管户”的趋势和波动基本一致,但“无管户”在资本市场受到冲击后波动更大,2014 年 6 月、2015 年 6 月及 12 月是 Chow 突变点,这也是两种客户股票指数产品大幅变化的关键点。从回归结果看,整个股市的环境变化对两种客户股票指数产品有显著影响。

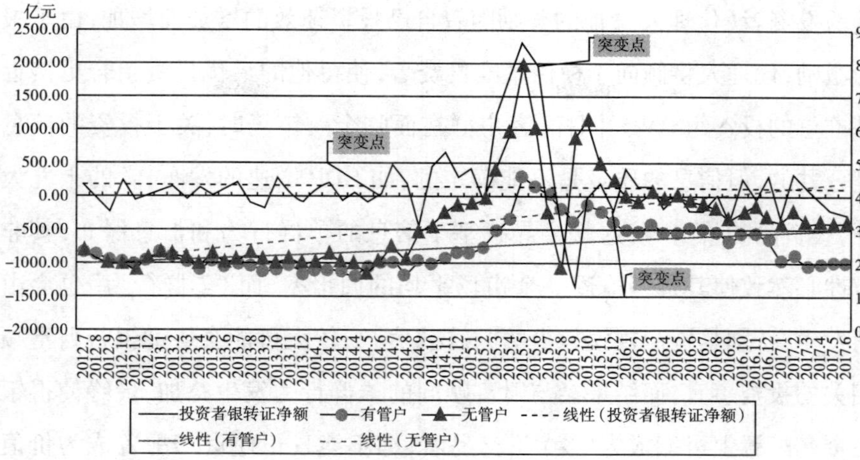

图5－13 投资者银转证净额（左轴）与股票指数产品资产占比（右轴）

5.2.3 基本结论

结合回归结果与时序图分析，得出以下基本结论：一是“有管户”与“无管户”的各类资产配置占比趋势具有高度的一致性，即零售客户有无银行的管理，其资产配置结果相似，存在一定的“羊群行为”；二是在此基础上，“无管户”客户在存款指数产品、基金指数产品、黄金指数产品的配置上受到市场指标影响的程度较“有管户”更为显著；三是通过 Chow 突变点检验看出，在市场趋势前后出现结构性变化时，两类客户的资产配置也随即出现了相同或相异的跟进变化，与回归结果一致，“无管户”客户在存款指数产品、基金指数产品、黄金指数产品的配置上受市场影响更显著。

财富顾问是竞争上岗、薪酬较高的职业，同时，作为银行对客户资产配置的委托代理人，常常会基于声誉、薪酬、晋升等原因，在对市场环境没有明确的判断结果时，会模仿资历较深或业绩较优的财富顾问，对客户形成相似的配置建议，保持职业群体里居中的位势，这也符合统计分布中的大数定律，因此发生“羊群行为”，Scharfstein 和 Stein（1990），Trueman（1994），Zweibel（1995），Prendergast 和 Stole（1996），Graham（1999）等提出了基于基金管理人或分析师声誉考虑的羊群理论，而 Maug 和 Naik（1996）考虑了一个风险规避的投资者(代理人),他的奖励随着自己投资绩效的增加而增加,由于报酬的激励,代理人将倾向于模仿基准投资者,使得他的最优投资组合更接近于基准点的投资组合①。同样,客户群在面临金融市场时,关于投资的信息都是公共的,但信息的质量是不能确定的,如 GDP 增速的发布、党的十九大召开、投资品的价格等,这就会导致基于信息的羊群行为和信息瀑布,其非专业性必然致使其选择追逐一个市场平均的回报率,而"羊群行为"也会由此而发生,特别是资产规模较少的"长尾"客户,较大可能会咨询银行财富顾问相关的投资事宜,而结果会与财富顾问的羊群行为发生叠加,最终使得银行在资产配置上可能成为"噪声"交易者,即不能真正使资产配置成为价值投资,反而更进一步与银行外市场格局形成高度的趋同和联动。

在对"有管户"和"无管户"的资产配置情况进行了模型分析及图学分析后,结合"羊群行为"理论,主要发现:一是股市的"羊群行为"②常常发生在小散户中,股票指数产品作为与股市息息相关的资产,可以认为很好地反映了客户的投资动向,因此,模型回归与图学分析同时印证了"追涨杀跌"的非理性"羊群行为"是存在于银行的,但并非来自银行的主导,是个体自发行为的结果,且是一阶自回归 AR(1),即当前的股票指数产品与上期的数值多少有关。二是虽然银行理财产品与保险在同业内有同质化特点,但对于经常在一家银行配置金融产品的零售客户,其资产水平相对较低,而银行对此类客户群是没有差异化的产品供给,国债也是如此,所以,对于"有管户"和"无管户"所能选择的理财、保险、国债类的产品而言,具有一致性和相对唯一性,这就被动形成了理性的"羊群行为",他们的选择与市场定价本身如何无关。三是与股市中的金融异象相似,基金和黄金市场也非常容易发生"羊群效应",但在上述实证分析中,看出"无管户"较"有管户"的基金指数产品、黄金指数产品与基金市场、黄金市场更为显著相关,且是二阶自回归AR(2),即当期资产配置占比还

①Maug, Naik. Herding and Delegated Portfolio Management: The Impact of Relative Performacnce Evaluation on Asset Allocation[R]. London Business School Working Paper, 1996: 12 - 15.

②董志勇. 基于 GCAPM 的羊群行为检测方法及中国股市中的实证依据[J]. 金融研究, 2007(5): 108 - 117.

受到了前两期的配置水平影响,因此,“无管户”在基金指数产品和黄金指数产品配置上的“羊群行为”主要是来自相应市场,而非银行财富顾问的传导。四是储蓄存款是银行金融资产配置的源头,没有储蓄存款就没有资产配置,就零售客户而言,储蓄率都较高①,但整体相对稳定,银行财富顾问为客户配置产品的首要工作就是存款资产化,即将客户“心理储蓄率”以上的存款配置为金融产品,这也是居民个人在银行“金融深化”的重要过程,因此,在未接受银行财富顾问配置建议的情况下,“无管户”的存款指数产品往往相对较高,且随着基准利率有显著的正相关影响。

5.2.4 主要问题

(1)零售客户“有管户”与“无管户”在资产配置上差异不大,那么,作为本书的主要研究对象——“无管户”,从行为金融学损失厌恶的角度,其投资情绪或投资心理如何影响各类子产品资产的配置比例,特别是高风险资产与低风险资产之间的配比?

(2)私人银行客户、财富客户与普通客户作为商业银行以财富水平为基准的 CRM 分类的对象,三者的资产配置有明显的差异性,是否是由投资情绪或投资心理的差异性导致的?

(3)不同时间段,金融市场整体情绪有所不同,划分“平衡市”“牛市”“熊市”来研究投资情绪或投资心理,是否有较大差异,或者说,三类客户之间有何异同?

(4)在商业银行实务实践中,三类客户的零售贡献(或非利息收入,NII)随着其资产配置结构的差异有所不同,那么,不同的投资情绪或投资心理如何影响零售贡献,三类客户之间又有何差异?

(5)理论研究与分析,最终还是应指导工作实践,在当前的客户管理中,如何掌握一定客户群的投资情绪或投资心理是极有必要的,特别是在中国

---

①咬亮. 金融新常态下基层零售银行储蓄存款发展情况研究——以工商银行 W 分行为例[J]. 甘肃金融,2017(1):29-41.

资产管理业迎来具有挑战的3.0时代，未来不久还要面临4.0时代，在银行理财产品净值化的要求下，该如何与零售客户构建商业关系，这是需要提前思考和践行的。

5.3 模型的构建

5.3.1 基本模型

(1)LLA模型

本书采用下偏矩方法(Low Partial Moments，LPM)，LPM能较好地反映行为金融学中前景价值函数的损失厌恶(理论前提和核心思想)，也较均值方差(M－V)能更好地表达损失或者风险，借鉴Hallow(1991)的LPM模型(汪贵浦、王明涛等，2003；徐绪松、宋奇等，2012；金秀、王佳等，2014；詹泽雄、吴宗法等，2017)，设离散型随机变量为 x ，其中，既定的参照点为 $\widehat{x}$ ，下偏矩阶数 $\gamma > 0$ ，观测样本量为 T ，若 k 为均值，$\gamma = 0$ ，则下LPM模型就转化为传统的半方差模型。其效用函数基本形式如下：

$$\nu(x) = \begin{cases} u_1(x) & \text{当 } x - \widehat{x} \geqslant 0 \text{ 时} \\ u_1(x) - u_2(x) & \text{当 } x - \widehat{x} < 0 \text{ 时} \end{cases} \tag{5-2}$$

其中，$u_1(x)$ 和 $u_2(x)$ 为单调递增函数，$u_1(x)$ 为凹函数，x 为一组资产的组合收益率，$u_2(x)$ 则是代表基于参照点 $\widehat{x}$ 以下为损失的效用函数，以LPM表达：

$$\mathrm{LPM}(\gamma,\widehat{x}) = \int_{-\infty}^{\widehat{x}} (\widehat{x} - x)^{\gamma}\mathrm{d}F(x) \tag{5-3}$$

其中，γ 为下偏矩阶数，$F(x)$ 为收益率的累计分布函数。若 $\gamma = 1$ ，LPM的效用函数就为LLA(线性损失厌恶)模型，因此，$\nu(x)$ 的效用由两部分组成：一是来自投资的实际收益 $u_1(x)$ 的正效用；二是来自低于 $\widehat{x}$ 的收益(即为“损失”)的负效用。因此，结合TRP理论，定义基于参照点的损失厌恶效用函数为：

$$\nu(x) = x - \lambda\left[\max(\widehat{x} - x,0)\right]^{\gamma} \tag{5-4}$$

为求样本商业银行零售客户对工银理财1号中7种子产品资产的最优配置比例，设各个子产品资产的收益率向量为$r = [r_1, r_2, \cdots, r_N]^T$，各个子产品资产的配置比例为$\omega = [\omega_1, \omega_2, \cdots, \omega_N]^T$，其中，$r_n$和$\omega_n$为子产品资产$n$的净收益率和配置比例，且$\sum_{n=1}^{N} \omega_1 = 1, \omega_n \geqslant 0$，第$t$期第$n$个子产品资产的动态损失厌恶系数$\lambda_{nt}$和动态参照点$\widehat{r_t}$，则有$\lambda_t = \sum_{n=1}^{N} \lambda_{nt}, \widehat{r_t} = \sum_{n=1}^{N} \widehat{r_{nt}}$。当零售客户是根据某种子产品的历史收益情况进行当前的资产配置时，一般的线性损失厌恶资产配置模型LLA为：

$$\max_{\omega} \frac{1}{T} \sum_{t=1}^{T} \left(r_t^{\omega} - \lambda_t \left(\max[\widehat{r_t} - r_t^T \omega, 0] \right)^{\gamma} \right) \tag{5-5}$$

$$\text{s.t.} \quad \omega^T 1_{N\times1} = 1 \tag{5-6}$$

$$\omega_n \geqslant 0, \ n = 1, 2, \cdots, N \tag{5-7}$$

$1_{N\times1}$为元素均为1的N维列向量，若设$z_t^- = \max[\widehat{r_t} - r_t^T \omega, 0] = \max[\widehat{r_t} - \sum_{t=1}^{T} \omega_n r_{nt}, 0]$为辅助变量，用于测度$\lambda$，$z_t^- = [z_t^-]_{T\times1}$为$T$维列向量；LLA模型就成为$N+T$个决策变量、$T$个不等式、一个等式的二次规划问题，继而求解每种子产品资产的最优ω^*。

$$\min_{\omega, z-} -\frac{1}{T} \sum_{t=1}^{T} r_t^T \omega + \frac{\lambda}{T} 1_{T\times1}^T z^- \tag{5-8}$$

$$\text{s.t.} \quad \omega^T 1_{N\times1} = 1 \tag{5-9}$$

$$\omega_n \geqslant 0, \ n = 1, 2, 3, \cdots, N \tag{5-10}$$

$$Z^- \geqslant 0 \tag{5-11}$$

$$R\omega + z^- \geqslant \widehat{r_t} 1_{T\times1} \tag{5-12}$$

（2）NLA模型

虽然LLA模型是分段线性函数，收益区域与损失区域都是拟凹的，可以较标准的前景价值函数求最优解，但LLA模型对损失区域中的不同位置和程度的损失并未加以区分，是一视同仁的，这并不与实际情况相符，特别是零售客户在面对较大损失和较小损失的感受还是有较大差异（Fortin &

Hlouskova,2011)的,故针对 LLA 模型,假定下偏矩阶数 $\gamma = 2$,以表示不同量级的损失厌恶程度,那么, $\nu(x)$ 在收益区域内为线性函数,而在损失区域内为二次效用函数,即为非线性损失厌恶资产配置模型 NLA,这较 LLA 模型具有很大的改良。

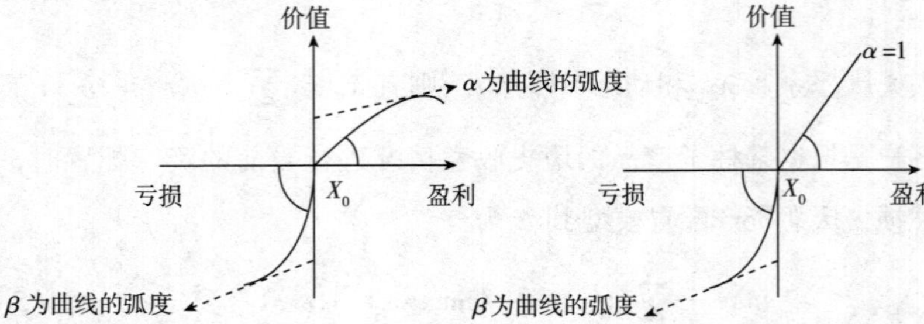

图 5－14　非线性损失厌恶资产配置模型(NLA)效用函数

类似于 LLA 模型,NLA 模型是基于二阶下偏距测度的,为求最优子产品资产配置比例 ω^* ,可以转化为 $N+T$ 维的二次规划问题:

$$\min_{\omega,z^-} -\frac{1}{T}\sum_{t=1}^{T} r_t^T\omega + \frac{\lambda}{T}(z^-)^T z^- \tag{5-13}$$

$$\text{s.t.} \quad \omega^T 1_{N\times1} = 1 \tag{5-14}$$

$$\omega_n \geqslant 0,\ n = 1,2,3,\cdots,N \tag{5-15}$$

$$Z^- \geqslant 0 \tag{5-16}$$

$$R\omega + z^- \geqslant \widehat{r_t}\, 1_{T\times1} \tag{5-17}$$

本书将就零售客户资产配置情况利用 LLA 模型和 NLA 模型进行最优化求解,并对两个模型结果进行对比分析。

5.3.2　模型的基本假设

(1)狭窄框定

零售客户由于受到外在信息环境、金融市场价格和理财产品价格波动等影响,会在投资决策时出现认知偏差,而这种决策模式被称为"框架依赖",饶育蕾、盛虎(2011)总结其包括对比效应(Contrast Effect)、首因效应(Primacy Effect)、近因效应(Recent Effect)、晕轮效应(Halo Effect)、稀释效应(Dilution Effect),其中,狭窄框定(Narrow Framing)是典型代表,Barberis 和 Huang(2009)认为投资者在分析问题时具有思维隔离、角度狭窄的一种倾向,在资产配置时,表现为将各种资产框定到一个取景框架中进行独立评价和计算,换言之,投资者的效用直接源于狭窄框定中的资产,而非资产总财富的贡献。正是狭窄框定的发现,才有效规避了前景价值函数非全局凹性的局限,假设可零售客户在资产配置时具有狭窄框定的效应,则对资产配置中的每一种独立评价和计算其前景价值,设待配置的各种子产品资产收益率向量为 $r^T = [r_1, r_2, \cdots, r_N]$,其中, r_i 为第 i 种子产品资产的收益率;设各种子产品资产的配置比例向量为 $\omega^T = [\omega_1, \omega_2, \cdots, \omega_N]$,其中, ω_i 为第 i 种资产的配置比例,且 $0 \leqslant \omega_i \leqslant 1$, $\sum_{i=1}^{N} \omega_i = 1$,其中, r_p 为组合收益率; $\bar{r}$ 为参照点;当 $r_i \geqslant 0$ 时, $\eta = 0$,则有资产配置的前景价值函数为:

$$v(r_p) = \omega^T v(r_i - \bar{r}) = \omega^T \left[\eta (r - \bar{r})^{\alpha} - (1 - \eta) \lambda (r - \bar{r})^{\beta} \right] \tag{5-18}$$

(2)单一心理账户

心理账户(Mental Accounting)是指将资金的性质、来源、用途等在头脑中进行分类处理。理论中,投资决策者在评估心理账户时,总是希望自己处在一种最优的状态,为了达成此目的,决策者会变换自己的心理账户。对于资产配置而言,一种情况是认为多种资产有所不同并设置多心理账户,单独建账考量效用,例如,即便资产 A 不断亏损,决策者也不会因为资产 B 有超额收益而感到心理安慰,即资产 B 的正效用不会抵消资产 A 的负效用,另一种情况是认为多种资产同质而设置单一心理账户,统筹建账考量效用,在上述例子中,决策者会因为整体获得正效用而感到心理安慰。对此,Thaler(1985)分为四种情况讨论,即复合收益(Multiple Gains)、复合损失(Multiple Loss)、混合收益(Mixed Gain)、混合损失(Mixed Loss),也就是决策者会根据资产 x,y 和 $x + y$ 的收益情况建立多心理账户或单一心理账户,本书是基于损失厌恶及狭窄框定的前提下进行研究,虽然零售客户会在多只子产品资产间进行资产配置，但最终会以工银理财1号的收益损失情况评价效用，因此，模型假设零售客户为单一心理账户，即复合损失的情况（见图5－15）。

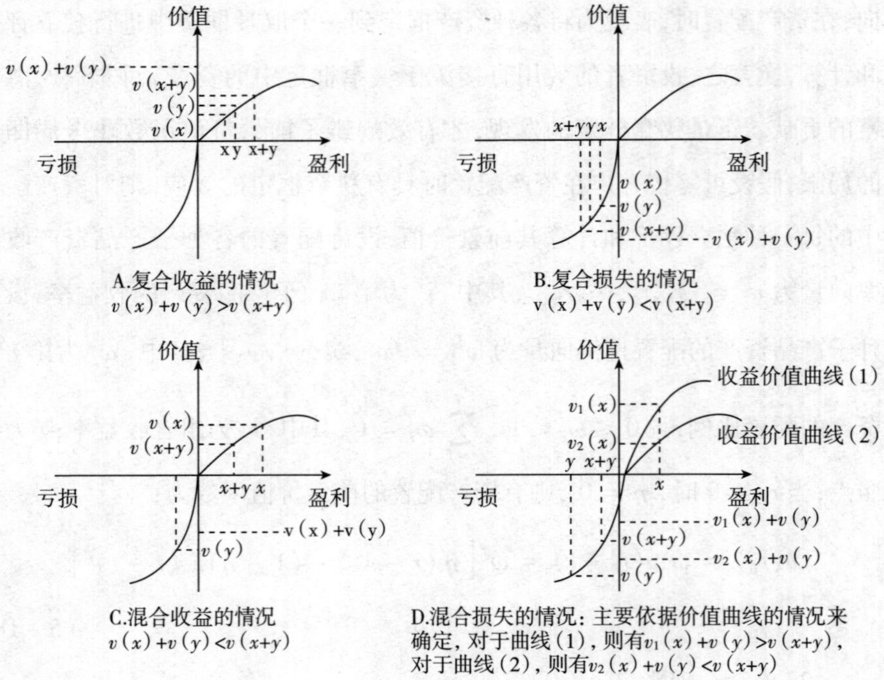

图5－15 单心理账户与多心理账户的价值曲线

（3）静态场景和动态场景

行为金融学中关于投资心理的概念较多，但在研究基于损失厌恶前提下的资产配置时，并非所有概念能将损失厌恶系数、参照点收益率、投资风格、资产配置（高风险资产和低风险资产）动态变化有机结合来进行实务分析，本书认为有限理性、禀赋效应、过度自信、后悔厌恶、赌徒谬误五种投资心理最能反映零售客户在资产配置时的情绪，并作了以下设定：①获益时，禀赋效应、过度自信为主要投资心理，损失时，后悔厌恶、赌徒谬误为主要投资心理，有限理性在任何时候都存在；②为了对一种场景下的损失厌恶程度进行整体评价，特将 λ 的上升、不变和下降给予3分、2分、1分的数值，对每种场景下不同投资心理的 λ 评价数值进行加总，即得该场景下的损失厌恶总程度，如动态场景中的投资心理为禀赋效应和后悔厌恶，都提高了 λ，则损失厌恶程度为6分；③随着损失厌恶程度分值的下降，投资风格依次为保守、温和和激进，且随着损失厌恶程度的降低，零售客户会增加高风险资产配置比例；④参照点收益率是零售客户对资产配置结果的一种期望，随着损失厌恶程度分支的下降而上升；⑤零售客户也会根据获益或损失情况，出现矛盾情绪，既有可能配置高风险资产又有可能配置低风险资产，也可能保持温和的有限理性，不做资产配置动作。

静态场景：有限理性（Bounded Rationality）（4分）。零售客户谨慎、冷静地观察市场行情，明显较好时增加低风险资产配置，显著较差时减少风险资产配置，整个资产配置在财富水平中占比较低，投资盈亏对财富的影响很小，对情绪的影响也就很小，从情景体系来看，损失厌恶程度居中。

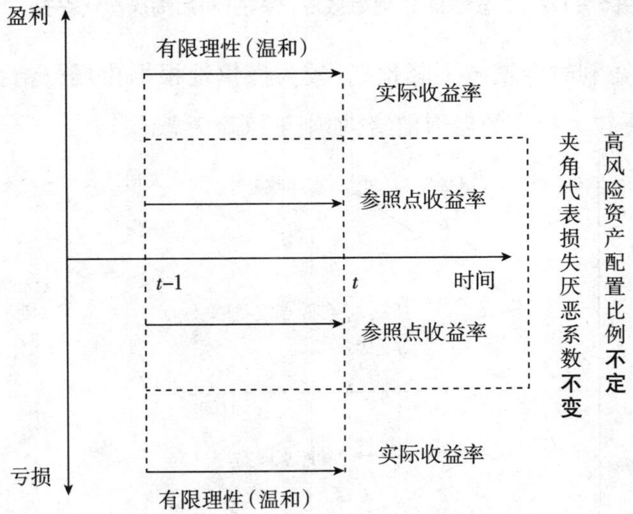

图5－16　静态场景：有限理性（温和）

动态场景1：禀赋效应（Endowment Effect）和后悔厌恶（Regret Aversion）（6分）。零售客户最大限度地增加低风险资产配置比例，降低风险资产配置比例，对高风险投资非常保守，对市场前景持悲观态度，害怕损失，一旦损失，就更加厌恶风险，会立即调低自己的预期，谨慎操作。

动态场景2：有限理性（Bounded Rationality）和后悔厌恶（Regret Aversion）（5分）。零售客户一定程度地增加低风险资产配置比例，降低风险资

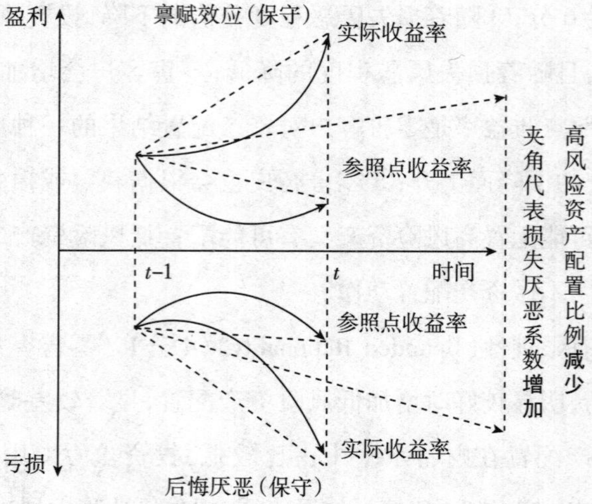

图5－17　动态场景1：禀赋效应（保守）和后悔厌恶（保守）

产配置比例，盈利时会稍微下降预期，较为谨慎地根据市场行情投资，但投资亏损了会有较大程度的后悔情绪，加剧了风险厌恶。

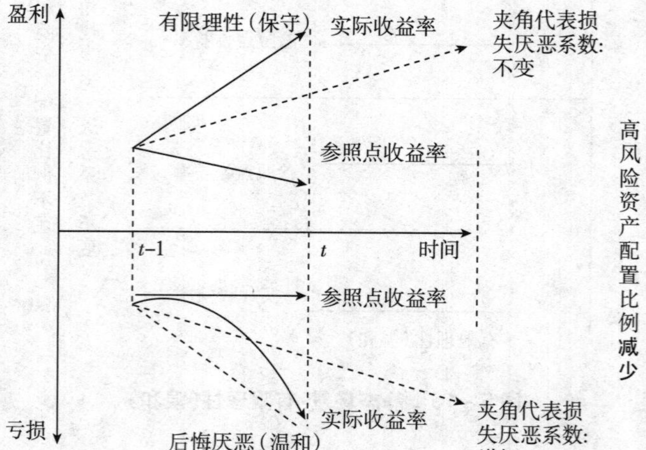

图5－18　动态场景2：有限理性（保守）和后悔厌恶（温和）

动态场景3：禀赋效应（Endowment Effect）和有限理性（Bounded Rationality）（5分）。零售客户较小程度地增加低风险资产配置比例，降低风险资产配置比例，持有一定量财富或前期盈利过，但担心失去曾经的获利，如果亏损就会调低自己的预期。

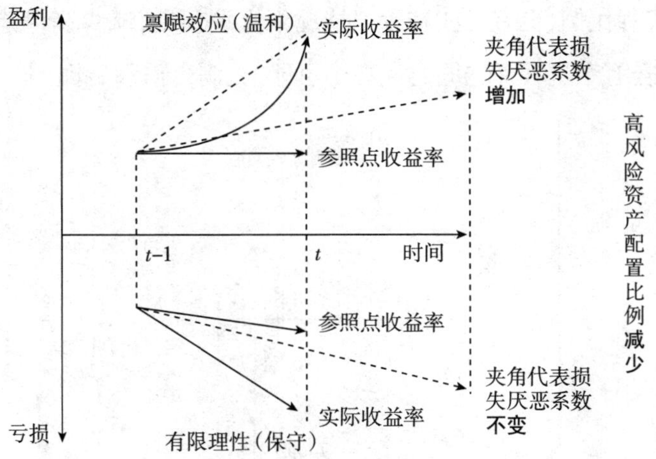

图 5-19 动态场景 3:禀赋效应(温和)和有限理性(保守)

动态场景 4:禀赋效应(Endowment Effect)和赌徒谬误(Gambler's Fallacy)(4 分)。零售客户情绪较为矛盾,既有可能在盈利情况下调增预期,减少高风险资产配置比例,也有可能在亏损情况下下调预期,增加高风险资产配置比例,策略会有激进和保守同时存在的可能,充满谨慎和投机。

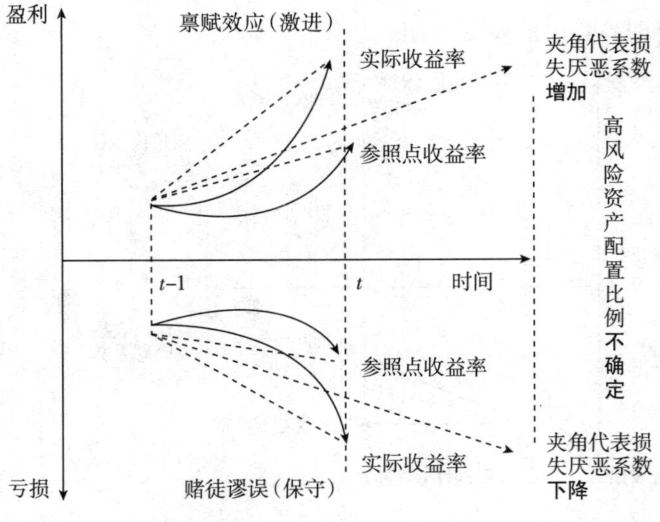

图 5-20 动态场景 4:禀赋效应(激进)和赌徒谬误(保守)

动态场景 5:过度自信(Overconfidence)和后悔厌恶(Regret Aversion)(4 分)。零售客户情绪较为矛盾,既有可能在盈利情况下调低预期,增加高风险资产配置比例,也有可能在亏损情况下上调预期,减少高风险资产配置比例,策略会有激进和保守同时存在的可能,充满自信和后悔。

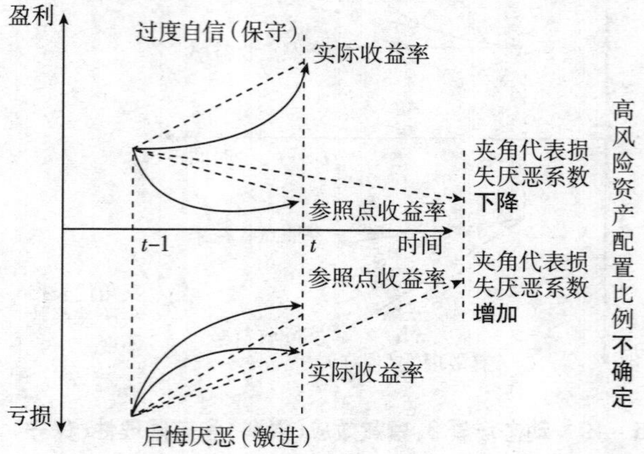

图 5-21 动态场景 5:过度自信(保守)和后悔厌恶(激进)

动态场景 6:过度自信(Overconfidence)和有限理性(Bounded Rationality)(3 分)。零售客户较大程度地增加高风险资产配置比例,降低无风险资产配置比例,对投资结果成功表示出自信,愿意继续冒险投资,即便是亏损情况下也要调高自己的投资预期。

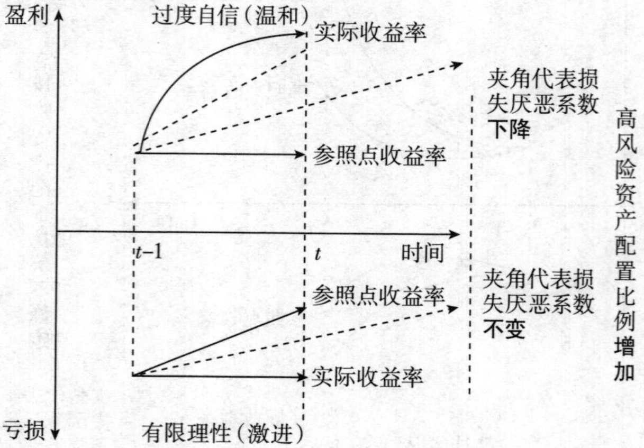

图 5-22 动态场景 6:过度自信(温和)和有限理性(激进)

动态场景 7:有限理性(Bounded Rationality)和赌徒谬误(Gambler's Fallacy)(3 分)。零售客户更大程度地增加高风险资产配置比例,降低无风险资产配置比例，并且适当地调高自己的投资预期，在贪婪与恐惧中继续投机。

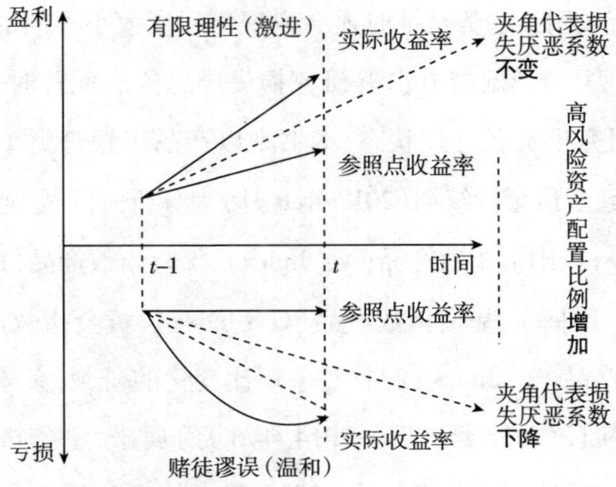

图5-23 动态场景7：有限理性（激进）和赌徒谬误（温和）

动态场景8：过度自信（Overconfidence）和赌徒谬误（Gambler's Fallacy）（2分）。零售客户最大限度地增加高风险资产配置，即便市场行情下行，也对自己的投资行为充满信心，自认为有运气可以投机，即使亏损也会调高自己的投资预期。

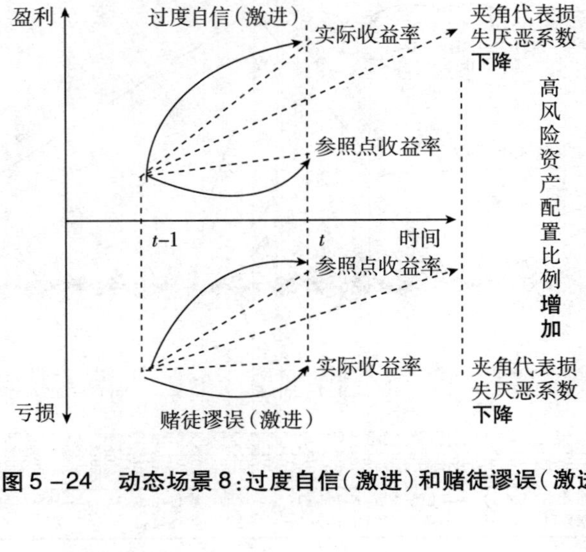

图5-24 动态场景8：过度自信（激进）和赌徒谬误（激进）

（4）分段研究

投资者的情绪在认知偏差的影响下都会以各种心理状态表现出来，只是在金融市场有较明显趋势特征时才会表现出程度大小不同的各种心理状态，金秀（2014）等、詹泽雄（2017）等研究损失厌恶资产配置时，都将全市场阶段包含在内研究投资者心理状态，本书则以产品工银理财 1 号发行之日（2012 年 7 月）起至最短持续期（2017 年 6 月）为分析时间段，通过对存款指数产品（D – Index）、国债指数产品（N – Index）、保险指数产品（I – Index）、理财指数产品（F – Index）、基金指数产品（O – Index）、黄金指数产品（G – Index）、股票指数产品（S – Index）的收益率环比变化的研判，大体将时间段划分为三个：第一阶段（2012 年 7 月—2014 年 6 月）属于“平衡市”，市场情绪表现为犹豫；第二阶段（2014 年 7 月—2015 年 6 月）属于“牛市”，市场情绪表现为自信；第三阶段（2015 年 7 月—2017 年 6 月）属于“熊市”，市场情绪表现为后悔。当然，零售客户的投资情绪并非一定遵守犹豫、自信、后悔，但会在不同的金融市场环境中有其主要特征。除此之外，本书还对私人银行客户、财富客户、普通客户在三个时段的投资情绪（心理状态）进行了一定的对比，旨在寻找财富水平高低、金融市场变化与投资情绪之间的关联。

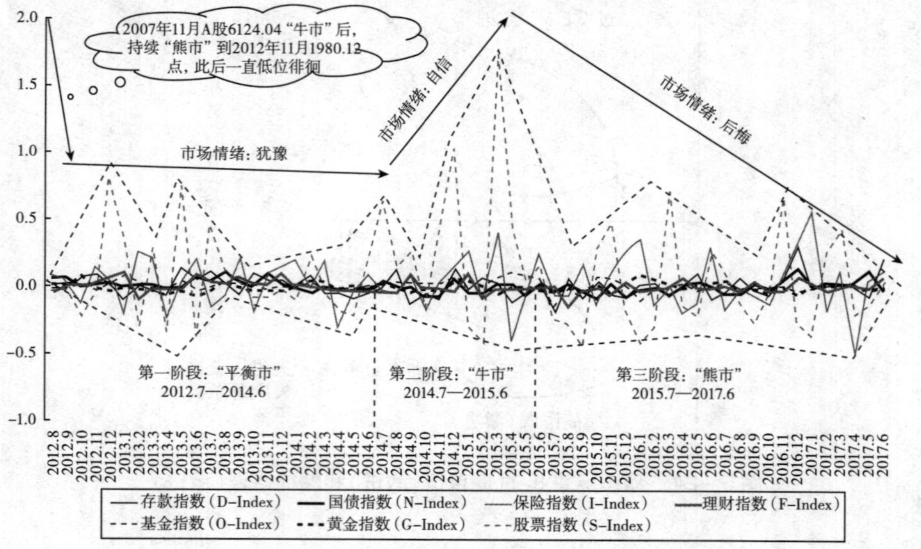

图 5 – 25 资产配置时间段划分：“平衡市”“牛市”“熊市”

5.3.3 相关参数设定

（1）损失厌恶系数

Kahneman 和 Tversky（1979）通过实验和数据得出了 λ 取值 2.25，这是静态取值，此后，Patricia（2009）通过非线性回归方法研究损失厌恶对贸易政策的影响时，λ 大约为 2；Booij 等（2010）在研究效用函数和概率权重函数时，发现 λ 约为 1.6；Hwang 和 Satchell（2010）发现 λ 在不同国家和地区的市场上有所差异，英、美市场的 λ 分别为 3.25 和 2.75。张小涛、潘琪和李悦雷（2016）等通过实证得出中国的股票市场并不适合用 Kahneman 和 Tversky 的参数，认为 λ 的下界略大于 1，同时“牛市”的下界约为 2.19，“熊市”的下界为0.59。本书将损失厌恶的场景分为静态和动态，λ 是随场景和市场变化的，这更符合商业银行零售客户的投资心理和调整周期。在静态场景中，λ 是不变的，与上期（ $t-1$ ）是相同的，属于有限理性的投资心理；在动态场景中，λ 是随着零售客户投资心理的不同而调整，当投资心理是禀赋效应或后悔厌恶时，λ 是较上期提升，当投资心理是过度自信或是赌徒谬误时，λ 是较上期下降，同时，当期的 $\lambda_t = \lambda_{t-1} + \left(\frac{r_{t-1}}{r_t} - 1\right)$，其中，$r_t$，$r_{t-1}$ 为子产品资产的当期和上期收益率，λ_{t-1} 为上期损失厌恶系数，由零售客户风险评估表所得分值设定。

（2）参照点收益率

在既往的行为资产配置模型中，参照点收益率 $\widehat{r_t}$ 是静态的，是固定某一个参数值。本书认为 $\widehat{r_t}$ 同损失厌恶系数 λ_t 一样，根据场景而变化，这也符合零售客户的投资心理，同时，$\widehat{r_t}$ 可以认为是预期收益率。在静态场景中，$\widehat{r_t}$ 是不变的，与上期（ $t-1$ ）是相同的，属于有限理性的投资心理；在动态场景中，$\widehat{r_t}$ 是随着零售客户投资心理的不同而调整，且不同的投资心理都会使得零售客户下降、不变和上升 $\widehat{r_t}$，$\widehat{r_t} = \frac{r_{t-1}}{r} r_t^f$，$r_t^f$ 为上期参照点收益率。$\widehat{r_t}$ 代表其在不同投资心理中对预期收益率的估计，并与 λ_t 的变化相结合共同反映其在当前投资心理的“严重”程度，例如，当 λ_t 下降和 $\widehat{r_t}$ 上升时，表示零售客户越来越不厌恶损失，同时也调高了预期收益率，表现在最大限度地增加高风险资产的配置比例。

(3)绩效指标

为了进一步验证线性损失厌恶资产配置模型(LLA)、非线性损失厌恶资产配置模型(NLA)及均值方差(M－V)、均值半方差(M－SV)、条件在险价值(CVaR)的投资绩效表现，引用投资绩效评价指标夏普比率(Sharpe Ratio)、信息比率(Information Ratio)、索提诺比率(Sortino Ratio)和欧米伽比率(Omega Ratio)。

$$Sharpe\ Ratio = \frac{E(r_p) - r_f}{\sigma_p} \tag{5-19}$$

其中，$E(r_p)$ 为资产配置的组合期望收益，r_f 为无风险收益率，σ_p 为资产组合标准差。

$$Information\ Ratio = \frac{E(r_p - r_b)}{\sigma_p} \tag{5-20}$$

其中，r_p 为资产组合期望收益，r_b 为基准收益水平，$E(r_p - r_b)$ 为超额收益，σ_p 为资产组合标准差。

$$Sortiono\ Ratio = \frac{E(r_p - r_b)}{\mathrm{DR}} \tag{5-21}$$

其中，$E(r_p - r_b)$ 为超额收益，r_p 为资产组合期望收益，r_b 为基准收益水平；$\mathrm{DR} = \sqrt{\sum_{n=1}^{n}\left[(r_b - r_n)^+\right]^2/N}$ 为下侧风险，r_i 为资产组合收益，$(r_b - r_n)^+ = \max(r_b - r_n, 0)$。

$$Omega\ Ratio = \frac{\mathrm{UPM}}{\mathrm{LPM}} \tag{5-22}$$

其中，$\mathrm{UPM} = \max(r_p - r_b, 0)$，$\mathrm{LPM} = \max(r_b - r_p, 0)$，$r_p$ 为资产组合期望收益，r_b 为基准收益水平。

5.4 实证分析及结论探讨

5.4.1 数据来源及处理

本书以工商银行为样本银行，以长期自主购买工银理财1号产品的零售客户为研究对象，以日均金融资产高低划分私人银行客户、财富客户和普通客户，以2012年7月至2017年6月的月度数据为研究基础，通过工商银行CS 2002数据系统、Wind资讯数据、中国银行业协会、中国保险业协会、中国证券投资基金业协会、中国证券登记结算有限公司、中国理财网等官方渠道获取原始数据，并依据模型构建及运算需要对数据进行处理。

(1)工银理财1号各子产品资产配置比例

数据分为私人银行客户、财富客户和普通客户三类，包括每类客户月度平均持有工银理财1号7类子产品的配置比例。

表5-11 描述统计量：零售客户工银理财1号各子产品配置比例

	变量	存款指数产品(D-Index)	国债指数产品(N-Index)	保险指数产品(I-Index)	理财指数产品(F-Index)	基金指数产品(O-Index)	黄金指数产品(G-Index)	股票指数产品(S-Index)
私人银行客户	均值	0.315813	0.029017	0.30927	0.149563	0.426067	0.013233	0.03539
	中位数	0.30735	0.02955	0.0266	0.14415	0.43465	0.0106	0.029.5
	最大值	0.4338	0.0428	0.0491	0.2352	0.519	0.3243	0.1242
	最小值	0.2215	0.0163	0.0205	0.0761	0.3243	0.0049	0.0052
	标准差	0.054875	0.00662	0.009057	0.03806	0.04414	0.007023	0.023528
	偏度	0.408324	0.128846	0.831675	0.32948	-0.179538	1.350446	1.724285
	峰度	2.336603	2.70792	2.166551	2.769015	2.502157	4.124814	6.30227
财富客户	均值	0.497058	0.076425	0.101877	0.107712	0.181902	0.007317	0.027708
	中位数	0.48915	0.07925	0.09635	0.10595	0.17735	0.0069	0.0222
	最大值	0.5584	0.0891	0.1266	0.1384	0.2238	0.0114	0.078
	最小值	0.4525	0.05	0.0908	0.0806	0.151	0.0056	0.0103
	标准差	0.027111	0.011604	0.011075	0.013613	0.017602	0.001513	0.01523
	偏度	0.39277	-0.927804	1.16417	0.051626	0.523534	1.414062	1.684167
	峰度	1.902136	2.644735	2.943099	2.731376	2.449079	4.138801	5.298704

续表

	变量	存款指数产品（D－Index）	国债指数产品（N－Index）	保险指数产品（I－Index）	理财指数产品（F－Index）	基金指数产品（O－Index）	黄金指数产品（G－Index）	股票指数产品（S－Index）
普通客户	均值	0. 659778	0. 061205	0. 080257	0. 068393	0. 097798	0. 007855	0. 024708
	中位数	0. 65665	0. 0621	0. 0767	0. 0692	0. 0974	0. 008	0. 02175
	最大值	0. 7204	0. 0805	0. 1162	0. 0768	0. 13	0. 0103	0. 0457
	最小值	0. 5998	0. 0426	0. 0611	0. 055	0. 0709	0. 0056	0. 0159
	标准差	0. 038019	0. 012838	0. 016203	0. 005015	0. 013103	0. 001134	0. 007015
	偏度	－0. 117295	0. 017899	0. 683975	－0. 656221	0. 576266	－0. 242212	1 －077069
	峰度	1. 505632	1. 541975	2. 344099	3. 158511	3. 180977	2. 161619	3. 480745
	观测值	60	60	60	60	60	60	60

（2）工银理财1号各子产品收益率

工银理财1号各子产品收益率以净值测算得来，其中，保险指数产品平均收益率较高，但其包含了保单溢价；存款指数产品和理财指数产品位居其次，而高风险资产的平均收益率水平在经历了“快牛慢熊”后非常低。

表5－12　描述统计量：工银理财1号各子产品收益率

变量	存款指数产品（D－Index）	国债指数产品（N－Index）	保险指数产品（I－Index）	理财指数产品（F－Index）	基金指数产品（O－Index）	黄金指数产品（G－Index）	股票指数产品（S－Index）
均值	4. 507835	3. 352415	5. 350465	4. 65119	2. 693162	－0. 1662	1. 849404
中位数	4. 5	3. 27315	4. 794605	4. 485738	1. 248272	－0. 367396	2. 227431
最大值	6. 4981	4. 4863	11. 82051	5. 7422	62. 43842	9. 425388	18. 12786
最小值	3. 12333	2. 4903	3. 106561	3. 85	－25. 09827	－6. 497236	－29. 13453
标准差	0. 873978	0. 527895	1. 874506	0. 538482	12. 16089	3. 4492	8. 859804
偏度	0. 1366671	0. 408993	1. 488919	0. 346287	2. 419816	0. 436324	－0. 899472
峰度	2. 274987	2. 323922	5. 190261	1. 748858	13. 09128	2. 904022	5. 161183
观测值	60	60	60	60	60	60	60

（3）损失厌恶资产配置模型主要参数

对于模型参数，学术界并无定数，但参数为动态变化已达成共识。一般而言，对于参照点收益率，通常选择1年期定期利率或其他低风险收益率，损失厌恶系数有以 Kahneman 和 Tversky 研究所得2. 25为基准上下范围［1，5］

展开讨论(金秀等,2014;詹泽雄等,2017),但并不太影响分析逻辑及结论。本书以《中国工商银行客户风险评估问卷》为参数来源,零售客户月度内多次改变工银理财1号各子产品配置策略时,都需要在线完成包含15个问题的问卷(见附录),系统会根据问卷选项得分生成零售客户类型(见表5-13)。

表5-13 工商银行客户投资风险评估分类

客户类型	风险评估得分范围	投资类型	投资特征
进取型	176~214分	属于可以承受高风险类型的投资者	适合投资于能够提高升值能力,而投资价值波动大的投资工具。在最坏的情况下,可能会失去全部投资本金并需对投资所导致的任何亏损承担责任
成长型	142~175分	属于可以承担中等至高风险类型的投资者	适合投资于能够提供升值能力投资价值有波动的投资工具
平衡型	108~141分	属于可以承担中等风险类型的投资者	适合投资于能够温和升值能力而投资有温和波动的投资工具
稳健型	26~107分	属于可以承担低至中等风险类型的投资者	适合投资于能够权衡保本而亦有若干升值能力的投资能力
保守型	0~26分	属于可以承担低风险而且风险谨慎的投资者	适合投资于以保本为主(含有保障型保险产品)的投资工具,但因此会牺牲本升值的机会

可以看出,评估分值越高,零售客户损失厌恶程度越低,本书则以每月问卷评估得分为基准,以财富客户为中间数值(2.25)设定各零售客户的损失厌恶系数(Brauers,2008),则有私人银行客户>财富客户>普通客户,且月度动态调整;同时,问卷中几乎所有零售客户的期望收益都勾选了“远超国债利率”,结合工作实践,分别设定5年期国债收益率、3年期国债收益率和1年期国债收益率的1.5倍为私人银行客户、财富客户、普通客户的参照点收益率,且月度动态调整;综合收益率则为零售客户月度获得的投资收益及部分银行返还收益之和。

表5-14 描述统计量:零售客户主要参数(参照点收益率、综合收益率、损失厌恶系数)

	参照点收益率			综合收益率			损失厌恶系数		
变量	私人客户	财富客户	普通客户	私人客户	财富客户	普通客户	私人客户	财富客户	普通客户
均值	4.96707	4.763775	4.354898	5.10	4.6655	4.308667	1.25	2.25	2.67
中位数	4.8375	4.6425	4.32375	4.79	4.595	4.42	1.26	2.27	2.68
最小值	3.585	3.465	2.6505	3.57	3.85	2.67	0.93	2.06	2.57
标准差	0.826515	0.79875	0.86061	1.23	0.532558	0.730965	0.17	0.06	0.05

续表

	参照点收益率			综合收益率			损失厌恶系数		
变量	私人客户	财富客户	普通客户	私人客户	财富客户	普通客户	私人客户	财富客户	普通客户
偏度	0. 371822	0. 414041	0. 19422	2. 72	0. 286801	-0. 108134	0. 25	-0. 66	-0. 09
峰度	2. 368517	2. 299216	2. 142103	12. 48	1. 773322	2. 515646	2. 30	3. 05	1. 86
观测值	60	60	60	60	60	60	60	60	60

5.4.2 分析方法及逻辑

本书实证分析的主要方法是非线性数学规划中的二次规划法。分析逻辑主要有五步:参数设定、构建模型、模型运用、分析结果和结论探讨。

(1)参数设定

对于第一个时间段 t 而言,已经设定好三类零售客户的损失厌恶系数和参照点收益率,以及工银理财 1 号 7 类子产品资产的收益率。

(2)构建模型

前期根据线性损失厌恶资产配置模型(LLA)推演出的非线性损失厌恶资产配置模型(NLA)。

(3)模型运用

通过设定好的静态场景和 8 个动态场景,依次对每个场景的 NLA 进行数据的二次规划,得出静态及动态的 9 组各个子产品的最优配置比例,将存款、国债和保险三类资产的配置比例加总得低风险资产配置比例,将理财、基金、黄金及股票四类资产的配置比例加总得高风险资产配置比例,并将理论计算的最优高风险资产及低风险资产配置比例与零售客户实际配置比例做配比,以最接近值(偏差最小)为最终选择,再对应其所属动态场景的投资心理。

(4)分析结果

经过上述模型运用,即可得出每一时间段 t 三类零售客户各自的投资心理,并对三者之间及“平衡市”“牛市”和“熊市”的结果进行比较分析,之后再添加变量——商业银行非利息收入(NII)进行比较分析。

(5)结论探讨

不同时间段、不同财富的零售客户、不同的投资心理、不同的零售贡献之间有何关联,是否具有一定的规律可以为商业银行客户关系管理 CRM 所用。

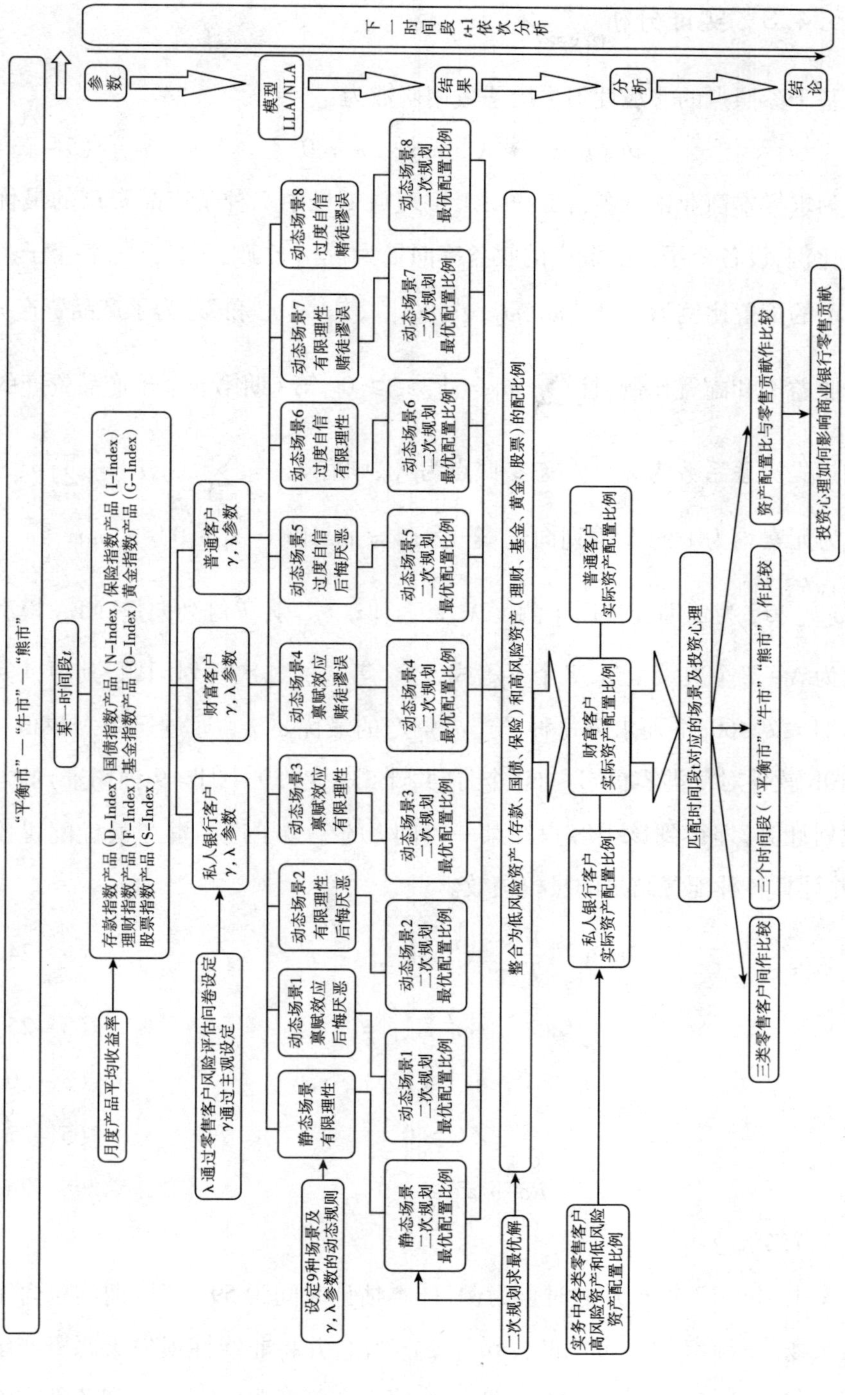

图5-26 零售客户损失厌恶资产配置模型分析方法及逻辑

5.4.3 实证分析

基于参照点的非线性损失厌恶效用函数为：

$$\nu(x) = x - \lambda\left[\max(\widehat{x} - x, 0)\right]^2 \tag{5-23}$$

为求样本商业银行零售客户对工银理财1号中7种子产品资产的最优配置比例，设各个子产品资产的收益率向量为 $r = [r_1, r_2, \cdots, r_N]^T$，各个子产品资产的配置比例为 $\omega = [\omega_1, \omega_2, \cdots, \omega_N]^T$，其中，$r_n$ 和 ω_n 为子产品资产 n 的净收益率和配置比例，且 $\sum_{n=1}^{N} \omega_1 = 1, \omega_n \geqslant 0$，第 t 期第 n 个子产品资产的动态损失厌恶系数为 λ_{nt}，动态参照点为 $\widehat{r_t}$，则有 $\lambda_t = \sum_{n=1}^{N} \lambda_{nt}, \widehat{r_t} = \sum_{n=1}^{N} \widehat{r_{nt}}$，$1_{N\times1}$ 为元素均为1的 N 维列向量，若设 $z_t^- = \max[\widehat{r_t} - r_t^T\omega, 0] = max\ [\widehat{r_t} - \sum_{t=1}^{T} \omega_n r_{nt}, 0]$ 为辅助变量用于测度 λ，$z_t^- = [z_t^-]_{T\times1}$ 为 T 维列向量；NLA模型就成为 $N+T$ 个决策变量、T 个不等式、一个等式的二次规划问题，其中，$1 \leqslant N \leqslant 7, 1 \leqslant T \leqslant 60$，继而求解每种子产品资产的最优 ω^*。通过运用Matlab-R2010b软件对每类零售客户60个月、共计531次（59个月 * 9种场景）的二次规划计算，即得到该类客户在某一时间 t 的7类子产品资产最优配置比例，并计算各种配置结果的投资绩效。

$$\min_{\omega, z-} -\frac{1}{T}\sum_{t=1}^{T} r_t^T\omega + \frac{\lambda}{T}(z^-)^T z^- \tag{5-24}$$

$$\text{s.t.} \quad \omega^T 1_{N\times1} = 1 \tag{5-25}$$

$$\omega_n \geqslant 0,\ n = 1, 2, 3, \cdots, N \tag{5-26}$$

$$Z^- \geqslant 0 \tag{5-27}$$

$$R\omega + z^- \geqslant \widehat{r_t}\, 1_{T\times1} \tag{5-28}$$

（1）举例分析

本书以2017年6月的时点为例，样本估计时间为59个月，期间包含了金融市场"平衡市""牛市"和"熊市"三个阶段，并将非线性损失厌恶资产配置模型（NLA）与均值方差模型（MV）、均值半方差模型（M-SV）和条件在险价值模型(CVaR)就最优资产配置比例及投资绩效进行对比。其中,索提诺比率A和欧米茄比率A是以1年期定期利率为基准水平计算,信息比率、索提诺比率B和欧米茄比率B是以主要商业银行理财的平均收益率为基准水平计算。具体结果如下:

1)私人银行客户(2017.6)。①从静态场景和8种动态场景的最优子产品配置结果看,静态场景和动态场景在高风险资产和低风险资产配置比例上有较大差异,静态场景与动态场景(平均)的低风险资产配置比例分别为58.72%、46.31%,且动态场景之间的配置差异也有[-3,5]个百分点,与私人银行客户2017年6月实际低风险资产配置(47.6%)偏差最小的为动态场景1(48.93%),且经过判断的投资心理为禀赋效应,投资风格为保守;②就静态场景与静态模型MV,M-SV,CVaR相比,后三者均将资产配置于低风险资产上,其中M-SV和CVaR几乎将所有资产配置于存款指数产品(D-Index),这充分反映了全面型风险度量与下偏二阶矩风险度量之间的差异性,动态场景2的存款指数产品(D-Index)也较其他动态场景明显高;③动态场景1的最优资产配置比例与实际最为接近,但从下偏型投资绩效的评价数值上看,各场景之间差异不大。除此之外,还可以看出,动态场景6~8的高风险资产配置比例逐步增大,方差也略有增加,且索提诺比率、欧米伽比率和信息比率较其他场景明显提高,即风险与回报同方向。

2)财富客户(2017.6)。①从静态场景和8种动态场景的最优子产品配置结果看,静态场景和动态场景在高风险资产和低风险资产配置比例上也有较大差异,静态场景与动态场景(平均)的低风险资产配置比例分别为71.34%、69.11%,且动态场景之间的配置差异也有[-3,4]个百分点,与财富客户2017年6月实际低风险资产配置(69.66%)偏差最小的为动态场景2(69.94%),且经过判断的投资心理为有限理性,投资风格为保守;②就静态场景与静态模型MV,M-SV,CVaR相比,情况同私人银行客户一致;③动态场景2的最优资产配置比例与实际最为接近,从下偏型投资绩效的评价数值上看,除低于静态场景和动态场景1外,几乎都高于其他动态场景的绩效评价指标;与私人银行客户相反,动态场景6~8的高风险资产配置比例逐步增大,方差却略有减少,且索提诺比率、欧米伽比率和信息比率较其他场景有所降低,反映了财富客户的超额回报即主动管理的绩效水平不高。

3)普通客户(2017.6)。①从静态场景和8种动态场景的最优子产品配置结果看,静态场景和动态场景在高风险资产和低风险资产配置比例上几乎没有差异,静态场景与动态场景(平均)的低风险资产配置比例分别为80.61%、80.49%,且动态场景之间的配置差异也非常小,只有[-0.4,0.8]个百分点,与普通客户2017年6月实际低风险资产配置(80.43%)偏差最小的为静态场景(80.49%),且经过判断的投资心理为有限理性,投资风格为温和;②就静态场景与静态模型MV,M-SV,CVaR相比,情况同私人银行客户、普通客户一致;③静态场景的最优资产配置比例与实际最为接近,从下偏型投资绩效的评价数值上看,属于平均水平,动态场景1~3的绩效评价明显高于其他场景,反映了对普通客户而言,高风险资产配置比例下降反而绩效评价越高。

(2)整体分析

1)私人银行客户。依据二次规划及静态、动态场景的投资心理规则,得出2012年7月至2017年6月私人银行客户的投资心理及投资风格变化时间表。整体可以看出,虽然损失厌恶系数与高风险资产持有比例呈反向趋势,但损失厌恶评价得分却与高风险资产持有比例呈正向趋势。从整体评价看,损失厌恶评价得分为4.14分,高风险资产持有比例平均为62.43%,其市场分段特征为:"平衡市"(4.09分,60.26%)、"牛市"(4.25分,66.26%)、"熊市"(4.125分,62.67%);从投资风格看,私人银行客户以保守型为主,占比44%,其次为激进型和温和型,其市场分段特征为:"平衡市"中以激进型为主,"牛市"和"熊市"中以保守型为主;从投资心理看,禀赋效应(15次)和赌徒谬误(15次)最多,其次为后悔厌恶(13次)和过度自信(12次),最后为有限理性(4次),其市场分段特征为:"平衡市"中以禀赋效应为主,"牛市"中以赌徒谬误为主,"熊市"中以过度自信为主。

2)财富客户。依据二次规划及静态、动态场景的投资心理规则,则得出2012年7月至2017年6月财富客户的投资心理及投资风格变化时间表。整体可以看出,损失厌恶系数、损失厌恶评价得分与高风险资产持有比例均呈反向趋势。从整体评价看,损失厌恶评价得分为3.98分,高风险资产持有比例平均为32.46%,其市场分段特征为:“平衡市”(3.91分,31.446%)、“牛市”(3.91分,34.65%)、“熊市”(4.08分,32.4%);从投资风格看,财富客户以激进型为主,占比48%,其次为保守型和温和型,其市场分段特征为:“平衡市”中以激进型为主,“牛市”中以保守型为主,“熊市”中以激进型为主;从投资心理看,有限理性(15次)为最多,其次为赌徒谬误(13次)和后悔厌恶(13次),最后为过度自信(9次)和禀赋效应(9次),其市场分段特征为:“平衡市”中除有限理性最少外,其余均同,“牛市”中除禀赋效应和有限理性最少外,其余均同,“熊市”中以有限理性占据显著特征。

3)普通客户。依据二次规划及静态、动态场景的投资心理规则,则得出2012年7月至2017年6月普通客户的投资心理及投资风格变化时间表。整体可以看出,虽然损失厌恶系数与高风险资产持有比例呈反向趋势,但损失厌恶评价得分却与高风险资产持有比例呈正向趋势。从整体评价看,损失厌恶评价得分为3.92分,高风险资产持有比例平均为20%,其市场分段特征为:“平衡市”(4.09分,18.83%)、“牛市”(4.33分,21.43%)、“熊市”(3.54分,20.15%);从投资风格看,普通客户以激进型为主,占比53%,其次为保守型和温和型,其市场分段特征为:“平衡市”中以激进型为主,“牛市”中以保守型为主,“熊市”中基金型为主;从投资心理看,有限理性(18次)为最多,剩余依次为后悔厌恶(13次)、赌徒谬误(11次)、过度自信(9次)、禀赋效应(8次),其市场分段特征为:“平衡市”中以有限理性为主,“牛市”中以过度自信和后悔厌恶为主,“熊市”中以有限理性为主。

表 5-15　NLA 模型二次规划结果——私人银行客户(2017 年 6 月)

	MV	MSV	CVaR	静态场景	动态场景 1	动态场景 2	动态场景 3	动态场景 4	动态场景 5	动态场景 6	动态场景 7	动态场景 8
存款指数产品(D-Index)	50.01	98.53	98.76	51.12	42.60	39.19	39.62	40.04	46.86	38.34	37.91	37.96
国债指数产品(N-Index)	40.89	1.21	0.40	3.41	2.84	2.61	2.64	2.67	3.12	2.65	2.53	2.53
保险指数产品(I-Index)	9.11	0.18	0.23	4.19	3.49	3.21	3.25	3.28	3.84	3.14	3.11	3.11
理财指数产品(F-Index)	0.00	0.08	0.61	20.39	16.99	15.63	15.80	15.97	18.69	20.29	15.12	15.14
基金指数产品(O-Index)	0.00	0.00	0.00	20.45	33.71	39.01	38.35	37.69	27.08	35.34	36.00	36.04
黄金指数产品(G-Index)	0.00	0.00	0.00	0.08	0.07	0.06	0.07	0.07	0.08	0.06	2.06	0.95
股票指数产品(S-Index)	0.00	0.00	0.00	0.36	0.30	0.28	0.28	0.28	0.33	0.27	3.27	4.28
均值	4.40	0.94	0.91	1.55	1.72	1.74	1.75	1.77	1.70	1.71	1.74	1.75
方差	0.23	0.00	0.00	0.40	0.52	0.52	0.51	0.52	0.51	0.52	0.53	0.53
夏普比率	25.10	15.26	13.52	20.62	20.87	20.76	20.70	20.90	20.59	21.11	21.22	21.35
索提诺比率 A	43.07	25.30	22.42	34.34	34.75	34.57	34.46	34.81	34.28	35.15	35.33	35.54
欧米伽比率 A	193.19	157.53	149.30	174.23	174.38	173.46	172.94	174.66	172.04	176.41	177.29	178.36
信息比率	1.08	-249.56	-262.38	2.21	4.75	4.72	4.71	4.76	4.69	4.81	4.83	4.86
索提诺比率 B	1.57	-93.18	-93.71	3.28	7.03	6.99	6.97	7.04	6.94	7.11	7.15	7.19
欧米伽比率 B	102.99	1.36	1.13	106.30	113.84	113.24	112.90	114.03	112.32	115.17	115.74	116.44

表 5 - 16 NLA 模型二次规划结果——财富客户(2017 年 6 月)

	MV	MSV	CVaR	静态场景	动态场景 1	动态场景 2	动态场景 3	动态场景 4	动态场景 5	动态场景 6	动态场景 7	动态场景 8
存款指数产品(D - Index)	50.01	98.53	98.76	51.97	53.50	50.95	49.93	51.71	48.91	49.68	49.42	、48.66
国债指数产品(N - Index)	40.89	1.21	0.40	6.48	6.67	6.35	6.22	6.45	6.10	6.19	6.16	6.06
保险指数产品(I - Index)	9.11	0.18	0.23	12.89	13.27	12.64	12.39	12.83	12.13	12.32	12.26	12.07
理财指数产品(F - Index)	0.00	0.08	0.61	8.58	7.86	9.39	9.20	9.53	9.01	9.16	9.11	8.97
基金指数产品(O - Index)	0.00	0.00	0.00	17.37	15.19	18.01	19.65	18.28	21.29	20.06	17.47	17.70
黄金指数产品(G - Index)	0.00	0.00	0.00	1.01	1.04	0.99	0.97	0.81	0.95	0.97	2.96	2.95
股票指数产品(S - Index)	0.00	0.00	0.00	1.70	1.75	1.67	1.64	0.39	1.60	1.63	2.62	3.95
均值	4.40	0.94	0.91	1.80	1.85	1.76	1.72	1.68	1.69	1.72	1.71	1.68
方差	0.23	0.00	0.00	0.56	0.58	0.55	0.54	0.56	0.53	0.54	0.53	0.53
夏普比率	25.10	15.26	13.52	21.06	21.68	20.65	20.24	20.96	19.82	20.13	21.03	21.72
索提诺比率 A	43.07	25.30	22.24	34.98	36.00	34.29	33.60	34.80	32.92	33.43	34.26	34.75
欧米伽比率 A	193.19	157.53	149.30	176.81	182.01	173.34	169.87	175.94	166.41	169.01	169.14	167.54
信息比率	1.08	-249.56	-262.38	5.23	5.39	5.13	5.03	5.21	4.92	5.00	5.98	6.90
索提诺比率 B	1.57	-93.18	-93 -17	7.74	7.97	7.59	7.44	7.70	7.29	7.40	8.36	9.25
欧米伽比率 B	102.99	1.36	1.13	117.26	120.71	114.96	112.66	116.68	110.36	112.09	112.51	111.79

表 5-17　NLA 模型二次规划结果——普通客户（2017 年 6 月）

	MV	MSV	CVaR	静态场景	动态场景 1	动态场景 2	动态场景 3	动态场景 4	动态场景 5	动态场景 6	动态场景 7	动态场景 8
存款指数产品（D-Index）	50.01	98.53	98.76	63.18	63.81	63.50	63.62	62.86	62.93	63.05	63.22	63.20
国债指数产品（N-Index）	40.89	1.21	0.40	7.01	7.08	7.05	7.06	6.97	6.98	7.00	7.00	7.01
保险指数产品（I-Index）	9.11	0.18	0.23	10.30	10.40	101.35	10.37	10.25	10.26	10.28	10.29	10.30
理财指数产品（F-Index）	0.00	0.08	0.61	6.07	5.13	6.10	6.11	6.04	6.05	6.06	6.06	6.07
基金指数产品（O-Index）	0.00	0.00	0.00	10.44	10.54	9.99	9.81	10.89	10.40	10.42	10.43	10.44
黄金指数产品（G-Index）	0.00	0.00	0.00	1.01	1.02	1.02	1.02	1.00	1.01	1.01	1.01	1.01
股票指数产品（S-Index）	0.00	0.00	0.00	1.99	2.01	2.00	2.00	1.98	2.38	2.19	1.99	1.97
均值	4.40	0.94	0.91	1.53	1.54	1.54	1.54	1.52	1.52	1.53	1.53	1.53
方差	0.23	0.00	0.00	0.40	0.40	0.40	0.40	0.40	0.40	0.40	0.40	0.40
夏普比率	25.10	15.26	13.52	20.66	20.78	20.76	20.80	20.56	20.58	20.62	20.64	20.66
索提诺比率 A	43.07	25.30	22.24	34.41	34.62	34.58	34.65	34.24	34.27	34.34	34.38	34.41
欧米伽比率 A	193.19	157.53	149.30	174.58	175.63	175.45	175.80	173.71	173.88	174.23	174.41	174.56
信息比率	1.08	-249.56	-262.38	2.21	2.22	2.22	2.23	2.20	2.20	2.21	2.21	2.21
索提诺比率 B	1.57	-93.18	-93.71	3.29	3.31	3.31	3.31	3.37	3.28	3.28	3.29	3.29
欧米伽比率 B	102.99	1.36	1.13	106.51	107.15	107.04	107.26	105.98	106.08	106.30	106.40	106.50

表5－18 私人银行客户投资心理变化时间表

“平衡市”	2012.7	2012.8	2012.9	2012.10	2012.11	2012.12	2013.1	2013.2	2013.3	2013.4	2013.5	2013.6
高风险资产占比	52.27%	51.87%	51.61%	56.50%	54.33%	58.28%	56.72%	60.80%	56.65%	62.13%	61.25%	55.50%
综合收益率	5.12	5.61	5.68	5.75	4.78	4.70	5.45	4.70	4.52	4.69	4.60	4.93
参照点收益率	4.335	4.71	4.77	4.83	4.82	4.785	4.845	4.83	4.932	4.71	4.725	5.115
损失厌恶得分	—	4	4	2	4	4	4	4	5	4	5	4
投资心理	—	禀赋效应	禀赋效应	过度自信	后悔厌恶	赌徒谬误	禀赋效应	赌徒谬误	后悔厌恶	过度自信	后悔厌恶	禀赋效应
投资风格	—	激进	激进	激进	激进	保守	激进	保守	温和	保守	温和	激进
“平衡市”	2013.7	2013.8	2013.9	2013.10	2013.11	2013.12	2014.1	2014.2	2014.3	2014.4	2014.5	2014.6
高风险资产占比	60.15%	64.83%	60.94%	61.46%	65.98%	65.20%	67.63%	67.28%	61.56%	69.55%	67.52%	56.34%
综合收益率	4.97	4.80	11.15	8.48	5.80	6.08	5.72	6.15	8.58	7.03	6.20	5.68
参照点收益率	5.52	5.85	5.82	6.03	6.6	6.735	6.675	6.39	6.375	6.24	6.015	5.79
损失厌恶得分	2	3	5	4	2	4	4	5	6	4	5	6
投资心理	过度自信	赌徒谬误	禀赋效应	后悔厌恶	赌徒谬误	禀赋效应	赌徒谬误	禀赋效应	禀赋效应	赌徒谬误	有限性理	后悔厌恶
投资风格	激进	温和	温和	激进	激进	激进	保守	温和	保守	保守	保守	保守
“牛市”	2014.7	2014.8	2014.9	2014.10	2014.11	2014.12	2015.1	2015.2	2015.3	2015.4	2015.5	2015.6
高风险资产占比	67.16%	64.92%	64.36%	67.42%	67.27%	65.01%	67.55%	68.84%	62.19%	68.02%	69.48%	62.87%
综合收益率	5.24	5.51	5.44	5.15	5.12	5.02	4.22	5.17	5.26	5.32	4.81	4.90
参照点收益率	6.0465	5.977	5.8965	5.3475	5.1195	5.307	5.11035	4.8855	5.2185	4.932	4.8759	4.8705
损失厌恶得分	2	6	5	4	4	5	4	4	4	4	4	5
投资心理	赌徒谬误	禀赋效应	有限性理	赌徒谬误	赌徒谬误	后悔厌恶	赌徒谬误	过度自信	禀赋效应	过度自信	赌徒谬误	禀赋效应

续表

“牛市”	2014.7	2014.8	2014.9	2014.10	2014.11	2014.12	2015.1	2015.2	2015.3	2015.4	2015.5	2015.6
投资风格	激进	保守	保守	保守	保守	温和	保守	保守	激进	保守	保守	温和
“熊市”	2015.7	2015.8	2015.9	2015.10	2015.11	2015.12	2016.1	2016.2	2016.3	2016.4	2016.5	2016.6
高风险资产占比	65.76%	66.58%	64.83%	71.15%	72.10%	71.57%	60.30%	69.24%	57.60%	63.53%	61.94%	57.02%
综合收益率	4.17	3.57	3.82	4.13	4.22	3.83	4.44	4.68	4.61	4.60	4.33	4.15
参照点收益率	4.767	4.7475	4.6305	4.3545	4.47105	4.28685	3.795	3.9369	3.84915	3.87	4.0488	4.1616
损失厌恶得分	4	4	6	4	2	5	6	2	5	2	5	5
投资心理	赌徒谬误	赌徒谬误	禀赋效应	过度自信	过度自信	有限理性	禀赋效应	过度自信	后悔厌恶	赌徒谬误	后悔厌恶	后悔厌恶
投资风格	保守	保守	保守	保守	激进	保守	保守	激进	温和	激进	温和	温和
“熊市”	2016.7	2016.8	2016.9	2016.10	2016.11	2016.12	2017.1	2017.2	2017.3	2017.4	2017.5	2017.6
高风险资产占比	60.90%	63.24%	61.33%	66.23%	61.79%	57.03%	63.495%	56.86%	56.76%	60.72%	61.66%	52.40%
综合收益率	4.11	4.18	4.05	4.44	4.10	4.30	4.70	4.80	4.37	4.60	4.59	4.67
参照点收益率	3.975	3.64725	3.7899	3.585	3.672	4.34265	4.32	4.54395	4.53975	4.695	5.4903	5.3475
损失厌恶得分	4	4	5	2	5	5	3	4	5	2	4	6
投资心理	赌徒谬误	过度自信	后悔厌恶	过度自信	后悔厌恶	后悔厌恶	过度自信	禀赋效应	有限理性	过度自信	后悔厌恶	禀赋效应
投资风格	保守	保守	温和	激进	温和	温和	温和	激进	保守	激进	激进	保守

表5-19 财富客户投资心理变化时间表

"平衡市"	2012.7	2012.8	2012.9	2012.10	2012.11	2012.12	2013.1	2013.2	2013.3	2013.4	2013.5	2013.6
高风险资产占比	33.87%	31.90%	31.53%	32.23%	32.17%	31.41%	32.10%	33.06%	29.23%	31.58%	31.06%	29.74%
综合收益率	4.68	5.01	4.91	4.33	4.35	4.61	5.06	4.52	4.42	4.30	4.19	4.53
参照点收益率	3.915	4.485	4.62	4.68	4.6815	4.65	4.65	4.635	4.3515	4.575	4.5975	5.085
损失厌恶得分	—	5	4	4	4	4	3	4	6	2	4	4
投资心理	—	禀赋效应	赌徒谬误	后悔厌恶	有限理性	过度自信	过度自信	赌徒谬误	后悔厌恶	赌徒谬误	后悔厌恶	禀赋效应
投资风格	—	温和	保守	激进	温和	保守	温和	保守	保守	激进	激进	激进
"平衡市"	2013.7	2013.8	2013.9	2013.10	2013.11	2013.12	2014.1	2014.2	2014.3	2014.4	2014.5	2014.6
高风险资产占比	28.89%	29.80%	30.55%	30.89%	31.08%	30.11%	31.96%	32.04%	30.46%	31.89%	35.14%	31.93%
综合收益率	4.63	4.67	4.98	5.02	5.08	5.51	5.52	5.74	5.62	5.43	5.34	5.21
参照点收益率	5.37	5.85	5.715	5.895	6.525	6.645	6.15	5.625	5.595	5.805	5.85	5.656
损失厌恶得分	4	3	4	4	3	4	4	4	6	2	2	6
投资心理	禀赋效应	有限性理	过度自信	禀赋效应	有限性理	禀赋效应	过度自信	过度自信	后悔厌恶	赌徒谬误	赌徒谬误	后悔厌恶
投资风格	激进	激进	保守	激进	激进	激进	保守	保守	保守	激进	激进	保守
"牛市"	2014.7	2014.8	2014.9	2014.10	2014.11	2014.12	2015.1	2015.2	2015.3	2015.4	2015.5	2015.6
高风险资产占比	34.29%	33.45%	33.99%	34.16%	34.07%	32.75%	33.85%	34.72%	34.34%	36.35%	38.26%	35.53%
综合收益率	5.08	4.95	5.38	5.30	5.30	5.09	5.55	5.28	5.21	5.13	5.03	5.08
参照点收益率	5.901	5.934	5.7795	5.232	4.9515	5.0715	4.797	4.704	5.0235	4.842	4.299	4.3125
损失厌恶得分	2	4	4	4	5	4	4	4	4	4	4	4
投资心理	赌徒谬误	后悔厌恶	过度自信	过度自信	有限性理	后悔厌恶	过度自信	赌徒谬误	赌徒谬误	后悔厌恶	赌徒谬误	禀赋效应

续表

牛市	2014.7	2014.8	2014.9	2014.10	2014.11	2014.12	2015.1	2015.2	20.15.3	2015.4	20.15.5	2015.6
投资风格	激进	激进	保守	保守	保守	激进	保守	保守	保守	激进	保守	激进
"熊市"	2015.7	2015.8	2015.9	2015.10	2015.11	2015.12	2016.1	2016.2	2016.3	2016.4	2016.5	2010.6
高风险资产占比	35.86%	35.50%	34.35%	35.53%	35.52%	33.44%	32.32%	32.79%	31.27%	32.13%	32.07%	30.97%
综合收益率	5.10	4.38	4.29	4.27	4.02	4.13	4.00	3.94	3.92	4.14	4.11	4.06
参照点收益率	4.3125	4.3515	4.377	4.0995	4.2705	3.8235	3.927	3.78	3.465	3.996	3.9075	3.849
损失厌恶得分	4	4	4	4	3	6	4	4	5	3	5	6
投资心理	有限理性	后悔厌恶	后悔厌恶	赌徒谬误	有限理性	禀赋效应	后悔厌恶	赌徒谬误	有限理性	有限理性	有限理性	后悔厌恶
投资风格	温和	激进	激进	保守	激进	保守	激进	保守	保守	激进	保守	保守
"熊市"	2016.7	2016.8	2016.9	2016.10	2016.11	2016.12	2017.1	2017.2	2017.3	2017.4	2017.5	2017.6
高风险资产占比	31.69%	31.83%	30.87%	31.59%	32.31%	30.77%	31.08%	31.11%	30.86%	0.31	0.31	0.30
综合收益率	4.11	3.97	4.10	4.00	3.85	4.15	4.30	4.23	4.32	4.33125	4.302766667	4.614575
参照点收益率	3.7095	3.651	3.615	3.552	3.7605	4.233	4.2645	4.3485	4.545	4.90	5.46	5.27
损失厌恶得分	4	4	5	4	3	4	3	4	3	4	3	5
投资心理	过度自信	赌徒谬误	有限理性	赌徒谬误	有限理性	禀赋效应	有限理性	后悔厌恶	有限理性	禀赋效应	有限理性	有限理性
投资风格	保守	保守	保守	保守	激进	激进	激进	激进	激进	激进	激进	保守

表 5－20　普通客户投资心理变化时间表

“平衡市”	2012. 7	2012. 8	2012. 9	2012. 10	2012. 11	2012. 12	2013. 1	2013. 2	2013. 3	2013. 4	2013. 5	2013. 6
高风险资产占比	21. 74%	20. 51%	19. 01%	19. 56%	19. 29%	18. 92	18. 94%	19. 47	17. 22%	18. 48%	19. 90	18. 15%
综合收益率	4. 3	4. 56	4. 27	4. 66	4. 44	2. 67	4. 38	4. 22	3. 03	3. 31	3. 30	2. 72
参照点收益率	3. 51	4. 05	4. 2	4. 395	4. 32	4. 35	4. 335	4. 125	3. 9615	4. 335	4. 365	5. 145
损失厌恶得分	—	4	4	4	5	4	4	4	6	3	3	4
投资心理	—	禀赋效应	后悔厌恶	后悔厌恶	有限理性	赌徒谬误	赌徒谬误	赌徒谬误	后悔厌恶	有限理性	有限理性	后悔厌恶
投资风格	—	激进	激进	激进	保守	保守	保守	保守	保守	激进	激进	激进
“平衡市”	2013. 7	2013. 8	2013. 9	2013. 10	2013. 11	2013. 12	2014. 1	2014. 2	2014. 3	2014. 4	2014. 5	2014. 6
高风险资产占比	17. 83%	17. 83%	18. 24%	18. 40%	18. 56%	18. 12%	18. 50%	18. 82%	17. 73%	18. 17%	20. 90%	18. 59%
综合收益率	4. 60	4. 53	4. 71	4. 92	4. 73	4. 49	5. 11	4. 67	4. 92	4. 27	4. 89	5. 15
参照点收益率	5. 25	5. 4	5. 175	5. 7	6. 18	6. 18	5. 385	4. 875	4. 305	5. 475	5. 04	5. 055
损失厌恶得分	4	4	5	3	3	5	4	4	5	3	4	5
投资心理	禀赋效应	后悔厌恶	有限理性	有限理性	有限理性	后悔厌恶	过度自信	赌徒谬误	有限理性	有限理性	过度自信	禀赋效应
投资风格	激进	激进	保守	激进	激励	温和	保守	保守	保守	激进	保守	温和
“牛市”	2014. 7	2014. 8	2014. 9	2014. 10	2014. 11	2014. 12	2015. 1	2015. 2	2015. 3	2015. 4	2015. 5	2015. 6
高风险资产占比	22. 59%	22. 46%	22. 82%	21. 11%	21. 89%	21. 01%	21. 44%	21. 59%	20. 96%	21. 46%	20. 30%	18. 54%
综合收益率	5. 48	5. 05	5. 27	5. 34	5. 26	4. 95	4. 44	5. 11	4. 08	4. 34	5. 89	5. 85
参照点收益率	5. 6445	5. 6985	5. 6505	5. 109	4. 605	4. 8945	4. 7265	4. 6155	4. 785	4. 3035	2. 94	2. 6505
损失厌恶得分	2	4	4	5	5	4	4	4	4	4	6	6
投资心理	过度自信	后悔厌恶	过度自信	有限理性	有限理性	后悔厌恶	赌徒谬误	过度自信	后悔厌恶	过度自信	禀赋效应	后悔厌恶

续表

“牛市”	2014. 7	2014. 8	2014. 9	2014. 10	2014. 11	2014. 12	2015. 1	2015. 2	2015. 3	2015. 4	2015. 5	2015. 6
投资风格	激进	激进	保守	保守	保守	激进	保守	保守	激进	保守	保守	保守
“熊市”	2015. 7	2015. 8	2015. 9	2015. 10	2015. 11	2015. 12	2016. 1	2016. 2	2016. 3	2016. 4	2016. 5	2016. 6
高风险资产占比	18. 71%	18. 19%	17. 34%	18. 42%	22. 00%	20. 69%	20. 71%	20. 67%	20. 69%	21. 03%	21. 42%	20. 82%
综合收益率	4. 86	4. 70	4. 73	4. 50	4. 40	4. 18	3. 47	4. 06	3. 68	3. 66	3. 76	3. 54
参照点收益率	3. 369	3. 4605	3. 579	3. 5685	3. 8985	3. 49935	3. 5895	3. 4185	3. 2445	3. 327	3. 507	3. 585
损失厌恶得分	3	4	4	4	2	6	3	4	4	3	3	4
投资心理	有限理性	后悔厌恶	禀赋效应	赌徒谬误	赌徒谬误	后悔厌恶	有限理性	过度自信	赌徒谬误	有限理性	有限理性	后悔厌恶
投资风格	激进	激进	激进	保守	激进	保守	激进	保守	保守	激进	激进	激进
“熊市”	2016. 7	2016. 8	2016. 9	2016. 10	2016. 11	2016. 12	2017. 1	2017. 2	2017. 3	2017. 4	2017. 5	2017. 6
高风险资产占比	21. 01%	21. 00%	20. 64%	20. 96%	21. 40%	21. 10%	19. 30%	19. 49%	19. 12%	19. 52%	19. 71%	19. 57%
综合收益率	3. 82	3. 47	3. 58	3. 47	3. 39	3. 47	3. 59	3. 98	3. 69	3. 78	3. 96	4. 14
参照点收益率	3. 36	3. 225	3. 2775	3. 285	3. 45	4. 1265	4. 155	4. 1745	4. 3275	4. 74	5. 2125	5. 1795
损失厌恶得分	4	4	4	3	2	4	4	4	3	3	2	4
投资心理	过度自信	赌徒谬误	禀赋效应	有限理性	赌徒谬误	禀赋效应	禀赋效应	赌徒谬误	有限理性	有限理性	过度自信	有限理性
投资风格	保守	保守	激进	激进	激进	激进	激进	保守	激进	激进	激进	温和

(3)基本结论

综上所述,通过下偏矩风险测度方式对商业银行零售客户的最优资产配置的二次规划法,是可以通过最小偏差的方式找到与实际相近的资产配置结构。通过对行为资产配置理论(BPT)中五种主要投资心理及投资风格的方程设置,可以推至出月度零售客户的资产配置行为特征,并在三类财富水平不同的零售客户间进行比较分析。实证分析的基本结论为:

1)对于非线性损失厌恶资产配置模型(NLA)而言,较线性损失厌恶资产配置模型(LLA)更能真实地反映损失厌恶程度中大额损失要比小额损失更让人们“费心”的特征,其实证结果较均值方差模型(MV)、均值半方差模型(M-SV)及条件在险价值模型(CVaR)更为接近实际和实务。

2)对于非线性损失厌恶资产配置模型(NLA),私人银行客户与普通客户的动态场景1~8中的各项子产品资产配置比例差异不大,但财富客户却在动态场景之间有一定的差异性。

3)从投资绩效评价指标索提诺比率、欧米伽比率和信息比率结果看,私人银行客户要高于财富客户,财富客户又高于普通客户,总体反映出:私人银行客户的投资回报与高风险资产持有比例呈正向趋势,财富客户的主动管理能力不强,普通客户的高风险资产持有比例与投资绩效略成反向关系。

4)虽然平均投资收益随财富水平提高而增加,私人银行客户大于财富客户和普通客户,但私人银行客户的投资风格却以保守型为主,反而财富客户和普通客户以激进型为主;进一步看出,所有零售客户的赌徒谬误心理均累积较多,私人银行客户的禀赋效应位居投资心理首位,财富客户和普通客户以有限理性为首,结合平均投资收益看,私人银行客户的投资情绪较为矛盾,既有可能在盈利情况下调增预期,减少高风险资产配置比例,也有可能在亏损情况下下调预期,增加高风险资产配置比例,策略会有激进和保守同时存在的可能,充满谨慎和投机,但财富客户和普通客户对投资时机的把握能力却不如私人银行客户,财富客户集中在动态场景2和动态场景 3 的投资心理，力争多配置高风险资产，普通客户集中在动态场景 6 和 7 的投资心理，力争多配置低风险资产，但三类客户的战术性资产配置水平有一定的差距。

5）从市场分段分析看，三类客户的高风险资产配置比例大小依次为“牛市”“熊市”和“平衡市”，但损失厌恶评价得分方面，只有财富客户在“熊市”增加了损失厌恶程度，私人银行客户和普通客户却减少了损失厌恶程度，其中，普通客户的减少程度相对最大；“平衡市”中，三类客户的投资风格都为激进，这是“牛市”前的情绪基础，但私人银行客户心理较为谨慎，财富客户心理较为均衡，普通客户较为后悔（上一波熊市造成的损失冲击所致）；“牛市”中，三类客户的投资风格均为保守，但私人银行投机心理较重，财富客户心理依旧均衡，普通客户却在自信和后悔间切换；“熊市”中，三类客户的投资风格出现分化，私人银行客户趋于保守，财富客户在激进和保守间转换，普通客户以激进为主，但私人银行客户却开始在自信和后悔间徘徊，财富客户和普通客户以有限理性的平衡心为主，其中，普通客户的赌徒心理相对较重。

表 5-21　三类零售客户不同市场段资产配置行为对比

市场分段	“平衡市”		
相关指标	私人银行客户	财富客户	普通客户
高风险资产持有比例	60.26%	31.44%	18.83%
损失厌恶评价得分	4.09	3.91	4.09
参照点收益率	5.48%	5.23%	4.79%
实际收益率	5.88%	4.90%	4.40%
有限性理	1	3	8
禀赋效应	8	5	3
过度自信	3	5	2
后悔厌恶	5	5	6
赌徒谬误	6	5	4
激进	10	11	11
温和	5	3	2
保守	8	9	10

续表

市场分段	"牛市"		
相关指标	私人银行客户	财富客户	普通客户
高风险资产持有比例	66.26%	34.65%	21.43%
损失厌恶评价得分	4.25	3.91	4.33
参照点收益率	5.30%	5.07%	4.64%
实际收益率	5.10%	5.20%	4.96%
有限性理	1	1	2
禀赋效应	3	1	1
过度自信	2	3	4
后悔厌恶	1	3	4
赌徒谬误	5	3	1
激进	2	5	4
温和	2	0	0
保守	8	7	8
市场分段	"熊市"		
相关指标	私人银行客户	财富客户	普通客户
高风险资产持有比例	62.67	32.40	20.15
损失厌恶评价得分	4.125	4.08	3.54
参照点收益率	4.29%	4.14%	3.77%
实际收益率	4.31%	4.19%	3.89%
有限性理	2	11	8
禀赋效应	4	3	4
过度自信	7	1	3
后悔厌恶	7	5	3
赌徒谬误	4	4	6
激进	7	12	16
温和	7	1	1
保守	10	11	7

5.4.4 结论探讨

为了进一步分析三类零售客户的投资心理，对比全样本时间内高风险

资产环比变化、损失厌恶评价得分及极值投资心理情况,可以得出:

(1)全书假设零售客户都是月度评价自己的投资并在下期作出战术性资产配置决策,损失厌恶程度基本和高风险资产配置比例调整成反向关系。

(2)高风险资产配置比例环比变动幅度上,私人银行客户在[-10%,15%],财富客户在[-5%,3%],普通客户在[-3%,4%],且私人银行客户和财富客户的波动频次较高。

(3)在极值心理数量上,私人银行客户>财富客户>普通客户,且损失厌恶评价得分最低值(不惧损失的情况)均较最高值(害怕损失的情况)多。

(4)市场分阶段看,“平衡市”中,私人银行客户投资心理的振幅宽广,财富客户和普通客户只有评价得分最低值情况,“牛市”中,三类零售客户却普遍缺少极值心理,“熊市”中,私人银行客户投资心理又开始宽幅震荡,但财富客户和普通客户的投资心理极值相反且单一。

(5)综合来看,虽然行为金融学理论强调损失厌恶是一单位损溢变化的心理差距上的不平等导致的,但也不可忽视投资者初始财富水平对其投资心理的影响,这与常相对风险厌恶理论(CRRA)①强调初始财富水平对风险厌恶程度的影响一样,因此,私人银行客户群体是绝对中上产阶层的代表,财富客户群体是一般中产阶层的代表,而普通客户群体只是大众阶层的代表,仅考虑样本层面,私人银行客户群体在财富、学历和投资经验等方面都较其他客户群体具有一定的优势,投资心智更为成熟,投资风格更为稳健,承受损失的能力也更强,但财富客户和普通客户却较在相对有限的投资资金中力图“投机”获益,但整体战术性资产配置水平不高。

---

①常相对风险厌恶(Contantly Relative Risk Aversion,CRRA)与常绝对风险厌恶(Contantly Absolute Risk Aversion,CARA)不同,认为风险厌恶并非由绝对数量的损失引起,而是相对数量,即与投资者的初始财富水平有密切关系,$CRRA = -(u''/u') * \omega$,其中,$u$为效用函数,$\omega$为初始财富水平。

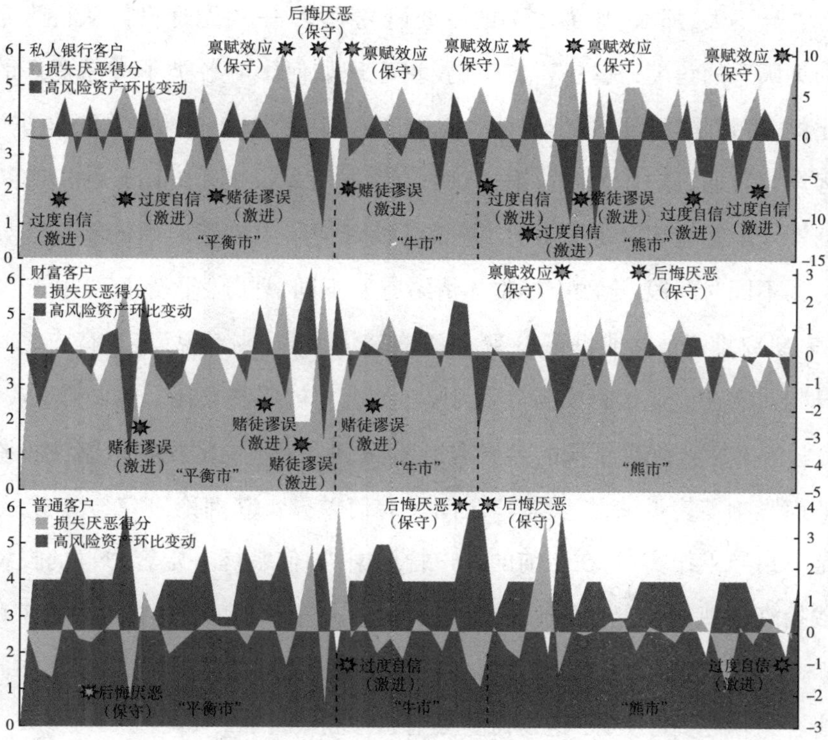

图5-27 三类零售客户不同市场段损失厌恶得分及极值投资心理对比

5.5 本章小结

本章是全书的核心实证部分，在前期理论分析及模型构建的基础上，主要从样本商业银行及零售客户基本情况出发分析了其具有行业代表性，进而引出所要研究的问题，通过损失厌恶资产配合模型及实证分析，得出基本结论。主体内容包括如下：

(1)样本银行基本情况及其代表性。本书以工商银行为样本银行，从近5年工行的资管业发展情况看，资产管理规模(AUM)年复合增长率25%，已达30091亿元，占商业银行资管业总规模的10%，行业排名第一；同时，为零售客户创造收益年复合增长率15.31%，已达1072亿元。

(2)在实践中发现的问题。①零售客户"有管户"与"无管户"在资产配置上差异不大，那么，作为本书的主要研究对象——“无管户”，从行为金融学损失厌恶的角度，其投资情绪或投资心理如何影响各类子产品资产的配置比例，特别是高风险资产与低风险资产之间的配比？②私人银行客户、财富客户与普通客户作为商业银行以财富水平为基准的 CRM 分类的对象，三者的资产配置有明显的差异性，是否是投资情绪或投资心理的差异性导致的？③不同时间段，金融市场整体情绪有所不同，划分“平衡市”“牛市”“熊市”来研究投资情绪或投资心理，是否有较大差异，或者说，三类客户之间有何异同？④在商业银行实务实践中，三类客户的零售贡献（或非利息收入，NII）随着其资产配置结构的差异有所不同，那么，不同的投资情绪或投资心理如何影响零售贡献，三类客户之间又有何差异？⑤理论研究与分析，最终还是应指导工作实践，在当前的客户管理中，如何掌握一定客户群的投资情绪或投资心理是极有必要的，特别是中国资产管理业迎来具有挑战的3.0时代，未来不久还要面临4.0时代，在银行理财产品净值化的要求下，该如何与零售客户构建商业关系，这是需要提前思考和践行的。

（3）通过损失厌恶资产配置模型进行实证分析。以长期自主购买工银理财1号产品的零售客户为研究对象，以日均金融资产高低划分私人银行客户、财富客户和普通客户，以 2012 年 7 月至 2017 年 6 月的月度数据为研究基础，通过工商银行 CS2002 数据系统、Wind 资讯数据等官方渠道获取原始数据，并依据模型构建及运算需要对数据进行处理，分析的逻辑主要有五步：参数设定、构建模型、模型运用、分析结果和结论探讨。

（4）初步得出的结论。①非线性损失厌恶资产配置模型（NLA）更能真实反映损失厌恶程度中大额损失要比小额损失更让人们“费心”的特征；②私人银行客户与普通客户的动态场景1～8中的各项子产品资产配置比例差异不大，但财富客户却在动态场景之间有一定的差异性；③投资绩效评价指标结果总体反映出：私人银行客户的投资回报与高风险资产持有比例呈正向趋势，财富客户的主动管理能力不强，普通客户的高风险资产持有比例与投资绩效略成反向关系；④虽然平均投资收益随财富水平提高而增加，私人银行客户大于财富客户和普通客户，但私人银行客户的投资风格却以保守型为主，反而财富客户和普通客户以激进型为主；⑤从市场分段分析看，三类客户的高风险资产配置比例大小依次为“牛市”“熊市”和“平衡市”，但损失厌恶评价得分方面，只有财富客户在“熊市”增加了损失厌恶程度，私人银行客户和普通客户却减少了损失厌恶程度。

(5)进一步分析得出的结论。①损失厌恶程度基本和高风险资产配置比例调整成反向关系；②高风险资产配置比例环比变动幅度上，私人银行客户在[-10%,15%]，财富客户在[-5%,3%]，普通客户在[-3%,4%]，且私人银行客户和财富客户的波动频次较高；③在极值心理数量上，私人银行客户>财富客户>普通客户，且损失厌恶评价得分最低值(不惧损失的情况)均较最高值(害怕损失的情况)多；④市场分阶段看，“平衡市”中，私人银行客户投资心理的振幅宽旷，财富客户和普通客户只有评价得分最低值情况，“牛市”中，三类零售客户却普遍缺少极值心理，“熊市”中，私人银行客户投资心理又开始宽幅震荡，但财富客户和普通客户的投资心理极值相反且单一；⑤投资者初始财富水平对其投资心理的影响，仅考虑样本层面，私人银行客户群体在财富、学历和投资经验等方面都较其他客户群体具有一定的优势，投资心智更为成熟，投资风格更为稳健，承受损失的能力也更强，但财富客户和普通客户却较在相对有限的投资资金中力图“投机”获益，但整体战术性资产配置水平不高。

6 零售客户资产配置行为对商业银行非利息收入影响的实证研究

6.1 商业银行非利息收入的界定、现状和影响

6.1.1 非利息收入的界定

当前,利率市场化的步伐不断加快,未来,随着中国资管行业的规范发展,商业银行依托息差实现盈利增长的模式日渐变革,有别于传统信贷业务的中间业务,为商业银行开辟了新的收入来源——非利息收入(Non - interest income,NII)。在各大国际银行的年报中,NII 是商业银行从信贷及投行以外的业务赚取的收入。

欧洲银行业关于 NII 的分类主要包括:①由支付交易、证券交易、外汇交易手续费、证券托管及管理佣金以及担保佣金等共同构成的手续费佣金收入;②由买卖金融工具业务的净损益、不作为金融资产持有的证券交易净损益以及交易活动的净损益构成的财务经营净损益;③由股票、证券及其他参与利息构成的证券收入;④为在上述分类列出的其他经营收入。根据美国联邦存款保险公司(Federal Deposit Insurance Corporation,FDIC)监管的要求,银行业关于 NII 的分类主要包括:①托管业务收入;②存款账户服务收入;③交易账户(金融工具及利率、汇率、证券等表外交易)净损益;④由投行、咨询、经纪、担保服务带来的收入;⑤证券化资产收入;⑥保险营销所得业务收入;⑦其他以外的收入。

就非利息收入与中间业务收入、表外业务收入的关系而言，中间业务收入即广义的表外业务收入，应是金融服务业务收入与狭义的表外业务收入之和，大于狭义的表外业务收入，其手续费佣金包括了金融服务类业务和狭义的表外业务收入，而非利息收入则还包括了汇兑损益、投资收益、公允价值变动收益和其他收入（见图6－1）。

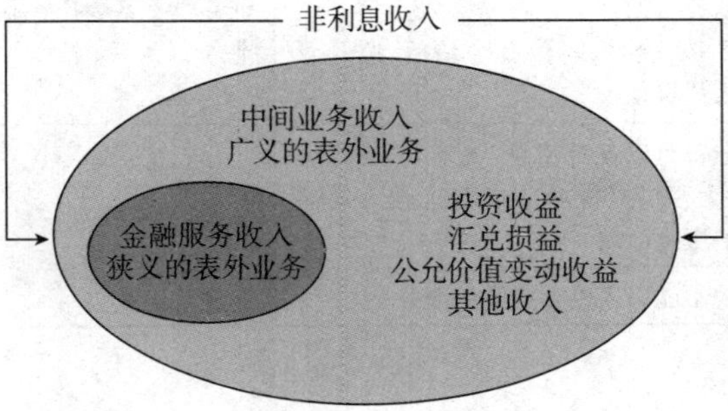

图6－1　非利息收入构成

按照中国人民银行颁布的《商业银行中间业务暂行规定》（2001），中间业务被定义为“不构成商业银行表内资产、表内负债，形成银行非利息收入的业务”。中国商业银行中间业务的分类主要包括9个类别（见表6－1）。

表6－1　中国商业银行零售条线中间业务分类

业务分类	定义	主要业务示例
支付结算类	商业银行为客户办理因债权债务关系引起的与货币支付、资金划拨有关的收费业务	银行汇票、商业汇票、银行本票、支票
银行卡类	商业银行向社会发行的具有消费信用、转账结算、存取现金等功能的信用支付工具	借记卡、贷记卡、人民币卡、外币卡
代理类	商业银行接受客户委托、代为办理客户指定的经济事务、提供金融服务并收取一定费用的业务	代收代付业务、代理证券业务、代理保险业务
担保类	商业银行为客户债务清偿能力提供担保，承担客户违约风险的业务	银行承兑汇票、备用信用证、各类保函等
承诺类	商业银行在未来某一日期按照事前约定的条件向客户提供约定信用的业务	主要指贷款承诺，分为可撤销承诺和不可撤销承诺

续表

业务分类	定义	主要业务示例
交易类	商业银行为满足客户保值或自身风险管理等方面的需要，利用各种金融工具进行的资金交易活动	远期合约、金融期货、互换、期权
基金托管类	商业银行接受及基金管理公司委托，安全保管所托管的基金的全部资产，为所托管的基金办理基金资金清算款项划拨、会计核算、基金估值、监管管理人投资动作	封闭式证券投资基金托管业务、开放式证券投资基金托管业务、其他基金托管业务
咨询顾问类	商业银行以自身信息、人才、信誉等优势，为客户提供业务经营管理发展需要的服务活动	企业信息咨询业务、资产管理顾问业务、财务顾问业务
其他类	其他不能归入以上八类的业务	保管箱业务

6.1.2 非利息收入的现状

2015 年，央行连续 5 次降准降息，进一步缩小了商业银行传统依靠息差赚取利润的经营模式，随着 2018 年党的十九大召开，金融开放程度的越发加大，外资营业机构总数早已破千家，加之民营银行及金融机构的快速增长，发展非利息收入就成为当前商业银行转型发展的必经之路。马孝先(2017)在对中美商业银行 NII 及其对经营绩效影响的比较研究中，以 Bank Scope 数据库作为数据源，对比得出：中美商业银行 NII 结构差异巨大，美国的银行剩余 NII 占 NII 中的比例达到 79%，而此项中国的银行则低于 10%，除此之外，净费用及佣金收入占比只有 10%，而此项中国的银行在 80% 以上，这是二者在经营模式和服务深度上差异较大所致①。

表 6－2　美国各大商业银行非利息收入占营业收入比例

银行名称	年份									
	2007	2008	2009	2010	2011	2012	2013	2014	2015	2016
摩根银行	0.597	0.613	0.557	0.511	0.492	0.518	0.512	0.518	0.538	0.527

①马孝先. 中美商业银行非利息收入及其对经营绩效影响的比较研究[J]. 山东财经大学学报，2017(3)：12－29.

续表

银行名称	年份									
	2007	2008	2009	2010	2011	2012	2013	2014	2015	2016
美国银行	0.438	0.447	0.411	0.391	0.508	0.445	0.474	0.508	0.489	0.422
富国银行	0.439	0.429	0.475	0.437	0.483	0.412	0.400	0.430	0.417	0.400
花旗银行	0.502	0.415	0.272	0.100	0.260	0.362	0.259	0.277	0.298	0.286
PNC 银行	0.438	0.452	0.430	0.316	0.358	0.332	0.342	0.325	0.378	0.395
纽约梅隆	0.690	0.751	0.733	0.701	0.208	0.703	0.718	0.715	0.727	0.716
TD 银行	0.237	0.250	0.259	0.284	0.249	0.232	0.227	0.211	0.241	0.222
汇丰银行	0.347	0.404	0.313	-0.210	0.341	0.378	0.440	0.439	0.455	0.414
五三银行	0.578	0.598	0.623	0.618	0.554	0.406	0.382	0.413	0.436	0.373
大通银行	0.622	0.688	0.578	0.562	0.326	0.192	0.249	0.246	0.276	0.237
摩根斯坦利	0.397	0.297	—	—	0.942	0.741	0.698	0.825	0.623	0.543
桑坦德	0.278	0.120	0.200	0.021	0.160	0.304	0.260	0.277	0.277	0.374
运通银行	0.398	0.738	0.748	0.560	0.566	0.661	0.629	0.779	0.773	0.772
硅谷银行	0.218	0.220	0.241	0.270	0.217	0.258	0.241	0.219	0.208	0.202
平均	0.441	0.459	0.451	0.351	0.405	0.425	0.417	0.442	0.438	0.423

表 6-3 中国各大商业银行非利息收入占营业收入比例

银行名称	年份									
	2007	2008	2009	2010	2011	2012	2013	2014	2015	2016
工商银行	0.102	0.100	0.121	0.147	0.202	0.194	0.227	0.209	0.233	0.223
建设银行	0.090	0.069	0.124	0.165	0.212	0.226	0.236	0.236	0.237	0.236
农业银行	0.441	—	0.121	0.082	0.183	0.171	0.191	0.195	0.191	0.173
中国银行	0.813	0.128	0.169	0.257	0.289	0.273	0.287	0.279	0.283	0.276
交通银行	0.111	0.098	0.162	0.172	0.215	0.223	0.238	0.226	0.253	0.304
招商银行	0.134	0135	0.174	0.155	0.216	0.201	0.208	0.221	0.255	0.325
兴业银行	—	—	0.090	0.119	0.141	0.119	0.148	0.176	0.214	0.235
浦发银行	—	—	0.066	0.086	0.088	0.092	0.096	0.118	0.147	0.205
中信银行	0.072	0.081	0.064	0.110	0.122	0.146	0.155	0.159	0.182	0.241
民生银行	—	—	0.108	0.132	0.132	0.161	0.211	0.249	0.285	0.318
华夏银行	0.267	0.267	0.211	0.234	0.077	0.070	0.097	0.111	0.140	0.157
广发银行	0.062	0.133	0.084	0.113	0.133	0.118	0.158	0.209	0.245	0.345
北京银行	—	—	0.058	0.099	0.079	0.074	0.094	0.115	0.143	0.152

续表

银行名称	年份									
	2007	2008	2009	2010	2011	2012	2013	2014	2015	2016
南京银行	—	—	0.016	0.195	0.127	0.129	0.127	0.156	0.132	0.160
平均	0.232	0.126	0.112	0.148	0.158	0.157	0.177	0.190	0.210	0.239

王小强(2017)在对中国16家上市银行(工行、建行、农行、中行、交行、招商、浦发、中信、华夏、民生、光大、平安、兴业、北京银行、南京银行、宁波银行)的年报财务数据分析得出:非利息收入总量从2007年的1478.54亿元增长到2016年的10728.22亿元,非利息收入占营业收入之比从12.7%增长到29.26%,虽然增量和增速都较快,但与国外老牌商业银行相比,样本银行的非利息收入占比依旧很低。

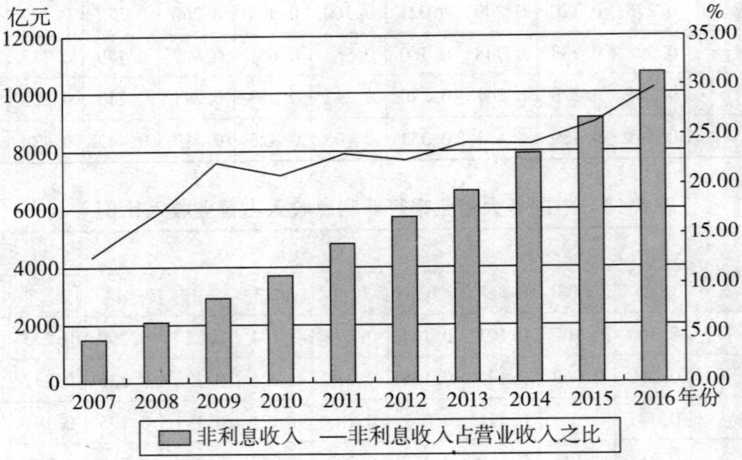

图6-2 中国上市商业银行非利息收入规模及占比(2007—2016年)

近年来,国内商业银行非利息收入发展呈现出以下特点(魏鹏,2012;周正清,2017):①与商业银行资产规模呈比例持续上升,2015年达到峰值0.77%;②占营业收入比重平稳提升,平均每年增长1个百分点,如今达到26%,其中,股份制银行发展迅速,银行业非利息收入占比增长3倍;③手续费及佣金收入占比基本保持在80%左右,在金融危机投资收益大幅缩水时,数值能够达到100%。同时存在以下问题(陈芙,2015;雷洪光,2017):①现有商业银行的中收业务分为9大类260多个品种，虽然涉及领域广泛，子品种达到2万多种，但银行间同业差距较小，随零售客户市场需求的创新速度较慢，仅停留在结算、代收代付上；②“息转费”现象仍然很严重，这是信贷约束体系下的“变相”收费，非利息收入反映出银行中收贡献能力不真实。③部分非利息收入所对应的潜在风险较大，银行承压风险敞口，特别是期货、衍生品等。

6.1.3　非利息收入的影响

关于非利息收入对商业银行的影响，学术界观点不一。魏鹏（2012）认为商业银行的非利息收入具有抗周期性强、资本金占用小、风险程度低的优势；Gallo，Apilado 和 Kolari 等（1996）认为银行参与的共同基金可以降低银行的系统性风险并提高收益率；薛鸿健（2006）、赫国胜（2006）、李海辉（2012）、韩静（2013）等持有相似观点。但随着商业银行开展中间业务的增多，非利息收入规模性扩张，逐渐渗透到证券、保险、投资等诸多领域后，非利息收入却对银行产生了一定的波动性，因此，也有学者开始怀疑其对银行传统利息收入不相关的说法（Boyd & Graham，1996）。Wall（1987）通过数据显示银行多元化经营与风险之间存在正相关；Fraserd（2002），Stiroh（2006）、黄隽和章艳红（2010）等也持有此观点；Acharya，Hassan 和 Saunders（2006）认为意大利商业银行存在规模不经济；李泉和延莉莉（2014）认为非利息收入占比过高反而会抑制商业银行经营收益的增长。当然，也有 Keenon（1991）、刘燕和王雅芳（2013）等学者持有中性观点。如表6.4所示，当前和未来的私人银行、资产管理业务、顾问（咨询）活动等都处在规模、盈利性和风险的相对靠前位置。

表6－4　依据规模、盈利性和风险状况对非利息收入活动的分类（程度1～5，由低到高）

非利息收入种类	当前状况			未来前景		
	规模	盈利性	风险	规模	盈利性	风险
手续费类承销活动	3.30	2.90	2.90	3.50	3.50	3.20

续表

非利息收入种类	当前状况			未来前景		
	规模	盈利性	风险	规模	盈利性	风险
证券化	4. 80	4. 30	4. 20	4. 20	3. 80	4. 60
顾问(咨询)活动	4. 00	3. 20	4. 30	2. 80	2. 80	3. 80
资产管理分为:财务管理	3. 30	3. 40	2. 90	3. 30	3. 30	3. 20
	2. 90	2. 70	4. 10	2. 30	2. 50	4. 20
私人银行	4. 60	4. 70	4. 0	3. 50	4. 20	4. 70
房地产和住宅交易	4. 60	4. 70	4. 70	3. 50	4. 20	4. 70
代理银行业务	3. 30	3. 60	4. 10	4. 00	4. 20	4. 50
信用卡	2. 70	2. 90	3. 40	2. 30	2. 40	3. 10
提供担保	2. 60	2. 60	2. 20	2. 70	2. 80	2. 10
代表其他贷款人进行贷款管理	4. 00	3. 80	4. 40	3. 60	3. 60	4. 40
代表第三方的证券交易	2. 50	2. 10	4. 10	2. 60	2. 80	4. 30
支付交易	2. 00	2. 30	3. 30	2. 60	2. 90	3. 60
账户管理	2. 90	3. 40	4. 60	3. 00	3. 50	4. 80
证券托管与管理	3. 00	3. 00	4. 60	3. 70	3. 50	4. 70
外汇交易代表第三方	3. 00	2. 70	4. 00	3. 70	3. 70	4. 10
进行硬币和贵金属买卖	5. 00	4. 80	4. 80	4. 80	3. 80	4. 50
保险经纪服务	3. 40	3. 40	4. 30	2. 70	2. 70	4. 20
储蓄和贷款经纪服务	3. 40	3. 60	4. 40	3. 50	4. 00	4. 00
衍生品交易活动	3. 50	3. 50	2. 43	2. 70	3. 00	2. 50
资本增益						
证券财产交易	2. 60	2. 20	1. 60	2. 50	2. 70	1. 90
外汇财产交易	2. 70	2. 60	1. 60	3. 10	3. 10	1. 80
衍生品财产交易	3. 30	3. 00	1. 30	3. 10	3. 00	1. 30
证券收入						
股票和其他可变收益证券收入	3. 60	3. 60	1. 80	3. 60	2. 90	1. 90
参与利息以及分支活动股份收入	2. 90	2. 80	2. 20	2. 90	2. 80	2. 40

6.2 问题的引出

6.2.1 影响非利息收入的主要因素

非利息收入主要构成有:手续费或佣金收入、投资收益、公允价值变动收益、汇兑收益和其他收入。陈芙(2015)在对16家商业银行的数据剖析后得出,非利息收入占比平均为14.46%,最高的是中国银行的24.51%,主要受到两方面因素的影响:一是自身的经营策略;二是宏观环境变迁[①]。其中,手续费佣金收入的贡献最高,零售客户在商业银行进行资产配置时,通过买卖银行产品为商业银行贡献手续费佣金收入,主要受到金融市场环境变化和交易频次的影响。笔者(2016)在对银行客户分层分析后得出:普通客户虽然属于储蓄类客户,但其每万元资产零售贡献(RCAPM)却高于财富客户,其信用卡及贷款贡献占比高于财富客户及私银客户;财富客户虽然资产量不低,但其资产配置却在国债和保险方面较普通客户和私银客户高,而这些资产都是中长期类,对零售贡献只能在一次而非长期内返还,因此,财富客户的资产容易成为"睡眠资产";私银客户的零售贡献最高,多在于私银客户在投资方面更愿意"冒险",资金的配置频率高和标的风险性大,特别是在银行渠道代理类产品的配置方面给予零售银行的贡献较大。

6.2.2 零售客户资产配置的相关研究

关于零售客户资产配置与非利息收入二者关系研究的文献非常少,相关研究大体有四类:一是从宏观层面的金融市场对银行产品资产投向标的的配置角度研究,王光宇(2016)对银行理财业务资产配置的状况分析中,提出资产配置分为战略性和策略性,并认为策略性资产配置需要银行根据自身对宏观经济和金融市场的理解,对投资组合进行管理,实施再平衡操作,

---

①陈芙. 中国商业银行非利息收入业务影响研究——基于上市商业银行的数据[D]. 沈阳:辽宁大学,2015.

商业银行的大类资产配置应该具有市场逻辑,应该长远布局和积极创新,加速转型。二是从微观层面的家庭单位研究国内个人资产配置,陈蕾(2015)认为中国还将继续处于存贷利率控制的金融环境,低利率和高通胀使家庭财富配置由储蓄转理财,但也通过设定目标效用函数最优化得出,家庭会不自觉减少风险资产的持有;杜春越、韩立岩(2013)根据2009年奥尔多家庭资产负债调查结果看,家庭金融资产结构中银行存款占78.08%、债券占1.58%、股票占12.07%、外汇占0.43%、基金占7.77%、期货占0.06%等①。中国居民投资的特点主要有:一是储蓄率高,高风险资产持有比例低,交易不活跃(魏先华、张越艳、吴卫星、肖帅,2014);二是财富水平高的家庭,资产多元化配置程度高,且高风险资产如股票等持有规模较大,财富效应显著(陈彦斌,2008;陈斌开、李涛,2011);三是金融资产配置以银行理财、储蓄存款、国债为主,保险、基金、黄金次之,股票占比还是较低(史代敏、宋艳,2005);

综上所述,目前学术界和实业界的主流文献,从宏观上看,主要基于金融市场环境变化对商业银行大类资产配置结构影响做研究,提出应对性的决策思路和建议;从微观上讲,是基于家庭问卷调查形式获得金融和非金融资产配置结构及趋势,提出影响家庭资产配置的主要因素,如人口数量、收入、教育程度、风险偏好等,其中,对银行客户的资产配置尚可纳入此类研究。然而,其一,较少文献能从银行客户的真实金融行为结果来分析资产配置与非利息收入之间的变动关系,也少有关于资产配置结构对银行主体贡献结果的研究;其二,少有出自客户真实资产配置及各类资产贡献的数据分析,大多基于问卷调查,数据的可信度不高;其三,对于按照财富水平划分零售客户层次,也较少有依据明确的银行资产标准,且更少有针对不同财富水平的客户来分析资产配置与非利息收入的关系。

6.2.3 零售客户资产配置行为影响非利息收入

零售客户在投资上受到认知偏差的影响,会在狭窄框定的行为模型下

①杜春越,韩立岩. 家庭资产配置的国际比较研究[J]. 国际金融研究,2013(6):44-55.

作出投资决策,进而在不同的资产品种间改变配置比例,以求达到效用的最大化。从影响上看,零售客户的投资心理和投资风格决定构成资产配置行为,但变动的资产配置结构却为商业银行创造了零售贡献(RCAMP),即非利息收入(NII)。

具体来看,首先,零售客户设置了心理账户,没有对设计整个投资组合的风险和回报关系采取全盘合计的考虑,而是把它们在资产管理中的担忧和决策划分到了几个单独的、不同的部分,而这些部分之间或者与整个投资组合之间存在矛盾;零售客户会对各个单独的资产组别采取更为激进或更为保守的投资策略,如退休账户、教育储备账户,或者用于购买房子或创业的账户。其次,在见解上,零售客户会设锚定参照点,有许多零售客户过分地关注一个特定的价格或价格范围,并将其作为买卖决定的目标或参照,由此而出现类似过度自信的心理特征,表现为倾向于过高评价自己的智慧、推测准确性和概率、未来结果的可能价值以及他们的金融决策的可靠性和价值;还会存在禀赋效应,零售客户将一项资产的初始买入价格作为所谓的"参照点",在盈利的水平上,如果资产价格出现了下跌,但仍远高于初始买入价格,那么客户便不会太过重视,但如果价格的下跌接近了初始买入价格,或者已经跌到了该价格之下,那么客户便会较为警觉,换句话说,如果零售客户可以告诉自己和别人,他们的投资仍有盈利,那么他们便容易接受损失,因为这样的损失实际上是从之前的获利中拿出一部分,与最初的成本相比,客户仍然是有利润的。最后,在商业银行创收上,存量的金融资产托管于商业银行代为投资,带来了一定的托管费,变动的金融资产价格在为零售客户创造收益的同时,也为商业银行创造了非利息收入(NII),因此,零售客户的资产配置行为会间接影响非利息收入(NII)。

6.3 模型构建

6.3.1 基本模型

在上一章中,从行为金融学损失厌恶的角度,构建了非线性损失厌恶资产配置模型(NLA),研究了零售客户对工银理财1号中7项子产品的最优配置比例与实际配合比例的匹配关系,并将禀赋效应、过度自信、后悔厌恶、赌徒谬误或有限理性的投资心理与激进、温和或保守的投资风格组成了1种静态场景和8种动态场景,最终得出零售客户资产配置行为动态影响高风险资产配置比例的结论。在零售客户进行小类资产配置时,商业银行在金融市场中进行着大类资产配置,并依托零售客户的小类资产配置的买卖规模和存量规模等收取手续费、管理费和超额业绩回报提成等非利息收入(NII),为了进一步研究非利息收入与其资产配置行为的动态关系,特对零售客户其投资账户的非利息收入(也称为零售贡献)与投资心理、投资风格(虚拟变量)及交易规模和存量规模构建线性回归模型:

$$\mathrm{NII}_t = \alpha_0 + \alpha_1 D_{1t} + \alpha_2 D_{2t} + \alpha_3 D_{3t} + \alpha_4 D_{4t} + \alpha_5 D_{5t} + \beta_1 \mathrm{SA}_t + \beta_2 \mathrm{RA}_t + u_t \tag{6-1}$$

其中,NII_t 为被解释变量,是商业银行某一时间段的非利息收入,D_{1t},D_{2t},D_{3t},D_{4t},D_{5t} 为虚拟变量,为避免“虚拟变量陷阱”,未将有限理性设置为虚拟变量,SA_t 为零售客户高风险资产交易规模,RA_t 为高风险资产持有规模,u_t 为模型的随机扰动项。各虚拟变量设置为

$$D_{1t} = \begin{cases} 1, & t\ \text{为投资心理是禀赋效应时} \\ 0, & t\ \text{为投资心理是非禀赋效应时} \end{cases} \tag{6-2}$$

$$D_{2t} = \begin{cases} 1, & t\ \text{为投资心理是过度自信时} \\ 0, & t\ \text{为投资心理是非过度自信时} \end{cases} \tag{6-3}$$

$$D_{3t} = \begin{cases} 1, & t\ \text{为投资心理是后悔厌恶时} \\ 0, & t\ \text{为投资心理是非后悔厌恶时} \end{cases} \tag{6-4}$$

$$D_{4t} = \begin{cases} 1, & t\ \text{为投资心理是赌徒谬误时} \\ 0, & t\ \text{为投资心理是非赌徒谬误时} \end{cases} \tag{6-5}$$

$$D_{5t} = \begin{cases} 1, & t\ \text{为投资风格是激进时} \\ 0, & t\ \text{为投资风格是温和或保守时} \end{cases} \tag{6-6}$$

为了对私人银行客户、财富客户和普通客户进行分类研究,三者的非利

息收入、高风险资产交易规模和高风险资产持有规模分别设置为 NII_t^s，SA_t^s，RA_t^s，NII_t^c，SA_t^c，RA_t^c，NII_t^p，SA_t^p，RA_t^p，并依次进行模型回归，旨在找到影响非利息收入的主要投资心理和投资风格，及其影响程度。

6.3.2　模型的基本假设

构建 NII_t 模型的重点是解释而非预测，因此，模型的基本假设为：零售客户在某一时期 t 的资产配置决策是参考了上一时期 $t-1$ 获益或损失后，调整了参照点收益率和损失厌恶系数，并在五种投资心理和三种投资风格下作出高风险资产和低风险资产的配置调整，一方面，资产的调整其主要由高风险资产变动引起，为商业银行创造了非利息收入（NII_t），因此，此章只将高风险资产交易额设为解释变量；另一方面，持有商业银行的金融产品，或者说高风险资产、低风险资产，商业银行为其代理投资，这也为商业银行创造了非利息收入（NII_t），当然，在零售客户的投资账户中为商业银行创造的 NII_t，其数值来源并非只有上述因素，还包括储蓄存款贡献、超额投资收益返还、产品分红、积分折现等，这些都是非常规因素，为简化处理，仅考虑模型中的解释变量，并通过回归模型解释 NII_t 的动态变化。除此之外，假定三类零售客户的模型形态一致。

表 6－5　工银理财 1 号各子产品非利息收入价格

	存款指数产品（D－Index）	国债指数产品（N－Index）	保险指数产品（I－Index）	现财指数产品（F－Index）	基金指数产品（O－Index）	黄金指数产品（G－Index）	股票指数产品（S－Index）
费率	0.01%～0.04%	0.01%～0.02%	0.3%～1%	0.02%～0.07%	0.1%～0.7%	1%～3%	0.25%～0.5%
收取方式	买入时	买入时	买入时	买入时	买入时/卖出时	买入时/卖出时	买入时/卖出时
是否有管理费	根据规模和贡献不同而定，每年商业银行还要作出调整						

6.3.3　数据来源及处理

本章还是以工商银行为样本银行，以长期自主购买工银理财 1 号产品的零售客户为研究对象，以日均金融资产高低划分私人银行客户、财富客户和普通客户，以 2012 年 7 月至 2017 年 6 月的月度数据为研究基础，通过工商银行 CS 2002 数据系统获取原始数据，并依据模型构建及运算需要对数据进行处理。

（1）非利息收入（NII_t）

由于 NII_t 数值较大，为了简化数据，则对 NII_t 用每万元金融资产的非利息收入代表，这是结合实践而得，是商业银行真实考量零售客户 NII 贡献的数值①。可以看出，就平均值而言，私人银行客户的 NII_t^s 最高，但普通客户的 NII_t^p 却高于财富客户的 NII_t^c，商业银行积极推进私人银行高端业务是有其必然性的，同时，并非财富水平越高金融资产"越值钱"。

表 6－6　描述统计量：零售客户非利息收入

	私人银行客户	财富客户	普通客户
平均值	44.0865	24.5085	30.46083
中位值	43.63	24.205	30.725
最大值	79.95	31.53	39.11
最小值	21.17	18.39	21.43
标准差	12.65608	3.419442	3.326442
观测娄	60	60	60

（2）高风险资产交易规模（SA_t）

可以看出，财富客户 SA_t^c 大于其他客户，月度平均为 19 亿元。私人银行客户和财富客户的交易额 SA_t 波动较大，普通客户 SA_t 波动较小，显示出零售客户之间的活跃度有较大差距，这是分类研究零售客户投资心理的数据基础。

表 6－7　描述统计量：高风险资产交易规模

	私人银行客户	财富客户	普通客户
平均值	181567.1	191662	159344
中位值	135228	137929.3	56205.55

①咬亮．基于客户分层视角的零售银行资产配置与零售贡献研究［J］．西南金融，2016（11）：30－37.

续表

	私人银行客户	财富客户	普通客户
最大值	734542.4	958009.8	1951796
最小值	4236.562	13.3148	3157.477
标准差	154370.1	171818.3	306666.1
观测数	59	59	59

(3)高风险资产持有规模(RA_t)

可以看出，财富客户的 RA_t 规模最大，平均值达到505亿元，但就单个零售客户而言，私人银行客户平均持有989万元高风险资产，财富客户平均持有61万元高风险资产，普通客户平均持有7万元高风险资产，三类零售客户的个体差距还是较大。

表6-8 描述统计量：高风险资产持有规模

	私人银行客户	财富客户	普通客户
平均值	2408871	5050041	3197848
中位值	2453052	5266825	3579582
最大值	4078639	7109656	4762479
最小值	858812.6	3588602	1709967
标准差	959134.4	851910.8	1033436
观测数	60	60	60

(4)投资心理和投资风格

设定零售客户的投资心理和投资风格在线性回归模型中为虚拟变量。投资心理包括禀赋效应、过度自信、后悔厌恶、赌徒谬误，投资风格为激进，"是"用"1"代表，其他用"0"代表。

表 6 - 9　零售客户回归模型基本数据

"平衡市"	私人银行客户					财富客户					普通客户				
时间	NIIs	$D_1/D_2/D_3/D_4$	D_5	SA_S	CA_s	NIIc	$D_1/D_2/D_3/D_4$	D_5	SA_c	CA_c	NIIp	$D_1/D_2/D_3/D_4$	D_5	SA_p	CA_p
2012. 7	28. 24	—	—		858813	31. 53	—	—	—	3796692	31. 88	—	—	—	3751207
2012. 8	38. 03	禀赋效应	激进	103847	962660	26. 77	禀赋效应	温和	208090	3588602	32. 31	禀赋效应	激进	158686	3592521
2012. 9	32. 39	禀赋效应	激进	65327	897333	27. 26	赌徒谬误	保守	61488	3650090	31. 88	后悔厌恶	激进	131621	3724141
2012. 10	26. 85	过度自信	激进	254255	1151588	25. 08	后悔厌恶	激进	234712	3884802	30. 75	后悔厌恶	激进	181566	3905707
2012. 11	37. 74	后悔厌恶	激进	98630	1052958	25. 00	有限理性	温和	13	3884789	29. 52	有限理性	保守	45260	3950967
2012. 12	43. 17	赌徒谬误	保守	166080	1219038	30. 96	过度自信	保守	6316	3891105	34. 26	赌徒谬误	保守	33313	3984280
2013. 1	27. 87	禀赋效应	激进	4237	1223274	22. 98	过度自信	温和	132516	4023621	29. 34	赌徒谬误	保守	31222	4015502
2013. 2	34. 85	赌徒谬误	保守	168359	1391633	21. 02	赌徒谬误	保守	206286	4229907	25. 94	赌徒谬误	保守	162921	4178424
2013. 3	49. 44	后悔厌恶	温和	135010	1256624	27. 24	后悔厌恶	保守	455286	3774621	30. 71	后悔厌恶	保守	496456	3681968
2013. 4	79. 95	过度自信	保守	70252	1326875	26. 86	赌徒谬误	激进	55020	3829641	31. 78	有限理性	激进	48351	3633617
2013. 5	50. 96	后悔厌恶	温和	6076	1332951	24. 30	后悔厌恶	激进	247926	4077568	28. 98	有限理性	激进	443367	4076983
2013. 6	70. 96	禀赋效应	激进	191543	1141408	28. 75	禀赋效应	激进	161818	3915750	31. 84	后悔厌恶	激进	107421	3969562
2013. 7	57. 60	过度自信	激进	130851	1272259	24. 70	禀赋效应	激进	32729	3883021	31. 38	禀赋效应	激进	7621	3961940
2013. 8	66. 49	赌徒谬误	温和	182855	1455113	31. 35	有阴理性	激进	171508	4054528	32. 67	后悔厌恶	激进	34717	3996657
2013. 9	71. 19	禀赋效应	温和	70632	1384481	27. 05	过度自信	保守	137929	4192458	32. 50	有限理性	保守	96294	4092951
2013. 10	31. 25	后悔厌恶	激进	38307	1422788	24. 11	禀赋效应	激进	97845	4290303	29. 79	有限理性	激进	24149	4117100
2013. 11	52. 04	赌徒谬误	激进	231548	1654336	26. 73	有限理性	激进	9337	4399639	31. 70	有限理性	激进	25387	4091713

续表

“平衡市”	私人银行客户					财富客户					普通客户				
时间	NIIs	$D_1/D_2/D_3/D_4$	D_5	SA_S	CA_s	NIIc	$D_1/D_2/D_3/D_4$	D_5	SA_c	CA_c	NIIp	$D_1/D_2/D_3/D_4$	D_5	SA_p	CA_p
2013. 12	59. 25	禀赋效应	激进	57062	1711387	31. 40	禀赋效应	激进	76001	4223638	35. 47	后悔厌恶	温和	67515	4159228
2014. 1	55. 14	赌徒谬误	保守	166066	1877454	27. 81	过度自信	保守	434975	4658613	33. 45	过度自信	保守	204885	4364113
2014. 2	38. 12	禀赋效应	温和	54442	1823011	25. 99	过度自信	保守	90662	4749275	32. 06	赌徒谬误	保守	82695	4446808
2014. 3	33. 12	禀赋效应	保守	214266	1608745	28. 80	后悔厌恶	保守	239482	4509794	34. 69	有限理性	保过	243670	4203138
2014. 4	47. 40	赌徒谬误	保守	266949	1875694	27. 46	赌徒谬误	激进	224412	4734206	34. 90	有限理性	激进	210058	3993080
2014. 5	52. 39	有限理性	保守	13228	1740466	27. 38	赌徒谬误	激进	127369	4861575	35. 76	过度自信	保守	51454	3941627
2014. 6	56. 48	后悔厌恶	保守	78887	1661579	22. 09	后悔厌恶	保守	135873	4725702	31. 04	禀赋效应	温和	137933	4079559
“牛市”	私人银行客户					财富客户					普通客户				
时间	NIIs	$D_1/D_2/D_3/D_4$	D_5	SA_S	CA_s	NIIc	$D_1/D_2/D_3/D_4$	D_5	SA_c	CA_c	NIIp	$D_1/D_2/D_3/D_4$	D_5	SA_p	CA_p
2014. 7	61. 29	赌徒谬误	激进	393479	2055058	28. 35	赌徒谬误	激进	389097	5114800	33. 46	过度自信	激进	512915	3566644
2014. 8	46. 26	禀赋效应	保守	168427	1886631	24. 44	后悔厌恶	激进	172621	4942179	30. 44	后悔厌恶	激进	158542	3408102
2014. 9	52. 36	有限理性	保守	133982	2020612	29. 69	过度自信	保守	124470	506649	33. 40	过度自信	保守	56206	3351896
2014. 10	37. 91	赌徒谬误	保守	58520	2079132	23. 71	过度自信	保守	110359	5177008	31. 37	有限理性	保守	101665	3453561
2014. 11	30. 32	赌徒谬误	保守	18217	2097350	23. 36	有限理性	保守	84046	5261054	32. 04	有限理性	保守	31383	3422178
2014. 12	47. 47	后悔厌恶	温和	365956	2463306	29. 74	后悔厌恶	激进	197449	5063605	39. 11	后悔厌恶	激进	105879	3316299
2015. 1	46. 95	赌徒谬误	保守	20509	2442797	25. 62	过度自信	保守	281896	5345501	33. 62	赌徒谬误	保守	82823	3399121

续表

“牛市”	私人银行客户					财富客户					普通客户				
时间	NIIs	$D_1/D_2/D_3/D_4$	D_5	SA_S	CA_s	NIIc	$D_1/D_2/D_3/D_4$	D_5	SA_c	CA_c	NIIp	$D_1/D_2/D_3/D_4$	D_5	SA_p	CA_p
2015. 2	28. 62	过度自信	保守	240954	2683751	23. 55	赌徒谬误	保守	270843	5616344	28. 95	过度自信	保守	133325	3532446
2015. 3	40. 29	禀赋效应	激进	32837	2650914	25. 98	赌徒谬误	保守	21955	5638299	33. 62	后悔厌恶	激进	92590	3439856
2015. 4	50. 77	过度自信	保守	320217	2971130	28. 68	后悔厌恶	激进	513347	6151646	38. 01	过度自信	保守	72249	3512105
2015. 5	44. 67	赌徒谬误	保守	207079	3178209	23. 60	赌徒谬误	保守	958010	7109656	30. 74	禀赋效应	保守	1250374	4762479
2015. 6	40. 13	禀赋效应	温和	155855	3022354	54. 73	禀赋效应	激进	726009	6383647	29. 87	后悔厌恶	保守	502176	4260303
“熊市”	私人银行客户					财富客户					普通客户				
时间	NIIs	$D_1/D_2/D_3/D_4$	D_5	SA_S	CA_s	NIIc	$D_1/D_2/D_3/D_4$	D_5	SA_c	CA_c	NIIp	$D_1/D_2/D_3/D_4$	D_5	SA_p	CA_p
2015. 7	53. 85	赌徒谬误	保守	335927	3358281	25. 61	有限理性	温和	69922	6453569	29. 98	有限理性	激进	20145	4280447
2015. 8	46. 76	赌徒谬误	保守	131216	3489497	20. 81	后悔厌恶	激进	138417	6315152	26. 70	后悔厌恶	激进	164677	4115771
2015. 9	50. 32	禀赋效应	保守	92798	3396699	20. 27	后悔厌恶	激进	211981	6103171	27. 18	禀赋效应	激进	207398	3908373
2015. 10	43. 45	过度自信	保守	267192	3663891	22. 29	赌徒谬误	保守	271060	6374231	27. 50	赌徒谬误	保守	233140	4141513
2015. 11	28. 05	过度自信	激进	26794	3637097	18. 68	有限理性	激进	21502	6159129	29. 29	赌徒谬误	激进	1951796	2189716
2015. 12	45. 56	有限理性	保守	441542	4078639	22. 45	禀赋效应	保守	425815	5733314	31. 96	后悔厌恶	保守	289443	1900274
2016. 1	71. 55	禀赋效应	保守	734542	3344096	18. 39	后悔厌恶	激进	288057	5445257	21. 43	有限理性	激进	4487	1895787
2016. 2	42. 70	过度自信	激进	456770	3800867	18. 43	赌徒谬误	保守	8664	5531921	22. 92	过度自信	保守	39579	1856208
2016. 3	35. 16	后悔厌恶	温和	618794	3182073	20. 88	有限理性	保守	168690	5363232	26. 79	赌徒谬误	保守	44912	1811297

续表

“熊市”	私人银行客户					财富客户					普通客户				
时间	NIIs	$D_1/D_2/D_3/D_4$	D_5	SA_S	CA_s	NIIc	$D_1/D_2/D_3/D_4$	D_5	SA_c	CA_c	NIIp	$D_1/D_2/D_3/D_4$	D_5	SA_p	CA_p
2016.4	42.80	赌徒谬误	激进	142960	3325033	21.09	有限理性	激进	122681	5485913	26.41	有限理性	激进	6692	1804604
2016.5	27.92	后悔厌恶	温和	47265	3372298	21.93	有限理性	保守	46826	5439087	26.55	有限理性	激进	30195	1774410
2016.6	27.90	后悔厌恶	温和	299574	3072723	20.66	后悔厌恶	保守	109784	5329303	27.19	后悔厌恶	激进	28845	1803255
2016.7	46.28	赌徒谬误	保守	223255	3295979	20.67	过度自信	保守	156067	5485369	28.60	过度自信	保守	3157	1806412
2016.8	32.80	过度自信	保守	12590	3308569	20.78	赌徒谬误	保守	88119	5573488	27.42	赌徒谬误	保守	9075	1797337
2016.9	38.02	后悔厌恶	温和	15919	3324489	21.89	有限理性	保守	133544	5439944	28.91	禀赋效应	激进	39689	1757648
2016.10	40.99	过度自信	激进	310534	3635022	20.97	赌徒谬误	保守	128652	5568596	28.74	有限理性	激进	19346	1776994
2016.11	31.97	后悔厌恶	温和	381810	3253212	21.87	有限理性	激进	39082	5607679	29.31	赌徒谬误	激进	3474	1780468
2016.12	45.65	后悔厌恶	温和	82102	3171110	24.86	禀赋效应	激进	335082	5272597	33.12	禀赋效应	激进	21981	1758486
2017.1	48.65	过度自信	温和	415857	3586967	22.95	有限理性	激进	353627	5626224	28.13	禀赋效应	激进	48519	1709967
2017.2	21.17	禀赋效应	激进	336797	3250169	20.33	后悔厌恶	激进	71398	5697622	25.13	赌徒谬误	保守	30672	1740639
2017.3	43.81	有限理性	保守	87762	3162408	23.39	有限理性	激进	124946	5572676	31.36	有限理性	激进	19366	1721272
2017.4	47.07	过度自信	激进	81888	3244296	22.88	禀赋效应	激进	91294	5663970	27.49	有限理性	激进	20023	1741295
2017.5	35.68	后悔厌恶	激进	132791	3377087	22.16	有限理性	激进	22093	5686063	27.92	过度自信	激进	5434	1746729
2017.6	29.21	禀赋效应	保守	29050	3348037	22.20	有限理性	保守	211464	5474599	28.39	有限理性	温和	32561	1714169

6.4 实证分析及结论探讨

6.4.1 分析方法及逻辑

在上一章中,通过不同种类的零售客户的损失厌恶系数、参照点收益率和实际收益率建立投资的心理场景——静态和动态,并通过建构非线性损失厌恶资产配置模型(NLA)及二次规划法计算出工银理财1号7种子产品的最优资产配置比例,在划分高风险资产与低风险资产后,与现实的资产配置比例进行最小误差下的匹配,并找到对应于一种场景下某一时刻的投资心理及投资风格,进而分析比较了三类零售客户不同市场阶段的投资心理及风格的差异性。本章将商业银行的非利息收入纳入研究对象,旨在进一步分析何种投资心理、投资风格及交易量、存量资产对NII有一定的影响(见图6.3)。基本步骤为:①建立线性回归模型,并用最小二乘法(OLS)进行初步回归,主要观测解释变量的显著性和模型是否存在多重共线性、异方差和自回归等;②剔除不显著的解释变量后,进行第二次回归,并通过方差扩大因子法、White检验、ARCH检验、DW检验及BG-LM检验模型是否存在多重共线性、异方差和自回归等;③最后采用广义差分法的科克伦—奥克特(Cochrane-Orcutt)迭代法进行稳健的回归;④对"平衡市""牛市"及"熊市"的特殊时间点左右进行Chow突变点检验,检验模型的稳定性;⑤得出全时间段的最终回归方程,并对解释变量的经济意义和交互效应进行分析。

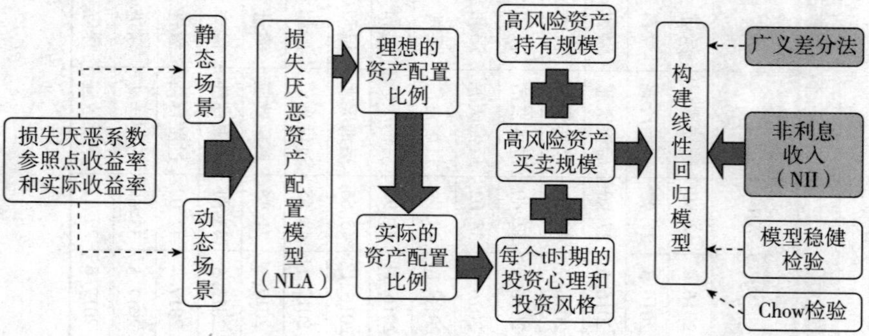

图6-3 非利息收入与零售客户资产配置行为关系的分析方法及逻辑

6.4.2　实证分析

分别对私人银行客户、财富客户和普通客户进行模型回归、稳健性检验和 Chow 突变点检验,并得出最终的回归方程。

(1)私人银行客户

构建模型如下:

$$NII_t^s = \alpha_0 + \alpha_1 D_{1t} + \alpha_2 D_{2t} + \alpha_3 D_{3t} + \alpha_4 D_{4t} + \alpha_5 D_{5t} + \beta_1 SA_t^s + \beta_2 RA_t^s + u_t \tag{6-7}$$

D_{1t},D_{2t} ,D_{3t} ,D_{4t} ,D_{5t} 分别为虚拟解释变量禀赋效应、过度自信、后悔厌恶、赌徒谬误及激进,为避免“虚拟变量陷阱”,未将有限理性设置为虚拟变量,SA_t^s 为私人银行客户高风险资产交易规模,RA_t^s 为私人银行客户高风险资产持有规模,u_t 为模型的随机扰动项。

经 Chow 突变点检验后,发现市场划段中 2014 年 7 月为突变点。在突变点前,投资心理的禀赋效应和后悔厌恶在置信区间 10% 内较为显著,投资风格的激进在置信区间 10% 内并不显著;在突变点后,后悔厌恶在置信区间 10% 内较为显著,激进在置信区间 10% 内显著。同时,设置有限理性为虚拟变量,加入剔除不显著变量后进行再回归,发现有限理性作为解释变量也不显著。

通过科克伦—奥克特(Cochrane - Orcutt)迭代法,对随机扰动项 u_t 进行一阶自回归后消除了模型自相关,回归方程及结果最终为:

$$NII_t^s = \alpha_0 + \alpha_3 D_{3t} + \alpha_5 D_{5t} + \beta_1 SA_t^s + \beta_2 RA_t^s + \beta_3 AR(1) + u_t \tag{6-8}$$

$$NII_t^s = 56.7000 - 7.9657 D_{3t} - 4.4314 D_{5t} + 0.187 SA_t^s - 0.0508 RA_t^s + 0.3387 AR(1) \tag{6-9}$$

$$Se = (6.6004)(3.3021)(3.1675)(0.101)(0.0246)(0.1313)$$

$$t = (8.5903)^{*}\ (-2.4123)^{**}(-1.3990)^{***}\ (1.8548)^{***}\ (-2.0624)^{**}\ (2.5794)^{*}$$

$$R^2 = 0.2846 \qquad F = 4.1373 \qquad DW = 1.9023$$

其中,＊,＊＊,＊＊＊ 分别为置信水平 1%、5%、10% 的情况。

(2)财富客户

构建模型如下:

$$NII_t^c = \alpha_0 + \alpha_1 D_{1t} + \alpha_2 D_{2t} + \alpha_3 D_{3t} + \alpha_4 D_{4t} + \alpha_5 D_{5t} + \beta_1 SA_t^c + \beta_2 RA_t^c + u_t \quad (6-10)$$

D_{1t},D_{2t} ,D_{3t} ,D_{4t} ,D_{5t} 分别为虚拟解释变量禀赋效应、过度自信、后悔厌恶、赌徒谬误及激进,为避免"虚拟变量陷阱",未将有限理性设置为虚拟变量,SA_t^c 为财富客户高风险资产交易规模,RA_t^c 为财富客户高风险资产持有规模,u_t 为模型的随机扰动项。

$$NII_t^c = \alpha_0 + \alpha_2 D_{2t} + \alpha_5 D_{5t} + \beta_1 SA_t^c + \beta_2 RA_t^c + \beta_2 u_t \quad (6-11)$$

经 Chow 突变点检验后,发现市场划段中 2015 年 7 月为突变点。在突变点前,投资心理的过度自信和投资风格的激进在置信区间 10% 内均较为显著。同时,设置有限理性为虚拟变量,加入剔除不显著变量后进行再回归,发现有限理性作为解释变量也不显著。回归方程及结果最终为:

$$NII_t^c = 34.1707 + 1.8741 D_{2t} + 1.1685 D_{5t} + 0.0536 SA_t^c - 0.023 RA_t^c \quad (6-12)$$

$$Se = (2.3513)(1.0953)(0.7770)(0.0224)(0.0462)$$

$$t = (14.5325)^{*} \ (1.7110)^{***} \ (1.5038)^{***} \ (2.3979)^{**} \ (-4.9697)^{*}$$

$$R^2 = 0.3746 \qquad F = 8.0848 \qquad DW = 1.6701$$

其中,*,**,*** 分别为置信水平 1%、5%、10% 的情况。

(3)普通客户

构建模型如下:

$$NII_t^p = \alpha_0 + \alpha_1 D_{1t} + \alpha_2 D_{2t} + \alpha_3 D_{3t} + \alpha_4 D_{4t} + \alpha_5 D_{5t} + \beta_1 SA_t^p + \beta_2 RA_t^p + u_t \quad (6-13)$$

D_{1t},D_{2t} ,D_{3t} ,D_{4t} ,D_{5t} 分别为虚拟解释变量禀赋效应、过度自信、后悔厌恶、赌徒谬误及激进,为避免"虚拟变量陷阱",未将有限理性设置为虚拟变量,SA_t^p 为普通客户高风险资产交易规模,RA_t^p 为普通客户高风险资产持有规模,u_t 为模型的随机扰动项。

$$NII_t^p = \alpha_0 + \alpha_2 D_{2t} + \alpha_3 D_{3t} + \alpha_5 D_{5t} + \beta_1 SA_t^p + \beta_2 RA_t^p + \beta_3 AR(1) + \beta_4 AR(2) + \beta_5 AR(3) + u_t \quad (6-14)$$

经 Chow 突变点检验后,发现市场划段中 2015 年 7 月为突变点。在突变点前后,投资心理的过度自信在置信区间 1% 内较为显著,后悔厌恶在置信区间 10% 内较为显著;在突变点后,过度自信和后悔厌恶在置信区间 10% 内均较为显著。投资风格的激进在突变点前后的置信区间 10% 内均不显著。同时,设置有限理性为虚拟变量,加入剔除不显著变量后进行再回归,发现有限理性作为解释变量也不显著。

通过科克伦—奥克特(Cochrane - Orcutt)迭代法,对随机扰动项 u_t 进行三阶自回归后消除了模型的自相关,回归方程及结果最终为:

$$NII_t^p = 26.3735 + 2.1569 D_{2t} + 1.04742 D_{3t} + 0.08915 D_{5t} + 0.0049 SA_t^p + 0.0104 RA_t^p + 04802 AR(1) - 0.3518 AR(2) + 0.4828 AR(3) \quad (6-15)$$

$$Se = (2.4588)(0.7036)(0.6866)(0.6600)(0.0109)(0.00724)(0.1348)(0.1433)(0.1361)$$

$$t = (10.7264)^{*}(3.0657)^{*}(1.5255)^{***}(0.1371)(0.4437)(1.4314)^{***}(3.56101)^{***}(-2.4554)^{***}(3.5465)^{***}$$

$$R^2 = 0.5028 \quad F = 5.9405 \quad DW = 1.9030$$

其中,*,**,*** 分别为置信水平 1%、5%、10% 的情况。

6.4.3 结论探讨

从实证分析看,初步得到以下结论:第一,高风险资产交易额(SA)正向对商业银行的非利息收入(NII)有显著影响,但不同类的零售客户同笔交易额影响程度不同;第二,高风险资产持有量(RA)对商业银行的非利息收入(NII)有显著影响,但不同类的零售客户作用方向和程度均不一致;第三,并非所有的投资心理对商业银行的非利息收入(NII)都有显著影响,且不同类的零售客户其显著特征的投资心理对商业银行的非利息收入(NII)的影响方向和程度均不一致;第四,激进的投资风格对商业银行的非利息收入 NII

均有影响，与投资心理相似，不同类的零售客户影响方向和程度不一致；第五，投资心理和投资风格是两种虚拟变量，但对商业银行的非利息收入 NII 的影响有交互效应。

(1)私人银行客户

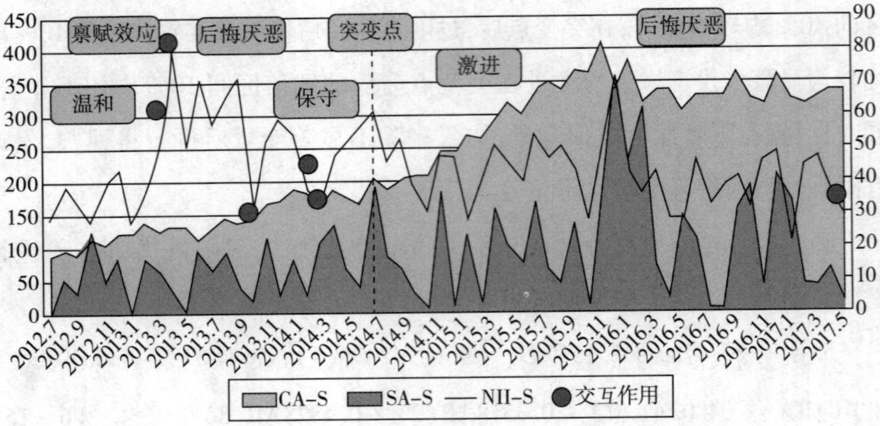

图 6－4　非利息收入与私人银行客户资产配置行为关系

一是从回归结果来看，在其他解释变量不变的情况下，投资心理中的后悔厌恶和投资风格中的激进较其他心理和风格更能作用于高风险资产交易额(SA)和高风险资产持有量(RA)，对商业银行的非利息收入(NII)产生影响，且反向作用，即一定程度上降低了 RA 和 SA 对 NII 的影响，实际操作上就是高风险资产的交易规模和持有量的降低，低风险资产持有量的增加，且从 NII 的走势看，虽然 SA 和 RA 较突变前有增加，但 NII 却没有增加，很大程度上在于低风险资产(低贡献)的增加。二是从回归系数得出，在其他解释变量不变的情况下，SA 每增长 1%，NII 增长 0.187%，RA 每增长 1%，NII 却减少0.0508%，可能的原因在于，单个私人银行客户的金融资产规模较大，商业银行为了维护高端客户，经常会“贴息”到其持有的理财产品收益中，NII 也是会有所降低的，特别是在极高净值客户身上体现得很明显；三是投资心理与投资风格作为模型的两类虚拟变量，会有一定的交互效应，但并非总是相得益彰，其中，2013 年 3 月、5 月、9 月，2014 年 2 月、3 月，2017 年 5 月产生了较为明显的交互效应，并造成了 NII 发生较大幅度的变化。

(2)财富客户

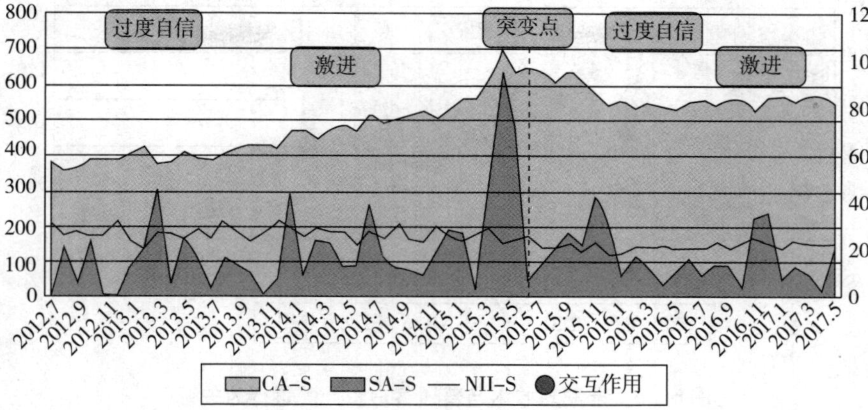

图6-5 非利息收入与财富客户资产配置行为关系

一是从回归结果看,在其他解释变量不变的情况下,投资心理中的过度自信和投资风格中的激进较其他心理和风格更能正向作用于高风险资产交易额SA和高风险资产持有量RA,对商业银行的非利息收入(NII)产生影响,但影响程度较私人银行客户相对很低,原因可能在于,虽然过度自信和激进的投资模式主要表现在增加高风险资产上,但若市场时机不当,账户亏损也会导致RA的下降以及NII的减少。二是从回归系数得出,在其他解释变量不变的情况下,SA每增长1%,NII增长0.0536%,RA每增长1%,NII却减少0.023%,可能的原因与私人银行客户相似,都会存在"高息揽客"的现象,但影响程度都较私人银行客户相对很低。三是投资心理与投资风格之间发生的交互效应几乎没有,因此,NII的走势较为平稳,振幅不大,同样,随着RA的缓慢增长,SA也在缓慢变化。

(3)普通客户

一是从回归结果看,在其他解释变量不变的情况下,投资心理中的过度自信和后悔厌恶、投资风格中的激进较其他心理和风格更能正向作用于高风险资产交易额SA和高风险资产持有量RA,对商业银行的非利息收入(NII)产生影响,但影响程度较私人银行客户和普通客户而言非常低,同时,过度自信与后悔厌恶是两种属性相反的投资心理,也是设定场景中投资者

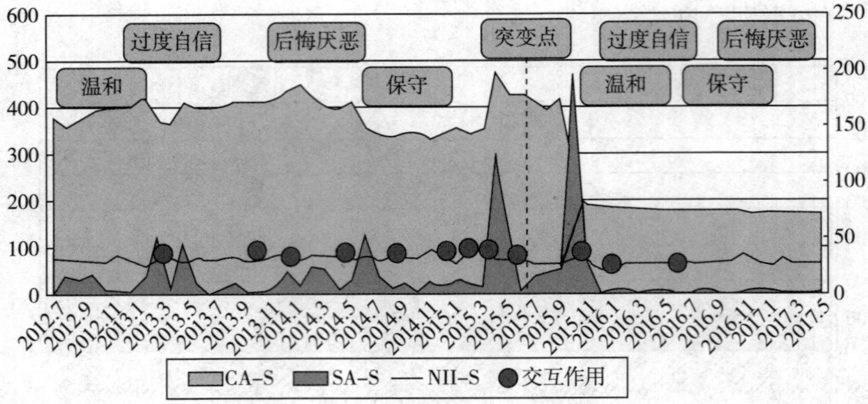

图 6 -6　非利息收入与普通客户资产配置行为关系

心理最为矛盾的表现，纠结的结果表现在 SA 上，就是振幅较小、高低很少。二是从回归系数得出，在其他解释变量不变的情况下，SA 每增长 1%，NII 增长 0.0049%，RA 每增长 1%，NII 增加 0.0104%，有正向影响，但影响程度相对非常有限。三是投资心理与投资风格作为模型的两类虚拟变量，在普通客户中发生的交互效应较多，但只有 2015 年 6 月和 12 月有较为明显的“叠加效应”，产生了较大的交易额，其他时间点的 SA 较为乏力，包括 2013 年 3 月、12 月，2014 年 1 月、5 月、9 月，2015 年 2 月、4 月，2016 年 2 月、7 月。

(4) 汇总比较

通过上述分析，对零售客户回归模型结果进行汇总比较，可以得出以下结论：第一，从 Chow 突变点检验结果看，私人银行客户为“平衡市”与“牛市”交汇期——2014 年 7 月，而财富客户和普通客户为牛市与熊市交汇期——2015 年 7 月，其投资心理和投资风格有明显变化，但财富客户和普通客户却是同一种投资心理和投资风格，表明私人银行客户资产配置行为的变化影响了高风险资产的交易额和持有量的变化，进而作用于非利息收入，但财富客户和普通客户对市场的敏感度相对较弱，且高风险资产的交易额或持有量对非利息收入的影响相对较弱，特别是普通客户更为显著。第二，从非利息收入结果看，财富客户反而最低，结合资产配置行为看，原因可能在于，一直的过度自信和激进导致高风险资产账面连续缩水，而普通客户却在市场下跌后不断转入低风险资产。第三,从投资心理影响非利息收入的方向看,私人银行客户显著不同,是反向作用于非利息收入且影响程度相对最高,比较模型设定场景可以得出,在犹豫的投资心理场景中,私人银行客户与财富客户、普通客户对高风险资产交易的选择方向是相反的。第四,交易额 SA 都是正向影响非利息收入,这是可以实践验证的,但持有额 RA 却出现了分化,私人银行客户和财富客户是反向影响非利息收入,但普通客户却是正向,说明财富水平高低是具有较大的服务"议价权",商业银行对中高端客户的贡献返还是常态,特别体现在"阶梯式"的预期收益率和管理费返还上,进而导致银行在同一金融市场的盈亏场景中所获非利息收入有所不同。

表 6-10　零售客户回归模型结果比较

	突变点前		突变点后	
	投资心理(显著)	投资风格(显著)	投资心理(显著)	投资风格(显著)
私人银行客户	禀赋效应、后悔厌恶	温和、保守	后悔厌恶	激进
财富客户	过度自信	激进	过度自信	激进
普通客户	过度自信、后悔厌恶	温和、保守	过度自信、后悔厌恶	温和、保守
	投资心理(显著)		投资风格(显著)	
	影响方向	影响程度	影响方向	影响程度
私人银行客户	反向	高	反向	高
财富客户	正向	中	正向	中
普通客户	正向	低	正向	低
	交易额 SA		持有量 RA	
	影响方向	影响程度	影响方向	影响程度
私人银行客户	正向	高	反向	高
财富客户	正向	中	反向	中
普通客户	正向	低	正向	低

6.5　本章小结

本章是对上一章零售客户资产配置行为研究的延续,进一步从商业银行的角度出发,探讨资产配置行为对商业银行非利息收入的影响。主要内容包括:

(1)商业银行非利息收入的界定、现状与影响。按照中国人民银行颁布的《商业银行中间业务暂行规定》(2001),中间业务被定义为“不构成商业银行表内资产、表内负债,形成银行非利息收入的业务”。近年来,国内商业银行非利息收入发展呈现出以下特点:①与商业银行资产规模呈比例持续上升;②占营业收入比重平稳提升;③手续费及佣金收入占比最高,基本保持在80%左右。但也存在以下问题:①虽然涉及领域的子品种达到2万多种,但银行间同业差距较小;②“息转费”现象仍然很严重;③部分非利息收入所对应的潜在风险较大,但关于非利息收入对商业银行的影响,学术界观点不一。

(2)引出问题:资产配置行为如何影响商业银行非利息收入。零售客户在投资上受到认知偏差的影响,会在狭窄框定的行为模型下作出投资决策,进而在不同的资产品种间改变配置比例,以求达到效用的最大化,从影响上看,零售客户的投资心理和投资风格决定构成了资产配置行为,但变动的资产配置结构却为商业银行创造了零售贡献(RCAMP),即非利息收入。

(3)构建线性回归模型。为了进一步研究非利息收入与其资产配置行为的动态关系,特对零售客户其投资账户的非利息收入(也称为零售贡献)与投资心理、投资风格(虚拟变量)及交易规模和存量规模构建线性回归模型:

$$\mathrm{NII}_t = \alpha_0 + \alpha_1 D_{1t} + \alpha_2 D_{2t} + \alpha_3 D_{3t} + \alpha_4 D_{4t} + \alpha_5 D_{5t} + \beta_1 \mathrm{SA}_t + \beta_2 \mathrm{RA}_t + u_t$$

其中,NII_t 为被解释变量,是商业银行某一时间段的非利息收入,D_{1t},D_{2t},D_{3t},D_{4t},D_{5t} 为虚拟变量,分别代表禀赋效应、过度自信、后悔厌恶和赌徒谬误及激进,为避免“虚拟变量陷阱”,未将有限理性设置为虚拟变量,SA_t 为零售客户高风险资产交易规模,RA_t 为高风险资产持有规模,u_t 为模型的随机扰动项;并对私人银行客户、财富客户和普通客户分别进行回归。

(4)实证分析及结论探讨。实证分析的基本步骤为:①建立线性回归模型,并用最小二乘法(OLS)进行初步回归,主要观测解释变量的显著性和模型是否存在多重共线性、异方差和自回归等;②剔除不显著的解释变量后,进行第二次回归,并通过方差扩大因子法、White 检验、ARCH 检验、DW 检验及 BG－LM 检验模型是否存在多重共线性、异方差和自回归等；③最后采用广义差分法的科克伦—奥克特（Cochrane－Orcutt）迭代法进行稳健的回归；④对“平衡市”“牛市”及“熊市”的特殊时间点左右进行 Chow 突变点检验，检验模型的稳定性；⑤得出全时间段的最终回归方程，并对解释变量的经济意义和交互效应进行分析。最终得出以下结论：第一，高风险资产交易额（SA）正向对商业银行的非利息收入（NII）有显著影响，但不同类的零售客户同笔交易额影响程度不同；第二，高风险资产持有量（RA）对商业银行的非利息收入（NII）有显著影响，但不同类的零售客户作用方向和程度均不一致；第三，并非所有的投资心理对商业银行的非利息收入（NII）有显著影响，且不同类的零售客户其显著特征的投资心理对商业银行的非利息收入（NII）的影响方向和程度均不一致；第四，激进的投资风格对商业银行的非利息收入（NII）均有影响，与投资心理相似，不同类的零售客户影响方向和程度不一致；第五，投资心理和投资风格是两种虚拟变量，但对商业银行的非利息收入（NII）的影响有交互效应。

（5）进一步分析可以得出以下结论：①从 Chow 突变点检验结果看，三类客户有所不同，财富客户和普通客户对市场的敏感度相对较弱，且高风险资产的交易额或持有量对非利息收入的影响相对较弱，特别是普通客户更为显著；②从非利息收入结果看，财富客户反而最低，结合资产配置行为看，原因可能在于，一直的过度自信和激进导致高风险资产账面连续缩水，而普通客户却在市场下跌后不断转入低风险资产；③从投资心理影响非利息收入的方向看，在犹豫的投资心理场景中，私人银行客户与财富客户、普通客户对高风险资产交易的选择方向是相反的；④交易额 SA 都是正向影响非利息收入，这是可以实践验证的，但持有额 RA 却出现了分化，说明财富水平高低具有较大的服务“议价权”，商业银行对中高端客户的贡献返还是常态，特别体现在“阶梯式”的预期收益率和管理费返还上，进而导致银行在同一金融市场的盈亏场景中所获非利息收入有所不同。

7 新资管时代下零售客户资产配置行为的趋势与启示

7.1 新资管时代的影响和样本商业银行的行动

7.1.1 “统一监管、打破刚兑”+“受人之托、代客理财”

本书以购买净值化理财产品的零售客户为样本展开资产配置行为的研究，一个重要的研究背景就是中国资管业将进入资管3.0时代（2018—2020年），这是以2018年4月27日中国人民银行、银保监会、证监会、国家外管局联合发布《关于规范金融机构资产管理业务的指导意见》为标志，以“新老划断”的过渡期为终，开启了中国资管业的冷静修复期，其意义在于：首度明确了资产管理业务的定义、产品范围和分类，最大限度地会同了各个监管部门的监管实践和监管意见，“立足解决发展不规范、监管套利、产品多层嵌套、刚性兑付、规避金融监管和宏观调控等问题，统一资产管理产品监管标准，有效防范和控制金融风险，引导社会资金流向实体经济，更好地支持经济结构调整和转型升级”①。

首先，明确了“资产管理业务是指银行、信托、证券、基金、期货、保险资产管理机构、金融资产投资公司等金融机构接受投资者委托，对受托的投资

①2018年4月27日，中国人民银行、中国银行保险监督管理委员会、中国证券监督管理委员会、国家外汇管理局联合发布《关于规范金融机构资产管理业务的指导意见》。

者财产进行投资和管理的金融服务”①，这意味着商业银行的资管业务要回归本源：“受人之托、代客理财”。其次，“资管新规”也要求“金融机构应当做到每只资产管理产品的资金单独管理、单独建账、单独核算，不得开展或者参与具有滚动发行、集合运作、分离定价特征的资金池业务”，这表示过去商业银行要终止传统的“资金池—资产池”运作模式(见图7-1)。最后，也是最为重要的，是对商业银行而言，“资产管理产品要实行净值化管理，金融资产坚持公允价值计量原则，鼓励使用市值计量”，同时，“资产管理业务是金融机构的表外业务，金融机构开展资产管理业务时不得承诺保本保收益。出现兑付困难时，金融机构不得以任何形式垫资兑付。金融机构不得在表内开展资产管理业务”，这表示资管3.0时代以前商业银行与零售客户之间的理财交易刚性兑付、风险责任不对等的模式将终结。

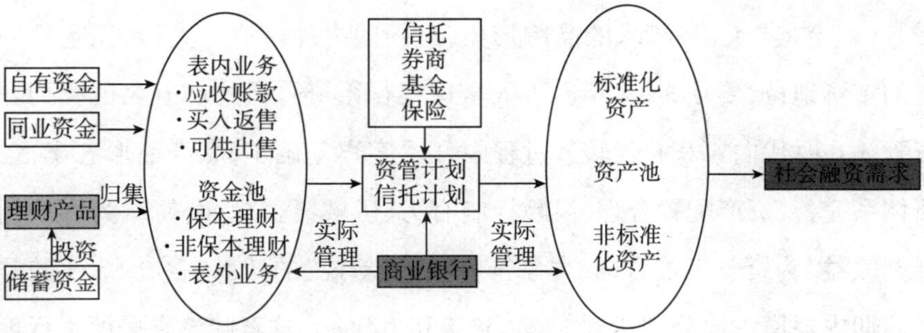

图7-1 商业银行资产管理的传统“资金池—资产池”模式②

未来商业银行净值化理财产品的价格模式会怎样影响零售客户的资产配置行为是个未知数，因此，选取工商银行净值化理财产品——工银理财1号及“无管户”零售客户为对象，研究资产配置行为，具有一定的现实参照价值。

①2018年4月27日，中国人民银行、中国银行保险监督管理委员会、中国证券监督管理委员会、国家外汇管理局联合发布《关于规范金融机构资产管理业务的指导意见》。

②魏星. 证券公司资产管理行业发展回顾与未来展望[J]. 中国货币市场，2017(5)：23-26.

7.1.2 样本商业银行的资管新举

无论是商业银行还是零售客户，未来都将面临政策变革和产品转型。对于商业银行而言，“资管新规”以“产品净值化、资产标准化”为导向，总体思路是按照资管产品的类型制定统一的监管标准，实行公平的市场准入和监管，创造了良好的制度环境，将对整个资管行业的市场化规范化发展起到至关重要的作用。面对新的监管要求和竞争态势，商业银行理财亟须进行经营模式上的深入调整和全面转型，扎实做好产品净值化转型、投研能力建设、销售体系重塑、风险管控优化、运营保障升级等一系列重点工作，确保在新规环境下顺利过渡和稳健发展。为此，样本商业银行应及时制定方针战略，积极应对资管新时代的来临。

(1)夯实“工银资管”的品牌形象，巩固国内理财第一大行、托管第一大行的市场地位，要在 3 ~5 年内迈入全球银行系资管机构前五名的行列。在资管 3.0 时代向 4.0 时代转型过程中，以“客户基础牢固、产品形态丰富、投研体系完善、资产配置合理、风险控制有力、区域覆盖全面，持续为客户创造稳健收益”为资管发展方向，力争符合“资管新规”的产品在今后 3 年的监管过渡期内规模占比分别达到 13%、33% 和 100%。这意味着未来的银行理财市场上已经不存在预期性理财产品，零售客户买卖理财就是投资行为。

(2)在监管过渡期内，围绕“产品净值化 + 资产标准化”的总体目标，严格遵循资管新规及理财业务监督管理办法要求，稳中求进推动银行理财业务的产品、投资、研究、风控等体系转型，平稳有序实现新老产品和资产的承接，按照新规要求平稳推动产品的净值化转型，打造创新稳健的产品体系：①主动布局“主打 + 特色”的新规产品系列，大类资产以货币基金类、固定收益类为主，覆盖混合类、权益类、商品及金融衍生品类，不断提升产品种类和多样化水平；②坚持稳健的净值化产品转型节奏，重点做好资产估值、产品定价、资产配置、信息披露、风险监控等环节设计，夯实产品净值化管理基础，按照“有序下降、前松后紧”的老产品压降原则，实现新老产品无缝对接；③发挥非标债权项目优势发展期限匹配产品，按照新规要求面向个人和法人合格投资者发行相应产品；④依托优质PE生态圈提升权益类产品表现。

(3)在盈利模式转型中找到增长新动能，盈利模式由“利差模式”向“管理费模式”的转型过程中，充分发挥板块协同优势，共同探索新的合作模式，增强各大类资产利润单元的盈利能力，激发分支机构、境外资管业务的经营潜力，使自身具有持续性的盈利结构，提升业务成长性，使未来2～3年转型期大资管业务(AUM+托管)规模年均保持15%左右的增速水平。

7.2 样本商业银行的大类资产配置策略

7.2.1 商业银行资管业发展的宏微观环境

截至2017年年底，全国共有562家银行业金融机构有存续的理财产品，理财产品数达9.35万只，理财产品存续余额29.54万亿元[①]，商业银行在中国资管管理行业发展中的地位和作用可谓举足轻重，特别是在当前个人投资者依托机构的专业性、规模性和净值平滑机制等优势来分享市场投资机会，向机构投资者靠拢的时期。未来，从宏观上看，在相对积极的财政政策和松紧适度的货币政策下，M2增长10%左右，社会融资规模存量增长13%左右，新增人民币贷款14万亿元，预计商业银行经营将进一步好转，多数指标回暖，主要驱动力源于净息差小幅回升，非利息收入增速可能企稳，银行业风险化解逐渐进入尾声，资产质量进一步改善，预计全年净利润增长6.5%[②]；从微观上看，全国居民人均可支配收入同比持续增长，2018年名义增长8.75%，其中，北京市实际增长6.4%[③]，从全球新兴市场的财富管理成熟度看，中国还处于发展阶段的初期(见图7-2)，市场环境还未真正开放竞争，资产配置多元化模式还较单一，因此，商业银行的资管业发展尽管遭遇

①数据来源：中国银行业理财登记托管中心网站。
②数据来源：上市银行财报、交通银行金融研究中心网站。
③数据来源：北京市统计局、国家统计局北京调查总队网站。

强监管，但资金环境和前景预期还是大有可为。

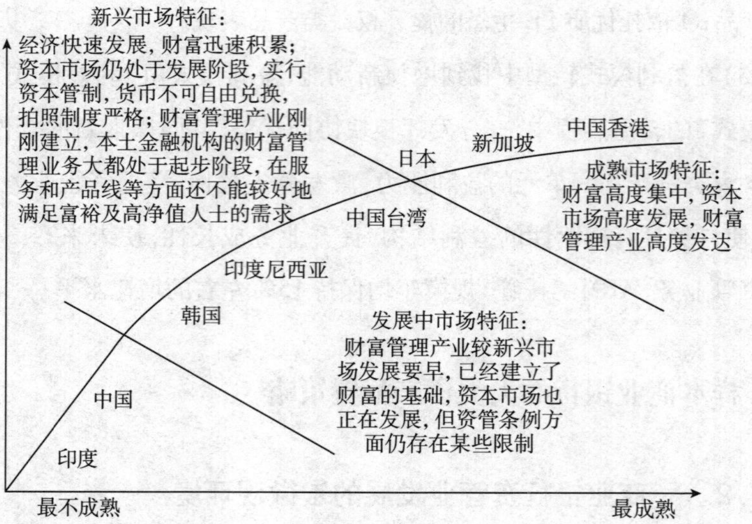

图7－2　中国财富管理在全球新兴市场发展中的成熟度

7.2.2　样本商业银行发展的金融定位

中国工商银行在银行资管规模队伍中占据头排，拥有超3万亿元的理财规模和16万亿元的资金托管规模（截至2017年年末），因此，其金融定位非常关键。在对已有模式梳理的基础上，可以得出（见图7－3）：一是通过吸收零售客户的储蓄存款为企业和零售客户进行贷款、融资和理财，其中，理财是通过资金进入保险行业，通过公募或私募进入资本市场，来获取收益；二是通过资产管理业务、投资银行业务、资产证券化业务等反向为零售客户及企业进行融资，在平衡市场融资方和供给方上起到中介作用；三是无论是资管业务还是投行业务，都是通过大类资产配置实现非利息收入，这里的大类资产包括货币类（货币市场工具类、外汇等）、固收类（债券类和债权类）、权益类（股票类）和另类（混合证券类、股权类、对冲基金），其中，广义的资产管理业务能够创收超200亿元，占净利润7%以上①。

①数据来源：工商银行2017年内部财务数据，2017.12.31.

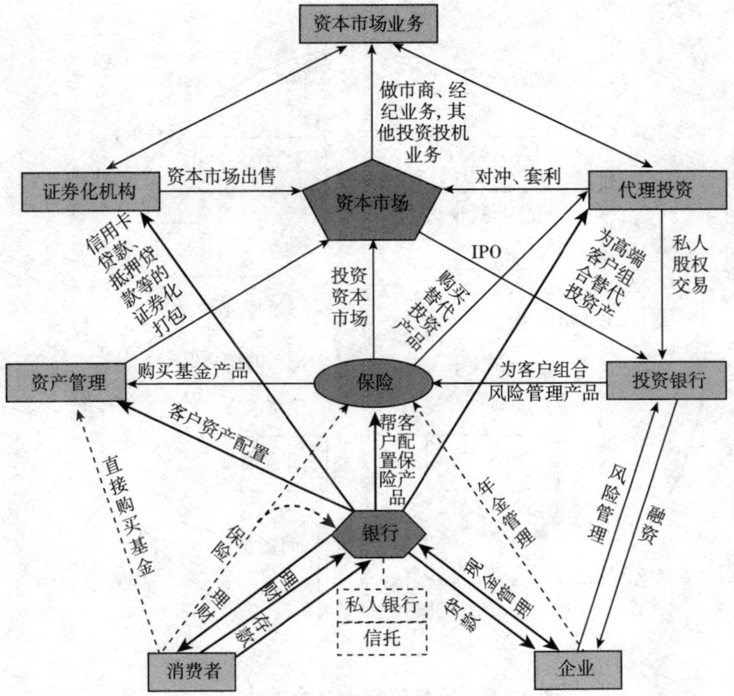

图7-3　样本商业银行发展的金融定位①

但商业银行能够在金融系统中良好地运营是建立在世界范围内拥有高储蓄率的中国零售客户的基础上，而这也涉及一个很重要的业务大类——零售银行，即服务于所有零售客户的资产、负债和中间业务的银行类型，它并非机构名称，在研究商业银行大类资产配置和零售客户小类资产配置，及零售客户分类管理和资产配置行为时，都需要涉及零售银行，这也是近年来各大中资银行争相发展的重点领域，其中，工商银行发展零售银行业务的目的是：零售业务的营业贡献要达到60%以上，特别是在息差减少、利率市场化和财富水平提高的趋势下，显得尤为关键。一个运营良好的零售银行业务生态圈（见图7-4），既能抗击外部竞争者，还能不断壮大商业银行自身的市场版图。

①曹彤．我国中型商业银行零售银行客户体系构建［D］．大连：东北财经大学，2011．

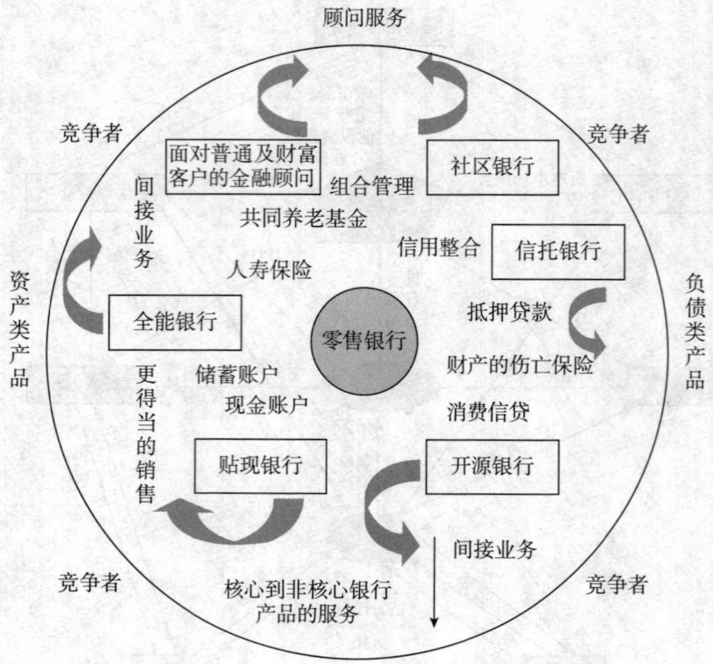

图7-4　零售银行业务生态圈①

7.2.3　样本商业银行的大类资产配置策略

中国工商银行的资管业务发展始终坚持风险收益平衡的原则制定投资目标，首先，根据各类资产的风险收益特征对投资品进行分类，其次，将理财产品按照风险的不同分为PR1～PR5五个等级（见图7-5），再根据各等级产品的投资目标，从大类和细类维度制定资产配置方案，从策略维度提供具体的投资建议和方向，实现理财产品与投资品之间基于风险收益水平的相互对应。目前，中国工商银行采用投资策略会的方式制定风险收益平衡的投资策略，每季度召开一次，共包括四个部分：上季度投资情况分析回顾、下季度市场走势研判、下季度投资策略建议、大类资产配置方案确定，最终方案由投委会委员投票表决确定，包括资产配置方向、各类资产配置规模及比例、产品发行规模及成本、杠杆比例等核心指标，主要包括投资品分类、分析

①2008年全球零售部银行报告[R]. ING, EFMA, Capgemini, 2009. 2. 10.

框架、配置过程及方案选择等若干环节①。

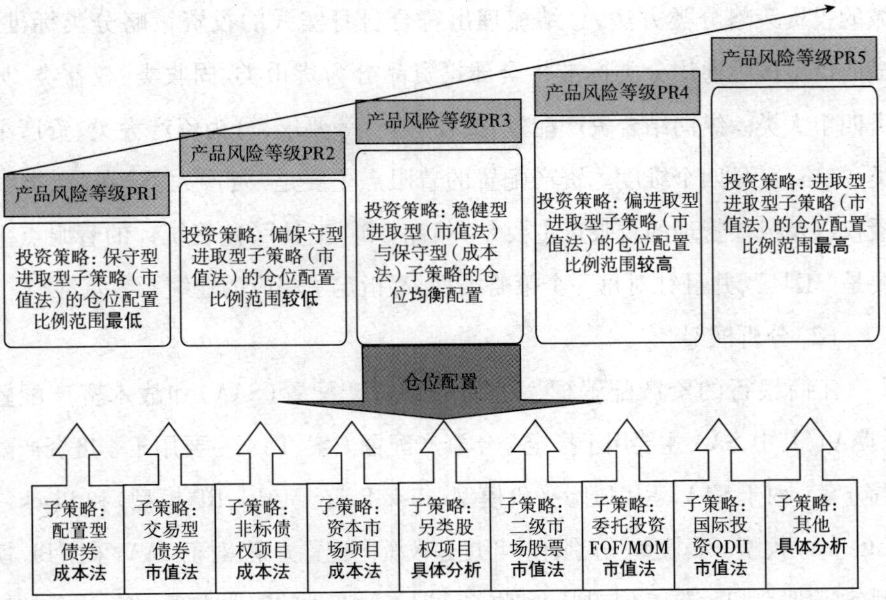

图7－5　样本商业银行产品风险等级

（1）基于风险收益的投资品分类

大类资产配置的目标是将不同资产的特点相结合，从而产生一种金融组合，其风险—回报情况要强于每一个组成部分。因此资产分类是实现大类资产合理配置的前提，需要区分不同类别资产并实现平衡，包括资产时间跨度、资金保护以及预期的回报来源。资产配置的核心是资产种类和具体投资的多元化，以使投资组合的预期风险情况与投资者的风险情况相一致。因此，中国工商银行通过考虑资产的风险收益特性，并参考国际惯例、基本授权以及投资部门业务实际进行分类（见附录中表1）。此外，从资产层面向策略层面延伸细化，当前市场中不同的金融资产投资策略也缺乏公认的分类标准，各投资机构一般依据自身实践和投资需要构建自有分类体系，工商银行基于资产分类，结合实际开展的委托投资业务，分析各类投资策略的风

①中国工商银行教育部，资产管理部．中国工商银行资产管理业务研究手册（2017年版）[Z]．2017.

险收益特性,同时参考了国信证券、Wind 资讯、金融教科书等理论和实践领域的投资策略分类方法,总结梳理出符合自身实践的投资策略分类标准。横向借鉴国际通用分类标准将全部投资品分为货币类、固收类、权益类、另类四个大类。纵向结合资产配置、授权、监管等要求,分为资产大类、资产细类、策略、工具四个维度。资产配置的着眼点主要是"资产大类"和"次类",授权以及风险管理的着眼点主要是"策略"和"工具",监管统计的着眼点主要是"工具",并且针对每一个策略类型,都指定了相应的业绩参考基准。

(2)分析框架

工商银行的资产配置框架分为战略资产配置(SAA)和战术资产配置(TAA),其中,SAA 主要用于指定全年资产配置方案,TAA 主要用于季度资产配置方案。对于 SAA,运用风险平价模型(Risk Parity Model,RP 模型)和 Black – Litterman 模型(BL 模型)分别计算年度建议资产配置方案;对于 TAA,采用 BL 模型,讨论股票和债券在不同风险和收益情况下所产生的配置方案,要运用美林投资时钟模型,结合各大机构对当年经济数据的预测,寻找相对表现可能更好的资产,为配置方案选择提供支持。本书以过去的 2017 年为例进行资产配置策略的过程演示,采用 2003 年复苏拐点、2010 年 6 月—2011 年 6 月经济滞胀和 2013 年"钱荒"进行压力测试,分析较为极端情况下的资产配置收益和风险情况。

(3)配置过程

主要有三个步骤:历史数据整理、主观预期修正、最优资产配置(见图 7 – 6),每个步骤都有不同的工作内容。

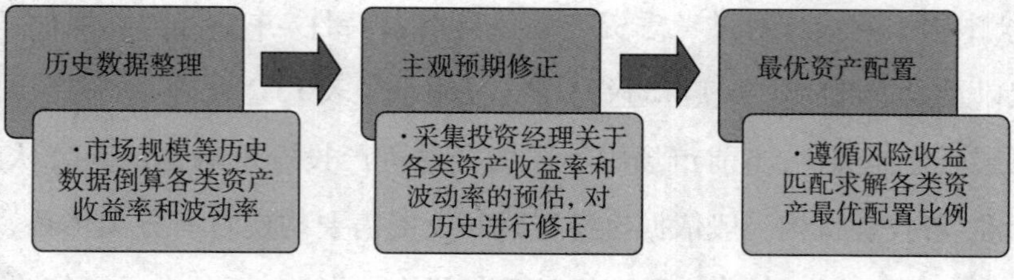

图 7 – 6　大类资产配置步骤

1)历史数据选择与主观预测数据采集,主要依靠投资部门内部及外部机构投资经历对 2017 年全年各资产类别收益率的预测,内外部按一定权重加权计算股票、债券、商品、对冲基金的预测收益率和波动率。历史隐含收益率结果为：股票8.72%、债券2.9%、商品3.7%、对冲基金2.9%；波动率的计算，股票主要选择中证800指数，债券选择中债综合财富（总值）指数，商品选择南华商品指数，对冲基金采用国信对冲基金母基金数据（见附录中表2、表3）。

2）主观预期修正，运用BL模型对历史情境进行模拟，考虑投资可得性，在BL模型参数输入时加入了限制条件，设置对冲基金比例≤5%，商品比例≤2%，考虑产品结构，股票比例≤10%（见附录中表4～表6）；对于RP和BL模型处理，在有限情况下，设置对冲基金比例≤5%，商品比例≤2%，考虑产品结构，股票比例≤10%，结果见附录中表7、表8，此处的RP模型是在商品限定2%、对冲基金限定5%后，对股票和债券的风险平价，上下限通过假设股票、债券、商品和对冲基金出现悲观、中性和乐观的不同情境进行敏感性分析得出。

3）在无限制情况下，相同收益（4.28%）情况下，承担的风险更低（2.17%<2.94%），此处无限制条件下各类资产的风险贡献分配相对较为均匀，说明无限制情况下的资产配置相对有效，经过如附录中表9、表10所示。

（4）方案选择

考虑投资可得性，设置对冲基金比例≤5%，商品比例≤2%，考虑产品结构，股票比例≤10%，主要考虑股票和债券不同情况的组合，仅5个方案可以满足4.12%收益率的目标（见附录中的附表11）。根据年度SAA资产配置敏感性分析结果，在股市不发生极端风险的情况下，股票类资产在标准化资产组合中的最低配置比例≥2.76%，同时，结合美林投资时钟模型对大类资产的指向，最终选择“股票中性、债券中性”作为资产配置基础方案。当然，在季度的投资跟踪中，会对大类资产的配置比例根据市场超出预期的情况作出动态调整，也会反思超预期的市场逻辑。

7.3 零售客户资产配置行为的启示

在前述章节的分析中，首先通过实证得出私人银行客户、财富客户和普通客户在“牛市”“熊市”和“平衡市”中的投资心理及投资风格的时间变化情况,再通过构建样本商业银行非利息收入(NII)与三类零售客户投资心理及投资风格的线性模型,得出不同零售客户某种特殊的投资心理及投资风格对非利息收入的影响,发现在研究时间段中,出现频次最多的投资心理并非是显著影响非利息收入的。私人银行客户投资心理出现最多的是禀赋效应($P_S=25\%$),投资风格出现最多的是保守($P_S=44\%$),但却是后悔厌恶($P_S=22\%$)和激进($P_S=32\%$)显著影响非利息收入;同样,财富客户投资心理出现最多的是有限理性($P_C=25\%$),投资风格出现最多的是激进($P_C=48\%$),但却是过度自信($P_C=15\%$)显著影响非利息收入;普通客户投资心理出现最多的是有限理性($P_P=31\%$),投资风格出现最多的是激进($P_P=53\%$),但却是过度自信($P_P=15\%$)和后悔厌恶($P_P=22\%$),温和($P_P=42\%$)显著影响非利息收入。可能的原因是研究对象为样本商业银行“无管户”的零售客户,其资产配置行为是基于自身的投资情商①进行配置,也就是在没有财富顾问提供金融咨询服务的框架下做出的不合投资时机的资产配置行为,但分析零售客户资产配置行为的目的只是通过理论工具推理现象,并非找到一种能为零售客户赚钱的投资心理和风格,也不是要建议商业银行去引导零售客户产生某种能促使银行赚钱的投资心理和风格,两个主体间一定不是“零和博弈”的关系,而是工商银行要做好大类资产的相对最优配置,零售银行要管理好不同财富水平零售客户的金融服务,零售客户要在金融实践中进行投资心理的有效评价,提高资产配置行为的效用价值。

7.3.1 零售银行应提高零售客户的管理水平

(1)零售客户的分层管理是必要的,也是必然的。笔者(2018)通过VAR模型得出:零售客户财富水平越高,资产配置越多元化,金融市场受到系统冲击影响的期限越长,但影响程度越小②,因此,需要针对不同财富水平

①[美]丹尼尔·卡尔曼.情商[M].北京:中信出版社,2018.

②咬亮.财富水平、资产配置与金融市场关系的实证分析——基于VAR模型[J].统计与决策,2018(1):166-170.

层次配备相应金融素养的财富顾问，提供金融咨询服务和理财产品配置建议，并且伴随着零售客户财富发展阶段的不同需求类型提供更为多元化的资产品种。在较低水平时，称之为财富播种阶段，财富以满足吃穿住行为主，如住房、医疗保健、食物、衣服及保险，如果还有盈余的资本，则考虑较容易理解、有较好流动性的资产种类，资产配置以现金和固收产品为主；进入中等水平后，也就是财富建立阶段，财富以满足高等教育、生活改善、传承等为主，资产配置以全球范围内的股票、房产或债券为主；当迈入高等水平，即财富实现阶段，投资者通过投资清偿（如并购、证券发行或继承）获得了高额财富时，财富以广泛置业和慈善公益为特征，资产配置以私募投资和股权投资为主（见图7－7），特别是随着未来金融开放程度的加大，配置范围逐步向全球展开，这对银行和客户而言才真正面临机遇和挑战。未来还要在现有客户分层的基础上进一步再分层，借助远程银行、客服中心营销模式等对不同财富层次客户开展营销服务，当前，已有了0～5万元、5万～20万元、20万～100万元、100万～800万元以及800万元以上的分层服务模式。

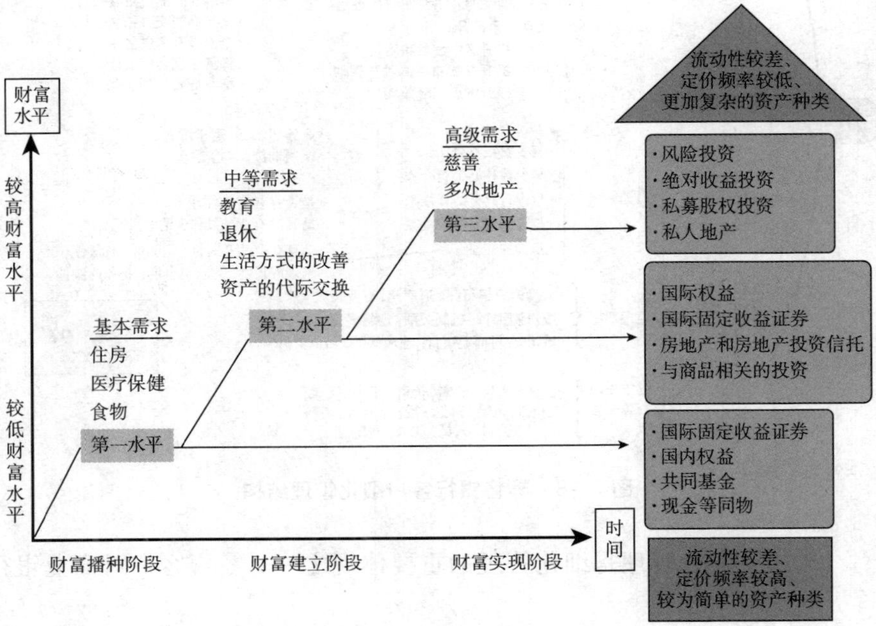

图7－7　财富发展阶段的需求升级与资产配置种类变换

（2）细化管理是分层管理的最高目标。具体到零售客户管理而言，除了基本的分层管理，还要对同一层零售客户进一步细化管理，一般从内生和外展两方面入手（见图7－8）。内生管理，是围绕银行效能展开，依据零售客户贡献的由低到高做好配套的服务，是"大零售"范围内"强个金"的表现[①]；外展管理，是围绕同业竞争展开，通过分析零售客户在其他银行的业务情况及所在银行的特征，有效进行"查漏补缺"，在挽回流失客户的同时，拉转其他银行的潜力客户，提高同业竞争力和市场地位，当然，这还包括了对其他银行经营管理及优秀员工的学习和挖掘。最终的落脚点在于摸清存量客户家庭情况、客户行为特征，降低对个别客户的依存，全面提升客户的黏性以及抑制低效的规模扩张。

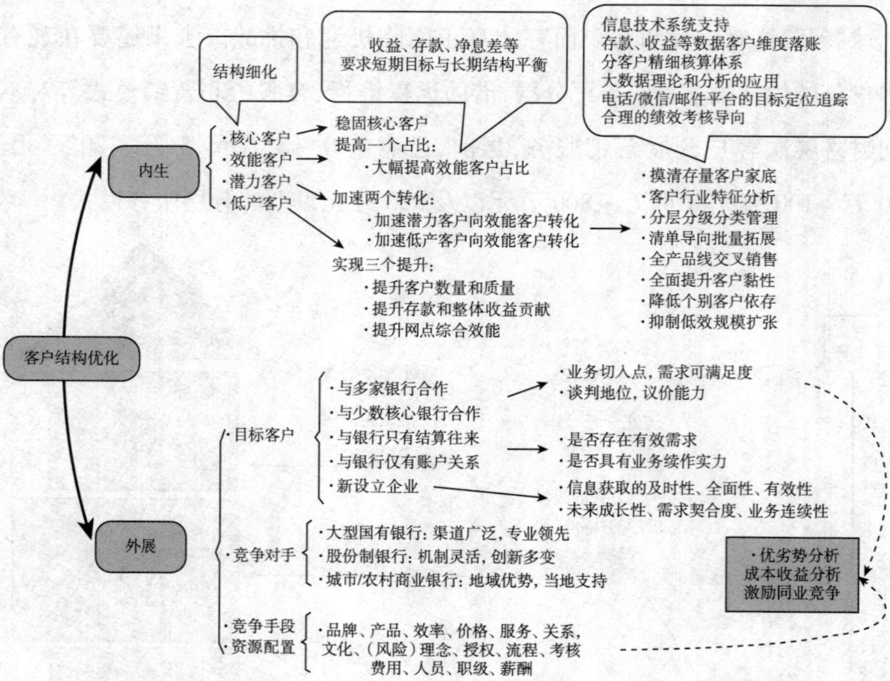

图7－8　零售银行客户细化管理结构

（3）资产配置管理是细化管理的重要体现之一。零售客户对商业银行

①咬亮. 当前国内私人银行发展中存在的问题与应对措施研究[J]. 西南金融，2017（2）：58－63.

的满意度，除硬件感受和员工服务外，最为直接和客观的就属资产配置管理，因为这体现了商业银行的专业水准和市场能力。对于商业而言，首要的就是要建立一套资产配置分析体系，应该包括投资目标、客户财务状况、投资计划、客户基本情况、未来前景判断、资产配置范围分析、投资哲学、投资策略声明及最终的资产配置方案，这里涉及财富顾问要对零售客户的心理特征和风险偏好有较强的预判力。认知偏差是很难消除的，重要的是要就投资心理或投资风格对资产配置结构影响有更为深入的认知，作为财富顾问——商业银行的“委托代理人”，是应当有义务协助零售客户降低认知偏差带来的负效用。但是在零售客户资产配置时，还是要区别短期和长期，即定位自己的战术资产配置策略和战略资产配置策略，二者在流程中关键点和时效性还是有所区别的。零售客户的资产配置应有专业的流程（见图7－9），这是最大限度避免偏差、提高配置绩效的必要手段。

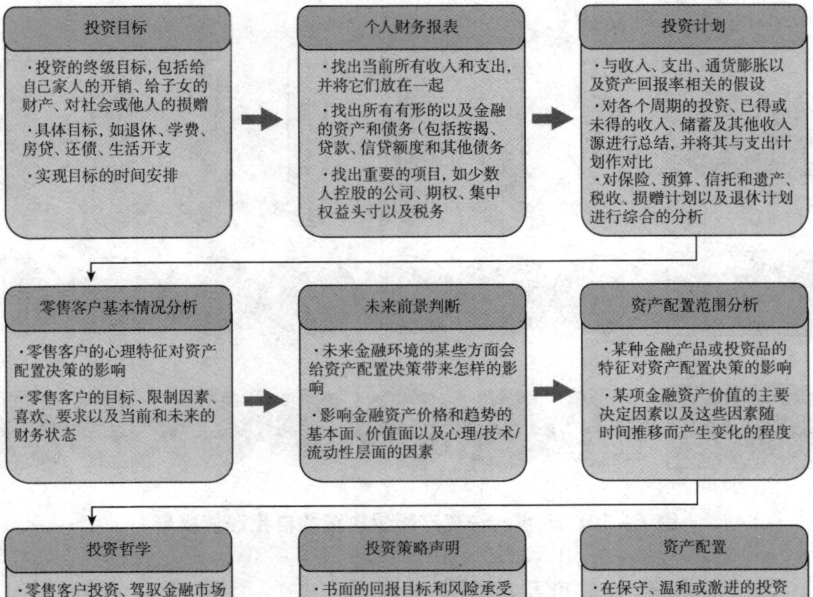

图7－9　零售客户的银行资产配置流程

7.3.2 零售客户的战术资产配置(TAA)

战术资产配置时,通过抓住相对价值和市场机遇变化带来的机会,对风险进行转移和调整,以实现增强业绩表现的目的,是一个对战略性资产配置(SAA)中各资产权重调整的过程,一般是针对短期的资产调整而言,面临的问题有:①在构建资产组合、选择或放弃一项资产时,应该如何执行具体的细节;②在购买、出售、评估、监督或衡量具体配置和财富顾问的收益、波动性以及相关性时,有哪些技术性;③如何操作执行资产配置策略的指导说明;④指导什么是有效投资行为,并禁止不恰当的投资行为。

首先,零售客户需要自我评估资产配置的关键要素,诸如时间、策略、收益、成本、流动性等,已决定了高风险资产与低风险资产两个大类之间的配置权重(见图7-10),并且低风险、低回报与高风险、高回报的资产情况和个人特征不同,且是对立关系。

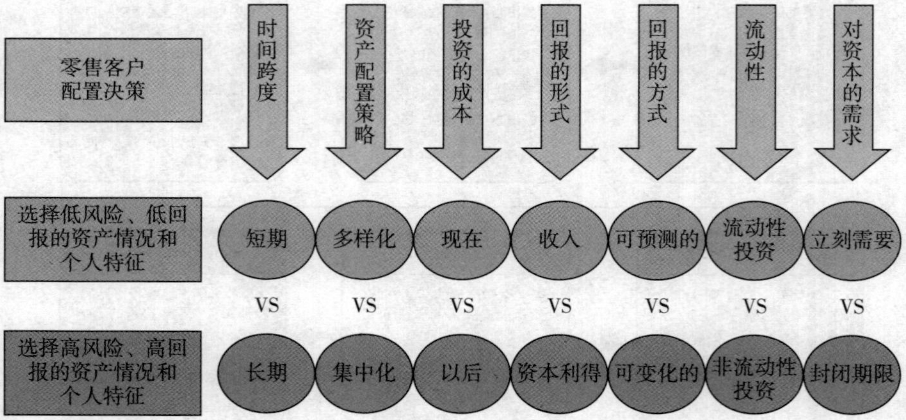

图7-10 零售客户资产配置决策的自我评估要素

其次,需要综合考量自身的财富水平及以外的因素,包括自身"资产负债表"中资产、债务和权益,"损溢表"中对未来税务、风险及市场的研判等,以及"表外"的参照收益水平、投资时间安排、自身评估水平等(见图7-11)。

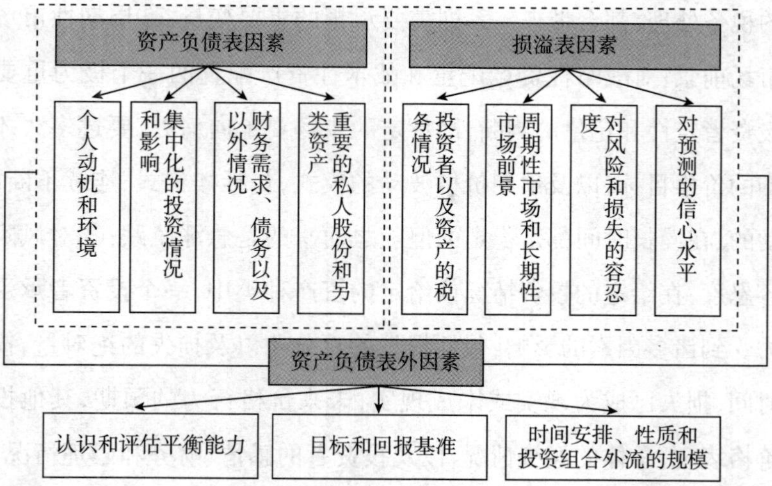

图7-11　零售客户资产配置的财务报表

资产负债表因素。①个人动机和环境:个人投资者应该考虑所配置资产的最终目的。为什么要投资这些资产?当受益人面对其他情况时,这些资产意味着什么?投资者估算的时间周期是怎样的?需要留有余地的有哪些计划内的安排和无法预料的发展?②集中化的投资情况的影响:个人投资者的资产配置应该考虑现有的获预期大的投资头寸、资本流、期权以及受限制证券;同时,是保持集中的投资头寸,还是将这些头寸中的全部或部分转化为其他资产种类做一种多元化处理?在衡量这二者的优势和成本时,我们必须保持客观并缜密地分析;③财务需求、债务以及意外事件:投资者计划的全年支持水平、保证金负债量、抵押贷款以及其他债务会影响到资产配置的决策,因为这些必要的开支可能经常会引导投资者选择能提供可预见支付来源的资产种类和投资行为,以偿还这些债务;④重要的私人股份和(或)另类资产:许多个人投资者在他们总的财富中都有相当一部分属于传统资产配置范围以外的资产种类,包括石油、天然气、艺术品、未开发的土地等。

损溢表因素。①投资者以及资产本身的税务情况:个人投资者的税务情况包括:国内外的税务、资本利得以及遗产税、当前及未来的税级,在制定理想的资产配置时,这些税收情况,以及每一项投资所带来的所有资本和收入流的税务处理，都会带来一系列需要承担的重要变量；②周期性市场和长期性市场前景：对战略性资产配置和战术性资产配置的一个极为重要的影响是投资者定性和定量的判断，即特定的市场要走向何处，要过多久才能达到他们的价格目标，以及预期价格波动的模式，包括楼梯式、连续不断的、高度波动的、在漫长时间都是稳定的但随之而来的是急涨急跌；③对风险或损失的容忍度：在给定的投资情况或给定的资产种类中，一个投资者承受损失的能力受到诸多因素的影响，包括损失的百分比以及损失的绝对量，损失持续的时间，损失已成为现实或未成现实，未来价格行为的预期，其他投资工具的价格表现，总体的经济情况，以及投资者的感情、财务和心理情况；④对预测的信心水平：非常成功的投资者（或资产配置者）与不那么成功的投资者之间一个很大的区别就在于保持信仰和灵活之间的平衡，有的投资者知道自己是对的，他们往往拥有自信的勇气，有的投资者在自己的假设或见解中发现了缺陷，他们则具有必须面对现实、亡羊补牢的灵活性。

资产负债表外因素。①认识和评估平衡的能力：在整个资产配置过程中，很大一部分取决于认识和判断一系列金融因素的技巧，与另一个因素相比，某因素的重要性如何？对于任何给定的平衡而言，要在另外一项变量中获得更为有利的成本和利益情况，对某项变量的成本和利益必须做多大的舍弃？②目标和回报基准：个人投资者为投资活动设定的目标以及每一个目标的相对重要性将决定他们的资产配置，这些目标包括本金的安全、对购买力的保护以及每年的税前或税后的具体回报水平，谨慎和现实的态度在选择一个合理的绝对基准（最终的结果将以此作为衡量）时是至关重要的；③时间安排、性质和投资组合外流的规模：在资产配置中，资本将在何时、以何种形式返回投资组合收益人的手中是十分重要的。

最后，在不同的小类资产之间进行配置。在整体 TAA 中，年龄是一个重要的决策基础，不同年龄阶段会有较为显著的配置结构特点，随着年龄段的递增，配置方向也会发生较大的调整，年龄越高，低风险资产配置比例越大，储蓄和国债持有较多，而理财、基金和股票依次递减（见图 7－12）。除此之外,在遇到不同市场阶段时,不同年龄段的投资策略和投资风格也有所不同,基本而言,牛市行情多,配置高风险资产,熊市行情多,配置低风险资产,这是一般的正向最优策略,但前提是要对市场阶段的来去有较为准确的判断和果断决策的魄力。

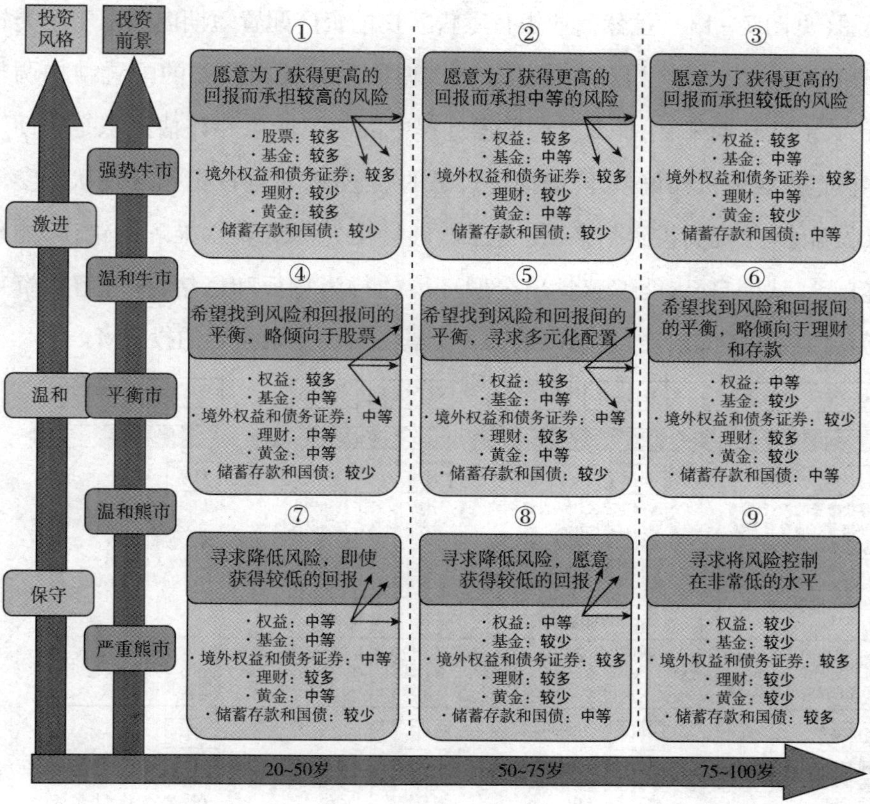

图7－12 零售客户资产配置的战术调整策略

7.3.3 零售客户的战略资产配置(SAA)

战略型资产配置(SAA),也称方向性资产配置,即将资产划拨到不同大类的资产中,SAA的基础是对不同资产做出长期预测收益和风险的假设,通过SAA,资产配置能在投资限制下与投资目标保持一致、平衡风险和收益,并且能在不同类别间得到充分分散,进而降低风险,面临的主要问题有:

①应该如何处理、部署、重视或轻视、避开以及再平衡广泛的资产种类、财富顾问和具体的配置；②如何思考投资，以及面对不同投资时不同方法的适用性；③需要追求或者避免的行为以及投资策略；不同的金融情况和事件下需要考虑的投资技巧和行为。这里引用了戴维·达斯特（2016）的SAA配置路径图（见图7－13），虽然商业银行零售客户的资产配置短期内局限于小类资产的配置，是在风险相对可控的基础上博取相对较高收益的配置结构调整行为，但从长期来看，提高资产配置过程中的学习能力和评估意识是有助于零售客户缓解认知偏差，降低损失厌恶的敏感度，正确设定符合现状的参照点收益水平，提高投资情商，使自己能够看出并降低直觉推理的错误，能理解自己、认同自己，能够感觉出金融环境的行为特征和情绪，并理解投资市场其他参与者的活动，长期内成为一个具备较高金融素养的投资者。

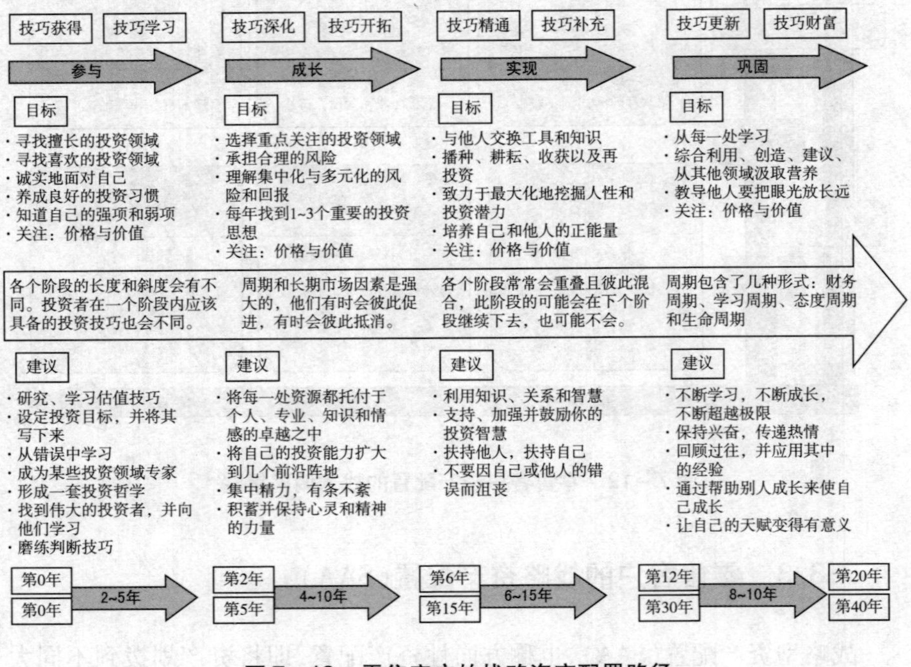

图7－13　零售客户的战略资产配置路径

战略性和战术性原则可以而且应该彼此协调，共同为整个投资组合带来积极的影响，但零售客户应该牢记金融历史：市场趋势不会永远持续下去，成功逃顶或是抄底是极度困难的，市场会向平均值纠正，相对估值是相对的，人是会犯错误的。因此，应该认识到自己根深蒂固的行为偏差的存在才能作出相对正确的资产配置决策，例如，错误估计时间周期；太过看重短期结果；在波动性风险和购买力风险之间，过分强调波动性风险；采用的是避损心态，而不是避险心态；过高估计风险和（或）流动性承受能力；按名义上的数字而不是实际数字思维；在收入需求的驱使下，将投资组合向分红和利息收益倾斜，忽视年投资费用的影响；希望得到保险的保护，却不愿面对额外的保险费用；以最佳表现为基准来预测和衡量近期的资产种类回报；感情、信心和耐性的剧烈波动；忽视资产配置的特点平衡；过高估计投资组合的多元化水平。

7.4　本章小结

本章是在第五、第六章实证分析的基础上，对商业银行及零售客户的资产配置的政策建议，主要分为三个部分，递进陈述。

第一部分，中国资管业将进入资管 3.0 时代（2018—2020 年），这是以 2018 年“资管新规”颁布为标志，首度明确了资产管理业务的定义、产品范围和分类，最大限度地会同了各个监管部门的监管实践和监管意见，立足于解决发展不规范、监管套利、产品多层嵌套、刚性兑付、规避金融监管和宏观调控等问题，统一资产管理产品监管标准，有效防范和控制金融风险，引导社会资金流向实体经济，更好地支持经济结构调整和转型升级。工商银行业也提出了巩固国内理财第一大行、托管第一大行的市场地位，围绕“产品净值化 + 资产标准化”的总体目标，盈利模式由“利差模式”向“管理费模式”转型等新举措。

第二部分，从全球新兴市场的财富管理成熟度看，中国还处于发展阶段的初期，市场环境还未真正开放竞争，资产配置多元化模式还较单一，因此，商业银行的资管业发展尽管遭遇强监管，但资金环境和前景预期还是大有可为。工商银行要从零售银行的客户管理及大类资产配置两方面提高竞争力，要进一步细化管理，根据各等级产品的投资目标，从大类和细类维度制订资产配置方案，从策略维度提供具体的投资建议和方向，实现理财产品与投资品之间基于风险收益水平的相互对应，这主要包括投资品分类、分析框架、配置过程及方案选择等若干环节。

第三部分，回顾了前三章内容的研究结论，认为样本商业银行"无管户"的零售客户，其资产配置行为是基于自身的投资情商进行配置，也就是在没有财富顾问提供金融咨询服务的框架下做出的不合投资时机的资产配置行为，但分析零售客户资产配置行为的目的，只是通过理论工具推理现象，并非找到一种能为零售客户赚钱的投资心理和风格，零售客户要在金融实践中进行投资心理的有效评价，提高资产配置行为的效用价值。提出了零售银行应提高零售客户的管理水平、零售客户的战术资产配置（TAA）及战略资产配置（SAA）的相关建议。

8 研究结论、建议与展望

8.1 主要研究结论

中国资管业即将进入资管 3.0 时代(2018—2020 年),最为显著的特点是“统一监管、打破刚兑”和“受人之托、代客理财”,商业银行的大类资产配置与零售客户的小类资产配置之间的理财产品模式将发生巨大变化,工商银行也在第一时间部署了资管新规下的新举措。为了进一步做好工商银行零售银行业务的客户管理工作,在工作实践中提出了以下问题:①零售客户“有管户”与“无管户”在资产配置上差异不大,那么,作为本书的主要研究对象——“无管户”,从行为金融学损失厌恶的角度,其投资情绪或投资心理如何影响各类子产品资产的配置比例,特别是高风险资产与低风险资产之间的配比?②私人银行客户、财富客户与普通客户作为商业银行以财富水平为基准的 CRM 分类的对象,三者的资产配置有明显的差异性,是否是投资情绪或投资心理的差异性导致的?③不同市场时间段,金融市场整体情绪有所不同,划分“平衡市”“牛市”“熊市”来研究投资情绪或投资心理,是否有较大差异,或者说,三类客户之间有何异同?④在商业银行实务实践中,三类客户的零售贡献(或非利息收入,NII)随着其资产配置结构的差异有所不同,那么,不同的投资情绪或投资心理如何影响零售贡献,三类客户之间又有何差异?⑤理论研究与分析,最终还是应该指导工作实践,在当前的客户管理中,如何掌握一定客户群的投资情绪或投资心理是极为必要的,特别是中国资产管理业即将迎来具有挑战的 3.0 时代,在不久的将来还要面临

4.0时代，在银行理财产品净值化的要求下，该如何与零售客户构建商业关系？这是需要提前思考和践行的。正是基于此，本书以工商银行购买净值化理财产品的零售客户为样本展开资产配置行为研究，从行为金融学损失厌恶的角度出发，通过非线性构建损失厌恶资产配置模型（NLA），并运用二次规划法及广义差分法，对私人银行客户、财富客户、普通客户的投资心理和投资风格，以及对商业银行非利息收入的影响等进行了实证分析，主要研究结论如下：

首先，基于非线性损失厌恶资产配置模型（NLA）的实证分析得出：

（1）通过下偏矩风险测度方式对商业银行零售客户的最优资产配置的二次规划法，可以通过最小偏差的方式找到与实际相近的资产配置结构。对于非线性损失厌恶资产配置模型（NLA）而言，较线性损失厌恶资产配置模型（LLA）更能真实反映损失厌恶程度中大额损失要比小额损失更让人们"费心"的特征，其实证结果较均值方差模型（MV）、均值半方差模型（M－SV）及条件在险价值模型（CVaR）更为接近实际和实务。

（2）对于非线性损失厌恶资产配置模型（NLA），私人银行客户与普通客户的动态场景1～8中的各项子产品资产配置比例差异不大，但财富客户却在动态场景之间有一定的差异性。从投资绩效评价指标索提诺比率、欧米伽比率和信息比率结果来看，私人银行客户要高于财富客户，财富客户又高于普通客户，总体反映出：私人银行客户的投资回报与高风险资产持有比例呈正向趋势，财富客户的主动管理能力不强，普通客户的高风险资产持有比例与投资绩效略成反向关系。

（3）虽然平均投资收益随财富水平提高而增加，私人银行客户大于财富客户和普通客户，但私人银行客户的投资风格却以保守型为主，反而财富客户和普通客户以激进型为主；进一步看出，所有零售客户的赌徒谬误心理均累积较多，私人银行客户的禀赋效应位居投资心理首位，财富客户和普通客户以有限理性为首，结合平均投资收益看，私人银行客户的投资情绪较为矛盾，既有可能在盈利情况下调增预期，减少高风险资产配置比例，也有可能在亏损情况下下调预期，增加高风险资产配置比例，策略会有激进和保守同时存在的可能，充满谨慎和投机，但财富客户和普通客户对投资时机的把握能力却不如私人银行客户，财富客户集中在动态场景2和动态场景3的投资心理，力争多配置高风险资产，普通客户集中在动态场景6和动态场景7的投资心理，力争多配置低风险资产，但三类客户的战术性资产配置水平有一定的差距。

(4)从市场分段分析看，三类客户的高风险资产配置比例大小依次为“牛市”“熊市”和“平衡市”，但损失厌恶评价得分方面，只有财富客户在“熊市”增加了损失厌恶程度，私人银行客户和普通客户却减少了损失厌恶程度，其中，普通客户的减少程度相对最大；“平衡市”中，三类客户的投资风格都为激进，这是牛市前的情绪基础，但私人银行客户心理较为谨慎，财富客户心理较为均衡，普通客户较为后悔(上一波“熊市”造成的损失冲击所致)；“牛市”中，三类客户的投资风格均为保守，但私人银行投机心理较重，财富客户心理依旧均衡，普通客户却在自信和后悔间切换；“熊市”中，三类客户的投资风格出现分化，私人银行客户趋于保守，财富客户在激进和保守间转换，普通客户以激进为主，但私人银行客户却开始在自信和后悔间徘徊，财富客户和普通客户以有限理性的平衡心为主，其中，普通客户的赌徒心理相对较重。

(5)全书假设零售客户都是月度评价自己的投资并在下期作出战术性资产配置决策，损失厌恶程度基本和高风险资产配置比例调整成反向关系。虽然行为金融学理论强调损失厌恶是一单位损溢变化的心理差距上的不平等导致的，但也不可忽视投资者初始财富水平对其投资心理的影响，这与常相对风险厌恶理论(CRRA)强调初始财富水平对风险厌恶程度的影响一样，因此，私人银行客户群体是绝对中上产阶层的代表，财富客户群体是一般中产阶层的代表，而普通客户群体只是大众阶层的代表，仅考虑样本层面，私人银行客户群体在财富、学历和投资经验等方面都较其他客户群体具有一定的优势，投资心智更为成熟，投资风格更为稳健，承受损失的能力也更强，但财富客户和普通客户却较在相对有限的投资资金中力图“投机”获益，但整体战术性资产配置水平不高。

其次，从零售客户资产配置行为对商业银行非利息收入影响的实证分析得出：

（1）高风险资产交易额（SA）正向对商业银行的非利息收入（NII）都有显著影响，但不同类的零售客户同笔交易额影响程度不同，高风险资产持有量（RA）对商业银行的非利息收入（NII）有显著影响，但不同类的零售客户作用方向和程度均不一致。

（2）并非所有的投资心理对商业银行的非利息收入（NII）都有显著影响，且不同类的零售客户其显著特征的投资心理对商业银行的非利息收入（NII）的影响方向和程度均不一致，激进的投资风格对商业银行的非利息收入（NII）均有影响，与投资心理相似，不同类的零售客户影响方向和程度不一致，投资心理和投资风格是两种虚拟变量，但对商业银行的非利息收入（NII）的影响有交互效应。

（3）从 Chow 突变点检验结果看，私人银行客户为“平衡市”与“牛市”交汇期——2014 年 7 月，而财富客户和普通客户为“牛市”与“熊市”交汇期——2015 年 7 月，其投资心理和投资风格有明显变化，但财富客户和普通客户却是同一种投资心理和投资风格，表明私人银行客户资产配置行为的变化影响了高风险资产的交易额和持有量的变化，进而作用于非利息收入，但财富客户和普通客户对市场的敏感度相对较弱，且高风险资产的交易额或持有量对非利息收入的影响相对较弱，特别是普通客户更为显著。

（4）从非利息收入结果看，财富客户反而最低，结合资产配置行为看，原因可能在于一直的过度自信和激进，导致高风险资产账面的连续缩水，而普通客户却在市场下跌后不断转入低风险资产，从投资心理影响非利息收入的方向看，私人银行客户显著不同，是反向作用于非利息收入且影响程度相对最高，比较模型设定场景，可以得出：在犹豫的投资心理场景中，私人银行客户与财富客户、普通客户对高风险资产交易的选择方向是相反的。

(5)交易额SA都是正向影响非利息收入,这是可以实践验证的,但持有额RA却出现了分化,私人银行客户和财富客户是反向影响非利息收入,但普通客户却是正向,说明财富水平高低具有较大的服务“议价权”,商业银行对中高端客户的贡献返还是常态,特别体现在“阶梯式”的预期收益率和管理费返还上,进而导致银行在同一金融市场的盈亏场景中所获非利息收入有所不同。

最后,私人银行客户投资心理出现最多的是禀赋效应($P_S = 25\%$),投资风格出现最多的是保守($P_S = 44\%$),但却是后悔厌恶($P_S = 22\%$)和激进($P_S = 32\%$)显著影响非利息收入,同样,财富客户投资心理出现最多的是有限理性($P_C = 25\%$),投资风格出现最多的是激进($P_C = 48\%$),但却是过度自信($P_C = 15\%$)显著影响非利息收入,普通客户投资心理出现最多的是有限理性($P_P = 31\%$),投资风格出现最多的是激进($P_P = 53\%$),但却是过度自信($P_P = 15\%$)和后悔厌恶($P_P = 22\%$),温和($P_P = 42\%$)显著影响非利息收入,可能的原因是研究对象为样本商业银行“无管户”的零售客户,其资产配置行为是基于自身的投资情商进行配置,也就是在没有财富顾问提供金融咨询服务的框架下做出的不合投资时机的资产配置行为,但分析零售客户资产配置行为的目的只是通过理论工具推理现象,并非找到一种能为零售客户赚钱的投资心理和风格,也不是要建议商业银行去引导零售客户产生某种能促使银行赚钱的投资心理和风格,两个主体间一定不是“零和博弈”的关系,而是工商银行要做好大类资产的相对最优配置,零售银行要管理好不同财富水平零售客户的金融服务,零售客户要在金融实践中进行投资心理的有效评价,提高资产配置行为的效用价值。

8.2 政策建议

商业银行在中国资管管理行业发展中的地位和作用可谓举足轻重,特别是在当前个人投资者依托机构的专业性、规模性和净值平滑机制等优势来分享市场投资机会,向机构投资者靠拢的时期。未来,从宏观上看,在相对积极的财政政策和松紧适度的货币政策下，M2 增长 10%左右，社会融资规模存量增长 13%左右，新增人民币贷款 14 万亿元，预计商业银行经营将进一步好转，多数指标回暖，主要驱动力源于净息差小幅回升，非利息收入增速可能企稳，银行业风险化解逐渐进入尾声，资产质量进一步改善，预计全年净利润增长 6.5%；从微观上看，全国居民人均可支配收入同比持续增长，2018 年名义增长 8.75%，其中，北京市实际增长 6.4%；从全球新兴市场的财富管理成熟度看，中国还处于发展阶段的初期，市场环境还未真正开放竞争，资产配置多元化模式还较单一，因此，商业银行的资管业发展尽管遭遇强监管，但资金环境和前景预期还是大有可为。主要的政策建议有以下五点：

(1)零售客户的分层管理是必要的，也是必然的。零售客户财富水平越高，资产配置越多元化，金融市场受到系统冲击影响的期限越长，但影响程度越小。因此，需要针对不同财富水平层次配备相应金融素养的财富顾问，提供金融咨询服务和理财产品配置建议，并且伴随着零售客户财富发展阶段的不同需求类型提供更为多元化的资产品种。

(2)细化管理是分层管理的最高目标。具体到零售客户管理而言，除了基本的分层管理，还要对同一层零售客户进一步细化管理，一般从内生和外展两方面入手。内生管理，是围绕银行效能展开，依据零售客户贡献的由低到高做好配套的服务，是“大零售”范围内“强个金”的表现；外展管理，是围绕同业竞争展开，通过分析零售客户在其他银行的业务情况及所在银行的特征，有效进行“查漏补缺”，在挽回流失客户的同时，拉转其他银行的潜力客户，提高同业竞争力和市场地位，当然，这还包括了对其他银行经营管理及优秀员工的学习和挖掘。

(3)资产配置管理是细化管理的重要体现之一。零售客户对商业银行的满意度，除硬件感受和员工服务外，最为直接和客观的就属资产配置管理，因为这体现了商业银行的专业水准和市场能力。对于商业而言，首要的就是要建立一套资产配置分析体系，应该包括投资目标、客户财务状况、投资计划、客户基本情况、未来前景判断、资产配置范围分析、投资哲学、投资策略声明及最终的资产配置方案，这里涉及财富顾问要对零售客户的心理特征和风险偏好有较强的预判力。

（4）零售客户要有战术资产配置策略。不仅需要自我评估资产配置的关键要素，诸如时间、策略、收益、成本、流动性等，决定高风险资产与低风险资产两个大类之间的配置权重，还需要综合考量自身的财富水平及以外的因素，包括自身“资产负债表”中资产、债务和权益，“损益表”中对未来税务、风险及市场研判等，以及“表外”的参照收益水平、投资时间安排、自身评估水平等，最后，在不同的小类资产之间进行配置。

（5）零售客户要有战略资产配置策略。虽然商业银行零售客户的资产配置短期内局限于小类资产的配置，是在风险相对可控的基础上博取相对较高收益的配置结构调整行为，但从长期来看，提高资产配置过程中的学习能力和评估意识是有助于零售客户缓解认知偏差，降低损失厌恶的敏感度，正确设定符合现状的参照点收益水平，提高投资情商，使自己能够看出并降低直觉推理的错误，能理解自己、认同自己，能够感觉出金融环境的行为特征和情绪，并理解投资市场其他参与者的活动，长期内成为一个具备较高金融素养的投资者。

8.3　研究展望

虽然 Markowitz 均值方差的资产组合理论在现实应用时存在诸多的问题和弊端，大量学者也对理论和模型进行了修正和完善，但 Kahneman，Tversky 和 Statman 等行为金融学大家从个体投资者的心理出发，通过实验方式对现实金融异象给予了令人信服的解答，也有不多学者通过行为资产配置模型的构建对金融异象给出了更为科学的解释，两种理论各有特点和应用场景，没有优劣之分。但作为商业银行零售客户的理论研究基础，特别是在未来理财投资化的背景下，从损失厌恶的行为金融学对零售客户的投资心理进一步展开研究，是具有理论通解和实践价值的，本书只是从方法论的角度开启了银行客户投资心理的研究,这在既往文献和实务领域是少有涉及的,也就因此而存在诸多需要改进、修正和完善的地方,未来,还将从以下三方面着手:

(1)零售客户投资心理分析框架的进一步改进。本书首次建立了包含1种静态场景和8种动态场景的投资心理和投资风格分析框架,是通过假定参照点收益率、实际收益率、损失厌恶系数及高低风险资产变化程度和方向来推导投资心理的,是通过设定国债收益率为参照点收益率、理财问卷调查为损失厌恶系数的方式建立的,虽然是行为金融学领域较为惯常的做法,但还有较大的主观性,未来,还要通过更为科学和直接的方式获取基础数据,让实证研究结果可信度更高。

(2)零售客户的分层研究还要进一步细化。本书是将样本银行的客户数据从财富水平的角度划分为三类,也是商业银行惯用的大类分法,但对三类客户的资产配置行为研究,业内几乎是空白,在笔者既往的研究中也发现了一些有价值的规律和有意义的结论,未来,笔者还要进一步挖掘数据,充分借助工商银行强大的系统平台,将对客户的分层划分为六类,缩小样本客户之间的财富差距,通过较为完善的模型和分析框架来验证不同客户群体之间的差异性,发现更多的规律。

(3)一切研究的宗旨是发现、解释和解决问题。当前的研究重点在于围绕不同层次零售客户投资心理和投资风格的研究,也引出了其对商业银行非利息收入的影响,但还较为粗浅,未来,计划要从两方面入手提高研究的广度和深度:一方面,加入消费数据和贷款数据提高研究的广度,这将提高理论研究面积;另一方面,对零售客户的行为研究如何落在商业银行增加非利息收入上,这将提高研究的深度,使整体研究更为厚重,价值应用程度更高。

9　商业银行零售银行业务相关研究简论

9.1　金融新常态下基层零售银行储蓄存款发展情况研究

面对中国经济的四大困难:经济下行压力较大、结构调整阵痛显现、企业生产经营困难多、部分经济风险暴露,作为网络社会如影相随的金融业,着实遇到了“新常态”:在大数据、云计算和移动互联的信息腾飞时代,金融监管平衡中审慎包容,民营金融、互联网金融、普惠金融、农村金融异军突起,顶层设计重质量、讲效益,底层运营博创新、拼活力,社会经济金融体在“市场化、专业化、国际化、信息化”的新格局中寻找新增长点,在开放创新中改革发展。作为金融业“领头羊”的银行,迫切需要“认识新常态,适应新常态,引领新常态”,正如银监会原主席尚福林所言:银行业在经济新常态下要充分认识贷款增速回稳、存贷利差收窄、社会融资方式转变、不良贷款反弹、监管“宽进严管”五大趋势。只有充分深刻认识到金融新常态特征,才能主动地应对金融新常态下的风险挑战,更加积极地推动银行业转型发展,为银行业发展注入更加持久的内生动力。

1995 年 5 月,《商业银行法》规定了资产负债比例管理的四大指标,其中,贷存比(惯称存贷比)不得超过 75%,银监会成立后将此作为监管指标,直至 2015 年 6 月,国务院在提请全国人大审议《商业银行法修正案》后,将存贷比 75% 的指标删除,只作为流动性监测指标来监管。根据银监会统计,2014 年年底,271 家商业银行存贷比在 70% 以上,超过 75% 的有 86 家,超过上限的主要是外资银行和村镇银行①。在此期间,央行已经就商业银行存款和贷款的统计口径作了调整。虽然贷存比的历史功绩和弊端渐去,但随着社会融资方式的演进,“非存非贷”的资产规模逐渐壮大,金融“脱媒”趋势明显,作为银行经营的源头之水,储蓄存款依旧是各家商业银行的竞争对象,即便央行自 2012 年 6 月允许金融机构上浮存款利率 10% 以来,又于 2014 年 11 月 22 日、2015 年 3 月 1 日及 5 月 11 日分别上浮 20%、30% 和 50%②,从各家银行一浮到顶的态势看,通过此类利率市场化手段来调节储蓄存款市场还远不及预期。

储蓄存款在零售银行的地位如同压舱石、桥头堡,毋庸置疑,这是商业银行“大零售”战略发展的前提和必要,也是“大资管”时代发展的基础和源头,特别是在银行业开启储蓄存款日均考量之际,从 4 天季末时点冲刺到 1 年天天冲刺,可谓“无存款不银行”,这是金融新常态的开始,也是新挑战与新机遇并存的开端。北京地区,2015 年全口径人民币储蓄存款工行较年初负增 33 亿元,农行、建行、中行分别增长 185 亿、120 亿、73 亿元;其他商业银行中,招行、北京银行、农商行、交行的储蓄存款增长均在 100 亿元以上,其中招商银行增储 474 亿元,遥遥领先。因此,伴随着金融新常态,“大资管”时代升级发酵,储蓄存款之争未来还将持续很长时间。

9.1.1 文献综述

从现有关于储蓄存款的文献看,大体有两方面:

一方面,有学者从中国居民储蓄率角度进行研究,找到了影响储蓄率的趋势因素,如体制、收入、房价等。宿金明(2007)③从居民收入提高、经济转轨、资本市场不完善方面等认为储蓄存款过剩,并从国有商业银行盈利能力下降、资产恶化、系统性风险等角度说明了储蓄存款过剩的负面影响。杨银海(2007)④

①唐双宁. 取消存贷比改革正当时[J]. 中国金融,2015(18):33-34.

②中国工商银行是自 2014 年 3 月、2014 年 12 月及 2015 年 4 月开始执行,至今未放开 50% 的权限。

③宿金明. 储蓄存款过剩对商业银行的影响及其对策分析[J]. 广东财经职业学院学报,2007(1):49-52.

④杨银海. 当前我国储蓄存款下降的经济影响分析[J]. 经济研究参考,2007(61):24-26.

认为房产、股票及基金等对储蓄存款起到了分流作用，储蓄存款下降对改善国内金融资产配置结构、提高资金使用效率、促进消费有积极作用，但也会对银行在流动性经营方面造成一定的冲击。周博（2016）①从双风险（收入和利率）来源视角，揭示了收入、房价的不确定性及其相对谨慎系数共同引致了预防性储蓄，并用实证得出城镇居民的预防性储蓄对房价是敏感的，且与消费支出之比呈现出递减趋势。李雪松和黄彦彦（2015）②使用中国家庭金融调查数据证明，房价持续上涨是推高储蓄率的重要因素。厉克奥博、潘庆中、伏霖（2014）③在可比校正的基础上，通过误差修正模型（ECM）对未来10年的储蓄率进行了预测，认为人均GDP增长6%以上，储蓄率还会增长，否则相反。

另一方面，有学者从银行经营角度进行研究，发现了客户储蓄存款的趋势及影响因素。罗宏（2014）④认为储蓄存款有活期化倾向，且理财化凸显，短期内理财产品对储蓄存款的影响是不稳定的，长期内存在负向影响，且持续性较强。王甘（2015）⑤从农业银行城区行的角度，分析了宏观经济下行、互联网金融、同业竞争等对储蓄存款的不利影响，并提出如何从营销揽储角度提高储蓄存款。李华、侯臣（2008）⑥以南京银行为例分析得出，理财产品对储蓄存款在当期有“挤占”，但长期来看是有利于储蓄存款增长的。冯利英、鞠海伟、李海霞（2014）⑦通过实证分析得出利率是影响储蓄存款的重要因素，且不分名义和实际利率。旺红驹、张慧莲（2006）⑧的数据模拟结果说明，储蓄存款对利率、通货膨胀率方差和股市收益率变动的敏感性较大，但

①周博．房价波动会引致预防性储蓄吗［J］．统计研究，2016（4）：18－26.

②李雪松，黄彦彦．房价上涨、多套房决策与中国城镇居民储蓄率［J］．经济研究，2015（9）：100－113.

③厉克奥博，潘庆中，伏霖．新常态下可比居民储蓄率的变动趋势研究［J］．经济学报，2014（4）：14－18.

④罗宏．储蓄存款理财化与存款利率市场化问题研究［J］．金融经济，2014（16）：69－73.

⑤王甘．当前形势下城区行储蓄存款业务发展对策分析［J］．农银学刊，2015（3）：34－36.

⑥李华，侯臣．理财产品发行对储蓄存款余额变动的影响分析——以南京银行为例［J］．技术与市场，2008（11）：23－25.

⑦冯利英，鞠海伟，李海霞．影响我国居民储蓄存款因素的实证分析［J］．内蒙古财经大学学报，2014（3）：1－7.

⑧旺红驹，张慧莲．资产选择、风险偏好与储蓄存款需求［J］．经济研究，2006（6）：48－58.

对股市收益率方差和通货膨胀率的敏感性较小。

上述关于储蓄存款的文章大多基于居民角度寻找影响储蓄率的因素，而客户作为居民的另一种群体身份，如何从零售银行角度看待储蓄存款的发展趋势，此类文献不多，特别是有数据支撑的较少。本节以工商银行基层零售银行为实例，对近4年的储蓄存款总体趋势、不同期限储蓄存款余额、客户分层储蓄存款之比及跨行资金流动等情况进行分析，结合近年来的工作实践，旨在找到储蓄存款发展中的趋势性规律，并试图对当前金融新常态下的工行在储蓄存款发展方面提出建议。

9.1.2 样本银行储蓄存款发展概述

(1)储蓄存款时点发展趋势

2012年至今，样本银行储蓄存款最低316亿元、最高347亿元，平均334亿元，在经历2013年6月“钱荒”之前，储蓄存款一路上扬，“自然增长”迹象明显，从2014年开始，存款向下走低，也正是在此后，工商银行开始施行央行2012年6月关于上浮存款基准利率10%的决议，伴随着中国资本市场的“冰火两重天”，储蓄存款摸顶347亿元，在下探近20亿元后震荡前行，目前346亿元，位居北京分行第6位(见图9-1)。

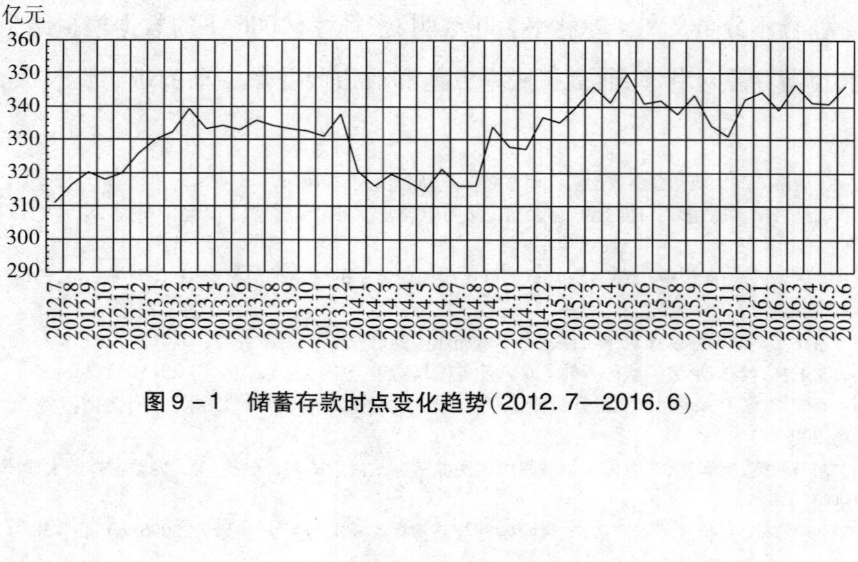

图9-1　储蓄存款时点变化趋势(2012.7—2016.6)

(2)金融资产与储蓄存款

储蓄存款与基金、理财、保险、贵金属、国债等一同组成了金融资产,但近年来随着“大资管”时代的到来,零售银行的金融资产在逐月递增,但储蓄存款作为银监会的一项流动性监测指标,却在经营管理中波动前行。该零售银行金融资产最低488亿元、最高581亿元,其中,储蓄存款平均占比62%,且呈现逐年走低的趋势,年均下降2.5个百分点(见图9-2),这与中国居民收入水平、改善型购房需求、理财意愿、存款利率等有密切关联。

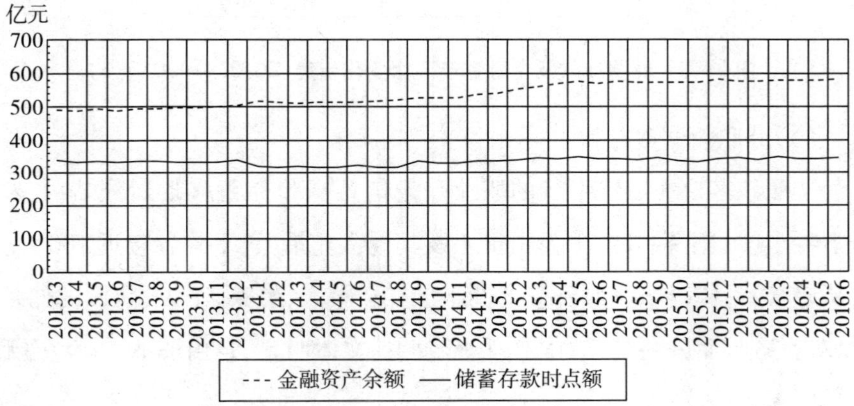

图9-2　金融资产与储蓄存款变化趋势(2013.3—2016.6)

储蓄存款与金融资产的月度环比是震荡前行,一般而言,只有储蓄存款的壮大才能保障金融资产存在有效规模,也才能为零售银行提供收入贡献,从双曲线图9-3看,二者基本保持涨跌幅方向的一致性,但金融资产的变化幅度要远大于储蓄存款,其中,2014年1月,储蓄存款与金融资产出现了明显的相反对峙,主要在于各类基金市场在2013年第4季度出现了大幅亏损,股票型、混合型、债券型分别亏损349.53亿元、127.43亿元、68.44亿元[①],基金类资产赎回向储蓄存款转化。

①程亮亮. 四季度基金遭遇大量赎回货币基金最赚钱[N]. 第一财经,2014-01-23.

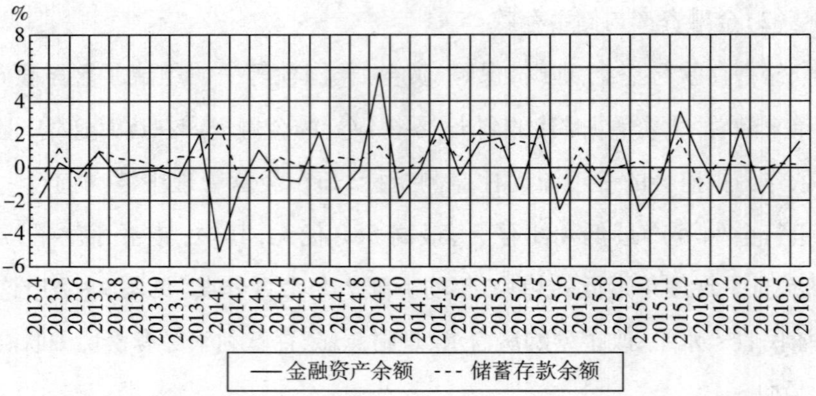

图 9-3 储蓄存款及金融资产环比变化趋势(2013. 4—2016. 6)

(3)分职业储蓄存款

按照该客户在零售银行的职业登记信息①,将储蓄存款划分结构,发现以下特点(见图 9-4):①公司员工及其他占比最大,平均各接近 100 亿元;②从趋势看,传统职业如公务员、事业单位、军人、警察、工人、公民的储蓄存款较为稳定,而公司员工、技术、私营业主、文体明星、自由职业、学生及无职

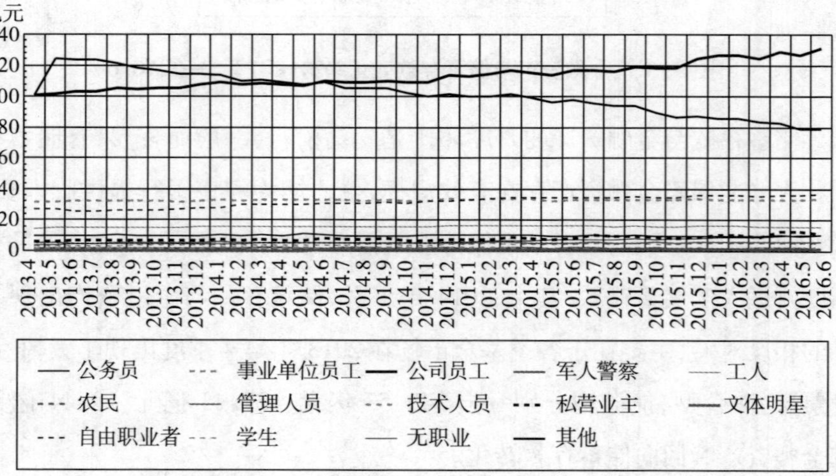

图 9-4 分职业储蓄存款变化趋势(2013. 4—2016. 6)

①客户自主登记职业信息,本书讨论中除去客户随意登记及故意登记等因素。

业者却在逐年攀升，其中，公司员工增幅最大，其他类呈递减趋势；③李克强总理提出的“大众创新、万众创业”具有一定的收入效应，促进了市场化职业人群的储蓄存款规模，同时，壮大了金融资产规模。

9.1.3 期限结构的储蓄存款分析

商业银行的储蓄存款包括活期、整存整取（定期 3 月、6 月、1 年、2 年、3 年、5 年）、通知存款（1 天、7 天）、零存整取（1 年、3 年、5 年）、存本取息（1 年、3 年、5 年）、整存零取（1 年、3 年、5 年）、教育储蓄（1 年、3 年、6 年）。除活期、整存整取、通知存款外，其余存款品种的规模余额基本为零，这里不再讨论。

（1）活期存款

基本从 2014 年第 4 季度开始，活期存款利率、活期存款规模逐月走高，且活期存款在储蓄存款占比中也有逐步提高的趋势，印证了罗宏（2014）[①]认为储蓄存款有活期化倾向的观点，规模保持在月均 0.79% 的增速，占比以月均 0.23 个百分点的增速递进，现达到 131 亿元的规模（见图 9－5）。其间，自 2012 年 6 月 8 日起，活期存款利率维持 0.35% 不变。

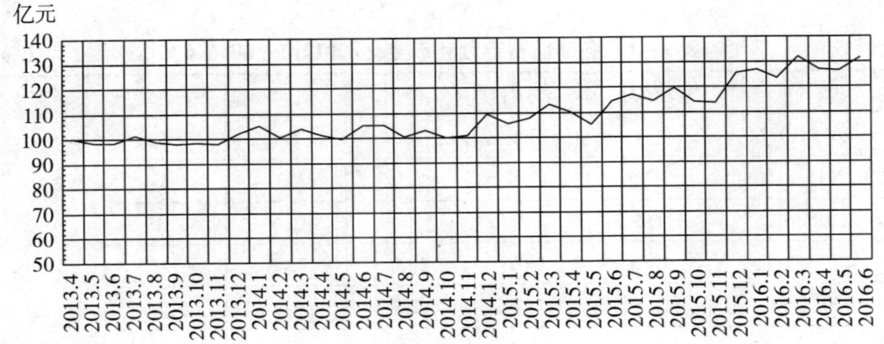

图 9－5 活期存款规模变化趋势（2013. 4—2016. 6）

①罗宏．储蓄存款理财化与存款利率市场化问题研究［J］．金融经济，2014（16）：69－73.

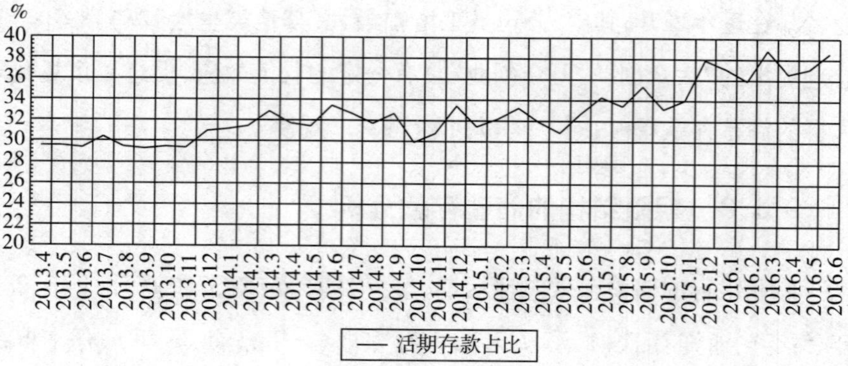

图 9－6 活期存款占比储蓄存款变化趋势(2013.4—2016.6)

(2)整存整取

2012 年 7 月至今,除 5 年期外,央行共 6 次调整储蓄存款基准利率(见表 9－1),作为传统货币政策的重要工具,2014 年起连续降息 6 次无不与中国经济 GDP 保 7% 相关联,现如今,央行的货币政策工具已经较为丰富,不再以利息作为预期调整的中间工具。再从图 9－7 看,引入 CPI 指标,与降息路径相比,二者的关联度已经减弱,说明用 CPI 衡量经济过热或过冷来作为利率货币政策的依据持续减弱,当然,这与 CPI 指标的涵盖内容有争议也有关。

表 9－1 各期储蓄存款利率变化(2012.7—2016.6) (%)

	3 个月	6 个月	1 年	2 年	3 年	5 年
2015/10/24	1.1	1.3	1.5	2.1	2.75	
2015/8/26	1.35	1.55	1.75	2.35	3	
2015/6/28	1.6	1.8	2	2.6	3.25	
2015/5/11	1.85	2.05	2.25	2.85	3.5	4.75
2015/3/1	2.1	2.3	2.5	3.1	3.75	
2014/11/22	2.35	2.55	2.75	3.35	4	
2012/7/6	2.6	2.8	3	3.75	4.25	

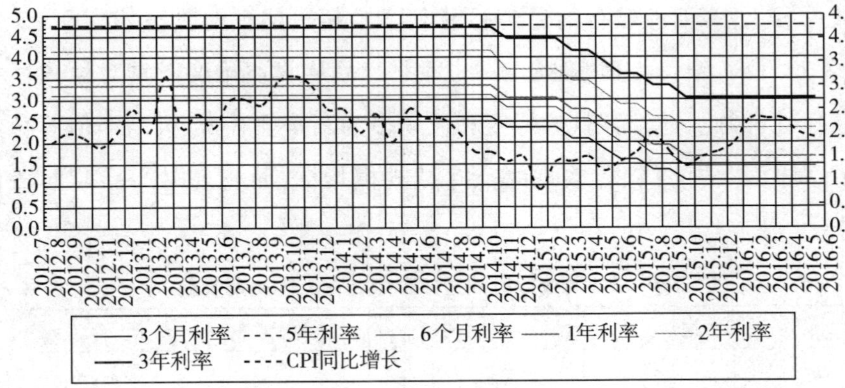

图9-7 各期定期利率与CPI同比变化趋势(2012.7—2016.6)

在整存整取的储蓄存款中,3个月、6个月、1年期的存款余额不断走低,其中,1年期降幅最大,但2年、3年、5年期的存款余额不断走高,其中,2年期增幅最大(见图9-8),原因有:一方面,存款"理财化"+"活期化"趋势明显,特别是1年以内的银行理财产品种类繁多,在一定程度上分流了储蓄存款;另一方面,就银行定期存款的客户群而言,年龄大者占据绝大多数,且定期存款规模维持在5%的偏离度,说明惯性配置定期存款的客户调整了"投资周期",将原有短期存款转为中长期存款。

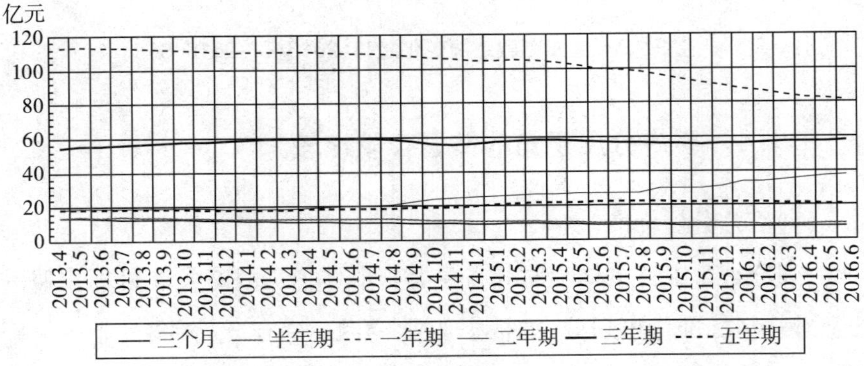

图9-8 各类定期存款金额变化趋势(2013.4—2016.6)

(3)通知存款

通知存款的峰度和波动很明显,基本都出现在季末和"十一""春节"等长假前后,"1天"的最大波动在1亿元,"7天"的最大波动在1.3亿元,一般而言,各家商业银行的通知存款利率及超短期理财收益如表 9-2 所示,不难看出,银行类似"现金宝"的理财产品从收益角度极具对通知存款的替代性,因此,通知存款的峰度和波动多为高净值客户、极高净值等私人银行客户为"协助"银行实现时点存款规模指标,而将理财产品赎回转化而来。

表 9-2　商业银行的通知存款利率及超短期收益　(%)

通知存款			超短期理财(1 天、7 天)
品种	1 天	7 天	2% ~3%
利率(%)	0.80	1.35	

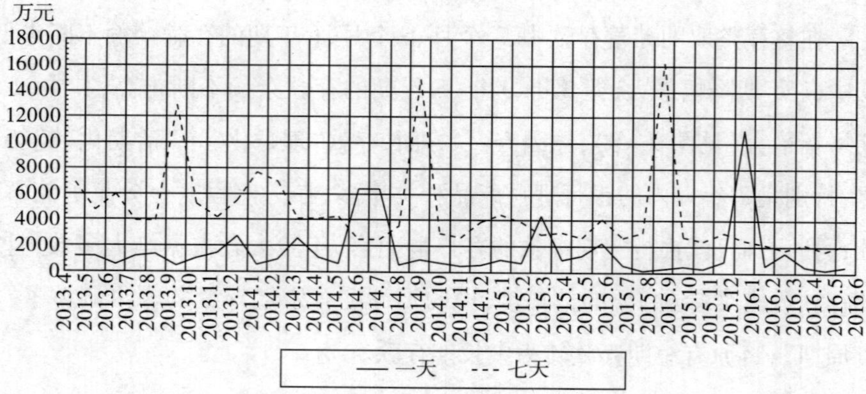

图 9-9　通知存款余额变化趋势(2013.4—2016.6)

9.1.4　客户分层视角的储蓄存款比较

(1)客户分层标准

一般而言,银行主体会对其自身客户群体依据战略发展目标按照一定的金融特征标准作出划分,如依据职业、年龄、持有产品种类、业务类别及资产余额等,本节依据客户在工商银行资产的季末时点余额高低,将客户划分为三个层次,资产[0,100]万元为普通客户、资产[100,800]万元为财富客户、资产[800,∞]万元为私人银行客户,或可认为分别是低端、中端和高端①。当然,客户资产异动有可能影响其所在层次,但对本节近 8 万的客户群而言,按照年平均零售资产回报率及收入水平,普通客户的户均资产最高约 50 万元,财富客户的户均资产最高约 200 万元,除行外资产拉转、保险赔偿、房产买卖等突发因素,客户层次很难跃进,且此类客户为数不多。本节特对不同层次客户就研究对象作了相应比较。

(2)客户规模占比比较

2014 年 6 月以前,在该零售银行总体客户中,三类客户规模占比基本稳定,中高端客户占比约 10%,此后至 2015 年 9 月,客户结构有所调整,中高端客户占比约 20%,再往后,中高端客户占比约 35%(见图 9 - 10),这是工商银行在资产管理战略上的调整,缩小了财富顾问及客户经理的服务对象,提高了对中高端客户的资产管理权重。

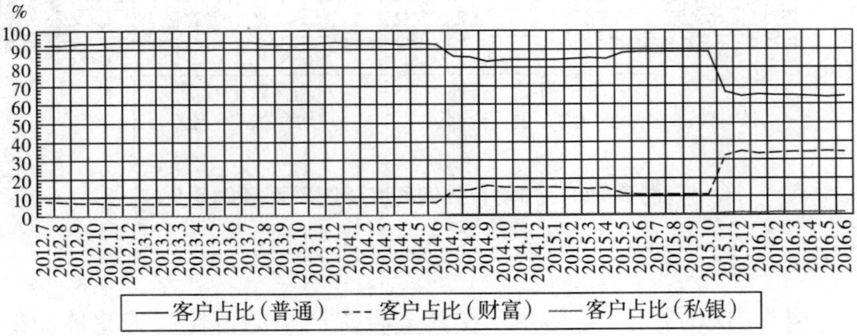

图 9 - 10 客户占比变化趋势(2012. 7—2016. 6)

(3)户均存款偏离度(ADD)比较

户均存款是指当月平均每个客户的储蓄存款规模,为了清楚比较三类客户近年来户均储蓄存款增减情况,定义户均存款偏离度(Average Deviation of Deposits,ADD),来观察户均存款走势。

①按照工商银行总行对全国客户依据资产划分标准,资产大于 5 万元的客户都是中高端(笔者认为与全国居民五等份收入分组,高收入组人均年可支配收入 54544 元有关),鉴于研究地域为北京,笔者作了 100 万元以下为普通客户的划分。

$$户均存款偏离度(ADD)=\frac{某类客户户均存款-全部客户户均存款}{全部客户户均存款}$$

普通客户的ADD值最为平稳，几乎接近全部客户的ADD值，财富客户ADD值呈缓慢下降趋势且波动小，私银客户ADD值震荡下行但有季度末的大幅上扬（见图9－11），整体来看，三类客户的户均存款差距在缩小，原因大体在于居民储蓄存款普遍减少及“理财化”趋势。

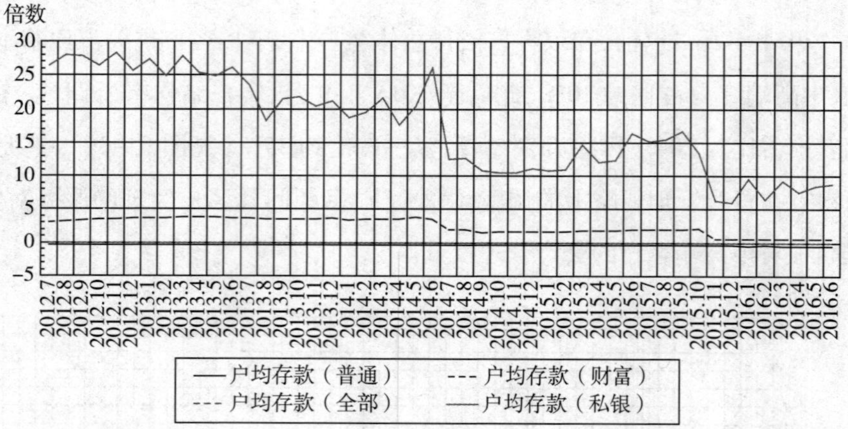

图9－11　户均存款偏离度(2012.7—2016.6)

(4)存款占比比较

不同层次的客户，储蓄存款在其金融资产中的占比趋势整体相似且逐渐走低，但普通客户＞财富客户＞私银客户，原因在于，随着客户财富的积累，金融资产整体在上涨，但存款作为日常预防性动机而言，资产配置权重在减弱，更多的资金在走向理财、保险、基金、贵金属等。随着2014年5月工行实施“大零售”战略，在客户管理方面朝精细化、专业化方向迈进，促使零售银行加强了对中高端客户的管理，特别是在2015年9月起，更是浓缩了资产管理的对象，进一步提高对中高端客户的维护和管理，进而导致管理资产结构的调整，中高端客户的存款占比显著加大（见图9－12）。

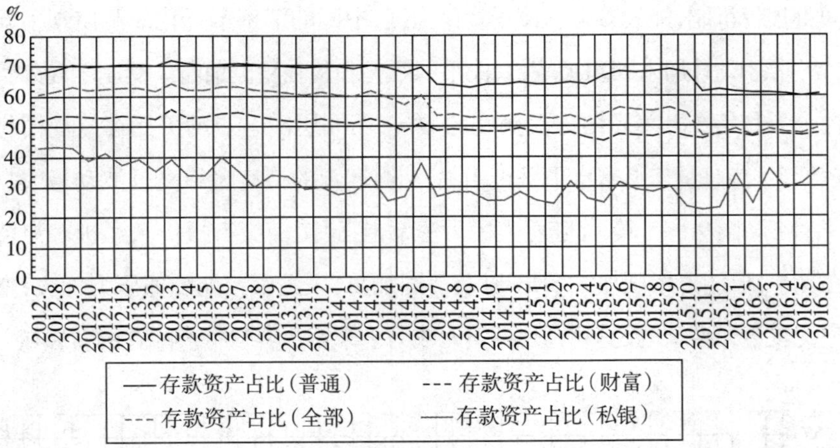

图9-12　存款资产占比变化趋势（2012.7—2016.6）

不同层次的客户，其储蓄存款中的活期规模占比都在逐步提高，印证了“存款活期化”趋势，其中，私银客户的活期规模占比明显高于其他客户，平均达到51%，而财富客户、普通客户分别为29%、27%，主要在于私银客户的投资偏好相对进取，随着财富的累计，更有将储蓄存款向其他资产配置的倾向。

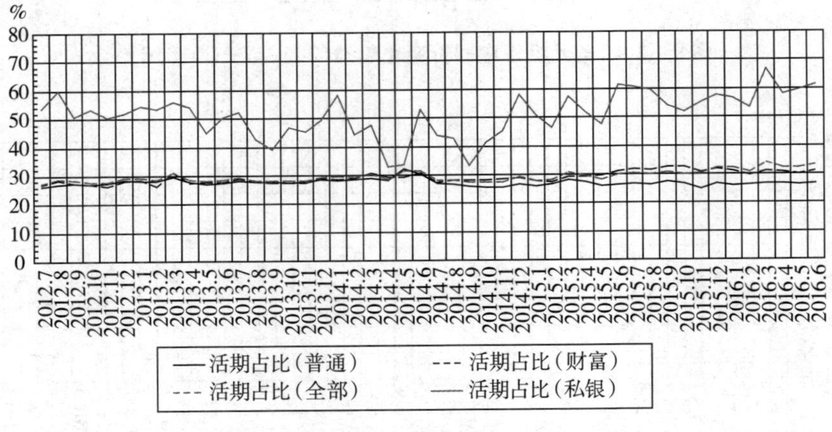

图9-13　三类客户活期存款占比变化趋势（2012.7—2016.6）

（5）美元存款比较

从2005年7月中国建立健全以市场供求为基础的，参考一篮子货币进行调节，单一的有管理的浮动汇率制，到2015年8月中国央行完善人民币兑美元汇率中间价报价机制，加大参考一篮子货币力度，中国的汇率市场化改革出现了新动作，特别是12月加入SDR后①，人民币国际化步伐在稳健前行。受制于在外管局境内个人每年5万美元结售汇额度的规定，不同层次客户的美元存款规模相对都较低，且持有量与财富水平呈正相关，私银客户的持有量最高且波动最大。从图9－14和图9－15看，伴随着人民币汇率走强（工商银行报价），私银客户持有量在减少，但随着中国加入SDR以及美国加息，人民币预期贬值压力加大，整体客户配置美元存款的趋势明显，且美元成为未来银行客户资产配置的新领域。

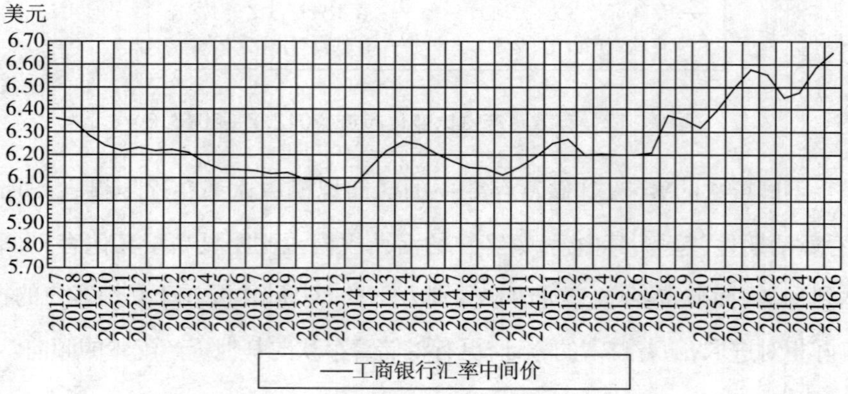

图9－14　美元汇率中间价变化趋势（2012.7—2016.6）

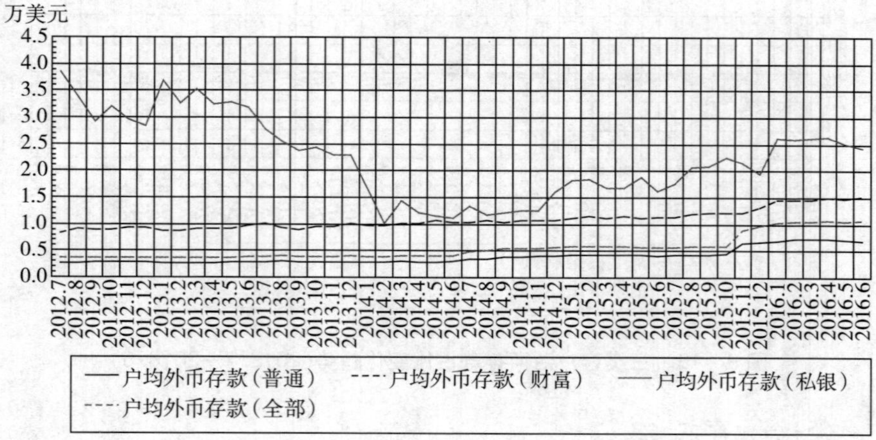

图9－15　户均美元存款变化趋势（2012.7—2016.6）

① 2016年10月1日正式加入SDR，成为其他国家的外汇储备。

(6)存款贡献比较

在工商银行,客户零售资产是指客户在工行账户内各类资产折算成人民币的总和,等式如下:

零售资产 = 活期 + 定期 + 国债 + 理财 + 基金 + 保险 + 贵金属 + 三方存管

零售贡献主要指个人业务创造的收入,包含个人客户结算手续费、中间业务收入、信用卡消费、贷款付息等,衡量单位为元。

零售贡献 = 存款贡献(活期 + 定期) + 贷款贡献(消费贷 + 经营贷 + 住房贷) + 银行卡贡献(贷记卡 + 准贷记卡 + 国际借记卡) + 中间业务(国债 + 基金 + 理财 + 保险 + 贵金属) + 其他贡献

不同客户的储蓄存款贡献在其全部零售贡献的占比中(见图 9 - 16),普通客户 > 财富客户 > 私银客户,这与三类客户自身储蓄存款在其金融资产占比相对应,也与零售银行内部储蓄存款计价成正比例,即普通客户、财富客户对零售银行的贡献主要来源是存款,而私银客户的贡献则是金融产品。

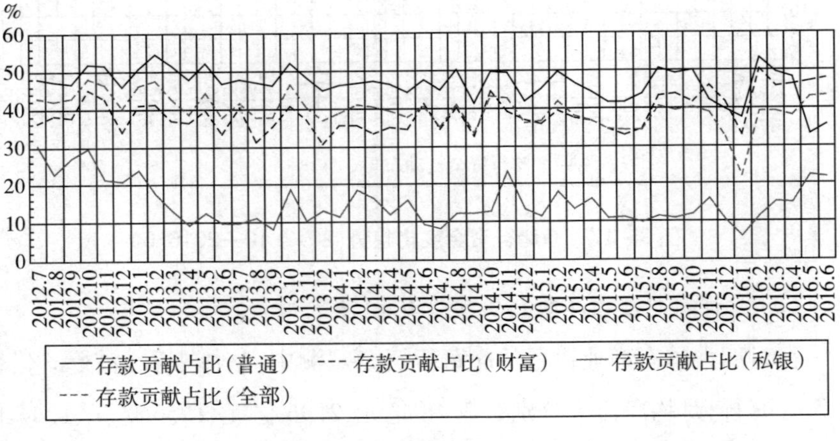

图 9 - 16　存款贡献占比变化趋势(2012. 7—2016. 6)

9.1.5 跨行资金流动的储蓄存款趋势

(1)净跨行资金流动整体趋势

净跨行资金①是指流入减去流出的资金。它是零售银行储蓄存款除去客户收入及资产利得外,净提高的重要源头。从图9－17看,波谷和波峰主要出现在季末和季初,这是各家零售银行争存揽储的重要时点,即便2015年下半年《商业银行法》删除了“贷存比”75%的指标,但零售银行考核指标依旧存在储蓄存款规模,并且加入了日均储蓄存款及偏离度的考核,更加强了储蓄存款的重要性。净跨行资金在2015年末达到峰值47.29亿元,月均净流入26.21亿元,期间,月均流入37.59亿元,月均流出11.38亿元。整体看,净跨行资金处于波动上涨趋势。

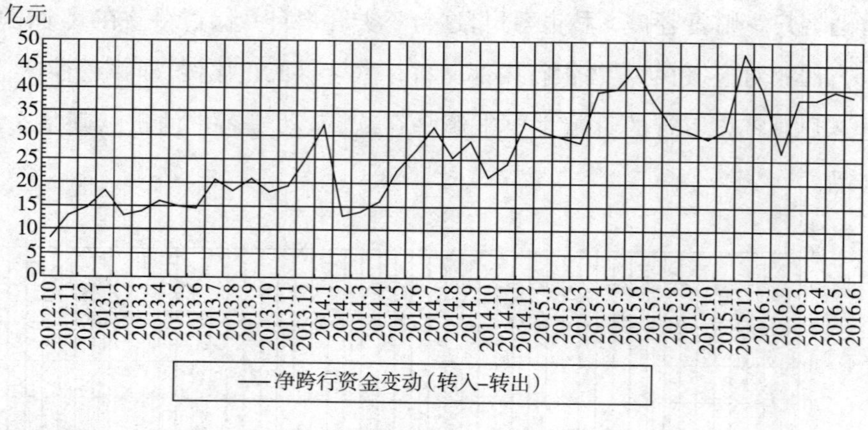

图9－17 净跨行资金变化趋势(2012.10—2016.6)

(2)国有商业银行净跨行资金变化趋势

在对四大国有商业银行的净跨行资金观测中,整体来看,农行>建行>中行>交行,月均净流入分别是3.48亿元、2.96亿元、1.56亿元、1.44亿元(见图9－18)。

①包括建行、中行、农行、交行、招商、民生、邮储、光大、兴业、中信、广发、浦发、深发(平安)、农信社、汇丰、东亚、花旗及其他。

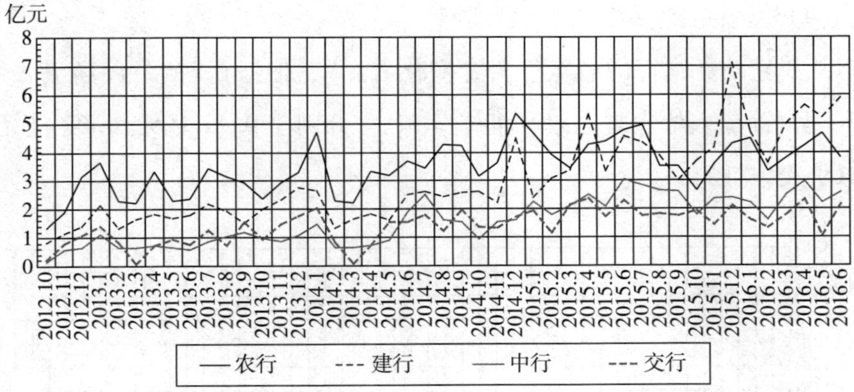

图 9 - 18 国有商业银行净跨行资金变化趋势(2012. 10—2016. 6)

(3)股份制商业银行净跨行资金变化趋势

从 10 家股份制商业银行的净跨行资金变化看,招商银行较为凸显,最高达到了 10. 48 亿元,月均净流入依次是招商 > 民生 > 农信社 > 浦发 > 中信 > 深发(平安) > 光大 > 兴业 > 广发 > 邮储,分别是 3. 3 亿元、2. 14 亿元、1. 86 亿元、1. 56 亿元、1. 34 亿元、1. 3 亿元、1. 18 亿元、0. 56 亿元、0. 27 亿元、0. 22 亿元(见图 9 - 19)。

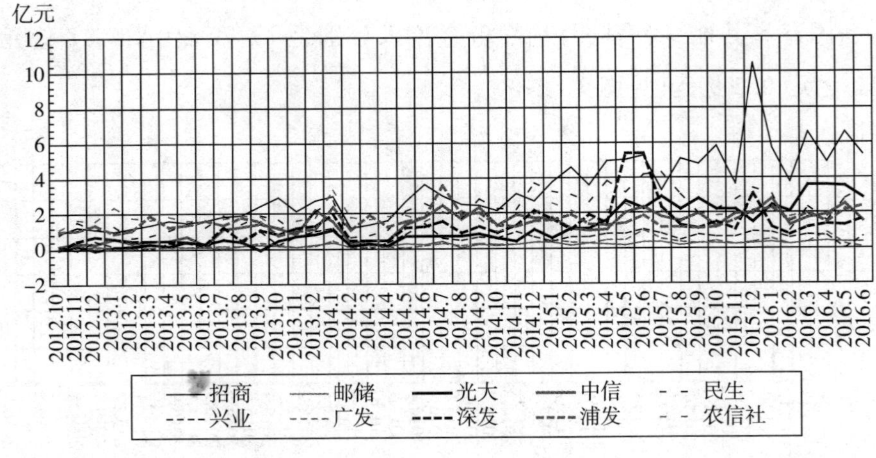

图 9 - 19 股份制商业银行净跨行资金变化趋势(2012. 10—2016. 6)

(4)外资银行净跨行资金变化趋势

从3家外资银行的净跨行资金变化看。"其他银行"的月度净流入最高①,月均净流入依次是花旗 > 汇丰 > 东亚,分别是0.13亿元、0.07亿元、0.01亿元(见图9-20)。

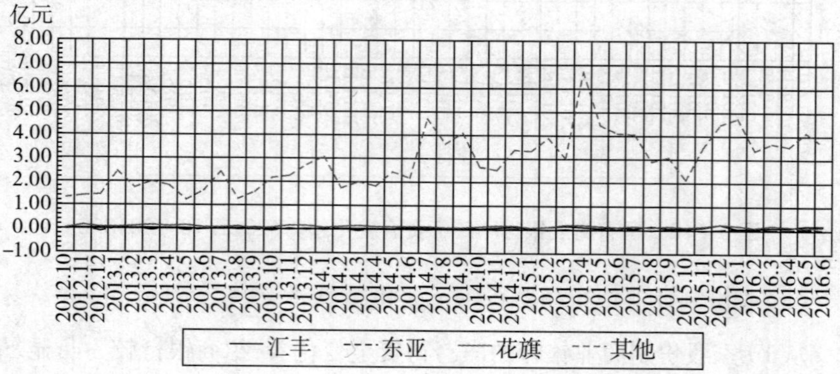

图9-20 外资银行净跨行资金变化趋势(2012.10—2016.6)

(5)主要银行净跨行资金变化趋势

将上述跨行类别进行分类,分为国有商业银行(4家)、股份制商业银行(10家)、外资银行(3家)和其他共四类,将各类银行净资金流入加总后,股份 > 国有 > 其他 > 外资,月均净资金流入分别是13.72亿元、9.41亿元、2.9亿元、0.2亿元(见图9-21)。

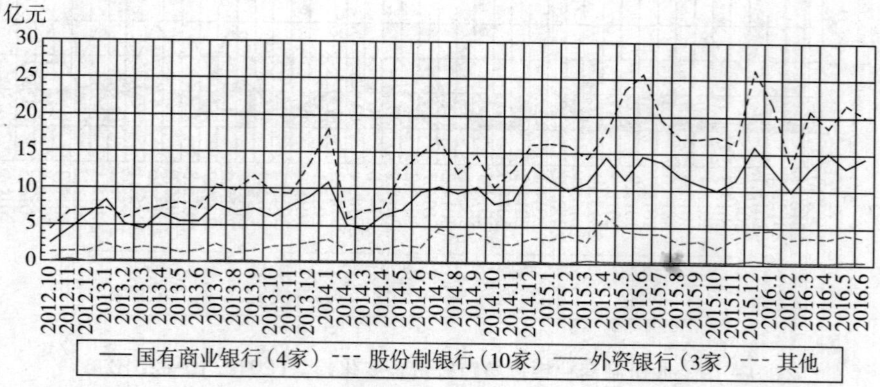

图9-21 主要银行净跨行资金变化趋势(2012.10—2016.6)

①关于"其他银行",笔者还有待探究其路径来源和所指。

9.1.6　新挑战

宏观上：一是经济缓慢下行，根据国家统计局公布的数据，2016 年上半年国内 GDP 同比增长 6.7%，较 2015 年下降 0.2 个百分点；二是中国规模以上工业增加值同比增幅为 6.2%，低于 2015 年同期数据 0.6 个百分点；三是根据央行公布的数据，社会融资规模增量月度同比连续 4 月递减，仅 2 季度同比减少 10961 亿元；四是上半年银行间人民币市场以拆借、现券和回购方式合计成交 391.09 万亿元，日均成交 3.18 万亿元，日均成交比去年同期增长 66.8%，6 月同业拆借加权平均利率为 2.14%，分别比上月和上年同期高 0.04 个和 0.7 个百分点①；五是银行业理财平均收益率持续走低，同比降低 1 个百分点。综上所述，经济增长的修复尚需时日，政府正是在低热的宏观环境中加速调整和改革，“三去一降一补”②、利率汇率市场化、人民币国际化、民营银行成立、互联网金融等，作为国有商业银行的零售银行发展，市场环境给予的局面是去“垄断化”、提“竞争化”，独善其身实属不能，怎样利用好规模基础和人才资源加速转型，是当前宏观金融环境下的必经之路。

微观上：一是考量储蓄存款的源头——客户，近年来出现了增长乏力、到店减少、自主理财、线上交易和存款分存等现象，特别是中高端客户，资金流失到同业的频次和金额都在加大，加之银行客户对电子银行渠道交易的日益习惯，从调查数据上看，2015 年，40% 的客户使用网上银行，32% 的客户使用手机银行，同比分别增长 13% 和 81%，其中，63% 的客户使用电子银行渠道理财③，这大大减少了银行与客户的见面机会，在一定程度上引发了客户资产的被动管理。除此之外，前往银行柜台办理业务的客户也在大幅减少，其中，普通客户月度同比降幅达 27%，中高端客户月度同比降幅达 43%④，这也是北京地区

---

①数据来源：中国金融信息网。

②2015 年 12 月，中央经济会议提出的 2016 年经济工作的五大任务：去产能、去库存、去杠杆、降成本、补短板。

③数据来源：中国电子银行联合宣传年，2015 年中国电子银行调查报告，2015 年。

④数据来源：以该零售银行 2015 年、2016 年前往银行使用叫号机的数据做分析，该银行地处区域属于居民、商业都较为繁华的位置，且 20 余家物理网点分布广泛，具有一定的代表性。

银行“空心化”的重要表现。二是储蓄存款中的活期占比在提高且规模较大，导致储蓄存款的整体稳定性不牢靠，从上述分析看，普通客户 27%、财富客户 29%、私银客户 51%，合计约占整体存款的1/3。三是从客户储蓄存款的期限结构看，1 年以内的规模在递减，而 2 年以上的规模在递增，整体规模增长乏力，虽然看似只是零售银行储蓄存款内部期限结构的互换，但如果没有大量新进资金的涌入，在未来较长一段时间内会影响银行金融资产的“弹性”，最终影响零售银行的经营贡献。四是在利率市场化加速推进的过程中，作为国有商业银行，利率成为客户“用脚投票”的市场风向标，但从央行放开基准利率上浮以来，虽然在一定程度上加大了付息成本，但相对于市场同业的反应速度和效率而言，明显在执行速度及授权管理等环节出现了决策时滞，导致储蓄类客户流失和存款损失，且扭转或挽回成本会成倍增加。五是无论何种客户，每万元资产的零售贡献值①都在下降（见图 9－22），这与宏观经济下行、商业银行转型、客户资产配置活跃度减弱等无不紧密相关，是趋势，也是危势，储蓄存款是源头，但如何从存款期限、产品配置、零售贡献等综合设计中长期零售银行发展也是当务之急，这样才不会枉费存款。

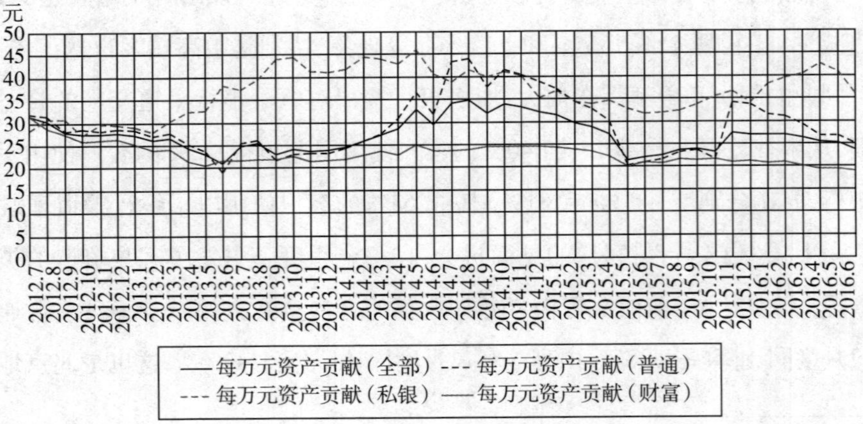

图 9－22　每万元资产贡献度趋势（2012. 7—2016. 6）

①每万元资产的零售贡献（Retail Contribution of Assets Per 1% Million，RCAPM），是指每万元零售资产所创造出的价值，既体现了零售银行对客户相对有限的资产在配置方面的水平，又是对零售资产使用效率的评判。RCAPM 在 20～50 元的范围。

9.1.7 新机遇

宏观上:一是国家发展改革委公布的2016年全国全社会用电量同比增长2.7%,增速较上年同期回升1.4个百分点,其中,第一、第二、第三产业和居民生活用电量同比分别增长7.7%、0.5%、9.2%和7.7%,增速同比分别回升6.9个、1.0个、1.2个和2.9个百分点①,间接说明宏观经济脉搏跳动走强、企业在产能方面复苏及居民生活水平提高等,经济"软着陆"后较为平稳。二是央行副行长易纲在G20杭州峰会上表示中国将继续实施稳健的货币政策,这意味着货币环境变化不大,从图9-23中可以看出,M0、M2及金融机构的人民币存款3项指标同比增速稳中有升,同比2015年上半年,3项指标分别增长3.4个、1.35个及1.58个百分点②。三是2016年上半年银行业1天同业拆借利率(月度)基本较2015年持平,同业较过去2012年、2013年、2014年分别下降0.6个、1.27个及0.7个百分点,整体来看,同业货币环境宽松。四是资本市场在经历了2015年的"洗礼"后,投资趋于理性和冷静,从零售银行客户三方存管资产占比数据看,较2015年回落近2个百分点,且从中国证券投资者保护网数据看,月度银证转账净变化额2016年(49亿元)仅为2015年(541亿元)的近10%,A股预计近2年内围绕3000点徘徊,这也为银行增储提供了大量资金。五是金融体系在完善,银行主导型还将继续发挥金融"供给侧"改革、绿色金融、普惠金融的重要作用,取消75%贷存比、出台互联网金融(P2P贷款)监管条例、实施存款保险制等措施的逐步落实,将更加有利于市场化竞争,而零售银行因其领域广、产品多、市场反应快等特点,迫切需要在性状良好的金融土壤中健康生长。

微观上:一是零售银行在金融市场中的资产配置符合趋利避害的大逻辑,基层具有正确主导客户资产配置的小逻辑,在对金融市场主要指标的市场走势与客户各类资产配置占比作比较后,特别是在经历多年金融市场的

①数据来源:中国金融信息网,www. cifinet. com。

②数据来源:中国人民银行官网,www. pbc. gov. cn。

起伏跌宕后,认为零售银行的贡献所得与客户收益是“共同进退”,对市场是负责任的,客户信任度积累到新高度。二是通过近年来区域的市场竞争,从跨行资金净流入的逐年攀升看,客户选择大型商业银行作为当前市场资金回流的阵地,主要在于其自有的稳健和安全性,加之零售银行物理网点遍布广泛、员工素质提升、智能机具大量投入、风控能力强等,这也可以为“大资管”的储蓄存款规模上台阶添砖加瓦。三是零售银行在储蓄存款产品方面具有同业先进性,例如,分档计息的“节节高”产品、拉转三方存管资金的“存管通”产品、代发工资专用的“薪金卡”,以及 7×24 可赎回的“工银 e 添利”基金产品等,都是源于客户需求而创新研发的,以流动性、便捷性和收益性为主要优势。除此之外,也在保险、贵金属、外汇等多产品线丰富了零售金融“超市”,在同业揽储上发挥了较好的引导作用。四是衍生了储蓄存款的新来源,完善了对零售产品的质押流程,提高了操作的便捷性,盘活了既有的零售资产,具备了有竞争力的质押率和贷款利率,也壮大了金融资产的可配置规模。五是回归到储蓄存款在金融资产的占比及其贡献的趋势中,虽然储蓄存款有活期化倾向,且中国居民的储蓄率远高于世界平均水平,但从未来几年看,还有逐步提高的态势,“过度储蓄”是个静态概念,在储蓄存款与金融产品的动态互化中,零售银行将迎来“大资管”发展的新篇章。

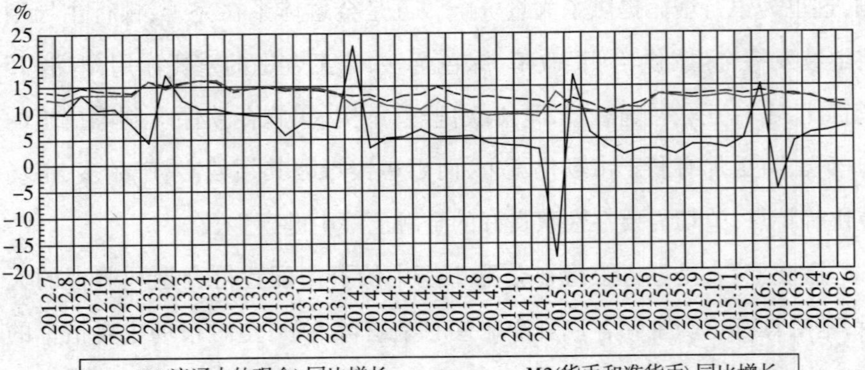

图 9-23 M0、M2 及金融机构存款同比增长变化趋势(2012.7—2016.6)

9.1.8 政策建议

储蓄存款是银行的立命之本,但也只是在近年来金融深化的过程才真正开始引起从上到下的高度重视,特别是2013年的“钱荒”更是引爆了存款热,各种互联网金融在现金类“宝宝”产品的热捧中风生水起,如果储蓄存款再“自然”增长下去,怕是难免找不回失去的市场地位。在未来的金融竞争中,不再只是传统商业银行的“你推我搡”,中关村银行、四川希望银行、天津金城银行、深圳微众银行等多家民营银行起立,加之如果城商行再次放开区域限制,金融理财公司规模增加,银行资金的暗流涌动将加剧,储蓄存款俨然成为金融机构分食的首要对象。因此,笔者就零售银行的储蓄存款发展有以下建议:

一是用战略眼光看待储蓄存款。自2014年5月起工商银行启动“大零售”战略,开启了对传统个人金融业务的整合升级,囊括了私人银行、银行卡、贵金属、电子银行、个人贷款、养老金等个人业务,但储蓄存款也只是个人金融业务中的一个专业,一定程度上在零售银行的专业整合中被弱化,因此,要成为“第一零售银行”,应该用战略的眼光提高储蓄存款的重要地位,这就要在人、财、物上给予首要的重视,制定储蓄存款更为精细的发展目标,不再仅是增量的考核,改变过去“理财转存款”的粗放式指标达成方式,科学、全面、完整地反映储蓄存款对零售银行的经营贡献,实施以结构优化、效能提升、质态改善为主要特征的内涵式发展,着力从战略驱动、文化引领、体制机制、基础工作、队伍建设等方面整体推进,坚持顶层设计与基层创新相统一,稳步提升零售银行的整体贡献。

二是保护储蓄存款的“源头之水”。客户是储蓄存款的源头之水,没有客户就没有存款。但受制于国内宏观经济开放有限、离岸金融不发达、专业人才不足及金融投资品种甚少等因素,国内金融业产品同质化现象屡见不鲜,特别是银行同业间理财产品在期限、利率计价方式、投资标的种类及信息披露模式等方面尤为相似,加之客户在看似种类繁多的产品中被动选择有限的理财产品,在一定程度上,使得以“产品为导向”的客户服务工作也衍生成为同质化的服务，致使零售银行的竞争更加白热化。因此，要改变客户因理财产品同质化而导致的服务感受，既要从产品配置又要从配置以外出发做好服务供给工作，增加客户的满意度、忠诚度和贡献度，切勿以“牺牲”客户理财收益换回存款的时点考核。除此之外，还要加强日常客户非金融关系的建立与维护，建立客户服务档案，关注客户兴趣、偏好、家庭、单位及社会关系的相关情况，能在离岸金融服务、资产配置、合理避税、流动性管理、辅导上市、财务管理、慈善捐助、家族信托、子女财富管理教育、工作实习等高价值的服务平台资源中“投其所好”，增加银行客户关系的黏合度。

三是节约储蓄存款的“使用之水”。储蓄存款作为金融资产占比超60%的资产，如何做好配置意味着能否带来持久的回报，滥用资产、浪费资产就是对储蓄存款的不当使用。因此，需要零售银行不断丰富产品种类，增加客户灵活性和选择性，银行金融资产最显著的特征是安全性，但在同行同业竞争日益激进的市场环境中，如果说比拼预期收益是利润贴补的结果，那么，这是短期市场策略，但长期来看，还得抓住客户对银行金融产品的理解和需求，加大促进日均存款类产品的设计研发，同时，引导“收益外所得”，从产品的灵活性、种类及投资标的创新上，讲究“君子伙伴”关系，分享比较基准以外的超额回报，让客户体验从被动管理到主动管理的零售银行新资产管理策略。

四是循环利用储蓄存款的“回流之水”。这需要零售银行在壮大资产规模的同时，要提高资产的使用效率，提升产能。因此，提高零售银行专业服务能力是当务之急，随着零售管理资产的缓慢提升，特别是国有大型商业银行的零售银行，应该注重的是整体零售资产的先稳健、后增值，无论是MOM或FOF，小类资产的“小众之嗜”可以有，但大类资产的“大船掉头”要谨慎入策，力争做到每个客户的资产有管理。对各层客户而言，资产配置应该开始注重中长期，可以对固定收益类的中长期产品如3年、5年增加配置，避免下行期的收益损失，中国已经进入“十三五”阶段，消化既往投资沉积、启动新一轮增长拉动也需要时间，对普通客户和财富客户而言，可将部分储蓄类资产向保障类及投资类资产转化，如定投方式配置黄金、基金等，或是购买期趸交寿险等,对私银客户而言,在乏力的资本市场中寻求机遇越发需要时间成本,可将部分券商资产回流银行转化为中长期产品。同时,加大对已经配置的中长期可抵押产品的融资力度,盘活客户的“睡眠”资产,起到类“杠杆”作用。

五是传承银行与客户的契约精神。信任是契约精神的精髓。与以往不同,客户的信息量增大、教育程度提高、价值理念先进以及思维方式灵活,已经不能在“以产品为导向”的思路下,用一个管户经理、一类产品、一种服务定式来满足客户需求,而是要切实“以客户为中心”,通过一个团队、一系列产品、一揽子服务来实现客户价值。当前,客户开始注重的是长期传承和保值增值,而非一时的获利,特别是对于中高端客户而言,场外投资机会越发减少,个人抵御市场风险能力有限,客户迫切需要银行作为机构投资者做好个人资产的打包管理,银行也要加快利用金融创新如家族信托基金来增加客户收益以外的增值服务,包括遗产、税费、理财、传承等,提高银行与客户的非金融信任度,传承商业契约精神。

9.2 零售银行资金往来与储蓄存款、金融资产的实证研究

作为金融业领头羊的银行,迫切需要“认识新常态,适应新常态,引领新常态”,正如银监会原主席尚福林所言:银行业在经济新常态下要充分认识贷款增速回稳、存贷利差收窄、社会融资方式转变、不良贷款反弹、监管“宽进严管”五大趋势。只有充分深刻认识到金融新常态特征,才能主动地应对金融新常态下的风险挑战,更加积极地推动银行业转型发展,为银行业发展注入更加持久的内生动力。储蓄存款的商行之争自始未了,似乎从未将高速增长和同业领先的目标看成是神话,尽管贷存比75%的历史功绩和弊端渐去,银行表内外资产规模已经够大,但作为银行经营的“源头之水”,储蓄存款依旧是行家必争之地。虽然,2017年上半年银监会已经密集下发7个文件,其中“三套利”“三违反”“四不当”等专项治理文件剑指银行同业业务,加之央行已经陆续开始窗口指导5000亿元规模以上银行,要在2018年9月后将同业存单纳入同业负债进行考核,这就使国有银行乃至大型股份制商

行缩减同业存单规模的同时，更进一步揽储，提高流动性，但就当前而言，银行主要通过利率上浮和高息理财吸引客户沉淀存款，从 2017 年 1 季度银行存款利率报告来看（见图 9 - 24），国有五大行在 35 个城市的各期限存款利率最高上浮 40%，邮储银行 6 个月定期存款最高上浮 40%，股份制商业银行存款利率高于国有银行，最高上浮 45%，城商行存款利率差最高上浮 53.6%①。同时，Wind 数据显示，2017 年 7 月以来发行的银行理财产品共计 5877 款，其中有 1358 款收益率超过 5%。事实上，上市银行 1 季度吸收存款增速由 2016 年年末的 10.17% 下降至 9.78%，在去杠杆与 MPA 考核强化的监管背景下，银行的货币乘数效应递减，流动性叠加偏紧，未来揽存争储“高烧难退”。

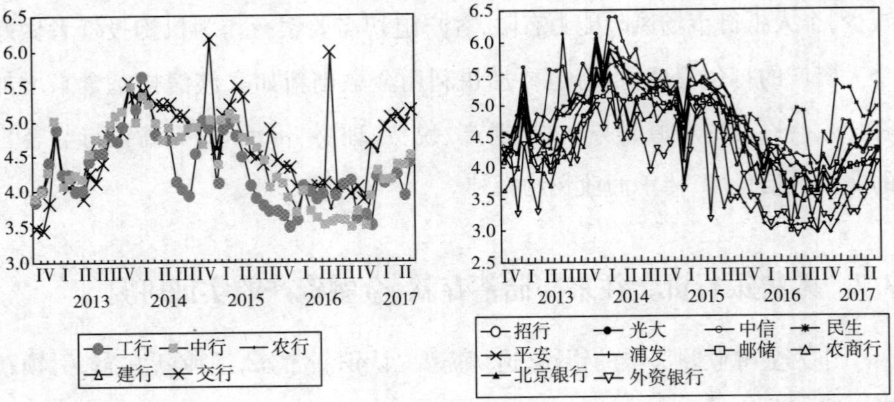

图 9 - 24　各主要银行近年来 3 个月理财预期收益率情况

9.2.1　文献综述

从现有关于储蓄存款的文献看，除了有国别间（王跃，1999）、法律（韩铮，2012）、行为金融与生命周期理论（赵国庆，2008）等角度的分析外，主流文献大体有以下两方面：

从宏观角度研究储蓄存款波动、增长和分流等动态变化中的影响因素及流向：在波动研究方面，汪红驹等（2006）②根据不同的相对风险回避指数，

①数据来源：腾讯财经，2017 年 5 月 31 日。

②汪红驹，张慧莲．资产选择、风险偏好与储蓄存款需求［J］．经济研究，2006（6）：48 - 58.

模拟了利率、通货膨胀、股市收益率、股市收益率方差等因素对一段时期平均储蓄存款的影响，认为股市收益率方差提高，导致风险提高，诱使投资者将资产转向储蓄存款，提高了储蓄存款需求，从敏感性来看，储蓄存款对利率、通货膨胀率方差和股市收益率变动的敏感性较大，对股市收益率方差和通货膨胀率的敏感性较小。何伟刚等（2012）①就广东省 1981—2011 年月末储蓄存款余额变动加大的原因进行了剖析，认为是居民对储蓄存款需求的变动趋于频繁及其金融资产结构不断调整的结果，深层原因在于居民收入稳增长的前提下，储蓄存款的利率敏感性、替代性金融工具及收益利差，特别是股市、货币基金及理财的影响较大。在增长研究方面，李雪松和黄彦彦（2015）②使用中国家庭金融调查数据证明，房价持续上涨是推高储蓄率的重要因素。厉克奥博等（2014）③在可比校正的基础上，通过误差修正模型（ECM）对未来 10 年的储蓄率进行了预测，人均 GDP 增长 6% 以上，储蓄率还会增长，否则相反。在分流研究方面，武剑（2000）④分析了 20 世纪 90 年代在宏观金融背景下利率下调、利息税启征、存款实名制、公款私存等因素加速了国内储蓄存款增长率的快速降低，而储蓄存款的分流也未转化为实际投资和消费，从 M2 供给结构、银行同业存款、企业券商的会计账户等变化看，更多是进入了股市。孙克任等（2006）⑤在核算中国居民金融资产数据并经实证研究后发现，金融资产大幅增长但结构非常不均衡，储蓄类的货币性资产占比较大，这与资产投资途径较少密不可分。

从微观角度研究商业银行经营中储蓄存款增长、结构和竞争等影响因素：增储方面，李华等（2008）⑥以南京银行为例分析得出，理财产品对储蓄存

---

①何伟刚，黄桂良，苏基溶．储蓄存款增长波动加大的原因分析及政策含义——基于广东人民币储蓄存款数据的研究［J］．金融发展评论，2012（9）：27 – 37.

②李雪松，黄彦彦．房价上涨、多套房决策与中国城镇居民储蓄率［J］．经济研究，2015（9）：100 – 113.

③厉克奥博，潘庆中，伏霖．新常态下可比居民储蓄率的变动趋势研究［J］．经济学报，2014（4）：14 – 18.

④武剑．储蓄存款分流与货币结构变动［J］．金融研究，2000（4）：5 – 15.

⑤孙克任，谢俊士．居民储蓄、储蓄分流与金融资产发展［J］．经济体制改革，2006（1）：89 – 93.

⑥李华，侯臣．理财产品发行对储蓄存款余额变动的影响分析——以南京银行为例［J］．技术与市场，2008（11）：23 – 25.

款在当期有“挤占”，但长期来看是有利于储蓄存款增长的，王甘（2015）①从农行城区行的角度，分析了宏观经济下行、互联网金融、同业竞争等对储蓄存款的不利影响，并提出如何从营销揽储角度提高储蓄存款；结构方面，罗宏（2014）②认为储蓄存款有活期化倾向，且理财化凸显，短期内理财产品对储蓄存款的影响是不稳定的，长期内存在负向影响，且持续性较强，笔者（2017）③以工行某零售银行为样本，对储蓄存款期限结构、客户职业分布、跨行资金往来及存款贡献等角度作了细致归类分析；竞争方面，杨银海（2007）④认为房产、股票及基金等对储蓄存款起到了分流作用，储蓄存款下降对改善国内金融资产配置结构、提高资金使用效率、促进消费有积极作用，但也会对银行在流动性经营方面造成一定的冲击，张桥云等（2013）⑤从银行特征和市场环境两个方面实证研究了影响我国商业银行存款利率浮动幅度的因素。

上述文献大多是基于宏观数据对储蓄存款进行分析，虽然分析方法各有千秋，但主要围绕储蓄存款的影响因素、利率敏感度、流向及地位作用等方面，而较少文献能够从商业银行真实账户资金往来的角度分析储蓄存款。作为客户储蓄存款的资金池，商业银行既能体现当前储蓄存款结构及流量变化，又能洞察客户作为居民的储蓄行为如何动态调整，但在纷繁复杂的储蓄资金往来中，何种因素在何种程度上对储蓄存款以及金融资产有着重要影响呢？一方面，银行依托品牌、结算效率、便利程度及服务水平等间接留存客户金融资产；另一方面，又通过利率上浮、高息理财、丰富产品和非金融供给直接吸收客户存款，然而，在实际经营考核中，尽管对于储蓄存款既有日均又有时点的任务指标，但面对诸多敞口渠道每日天量级的银行间资金往来，即便关系营销温存

①王甘．当前形势下城区行储蓄存款业务发展对策分析[J]．农银学刊，2015(3)：34－36.

②罗宏．储蓄存款理财化与存款利率市场化问题研究[J]．金融经济，2014(16)：69－73.

③咬亮．金融新常态下基层零售银行储蓄存款发展情况研究——以工商银行W分行为例[J]．甘肃金融，2017(1)：29－41.

④杨银海．当前我国储蓄存款下降的经济影响分析[J]．经济研究参考，2007(61)：24－26.

⑤张桥云，王宁．我国商业银行存款利率浮动幅度影响因素实证研究——基于全国124家银行的数据[J]．国际金融研究，2013(5)：63－73.

依旧,也应进一步从账户数据规律及客户群体行为等深度探究和把握资金往来与储蓄存款、金融资产的变动关系,除了成百上千家银行同业竞争稀释了储蓄存款等市场因素外,是否还应关注构成储蓄存款资金源头的其他因素?笔者正是从此角度研究近年来样本零售银行控储、增储乏力的非人为主观原因。

9.2.2 储蓄存款与金融资产

对当月储蓄存款、金融资产及资金往来进行算数平均统计,为了较好地拟合模型,对资金往来的 20 余项进行了简化归类,分为现金、转账、投资、理财、消费、还贷、批量扣收及跨行等 8 项,并将各小项数值加总形成大项(见图 9 - 25)。

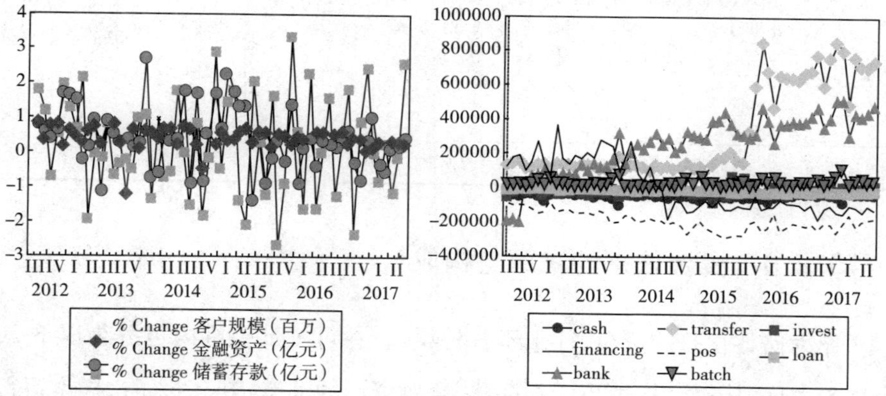

图 9 - 25 资金往来、客户规模、储蓄存款及金融资产时序

储蓄存款。银行储蓄存款主要包括以下 7 类,且每类又有不同期限之分,其中,除活期、通知、整存整取外,其余储蓄种类业务虽存在但已无人问津。种类及平均余额占比如表 9 - 3 所示。

表 9 - 3 储蓄存款种类及平均余额占比

活期存款	通知存款	整存整取(定期)	零存整取	教育储蓄	整存零取	存本取息
活期	1 天、7 天	3 月、6 月、1 年、2 年、3 年、5 年	1 年、2 年、5 年	1 年、3 年、6 年	1 年、3 年、5 年	1 年、3 年、5 年
34.00%	0.16%	65.84%	0.01%	0.00%	0.00%	0.00%

金融资产。银行零售金融资产是指个人客户在账户内的各类资产折算成人民币的总和，结构及平均余额占比如表 9－4 所示。

表 9－4　金融资产结构及平均余额占比

储蓄存款	国债	保险	基金	理财	贵金属	第三方存管
活期＋定期	包括 6 个品种的记账式国债及 4 个品种的储蓄式国债（凭证）	银行系统内购买的本行及代售类财险、寿险及保险类理财产品，虽然资金已经划拨到保险公司，但其到期后回账至银行，故纳入客户在银行的资产	银行系统内购买的本行及代售类货币、股票、债券、混合及集合理财计划等基金产品	银行系统内发生的金融理财交易，包括人民币和外币的各类银行理财产品	银行系统内购买的实物、积存金及递延类黄金、白银、钯金等贵金属产品	银行与券商、客户开立证券交易账户的银行账户上未实现证转银的活期存款
64.17%	5.23%	7.17%	7.42%	12.27%	0.66%	3.08%

9.2.3　资金往来的来源与构成

作为储蓄存款的资金，往来于各种渠道，在可统计范围内可分为以下 20 小项 8 大项，从资金往来与储蓄存款、金融资产的动态构成图来看，样本银行的零售金融资产主要由储蓄存款、保险资产、基金资产、理财资产等构成，如图9－26所示。一方面，各类资产的变现与形成是储蓄存款资产往来的源头之一，如理财起息前，金融资产以活期存款的形式存在，起息后则以理财资产的形式存在，其中，各类资产都需要经过储蓄存款后再转化为其他资产形式。另一方面，样本银行的储蓄存款还通过金融资产以外的渠道流入和流出，如跨行汇款，则是从该银行与其他银行发生资金往来，也是储蓄存款变动的源头之一，除此，还有诸如公转私、POS 消费等渠道构成着储蓄存款资金往来的源头。本节以资金往来的储蓄流入与储蓄流出之差统计净变化，正值代表储蓄存款净流入，负值代表储蓄存款净流出，具体如表 9－5 所示。

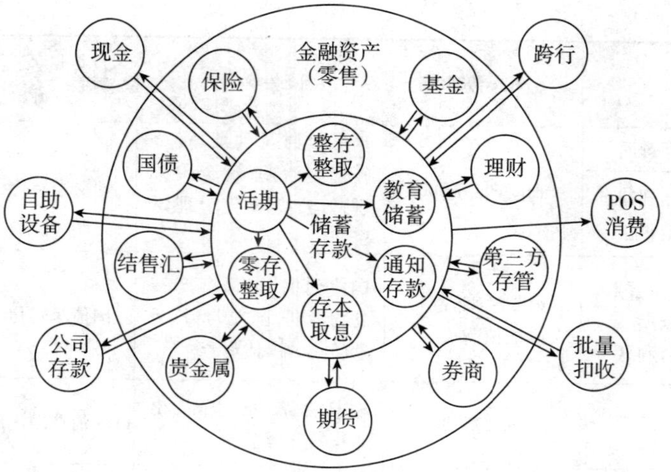

图 9－26 资金往来与储蓄存款、金融资产的动态结构

表 9－5 资金往来的相关解释及归类

资金流入	资金流出	相关解释	计算口径：流入－流出	资金往来（归类）
储蓄现金存款	储蓄现金取款	柜面现金存取现金	现金净存入	现金（*cash*）
储蓄转账存款	储蓄转账转出	柜面的行内外转账	转账净流入	
存款机存入	取款机取出	ATM 存取现金	ATM 净存入	
自助设备转账转入	自助设备转账转出	银行内外自助设备转账	自助设备净流入	转账（*transfer*）
从对公账户转入	转入对公账户	对公结算账户向个人转账	对公净转入	
系统内汇款	—	同一银行不同分支机构转账	本银行净流入	
基金赎回	基金认（申）购	赎回时，资金流入活期，认（申）购时，活期资金转为基金资产	基金净转化	投资（*invest*）
纸黄金买卖	纸黄金买卖	买卖时，资金在活期和黄金间转换	交易净转化	
外币结汇转人民币（结汇）	人民币购买外币（售汇）	结汇转化为活期，售汇转化为外币	结售汇净转化	
银期转账转入	银期转账转出	资金从期货公司与银行间往来	期转银净流入	
证券转银行	银行转证券	证转银，资金流入；银转证，资金流出	证转银净流入	
—	保险产品购买（银保通投保）	购买保险，资金由存款转为保险资产	购买保险净流出	

续表

资金流入	资金流出	相关解释	计算口径：流入 - 流出	资金往来（归类）
理财产品赎回	理财产品起息	理财赎回及到期，资金转化为活期；资金购买理财，资金转化为理财资产	理财净转化	理财（*financing*）
理财产品到期返回本金收益				
记账式（储蓄）国债到期返回本金利息	记账式（储蓄）国债购买	国债到期，国债资产转化为活期，国债购买，活期转化为国债资产	国债净转化	
—	POS 消费	刷卡消费，资金净流出本银行零售资产	POS 消费净流出	消费（*pos*）
—	信用卡还款	资金核销欠账，资产净流失	活期净流出	还贷（*loan*）
—	贷款还款			
批量代收：代发工资	等批量代扣：基金定投、学费及其他缴费	代发工资是公转私，存款流入；基金定投、学费及其他缴费等是活期资金转化为资产或划转相关对公结算账户	活期净变化	批量扣收（*batch*）
跨行转入	跨行转出	其他银行与本银行资金往来	跨行净流入	跨行（*bank*）

9.2.4 双模型实证分析

本节将资金往来分别与储蓄存款、金融资产进行回归分析，重点是分析资金往来各项对其各自的影响程度，进而对比资金往来项是有助于储蓄存款还是非储蓄存款的金融资产变动，最后再探讨回归结果与银行实际经营策略的差异性。其中，模型 1 的因变量是储蓄存款（*save*），模型 2 的因变量是金融资产（*asset*）；模型 1 和模型 2 的自变量均为现金（*cash*）、转账（*transfer*）、投资（*invest*）、理财（*financing*）、消费（*pos*）、还贷（*loan*）、批量扣收（*batch*）、跨行（*bank*），上述所有的自变量均是与储蓄存款（*save*）和金融资产（*asset*）变化息息相关的实际变动因素，因此，模型分析以均保留所有变量为前提，重在用于观测各自变量同时作用于因变量时的显著程度，以结合银行实务再探讨分析。观测值（月）$n=60$（见表 9-6）。

表 9-6　描述统计量

	平均值	中位值	最大值	最小值	标准差
asset	5409016	5441323	5868265	4619196	400749.6
save	3365688	3362903	3546150	311073	90424.16
cash	-45012.58	-42465.56	-18369.5	-100198.1	14358.68
transfer	320317.8	142263.1	851765.7	92146.05	269508
invest	-5081.15	-4471.08	72431.54	-84434.42	28803.24
financing	10694.42	-72981.91	365432.3	-177473.9	147821
pos	-186320.9	-191349.9	-81920.1	-288726.5	50510.97
loan	-17137.9	-16927.15	-10716.46	-22287.59	2882.11
batch	42782.02	37461.31	123580.5	17057.5	21487.3
bank	259255.4	297926.1	518384.3	-197177.4	169437

（1）储蓄存款与资金往来的实证分析

1）建立线性模型 1

$$save_t = \beta_0 + \beta_1 cash_t + \beta_2 transfer_t + \beta_3 invest_t + \beta_4 financing_t + \beta_5 pos_t + \beta_6 loan_t + \beta_7 batch_t + \beta_8 bank_t + \varepsilon_t \quad (9-1)$$

采用最小二乘法 OLS 对模型进行多元线性回归。

虽然模型的拟合度 $R^2 = 0.821$ 和显著性 $F = 29.22$ 相对较好，但自变量转账（*transfer*）、投资（*invest*）、消费（*pos*）在给定显著水平 $\alpha = 0.05$ 的 t 统计量绝对值小于临界值 $t_{\alpha/2}(60-8) = 1.67$，且 DW 值 = 1.499103（见表 9-7），位于 DW 统计量在 0.05 显著性水平上 $d_L = 1.298$ 与 $d_u = 1.894$ 之间（不能判断是否存在自相关），因此，需要对模型是否存在多重共线性、异方差和自相关进行检验。

表 9-7　回归结果（模型 1）

Variable	Coefficient	Std. Error	t-Statistic	Prob.
C	3153264	66162.73	47.65922	0
cash	1.157449	0.503416	2.299191	0.0256
tansfer	-0.008315	0.040198	-0.206851	0.837
invest	0.165667	0.211309	0.784005	0.4367
financing	0.125841	0.062188	2.023557	0.0483

续表

Variable	Coefficient	Std. Error	t - Statistic	Prob.
pos	-0.009488	0.223747	-0.042407	0.9663
loan	-6.877774	3.967921	-1.733345	0.0891
batch	0.400999	0.091546	4.380291	0.0001
bank	1.007049	0.36939	2.726246	0.0088
R - squared	0.820911	Mean dependent var		3365688
Adjusted R - squared	0.792818	S. D. dependent var		90424.16
S. E. of regression	41158.57	Akaike info criterion		24.22573
Sum squared resid	8.64E+10	Schwarz criterion		24.53988
Log likelihood	-717.772	Hannan - Quinn criter.		24.34862
F - statistic	29.22176	Durbin - Watson stat		1.499103
Prob(F - statistic)	0			

2)多重共线性检验

首先,对各自变量之间进行初步的相关性分析,一般而言,相关系数 $r>0.8$ 或 $r>0.9$ 时模型可能存在多重共线性,从表 9-8 来看,只有还贷(*loan*)和批量扣收(*batch*)之间的相关系数达到 0.82,原因主要在于信用卡自动还款等批量业务,但整体符合经验值范围,再通过方差扩大因子法(VIF)进行二次检验,将每个自变量与其他自变量依次进行辅助回归并计算 VIF 值,可以在表 9-9 中看出所有 VIF 值均≤10,因此,可以经验性判断,模型的多重共线性非常弱,不影响模型分析。

表 9-8　各自变量之间相关系数

	cash	*transfer*	*invest*	*financing*	*pos*	*loan*	*batch*	*bank*
cash	1	0.15	0.03	0.02	0.17	-0.12	-0.07	-0.46
transfer	0.15	1	0.39	-0.58	-0.32	-0.78	0.68	0.47
invest	0.03	0.39	1	-0.35	-0.34	-0.31	0.36	0.15
financing	0.02	-0.58	-0.35	1	0.69	0.64	-0.78	-0.33
pos	0.17	-0.32	-0.34	0.69	1	0.56	-0.79	-0.15
loan	-0.12	-0.78	-0.31	0.64	0.56	1	-0.82	-0.34
batch	-0.07	0.68	0.36	-0.78	-0.79	-0.82	1	0.4
bank	-0.46	0.47	0.15	-0.33	-0.15	0.34	0.4	1

表 9-9 自变量间的多元线性回归及 VIF 值

	cash	*transfer*	*invest*	*financing*	*pos*	*loan*	*batch*	*bank*
R^2	0.45	0.76	0.22	0.66	0.78	0.78	0.88	0.54
VIF	1.25	2.33	1.05	1.77	2.51	2.56	4.46	1.42

3)异方差检验

采用 White 检验,根据 White 检验中辅助函数的构造,自变量之间交叉乘积项成为新的自变量,数量由原来模型中的 8 个变为 44 个,可以看出,$nR^2 = 47.48125$,在 $\alpha = 0.05$ 的显著水平下,查 χ^2 分布表,得临界值 $\chi^2_{0.05}(44) = 55.7585$,比较计算 χ^2 的统计量与临界值,因为 $nR^2 = 46.6899 < \chi^2_{0.05}(44) = 55.7585$,因此,接受原假设,拒绝备择假设,表明模型不存在异方差(见表 9-10、表 9-11)。

表 9-10 White 检验结果

F - statistic	1.293003	Prob. F(44,15)	0.3018
Obs * R - squared	47.48125	Prob. Chi - Square(44)	0.3327
Scaled explained SS	31.01414	Prob. Chi - Square(44)	0.9302

表 9-11 ARCH 检验结果

F - statistic	0.428567	Prob. F(1,57)	0.5153
Obs * R - squared	0.440294	Prob. Chi - Square(1)	0.507

4)自相关检验

因 DW 统计量在 0.05 显著性水平上 $d_L = 1.298$ 与 $d_u = 1.894$ 之间,暂无法判断是否存在自相关,故采用 Breusch - Godfrey 的 LM(拉格朗日乘数)进行多阶检验,其中,一阶、二阶的结果如表 9-12 所示,得出:模型不存在自相关。

表 9-12 BG-LM 检验及 DW 检验后的对比

F - statistic	3.156892	Prob. F(1,50)	0.0817
Obs * R - squared	3.563292	Prob. Chi - Square(1)	0.0591
$LM = n_1 * R_1^2$	3.503892	$< \chi^2_{0.05}(1) = 3.84146$	无自相关
DW_1	1.450688	$d_L = 1.298$ $d_u = 1.894$	无法判断
F - statistic	2.541018	Prob. F(2,49)	0.0891
Obs * R - squared	5.638142	Prob. Chi - Square(2)	0.0597

续表

$LM = n_2 * R_2^2$	5.450202	$< \chi^2_{0.05}(2) = 5.99147$	无自相关
DW_2	1.586487	$d_L = 1.298$ $d_u = 1.894$	无法判断

其中，DW_1，DW_2 是在原模型无法判断自相后，通过广义差分法分别进行一阶、二阶回归后的数值，均在 DW 无法判断区域，故用 LM 进行再检验，其中，R_1^2，R_2^2 分别是 LM 检验一阶、二阶回归后的可决系数，$n_1 = 59$，$n_2 = 58$。

5）残差正态性检验

古典线性回归模型中是假定随机扰动项是正态分布的，用 Jarque - Bera 检验残差，从图 9 - 27 中可以看出，JB 的统计量小于 $\chi^2_{0.05}(2)$，故验证残差是符合正态性的。

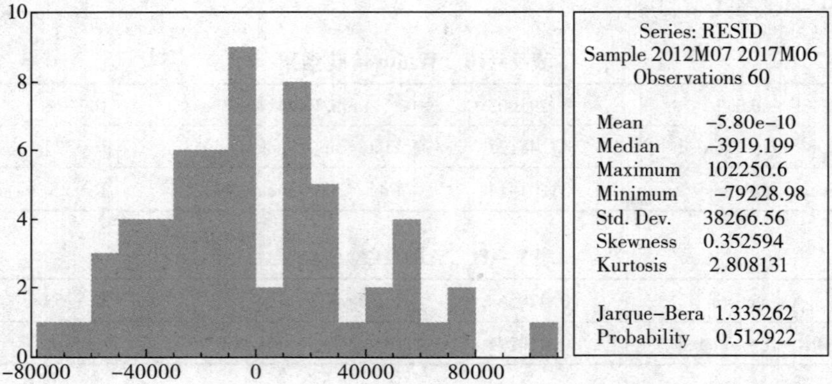

图 9 - 27　残差正态性检验

6）回归方程

由此，得到最终的储蓄存款与资金往来的参数估计模型为：

$$save_t = 3153264 + 1.1575cash_t - 0.0083transfer_t + 0.16571invest_t + 0.1258financing_t - 0.0095pos_t - 6.87781oan_t + 0.401batch_t + 1.007bank_t + \varepsilon_t \qquad (9-2)$$

Se (50432.24) (0.4660) (0.0428) (0.2037) (0.0676)

(0.2205) (3.6284) (0.1084) (0.3511)

t (47.66) (2.2992) (-0.2069) (0.784) (2.0236)

(−0.0424)(−1.7334)(4.3803)(2.72625)

$R^2=0.820911$　　$F=29.22176$　　$DW=1.499103$

从参数估计来看,在其他变量不变情况下的往来资金中,现金(cash)每净增1元,储蓄存款增加1.1575元(银行柜面和*ATM*),同样,理财(financing)每净增1元,储蓄存款增加0.1258元(含理财到期、起息、自主赎回及国债购买、到期返本付息),跨行(bank)每净增1元,储蓄存款增加1.007元(跨银行净流入),批量扣收(batch)每净增1元,储蓄存款增长0.401元(代发工资扣减基金定投、学费及其他缴费后);还贷(loan)、转账(transfer)、投资(invest)消费(pos)对金融资产的影响在统计意义上不显著。

(2)金融资产与资金往来的实证分析

1)建立线性模型2

$$asset_t=\beta_0+\beta_1 cash_t+\beta_2 transfer_t+\beta_3 incest_t+\beta_4 financing_t+\beta_5 pos_t+\beta_6 loan_t+\beta_7 batch_t+\beta_8 bank_t+\varepsilon_t \quad (9-3)$$

采用最小二乘法*OLS*对模型进行多元线性回归。

虽然模型2的拟合度 $R^2=0.9320$ 和显著性 $F=87.3658$ 相对较好,但*DW*值 $=1.269424$,小于*DW*统计量在0.05显著性水平上 $d_L=1.298$,存在一阶自相关,再通过*BG−LM*的一阶、二阶自相关检验(见表9−13),发现模型存在二阶自相关,故直接采用广义差分法消除自相关。

表9−13　BG−LM检验

F−statistic	9.573031	Prob. F(1,49)	0.0032
Obs * R−squared	9.641643	Prob. Chi−Square(1)	0.0019
$LM=n_1*R_1^2$	9.480946	$>\chi^2_{0.05}(1)=3.84146$	一阶自相关
F−statistic	5.323736	Prob. F(2,48)	0.0081
Obs * R−squared	10.7104	Prob. Chi−Square(2)	0.0047
$LM=n_2*R_2^2$	10.353406	$>\chi^2_{0.05}(2)=5.99147$	二阶自相关

首先,对残差 ε_t 与滞后一期 ε_{t-1} 和滞后二期 ε_{t-2} 进行回归,得到参数的各估计量:

$$\varepsilon_t=0.44367\varepsilon_{t-1}-0.196316\varepsilon_{t-2}+\delta_t \quad (9-4)$$

设定 $\phi_1 = 0.443670$，$\phi_2 = -0.196316$

对模型2进行广义差分变换式，

$$asset_t^1 = asset_t - \phi_1 asset_{t-1} - \phi_2 asset_{t-2} \quad (9-5)$$

$$\beta_0^1 = \beta_0 - \phi_1 \beta_0 - \phi_2 \beta_0 \quad (9-6)$$

$$cash_t^1 = cash_t - \phi_1 cash_{t-1} - \phi_2 cash_{t-2} \quad (9-7)$$

$$transfer_t^1 = transfer_t - \phi_1 transfer_{t-1} - \phi_2 transfer_{t-2} \quad (9-8)$$

$$invest_t^1 = invest_t - \phi_1 invest_{t-1} - \phi_2 invest_{t-2} \quad (9-9)$$

$$financing_t^1 = financing_t - \phi_1 financing_{t-1} - \phi_2 financing_{t-2} \quad (9-10)$$

$$pos_t^1 = pos_t - \phi_1 pos_{t-1} - \phi_2 pos_{t-2} \quad (9-11)$$

$$loan_t^1 = loan_t - \phi_1 loan_{t-1} - \phi_2 loan_{t-2} \quad (9-12)$$

$$batch_t^1 = batch_t - \phi_1 batch_{t-1} - \phi_2 batch_{t-2} \quad (9-13)$$

$$bank_t^1 = bank_t - \phi_1 bank_{t-1} - \phi_2 bank_{t-2} \quad (9-14)$$

模型2NEW的参数估计模型为(6)式，并进行OLS回归：

$$asset_t^1 = \beta_0^1 + \beta_1 cash_t^1 + \beta_2 transfer_t^1 + \beta_3 incest_t^1 + \beta_4 financing_t^1 + \beta_5 pos_t^1 + \beta_6 loan_t^1 + \beta_7 batch_t^1 + \beta_8 bank_t^1 + \varepsilon_t \quad (9-15)$$

模型2NEW拟合度 $R^2 = 0.873483$ 和显著性 $F = 42.28738$ 相对较好，但 $DW = 1.7$ 仍然无法判断模型是否自相关，同时，跨行(*bank*)、投资(*invest*)、批量扣收(*batch*)的t值显著性不理想，故依次再对模型是否存在多重共线性、异方差和自相关进行检验(见表9-14)。

表9-14　回归结果(模型2NEW)

Variable	Coefficient	Std. Error	t-Statistic	Prob.
C	3390276	130360.6	26.00668	0
cash -0.443670 * *cash*(-1) + 0.196316 * *cash*(-2)	1.760141	1.2216	1.440849	0.156
transfer -0.443670 * *transfer*(-1) + 0.196316 * *transfer*(-2)	0.237455	0.127169	1.867252	0.0679
invest -0.443670 * *invest*(-1) + 0.196316 * *invest*(-2)	0.382984	0.542124	0.706453	0.4833
financing -0.443670 * *financing*(-1) + 0.196316 * *financing*(-2)	-0.888714	0.187631	-4.736497	0

续表

Variable	Coefficient	Std. Error	t - Statistic	Prob.
pos - 0.443670 * *pos*(-1) + 0.196316 * *pos*(-2)	-1.443904	0.607978	-2.374953	0.0215
loan - 0.443670 * *loan*(-1) + 0.196316 * *loan*(-2)	-34.13955	9.092855	-3.75454	0.0005
batch - 0.443670 * *batch*(-1) + 0.196316 * *batch*(-2)	0.406479	0.382154	1.06369	0.2927
bank - 0.443670 * *bank*(-1) + 0.196316 * *bank*(-2)	-0.346219	0.946087	-0.365951	0.716
R - squared	0.873482	Mean dependent var		4092035
Adjusted R - squared	0.852826	S. D. dependent var		286653
S. E. of regression	109969.5	Akaike info criterion		26.19552
Sum squared resid	5.93E + 11	Schwarz criterion		26.51523
Log likelihood	-750.6697	Hannan - Quinn criter.		26.32005
F - statistic	42.28738	Durbin - Watson stat		1.704712
Prob(F - statistic)	0			

2)多重共线性检验

同模型 1 的检验方法一致,通过观测各自变量之间的相关系数及自变量间的 VIF 值,可以判断,模型 2NEW 的多重共线性非常弱,不影响模型分析和参数估计。

3)异方差检验

采用 White 检验,根据 White 检验中辅助函数的构造,自变量之间交叉乘积项成为新的自变量,可以看出,$nR^2 = 50.4125$,在 $\alpha = 0.05$ 的显著水平下,查χ^2 分布表,得临界值$\chi^2_{0.05}(44) = 55.7585$,比较计算$\chi^2$ 的统计量与临界值,因为 $nR^2 = 50.4125 < \chi^2_{0.05}(44) = 55.7585$;因此,接受原假设,拒绝备择假设,表明模型不存在异方差(见表 9 - 15、表 9 - 16)。

表 9 - 15 White 检验结果

F - statistic	1.963046	Prob. F(44,13)	0.0933
Obs * R - squared	50.4125	Prob. Chi - Square(44)	0.2348
Scaled explained SS	30.31924	Prob. Chi - Square(44)	0.942

表 9-16　ARCH 检验结果

F - statistic	0.296669	Prob. F(1,57)	0.5882
Obs * R - squared	0.305807	Prob. Chi - Square(1)	0.5803

4）自相关检验

因 DW 统计量在0.05 显著性水平上 $d_L=1.298$ 与 $d_u=1.894$ 之间，暂无法判断是否存在自相关，故采用 Breusch - Godfrey LM（拉格朗日乘数）进行多阶检验，其中，一阶、二阶结果如表 9-17 所示，得出：模型 2NEW 不存在自相关。

表 9-17　BG - LM 检验及 DW 检验后的对比

F - statistic	1.325344	Prob. F(1,48)	0.2553
Obs * R - squared	1.558427	Prob. Chi - Square(1)	0.2119
$LM=n_1 * R_1^2$	1.558402	$<\chi^2_{0.05}(1)=3.84146$	无自相关
F - statistic	0.721081	Prob. F(2,47)	0.4915
Obs * R - squared	1.726706	Prob. Chi - Square(2)	0.4217
$LM=n_2 * R_2^2$	1.726718	$<\chi^2_{0.05}(2)=5.99147$	无自相关

注：DW_1，DW_2 是在原模型无法判断自相关后，通过广义差分法分别进行一阶、二阶回归后的数值，均在 DW 无法判断区域，故用 LM 进行再检验，其中，R_1^2、R_2^2 分别是 LM 检验一阶、二阶回归后的可决系数，$n_1=57$，$n_2=56$。

5）回归方程

最小二乘回归方程为：

$$asset_t=4504512+1.7601cash_t+0.2375transfer_t+0.383incest_t-0.8887financing_t-0.14439pos_t-34.13941loan_t+0.4065batch_t-0.3462bank_t+\varepsilon_t \quad (9-16)$$

Se (130360.6) (1.2216) (0.12717) (0.5421) (0.1876)

(0.608) (9.0928) (0.3822) (0.9461)

t (26.0069) (1.4408) (1.8673) (0.7065) (−4.7365)

(−2.375) (−3.7545) (1.0637) (−0.366)

$R^2=0.873483$　　$F=42.28738$　　$DW=1.70471$

其中，$\beta_0=\dfrac{\beta_0^1}{1-0.4436706+0.196316}=\dfrac{3390276}{1-0.4436706+0.196316}=4504512$

从参数估计来看，在其他变量不变情况下的往来资金中，理财（*financing*）

每净增 1 元,金融资产减少 0.8887 元(含理财到期、起息、自主赎回及国债购买、到期返本付息),同样,还款(*loan*)每净增 1 元,金融资产减少34.1394 元(信用卡还款和各种贷款),消费(*pos*)每净增 1 元,金融资产减少1.4436 元,转账(*transfer*)每净增 1 元,金融资产净增 0.2375 元;现金(*cash*)、转账(*transfer*)、跨行(*bank*)、批量扣收(*batch*)、投资(*invest*)对金融资产的影响不显著。

6)残差正态性检验

古典线性回归模型中假定随机扰动项是正态分布的,用 Jarque - Bera 检验残差,可以从图 9 - 28 中看出,JB 的统计量小于$\chi^2_{0.05}(2)$,故验证残差是符合正态性的。

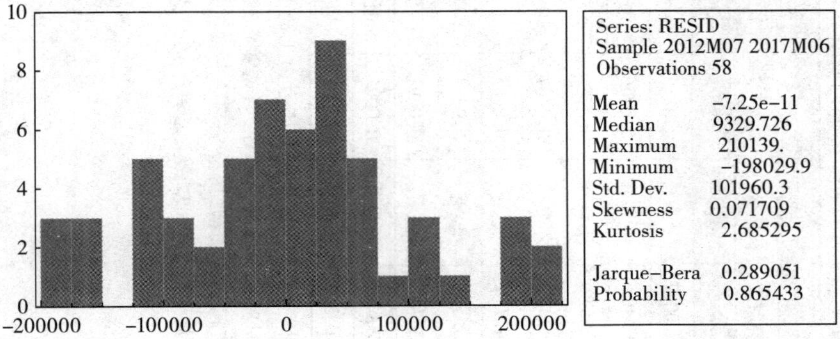

图 9 - 28 残差正态性检验

(3)分析结果的比较

本节以保留全渠道的 8 项解释变量为建模前提,以置信度 95% 为统计意义上通过边界,在对模型 1 和模型 2NEW 进行比较后,得出(见表 9 - 18):①模型 1 中现金(*cash*)、理财(*financing*)、批量扣收(*batch*)和跨行(*bank*)对储蓄存款(*save*)有显著影响,模型 2 中理财(*financing*)、消费(*pos*)和还款(*loan*)对金融资产有显著影响,其中,理财(*financing*)均对两个模型有显著影响,但方向相反;②模型 2NEW 的拟合程度(R^2)及显著性(F)都较模型 1 相对更优;③模型 1 是无滞后阶的回归,模型 2NEW 是二阶滞后,可以说,储蓄存款的增长与各解释变量当期的流量紧密相关,而金融资产的增长与各解释变量前一、二期都有重要关联,也就是当月的金融资产与前两月有关。

表 9 – 18　模型 1 与模型 2NEW 回归结果对比

Variable	Coefficient		t – Statistic				Prob.（以置信度 95% 为通过边界）				R – squared	
	模型 1	模型 2 NEW	模型 1	显著程度	模型 2 new	显著程度	模型 1	置信度	模型 2 NEW	置信度	模型 1	模型 2 NEW
C	3153264	4504512	47.6592	—	26.0067	—	0	—	0	—	0.8209	0.8735
cash	1.1574	1.7601	2.2992	显著	1.4408	不显著	0.0256	通过	0.156	不通过	较高	高
tansfer	-0.0083	0.2375	-0.2069	不显著	1.8673	不显著	0.837	不通过	0.0679	不通过		
invest	0.1657	0.383	0.784	不显著	0.7065	不显著	0.4367	不通过	0.4833	不通过	F – statistic	
financing	0.1258	-0.8887	2.0236	显著	-4.7365	显著	0.0483	通过	0	通过	模型 1	模型 2*NEW*
pos	-0.0095	-1.4439	-0.0424	不显著	-2.375	显著	0.9663	不通过	0.0215	通过	29.2218	42.2874
loan	-6.8778	-34.1396	-1.7333	不显著	-3.7545	显著	0.0891	不通过	0.0005	通过	较显著	显著
batch	0.401	0.4065	4.3803	显著	1.0637	不显著	0.0001	通过	0.2927	不通过		
bank	1.007	-0.3462	2.7262	显著	-0.366	不显著	0.0088	通过	0.716	不通过		

注：在回归结果中，储蓄存款（*save*）与金融资产（*asset*）对同一解释变量在结果方向上的差异，主要在于：①如果客户关系（CRM）归属样本银行，则金融资产（*asset*）归属样本银行，如果储蓄借记卡同时也归属样本银行，则储蓄存款归属样本银行，这是一致性原则；②如果客户关系（CRM）归属样本银行，但储蓄借记卡归属同一上级银行不同分支机构，则金融资产与储蓄存款的核定就分别计入两家银行，这是不一致原则；③如果客户未与银行建立客户关系（CRM），这是绝大多数情况，则以客户主账户卡的分支机构作为归属地。在实务分析中，将考虑上述情况。

9.2.5 实务分析

在对样本银行资金往来与储蓄存款、金融资产分别建模的基础上，结合工作实务，作以下分析：

(1) 现金(*cash*)包括柜面及 ATM 的存取，从数据来看，月度净流出 4.5 亿元，但模型 1 的估计参数却为正号，似乎与事实不符，可能的解释为：客户将非样本银行的储蓄存款账户卡通过样本银行各银行网点柜台及 ATM 等渠道取现(净流出)，又以其他存款的形式如定期等存入样本银行的储蓄存款账户中，当然，还有大量的消费贷通过非受托支付由贷款人在电子银行操作"取现"的方式支出，再由银行柜台实际取现存入样本银行储蓄存款账户后自由支配①；现金(*cash*)对模型 2NEW 的影响程度未通过统计上的有效边界。

(2)转账(*transfer*)主要是本银行系统内的资金往来，同一系统内往来资金无论去向如何，只要还在样本银行内，对储蓄存款的增长影响程度就要远小于金融资产。同时，对于转账的往来资金，银行经营的控储增资能力较弱，加之资金的往来都有一定的金融配置目标，因此，也多是从储蓄存款转化为其他金融资产；从模型 2NEW 的回归结果看，在 90% 的置信度下，转账(*transfer*)对金融资产的影响是显著且正向的，可以认为其每净增 1 元，在其他解释变量不变的情况下，金融资产增长 0.2375 元，当然 1 元的净增也是滞后 2 期的结果，在月均 32 亿元的净增长趋势中，大量的非关系银行客户成为样本银行的金融资产主力，约占 44%。

(3)客户投资(*invest*)购买保险、基金、结售汇、账户黄金买卖以及在券商、期货的第三方存管账户的往来资金，并未对储蓄存款和金融资产的长期增长形成有益作用，但也发现购买保险(特别是期缴)的资金流出确实没有明显拖减储蓄存款的增长，而高频的投资交易产生的资金往来经常成为银行经营中存款与中收纠结的重要体现之一：沉淀存款意味着银行丧失了营销客户买卖

---

①这是当前部分商业银行消费贷借款人为了自由支配贷款金额的操作方式，合理不合规。

基金、黄金等获得佣金收入的机会；投资（*invest*）的资产损溢在庞大的客户群中相互冲抵，也是其对储蓄存款及金融资产无显著影响的原因之一。

（4）理财（*financing*）仅指客户在样本银行购买的各类银行理财产品及记账式国债，其中，记账式国债的数额相对很小，可以忽略不计，理财（*financing*）是对储蓄存款及金融资产均有显著影响的解释变量，但影响方向相反。2012 年 7 月至 2014 年 8 月，理财是净流入储蓄存款的资金往来，月均 17 亿元，2014 年 8 月后，则是净流出储蓄存款转为理财产品形成金融资产，月均 10 亿元，这与银行此后在理财收益水平、期限结构及产品种类的设计密切相关，储蓄的正增主要是理财产品到期、赎回以及未起息形成的，如果只考虑理财资金一种因素对储蓄存款及金融资产的影响，只有约 12% 的理财往来资金最终形成储蓄存款净增的沉淀，还有约 88% 的理财往来资金跨行流出，形成金融资产的净减少，当然，现实的资金往来是动态变化的，理财收益水平是起伏的，但理财（*financing*）构成的资金往来主要与转账（*transfer*）及跨行（*bank*）相关，有大量的流出资金流出样本银行，也会有大量的资金流入样本银行，但回归结果反映的现状，应该是理财竞争力下降的表现。

（5）消费（*pos*）对储蓄存款的影响程度不显著，但对金融资产却有一定的负向显著影响。从样本银行近年来 POS 刷卡消费的收单结构看，本行卡的交易金额中贷记卡（信用卡）与借记卡占比分别是 28% 和 72%，而本行卡与他行卡占比分别是 23% 和 77%①，也就是说，本行借记卡（储蓄存款账户卡）的消费额仅仅占到全部份额的 17%，模型 1 的消费（*pos*）回归结果在一定程度上验证了事实，对储蓄存款的影响较小而对滞后二阶的金融资产影响显著，这也与消费介质主要是信用卡，拥有最长 56 天免息还款的政策息息相关，客户一般会在次月还款，也就削减了次月的金融资产。

（6）还贷（*loan*）包括信用卡还款及房贷、经营贷款等，其中，样本银行的信用卡与非信用卡贷款余额约为 2∶1，再结合消费（*pos*）变量看，贷记卡占据

①咬亮，等．新形势下工商银行北京区域银行卡收单业务发展情况研究［J］．甘肃金融，2017（3）：26－33.

了约七成的消费额,这也就构成了消费(*pos*)直接对储蓄存款的影响较小而还款(loan)影响较大的结果(在 90% 的置信度内),构成了银行储蓄存款的净流出。同时,还款(loan)对金融资产的负向影响较储蓄存款更大,主要在于客户为了样本银行 1 元的还款额,需要将非储蓄存款的金融资产(主要是理财产品)赎回后进行,而赎回规模往往较大,原因可能在于客户会在一个较短时期内处理多家银行的消费(*pos*)还款,并将样本银行作为主要资产账户银行。

(7)批量扣收(*batch*)的月平均额为 4.28 亿元,主要是样本银行为企业开立代发工资专户,通过企业员工代发工资卡沉淀储蓄资金,也是近年来增存揽储可持续性较强的手段之一,同行同业竞争激烈,从模型 1 看,1 元当期批量净流入,在其他解释变量不变的情况下,只能有 0.4 元的储蓄增长,现实情况可能更低,其主要资金转出样本银行流入客户经济生活的主理银行,这也是不影响当期金融资产增长的主要原因。

(8)跨行(*bank*)就是直接从非本行拉转资金到样本银行,这主要是银行季末时点冲刺阶段惯用的方式,1 元的跨行转入形成了 1 元的储蓄增长,此类资金的沉淀时间非常短但具有较强的可操控性,可能在 1 周内就流转回去,有流量多、留存少的特点;跨行(*bank*)对金融资产无较显著影响,主要在于客户银行关系的不一致性,如果客户关系(CRM)归属样本银行,但储蓄借记卡归属同一上级银行不同分支机构,则金融资产与储蓄存款的核定就分别计入两家银行,那么,储蓄存款的暂时拉转,提升的是客户关系银行的金融资产,而非样本银行。

9.2.6 结论与建议

储蓄存款是商业银行发展零售业务的根本,也是金融资产增长的源泉,其地位如同压舱石、桥头堡,毋庸置疑,这是商业银行“大零售”战略发展的前提和必要,也是“大资管”时代发展的基础和源头,特别是在银行业开启储蓄存款日均考量之际,从 4 天季末时点冲刺到 1 年天天冲刺,可谓“无存款不银行”,这是金融新常态的开始,也是新挑战与新机遇并存的开端。本节从资金往来的数据角度对储蓄存款与金融资产分别建立线性模型并进行回归，在与银行实务结合的基础上，得到以下结论及建议：

（1）大量的现金（*cash*）支取对储蓄存款不减反增并非违背事实，一方面，现金支取的确是储蓄存款乃至金融资产的净损失；另一方面，直接将支取的现金转化为定期存款或者现金汇款至样本银行储蓄账户中，加之额外的现金净存入，储蓄存款一定是净增。因此，对于月度4.5亿元的现金净流出，会被350亿元储蓄存款的结息及部分转为定期存款的流量资金弥补，这还暂时未对储蓄存款构成“挤兑”的风险，然而，从样本银行近3年的储蓄存款结构看，虽然存款占资产比例有3个百分点的小幅上升，但却几乎全部集中在活期存款的占比上，建议银行应该加强关注活期流动性趋势以及客户金融行为动态，特别是资产规模不高的客户群体，尽管年化收益3.5%的超短期现金类理财看似较有吸引力，那为何“余额宝”规模能超过招行储蓄存款余额，达到1.43万亿元呢（截至2017年6月30日）？

（2）转账（*transfer*）和投资（*invest*）是银行资金往来规模的重要组成部分，不仅涵盖了同一银行系统内的资金往来，还涉及第三方存管账户如券商、期货与银行的资金往来，以及账户黄金买卖、基金申赎、结售汇等，毋庸置疑，这些资金往来也是储蓄存款和金融资产的重要组成部分，然而，这却是银行经营中较难把握的部分资金，不仅涉及金融市场的波动和损溢，还有资金所有者对存款及资产的自我把握程度相对较高，加之此类资金往来也主要是同一银行内的流动，这对储蓄存款和金融资产的增长而言影响不显著。从近5年的样本银行金融资产结构看，基金资产、保险资产和三方存管资产占比分别围绕8%、7%和3%窄幅波动，贵金属资产增长1倍，但也仅占0.75%，与占比63%的储蓄存款相比，特别是储蓄存款中2年以上定期存款占比还在以每年2个百分点增长持续提升（已达35%），银行客户的“金融深化”还有很长一段路要走，重在缓解中国居民的“不确定”情绪，才能引导资产配置的经济行为。

（3）理财（*financing*）的收益水平和期限结构对储蓄存款的整体安排有直接和重要作用，国有商业银行的理财产品在某种意义上是存款的替代品，尽管监管一再强调理财收益水平的合理性和不能刚性兑付等，但理财产品的竞争从未停歇，根据 Wind 资讯，从 619 家银行发行的近 78 万只理财产品数量看，国有五大银行仅占 22.31%，而样本银行所在行仅占 1.91%，收益率也是缓步上升，与实体经济增速及资本市场发展相脱节，通过模型回归数据看，通过银行理财吸引储蓄存款以及考核时点的“理财赎回转化为存款”的方式并未在很大程度上对增储有帮助，相反，在理财买赎的资金往来过程中，却增加了客户选择其他银行理财产品的机会，导致理财资金往来的净额约 12% 沉淀为存款，同时，有 88% 的资金流出了样本银行，期限错配的设计、理财收益水平及产品数量等成为银行理财竞争力的核心要素，客户满意度不高，很容易在产品到期后转向其他银行，这对传统认为客户在某家银行容易形成金融依赖性的观点发出了警示。同时，从样本银行万名资产 100 万元以上客户的投资期限结构看，6 月以内、6 至 12 月、1 年至 2 年及 2 年以上分别的占比区间为 50% ~60%、2% ~8%、11% ~17% 及 15% ~30%，从趋势来看，2 年以上的投资期限占比在逐步提高，这与 2 年以上定期存款占比持续提升相吻合。因此，从客户投资行为的特点看，银行要依托理财的“短期制胜”才能等来客户金融资产的“长期留存”，如果银行忽视当下“拼血”的收益竞争，选择放弃“羊群效应”，则可能要坐等较长时间才能迎来增长的新契机。

（4）消费（*pos*）和还款（*loan*）是资金往来的净流出，但从样本银行的月度数据看，储蓄账户卡（借记卡）直接净流出用于消费和还款的也只占不到三成，信用卡（贷记卡）透支消费和次月还款的金融行为却对储蓄存款无较直接和显著的影响，反而对未来金融资产形成了显著的净减影响，特别是客户的主要资产账户在一家银行而负债账户在多家其他银行时，对金融资产的影响就更为显著。一方面，时下微信、支付宝等第三方对银行结算构成了较大的威胁，特别是银行曾经忽略的小额支付市场；另一方面，第三方也开始在分期市场与银行分润，因此，对于消费（*pos*）及还款（*loan*），为避免金融资产较大净流出以及市场份额递减的趋势，应在消费分期市场上尽早站稳脚跟。

(5)批量扣收(*batch*)和跨行(*bank*)是近年来商业银行争相抢夺的主要业务,也是解决经营管理中揽存争储行之有效的方法和渠道,能够直接提升储蓄存款和金融资产。然而,批量扣收(*batch*)主要依托代发工资形成储蓄沉淀,尽管为此开发了诸多类似于"薪金溢"及专属理财等收益增值产品,但其留存率却不到40%,这是目前银行较难突破的瓶颈之一。除此之外,跨行(*bank*)拉转往往对考核时点储蓄存款增长屡试不爽,但对储蓄存款的日均及金融资产的长期增长效果却不显著。对于银行营销管理而言,人为因素至关重要,批量扣收(*batch*)及跨行(*bank*)恰是发挥营销经理主观能动性的两项业务,因此,要使得其对储蓄存款及金融资产能够可持续增长有所作用,应更多从队伍配备、考核机制、激励措施等人力资源效能发挥上做好文章。

9.3 当前国内私人银行发展中存在的问题与应对措施研究

9.3.1 "大零售"战略背景下私人银行业务落地基层行

(1)"大零售"战略在新金融常态中顺势而为

2014年5月,习近平主席在考察河南时提出:"中国发展仍处于重要战略机遇期,我们要增强信心,从当前中国经济发展的阶段性特征出发,适应新常态,保持战略上的平常心态",并在岁末中央经济会议上从9个方面阐述了新常态的趋势和特征,描绘了未来我国改革发展的着力点,概括起来主要是:释放消费潜力,创新投资方式,培育新的比较优势,优化产业结构,提高人力资本质量和技术进步,建立统一透明、有序规范的市场环境,形成绿色低碳循环发展新方式,建立健全化解各类风险的体制机制,科学进行宏观调控。全行各业踌躇满志,思索探寻属于自己的"新常态"。

面对中国经济的四大困难:经济下行压力较大、结构调整阵痛显现、企业生产经营困难多、部分经济风险暴露,作为网络社会如影随形的金融业着实遇到了"新常态":在大数据、云计算和移动互联的信息腾飞时代,金融监管平衡中审慎包容,民营金融、互联网金融、普惠金融、农村金融异军突起,顶层设计重质量、讲效益，底层运营博创新、拼活力，社会经济金融体在“市场化、专业化、国际化、信息化”的新格局中寻找新增长点，在开放创新中改革发展。作为金融业领头羊的银行，迫切需要“认识新常态，适应新常态，引领新常态”，正如银监会原主席尚福林所言：银行业在经济新常态下要充分认识贷款增速回稳、存贷利差收窄、社会融资方式转变、不良贷款反弹、监管“宽进严管”五大趋势。只有充分深刻认识到新常态的特征，才能主动地应对新常态下的风险挑战，更加积极地推动银行业转型发展，为银行业发展注入更加持久的内生动力。

顺势而为，正值工行从建章立制到跨越发展的30年之际，总行党委从更宽视野、更广领域、更深层次启动实施“大零售”战略，既是对现有零售市场中利率市场化、存款保险制、IPO重启、余额宝、P2P、电子现金等“新金融常态”的积极应对和创新，也是对“大个金”和“强个金”战略的延续和扩展，即以开放、共享、共赢的平台思维发展零售金融，将基于所有个人客户账户和小微企业贷款账户所产生的金融交易业务纳入“大零售”金融范畴，全面涵盖个人金融、银行卡、资产管理、小微贷款、电子银行、私人银行、贵金属、养老金、金融市场、国际业务、基金、保险等专业领域，科学、全面、完整地反映零售金融对全行的经营贡献，打造多层次、立体式、多方共赢互利的零售金融生态圈。着眼于紧紧围绕以客户为中心，实施以结构优化、效能提升、质态改善为主要特征的内涵式发展，着力从战略驱动、文化引领、体制机制、基础工作、队伍建设等方面整体推进，坚持顶层设计与基层创新相统一，稳步提升零售金融对工商银行的整体贡献。

(2)私人银行业务在“大零售”战略模式中发展

滥觞于16世纪欧洲贵族寻求财产的庇护与打理，“私人银行业务”以其私密、尊贵、守财、增值的优势绵延发展至今，现已是银行及非银行金融机构开展“尖对尖”服务模式的总称。2007年是新中国私人银行元年，次年，工行以银监会批准的首家私人银行专营机构身份快速在全球范围内推广私银业务，如今已在管理资产总量(7357亿元，2014年)、客户规模(4.3万户，2014

年)及盈利能力(35.86 亿元,2014 年)等方面位居业内前列。

从现有私人银行组织架构模式看,主要可以分为三类:子公司模式、事业部模式和大零售模式。子公司模式是以独立于母集团且具备私人银行金融牌照的法人企业运营;事业部模式是在银行总行的零售银行部外独立设置私人银行部门或中心,并以分部或分中心形式运营的独立核算模式;大零售模式是私人银行部(中心)隶属零售金融业务部,并在零售银行体系中交叉运营的模式。以当前的金融法律及历史成因,子公司模式主要集中在欧洲金融机构中,国内中资银行主要以事业部模式及大零售模式开展私人银行业务,但在不同时期或具体实践中却是以两种模式交叉开展,旨在各取其优、相得益彰。工行私人银行业务在战略调整中壮大前行。2008—2010 年(事业部模式),工行采取持牌经营的总分部专业化模式,全国设立 10 家分部,并在财富集中的区域完成首轮战略布局;2011—2012 年(准事业部模式),工行确立在全国各分行设立中心,并对资产相当量的客户全面开展签约服务,后成立中国香港中心、新加坡中心、欧洲中心;2013 年(准事业部模式与大零售模式交叉),工行将私人银行业务由总分部专业化模式向"全行办、全球办"战略转变,实施分部改革转型,总行各分部改为分行私人银行中心,并按客户资产 2000 万元为界点与基层行(一级支行或二级分行)开展分层服务的管理模式,旨在提高同业竞争力,打造"国际一流私人银行品牌",跻身"全球十大私人银行机构";2014 年(大零售模式)至今,在经历了初创期、快速布局期及转型改革期后,工行启动实施"大零售"战略,私人银行业务发展融入新时代,迎来新契机。

作为零售金融高端客户服务皇冠中的明珠,作为中资商业银行的朝阳产业,私人银行业务在"大零售"战略模式中快速发展,具备了五大优势:一是有力地补充了传统零售业务在品牌塑造、服务升级和专业队伍等方面的不足;二是在利差缩小的市场趋势下增加了资产管理类的创收源头;三是以相对较低的成本挖掘存量高端客户,快速积累了私人银行客户规模和资产;四是充分发挥"小众业务"的特点,在差异化、个性化和信息化方面引领实践；五是搭建“公私联动、私私联动”的互信平台，建立业务互通的关键纽带。

(3)基层行的私人银行业务落地生根与“大零售”转型变革

自2013年总行以《关于推进私人银行业务改革发展的通知》确立总分支业务发展的战略转型以来，私人银行业务从签约、资产配置、团队建设到考核评价等逐步“下沉”基层行，并在“大个金”“强个金”的深厚根基下茁壮成长。2014年，作为地处北京市朝阳区东北区域，拥有24家营业网点和近700名员工，个人客户规模约百万，个人资产规模570亿元的基层行，W分行在总分行“大零售”战略的指导下果断有效地开展了一系列转型变革的措施，重在整合资源、释放效能，其中，建立了私人银行分中心，并以直营团队的组织形式将其进纳入零售金融业务部旗下，与电子银行、信用卡、个人融资的直营团队齐头并进共促“大零售”战略顺利实施，且取得了飞跃式发展。

2013年至今，W分行积极开拓“大望京”商圈潜力，不断追求私人银行业务的区域性发展优势和分行前排地位，通过组建“1+3+N”的直营团队，采取财富顾问分区管理模式，制定科学民主的考评机制，以提升客户签约率、客户规模、客户资产水平、客户忠诚度、队伍专业技能，依靠“全行办、专业办”来实现私人银行延伸增值服务的质量和效果，推动“大零售”的整体发展，近年来一直名列分行前排。

2015年，总行提出新三年(2015—2017年)私人银行发展战略，要持续坚持“全行办、全球办”的方向，坚持“专家办、做专业”的导向，全面提升经营管理能力、市场拓展能力、服务创新能力、价值创作能力和品牌营销能力，并提出了客户规模突破8万，管理资产超1.3万亿元、中收80亿元的发展目标①。为了进一步提升基层行私人银行发展水平，坚决贯彻总分行“大零售”发展战略，W分行提出了“一个引领、两个打造、三个目标、四个重点”的战略重点：“一个引领”，以私人银行客户服务为公私高端客户的服务引领；“两个打造”，既要打造专业化私人银行直营团队，还要打造公私联动、私私联动的营销平台；“三个目标”，3年内实现私人银行级客户400户，管理资产100亿

①工商银行教育部，私人银行部组．营销序列岗位培训教材(私人银行业务中级)(2015年版).

元,累计中收6000万元;“四个重点”,以实现资产800万元以上客户100%签约为重点,以实现私人银行签约客户100%配置产品为重点,以常态化供给非金融增值服务为重点,以树立望京区域私人银行品牌为重点。

9.3.2 零售业务快速发展中的高端客户身份变迁

(1)经济金融增速衍生财富聚集效应

中国经济金融的高速发展得益于党和人民的智慧和勤劳,国富民强是责任和目标。时至今日,改革开放已40余年,在制度完善、生产成本相对低廉、技术革新飞快、居民储蓄率高、投资渠道放开、人口规模大、消费能力旺盛、行业轮动活力足等综合因素的作用中,中国GDP年均增速9%,即使2015年7%,远超世界平均水平,总量已跃居世界第2位,世界占比增至12%,人均GDP年均增速8.7%,按照世界银行的划分标准,中国2017年人均GDP 8800美元属于上中等收入水平,国富民强持续显著(见图9-29)。也正是在一系列围绕经济建设的政策和措施作用下,国人财富理念从存款到理财,由投资到传承,当年的“万元户”已是如今的“亿元户”,小业主、小商贩、个体户已在社会主义市场经济中茁壮成长,房产、股票、债券、信托、保险、基金一应俱全,海外投资、全球配置、对冲基金、家族信托、大额存单、移民留学无一例外,企业家不再只是实体产业的代言人,“互联网+”潮流盛行,创业资本在线下线上间游离,大数据解读商机,“富人”跻身“富豪”,“有

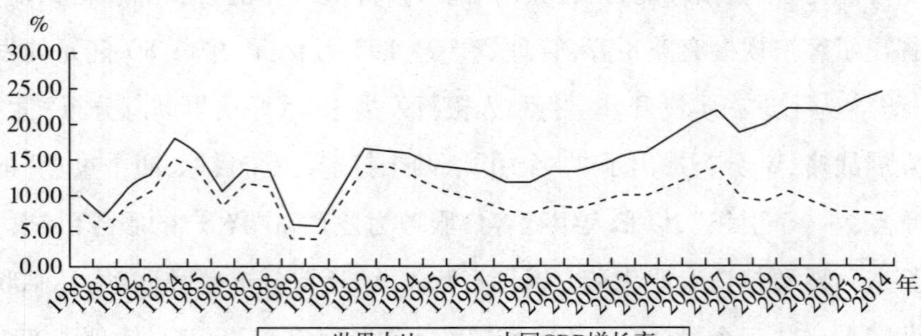

图9-29 中国GDP增长率及世界占比(1980—2014年)

资料来源:笔者根据国家统计局数据中心及世界银行20国集团相关数据整理。

钱人”转型“有闲人”，社会财富结构由“哑铃型”向“橄榄型”逐渐变型。

借鉴2015年胡润全球富豪榜名单，共计来自68个国家的2089位十亿美元富豪上榜，比上年增加222人，达历年最高，财富总值为41万亿元人民币，仍超过日本和韩国的GDP总和，上榜富豪的平均年龄为64岁，与上年相同。其中，中国（不含台湾地区）共有429位富豪入榜，约占富豪总数的20%，汉能集团李河君以1600亿元居华人之首，约是榜首微软集团比尔·盖茨5200亿元的三成。从其创富数据分析看，69%的富豪依靠白手起家创富，其中，中国富豪的61%是依托自身后天创富的，16%是依靠继承企业再经营后创富，还有7%是完全依靠继承创富①。尽管中国经济乃至世界经济的增速逐步放缓，但天量货币资本却在不断创造出更多的富豪，富豪之财也在继续刷新纪录。

自2007年各大金融机构开办私人银行以来，国内高净值客户已经成为个人高端业务的重点对象，客户规模已从30万激增至100万，资产规模从8.8万亿元提升至33万亿元，2015年，客户规模将增至126万人，资产规模将增至37万亿元。在私人银行客户里，资产构成主要包括期储蓄存款、定期存款、国债、理财、基金、保险、贵金属和第三方存管，资产涉及投资对象覆盖国内外的股票、基金、商铺、风投、保险、信托等，投资方式不再只是“单打独斗”而是“借力使力”，投资理念趋于开放、关注传承，风险意识逐步加强、平衡取胜，年龄从幼儿到老人，身份从企业主、专业投资人、职业经理、高管、全职太太到演艺明星等，总而言之，举世瞩目的中国经济发展，带来了翻天覆地的变化，在创造增长神话的同时，资本以其天生的嗅觉汇集财富，在促进银行零售业务发展的同时，私人银行客户的历史变迁及金融特征正是财富聚集效应的最好体现，也正是在他们身上，担负着社会财富创造与分配的重要责任。

（2）从理财金卡到财富卡，从白金卡到私人银行

近年来，居民可支配收入以10%的平均增速发展，消费潜力和空间巨大，个人资负类业务呈井喷式增长，商业银行着力打造零售业务，不断提高

①2015星河湾胡润全球富豪榜。

零售贡献占比，力争从30%升至50%，从渠道、产品、人力、财务等方面投入大量资源，特别是在利率市场化有序推进的金融环境下，零售竞争炙手可热。作为居民储蓄率在40%以上的国家，货币财富主要集中在银行，一方面，庞大的客户群难免使得基层行物理网点的服务供给吃力，高端客户需要相应的尊贵身份来实现诸如“绿色通道”等的专属服务；另一方面，“二八理论”有效，占比较低但贡献率很高的客户群主要集中在一定资产量的高端客户上，银行迫切需要分层服务来解决银行高端客户的金融需求，因此，银行按照客户资产或贡献度赋予了高端客户一定的身份标识，并从结算手续费、专属产品、会员优惠和特色活动等方面使其有别于普通客户。对于储蓄存款同业占比90%的国有四大行，零售商机不容小觑，特别是占据半壁江山的工行，更是要加快践行“第一零售银行”的步伐，从理财金卡到财富卡，从白金卡到私人银行，正是财富人群随着中国经济金融繁荣而衍生变迁的银行高端客户身份。

从现有工行高端客户的识别介质看，理财金账户卡（理财金卡）发行对象为五星级（含）以上客户，享受理财金账户的系列专属金融服务，六星级（含）以上客户可申请开立工银财富理财金账户卡（财富卡），享受财富管理的系列专属金融服务。一般而言，理财金卡主要针对银行资产30万元以上客户配发，可以在专属贵宾理财中心享受“绿色通道”服务，可以拥有贵宾版网上银行，并有特约商户优惠、专属理财产品、特色沙龙活动等；财富卡则是针对资产100万元以上客户，是在理财金卡服务基础上最高端的借记卡，持卡客户可享受工银财富私人助理与紧急救援服务，包括旅行与私人商务助理、高尔夫与奢侈品服务、环球医疗救援、国内汽车救助、留学服务，家居管理服务和宠物管理服务等7项服务，将为客户提供优质的服务体验。无论是理财金卡还是财富卡，都是随着银行高端客户不断增多而衍生的身份标识，但还未能满足当前财富人群银行客户最高身份的需要。

牡丹白金卡主要是针对年消费额在人民币10万元以上的成功人士而推出的，它具有人民币和美元两个账户，具有稳定可靠和受理广泛等优点。而其牡丹 Visa 白金卡更为持卡人提供了机场贵宾室、航空意外险、Visa 白金秘书、白金卡 SOS 等一系列高附加值尊荣服务，以工商银行牡丹白金卡持卡人尊贵的身份来享受不凡的体验，是至尊礼遇与高度安全性的完美结晶。可以说，作为贷记卡的最高卡种，白金卡不只是客户资产实力的体现，更证明了客户具备长期的消费实力，是银行个人授信的表现之一，额度从 5 万 ~200 万元，甚至更高。私人银行客户作为工行最高级别客户身份标识，是对资产 800 万元以上客户提供的一种私密性极强的专业化服务，涵盖内容涉及投资、融资、移民、税务、教育、信托、艺术品等，工行以“诚信相守、稳健相传”为服务理念，提供全资产管理服务、另类投资服务、全权委托服务、顾问咨询、财务管理、财富传承服务、跨境咨询、私人增值服务等 8 类服务。按照姜建清董事长的思路，私人银行要做“小锅菜”，强调产品和服务要有差异化、个性化。

9.3.3 私人银行发展中亟待破解的五大问题

(1)员工与客户的私人银行认识存在差异

私人银行业务是伴随着商业银行财富客户分层服务需要应运而生的，是在个人金融业务向零售金融业务跨越发展的基础上脱胎成长的，成立至今不过 8 个春秋，与欧美老牌银行近 300 年的岁月相比，至少历史积累经验还远远不足，也存在诸如模式之争、产品同质化、专业人才匮乏以及非金融增值服务单一等问题。作为基层行，不仅是掌握客户第一手资料的最佳场所，也是嵌入客户社会关系的契机之地，更是“面对面”拓展私人银行业务的重要源头。当然，绝大多数私人银行客户也是近年来在改革开放、“四万亿刺激”等政策环境下，得益于股票、房地产开发、拆迁、知识产权交易等实现财富积累的，因此，作为同一时代的金融消费者，对于私人银行的观念也存在诸多差异，或是误解，甚至分歧，进而造成萌芽期的私人银行撞上财商八斗的“新贵富”的新局面。

1)概念认识存差异。在现代互联互通的信息化时代，信息不对称的问题照旧但层面更深，对于私人银行的概念，客户更多是从各种机构或是互联网渠道得来,认为应该提供的是具有私密性、专属性、尊贵性和专业性的高端金融服务,是有别于一般财富客户管理的服务,而具备个性化、差异化和持续化的银行财富管理实践。然而,对于基层行员工而言,特别是管户经理,出身于传统零售家族,更多则是从理论培训和考核发展等角度认识私人银行,不仅业务接触层面浅,只能配置传统产品,而且视野范围相对较窄,营销推广私人银行业务暂时停留在理论化水平,加之习惯于日常网点层面的客户维护模式且难以突破,这导致私人银行客户的财富管理实践需要与基层行管户经理传统理财观念存在差异。

2)理财水平有差距。一方面,受中国传统文化的影响,私人银行客户大多讲究“财不外露”,重收益、轻保障,且近年来私人银行客户多为白手起家的实干家,善于自我理财,对银行理财无论是收益率还是流动性、安全性都存在顾忌,即便依托银行平台理财也是在多方收益率比较之下选其高者,对理财收益与风险的匹配度认识不够。另一方面,私人银行理财产品多为全权委托型,已经脱离零售模式下期次化“固定”收益方式,而是委托投资、风险自担,既不是投机工具又不能刚性兑付,显然已是间接投资,因此,迫切需要专业化的理财人员。对于基层行营销人员而言,在认知私人银行客户理财需求的基础上,主要是从产品经验、考核导向和分行推荐等角度出发配置理财产品,对产品深层次认知不足以及金融专业常识欠缺,导致在现有全权委托产品占据40%份额以上的趋势下,加之私人银行产品几乎100%电子银行渠道的购买方式,营销人员既缺少“面对面”的沟通机会,又无法对客户进行全产品体系更全面、更深广的讲解。

3)风险理念不对等。私人银行作为小众业务,客户群占比0.03%,但零售贡献占比12%(W分行),具有占用资本少、附加值高以及高资本回报率、收入流持续稳定的特点,当然,金融逻辑的风险与收益是相匹配的。从基层行私人银行客户的风险认识看,投机性理财观念较强的客户居多,主要在股票和其他金融机构间游离,对私人银行理财产品,重比较收益、轻风险匹配,且风险容忍度低,将资本市场的直接融资类产品与银行的综合理财产品混为一谈,也是对基层行资产800万元以上客户25%的流失率、户均825万元流失资产（W分行）的解释依据。当然，在每年银行发行近10万款理财产品的零售市场里，作为国有四大行基层网点的管户经理，对风险与收益平衡的认识较为充分，这就与部分私人银行客户追逐轻风险、重收益的风险认识难免冲突。

4）服务内涵待延展。私人银行的服务对象，从个人延伸到家族和家族背后的企业，关注的是客户综合性、整体性、长期性的金融服务目标，其客户既是投资方，也是融资方，客户具备高资产、高资金的双重特点，客户持股、控股情况普遍，因此，生财、理财、保值、增值、传承成为私人银行服务的优势和亮点，可谓"大环境下还有小气候、大市场下还有小板块"。基层行私人银行客户虽然大多选择银行时关注产品与服务的增值能力，但即便需要投资报告、家族信托、出国留学、旅游指南、医疗救援等高层次、个性化的服务时，基层行的服务供给能力也明显吃紧，而主要以政策优惠、产品遴选、邀约沙龙、户外体验等同质化、单一化服务为主，这与私人银行客户特需的"财富圈"个性化、差异化的高端服务存在差距。

（2）依靠产品推动与同质化产品下的服务供给

工行私人银行服务体系主要指资产管理、另类投资、全权委托、顾问咨询、财务管理、跨境金融、财富传承和增值服务等8大类产品开发和管理。现阶段，对于基层行，主要围绕理财业务、顾问咨询、代理业务等产品服务以及与第三方机构合作开展的留学、投资、艺术品展会、教育等非金融活动开展私人银行业务，其中，产品也以全权委托型、期次型、货架型、代售型为大类，以固定期限、核心净值等非保本但有基准收益率为参考。基层行私人银行业务的发展考量，是以客户规模、销售规模和中收取得为主干指标，辅以客户签约率、产品渗透率、队伍建设等支干指标，但衡量业务发展贡献则以中收取得高低为依据，而这就需要基层行重点依靠产品推动，加大客户的资产配置力度，在收益稳定、中收较高和期限灵活的产品中选择。以W分行为例，私人银行业务营业收入贡献在全行贡献中，其储蓄存款贡献约占2%，其中间业务贡献收入贡献约占6%，二者贡献占比约为1∶3，而中收完全来自产品销售，因此，在"大零售”模式中开展私人银行业务也主要围绕产品推动。

然而,处于竞争初期的国内私人银行,生根于传统个人金融,发展于“大零售”,产品同质化在所难免,主要受制于:一是国内金融分业管理、银行“混业”经营,加之国内金融对外开放依然管制,产品设计空间有限,主要投资于现金管理类、货币市场类产品(通知存款、挂钩不同交易指数的结构性存款等、投资于银行间和交易所市场的货币市场基金)、固定收益类产品(国债、债券型基金、保本型基金、固定收益类信托计划、固定收益类保险产品等)和权益类产品(股票型基金、混合型基金、股票指数基金、股票类信托计划、权益类保险产品等),加之经过严格的信用审批后,所能设计的产品种类和结构较为单一,仅为世界范围内金融产品种类的10%。二是从研发团队的人力资源投入看,具有国际金融视野的专业人才匮乏,大多是在国内传统教育环境下成长的高学历金融、科技、市场人员,创新不足,也很难为私人银行客户做到“量体裁衣”,财富管理差异化、个性化难显。三是从现有私人银行产品看,尽管种类较多,可以满足客户的安全性、流动性、收益性的不同要求,但也仅限于满足了财富管理要求不高的大部分客户,对产品的体验是传统理财的包装升级和修葺完善,很难设计出在合理避税、遗产规划、教育信托、财产传承、海外投资等领域有所涉猎的产品,且产品信息的定期披露不及时、不透明。

基层行正是在产品同质化的银行理财市场环境中依靠“产品为导向”推动私人银行业务发展,这是发展初期的经营需要,也是无他选择,但这导致服务供给出现了若干弊病:一是基层行无权创新产品以适应客户需要,特别是超高净值甚至极高净值客户,只能为客户在现有大类产品中配置中意的目标投资种类,造成客户在银行渠道形成的资产结构种类相对单一,无非是基金、保险、理财、贵金属、国债和定活期存款等,只能在同业产品“拼收益”的竞争中争夺客户资源。二是从现有基层行的可销产品看,主要包括全权委托类、现金管理类、货架类、期次类和代理顾问咨询、专户类产品,面对W分行平均年龄约50岁的私人银行客户,倾向于稳健中博收益,只能在货架类、期次类以及北京之星、PBZO1302、PBZO1306等几类收益相对稳定的产品中选择,从北京分行到W分行,上述产品销量占比大约为90%,其中收占比也为90%,而购买客户占比更是接近100%,因此,“大零售”模式下的私人银行发展,还未真正开启依靠专业为客户“诊断”和“开方”的财富管理服务,导致现有盈利模式单一。三是基层行作为私人银行客户的直接服务者,虽然早已意识到单靠产品吸引客户还不牢固,但从现有的非金融增值服务的种类和效果看,依托于与第三方机构如教育、医疗、养生、艺术品、旅游、投资分析等开展的活动项目,既未形成规律性的合作关系,也未就私人银行客户达成有别于一般客户的独家优惠或专属服务,难以激发客户的持久兴趣。

(3)金融队伍的专业性不足与私银客户的先进财商

银行作为金融业的核心,是复合型金融人才的摇篮,私人银行作为服务于“塔尖”客户的银行业务之一,特别要求从业人员具备“塔尖”的专业素质,应该较一般零售人员有更为丰富的行业实践经验,不仅熟悉公司、投行、个金等运作模式,而且应对国内外经济金融变量有一定的专业判断,还要拥有较为丰富的个人生活阅历,可谓既是专家又是杂家。从现有的私人银行客户财富来源看,绝大多数都是依靠创业、投资甚至PE/VC等方式积累财富,不乏企业家、高管和职业经理人,涉猎范围从机票代购、快递物流到古董杂玩、服务设计,从演艺明星、国企高管到拆迁户、养殖户,从淘宝小店到上市企业,等等,总体来说,私人银行客户一定拥有先进的财商和广阔的社会人脉。

然而,处于起步阶段的工行私人银行,从业人员大多是从公司、机构、个金、个贷、投行、内控等专业部室选拔而出的,具有以下特点:一是青年人居多,从业经验和专业知识尚待补充,生活阅历较浅;二是选拔人才多以“善营销、能营销”的市场精英为主,重视产品销售、轻财富管理;三是金融队伍多是“工薪”层,尚处于社会“夹心层”,财富视野不宽,还未深刻嵌入社会关系,即便考取了CFP/CFA/FRM/ACCA等国际化认证资格,但金融实操的确匮乏。因此,形成了金融队伍专业性不足与私人银行客户先进财商之间的“反向差距”,客户需求与银行供给的契约关系大多围绕产品与收益展开,增值服务与专业理财还有待提升。

基层行在金融队伍的建设上着实存在困难和瓶颈。以 W 分行为例，私人银行客户平均年龄 50 岁，服务对象约 600 人，主要职业集中在企业主、公司管理层、职业经理人、拆迁户等，可谓是“富一代”或是“富二代”，既有理财逐利型又有财富传承型，应该说，对财富顾问及个人客户经理有相当高的专业要求：理财逐利型客户需要同业收益比较，这对管户经理的产品知识及营销技能有较高要求，而财富传承型客户需要稳健类产品，但更多需要在遗产规划、税务核算、家族信托及海外移民等方面有专业人士能够提供综合性的建议。相比之下，W 分行约 700 名员工，平均年龄 35 岁，个人客户经理共计 57 人，平均年龄 31 岁；研究生 3 人，本科生 22 人，大专及以下 34 人；AFP 持证 30 人，CFP 持证 3 人，大学英语四级以上 18 人，全员持有基金、保险、私人银行从业资格。每名客户经理管户包内平均有近 500 名资产 50 万元以上的客户，而私人银行客户仅占管户包内客户的 10% 以下，且工作时还需要维护网点往来的理财客户，虽然作为一线营销人员，也是私人银行客户的主要管户经理，但客户关系的日常维护也主要从私人银行产品营销入手，辅助客户解决网点排队、查询、取现、购汇、咨询等事宜，涉外服务内容少且有限，很难满足客户的“高要求”，加之专业化的培训较少及内容有限，所以，金融队伍的专业性和综合化存在“短板效应”，在一定程度上阻碍了私人银行业务的跨越式发展。

（4）业务发展的考核引导与客户的理财意愿

商业银行的私人银行业务发展初期必须依靠考核引导，这是同业整体战略的共识，也是鞭策发展方向的手段，只有明确了考核的目标、项目和任务，才能发挥其正确的引导作用。私人银行客户间的差异性较一般财富客户要更大，金融服务难度理应加强，作为专属资产管理的财富顾问或是客户经理，应该从客户的理财意愿出发，综合考量客户的风险承受力、投资周期、资金用途、法律意识、理财经验、职业、年龄等诸多延伸信息，应该认为每一位客户的理财方案都是唯一的，甚至是通过理财评价模型作参考来实现客户的理财计划。然而，从现有经营考评体系看，私人银行业务的发展是以客户规模和专业中收为主要考核内容，进而对管理资产规模、签约率、产品销量、产品覆盖率等指标进行分解考核，再辅以队伍建设、服务质量、风险控制等内容，正是在围绕指标考核的引导下，强调了存款、中收、销量等关键指标，致使客户服务围绕“产品为导向”的内容而开展，专业竞争力围绕专业指标的“完成实力”来评价，容易忽略“以客户为中心”的需求引导供给的市场逻辑，客户理财意愿最终被动成为“在哪个银行选择产品、选择多高收益的产品”，偏离了理财初衷，违背了客服宗旨。

从2015年工行的私人银行业务经营考评体系看，旨在5年时间里确立业内的绝对领先优势，要建立以产品、服务为核心的评价体系，形成“一级考评、三级监测”的业务推进框架，并且借鉴国际私人银行的发展经验，在国内分行打造“绩效考评、专业评价、业务线五级分类评价”三位一体的考核评价体系。其中，绩效考评注重总量规模和经营结果，指标包括私人银行客户、收入和产品余额；专业评价注重目标规划和经营过程，指标包括持产品签约客户、收入、投融资余额、产品日均余额和专户余额；业务线五级分类评价以揭示业务推动能力和发展趋势为核心，主要从客户量、价值量、交易量、业务量和经营质量等五类11项评价（见表9－19）。从上述评价指标看，是规模、质量、效益兼顾的专业考评体系，是通过定量指标来评价定性指标的。

表9－19　私人银行业务线五级分类评价指标

指标类别	私人银行业务线指标	
客户量	1	私人银行客户
	2	管理资产余额
	3	持产品客户
价值量	4	业务线收入
	5	私人银行客户贡献
交易量	6	产品日均余额
	7	私人银行专户日均余额
业务量	8	产品配置额
经营质量	9	服务覆盖（私人银行客户签约率）
	10	客户结构（签约超高净值客户占签约客户比例）
	11	服务质量（签约客户达标率）

从总行对分行的经营考核和专业评价，从分行对支行行长经营绩效考核、大零售考核和三级专业评价（支行—网点—财富顾问），从基层行对零售金融专业/网点、私人银行直营团队和财富顾问的考核，是一个指标分解和压力传导的过程（见表9－20）。

表9－20　总行对分行的经营考核

排名	一级分行	私人银行客户得分	私人银行收入得分			私人银行专业得分合计
			私人银行收入得分	私人银行产品规模（收入调节项）	得分小计	

从总行对分行的经营考核指标内容看，经营考核主要围绕客户和收入两方面进行（见表9－21）。

表9－21　总行对分行的专业考核

2015上半年专项考评排名	分行	专项考评排名	名次变化	总分	专业经营指标得分				
					签约持产品客户（200）	业务收入（300）	投融资余额（150）	产品日均余额（250）	专户存续余额（100）

从总行对分行的专业考核指标内容看，是在客户和收入考核层面更加细化，围绕签约客户、产品余额展开（见表9－22）。

表9－22　分行对支行行长经营绩效中私人银行业务的考核

指标	客户发展（17分）	排名	中收（10分）	排名

从分行对支行行长经营绩效中私人银行业务的考核指标内容看，是总行对分行经营考核的直接落地，围绕客户和中收两类，在经营绩效总分中占比为2.5%左右（见表9－23）。

表9－23　分行对支行私人银行业务专业评价

私人银行客户增量完成率	私人银行客户总量贡献度	私人银行客户增量贡献度	达标客户签约率	达标客户留存率	超高净值客户签约率	潜力客户签约率	私人银行客户占财富客户比率提升
100	100	100	50	50	50	30	20

续表

私人银行中间业务收入完成率	私人银行中间业务收入贡献度	私人银行产品销售量贡献度	私人银行产品余额任务完成率	私人银行产品日均余额贡献度	签约客户持有私人银行产品覆盖率	私人银行专职队伍人员队伍建设	私人银行客户非金融服务
100	100	50	50	50	50	70	30
私人银行项目推荐及专户业务		双优化考评得分		风险控制		业务投诉	
加分项				扣分项			

从分行对支行私人银行业务专业评价看,是总行对分行专业评价的进一步细化,也是围绕客户、收入和销售等展开,但加入了队伍建设和非金融服务两项定性指标,强调支行对分行的贡献度和任务完成率(见表9-24)。

表9-24 分行对服务延伸网点的专业评价

	权重	指标名称	分值
客户发展类	55%	私人银行客户总量贡献度	200
		私人银行客户增量贡献度	150
		私人银行客户占财富客户比率提升	50
		达标客户签约率	50
		达标客户留存率	50
		超高净值客户签约率	50
效益类	20%	私人银行中间业务收入贡献度	200
产品配置类	25%	私人银行产品销售量贡献度	100
		私人银行产品规模任务完成率	50
		私人银行产品日均余额贡献度	50
		签约客户持有私人银行产品覆盖率	50
小计			1000
加分项目	50分	私人银行项目推荐及专户业务	50
	50分	分行私人银行服务标杆单位	50
扣分项目	50分	风险控制	30
		业务投诉	20

从分行对延伸服务网点的专业评价看,也是从客户、中收和销售三方面展开,强调贡献度、完成率和覆盖率(见表9-25)。

表 9-25 分行对支行财富顾问的考评

指标分类	权重	指标名称	基础分值	超出标准值以上积分标准
中间业务收入	15%	私人银行中间业务收入	150	1 分/1 万元
私行客户拓展	30%	私人银行达标签约客户增量	150	20 分/户
		私人银行签约客户日均金融资产增量	100	1 分/50 万元
		私人银行签约客户日均存款增量	50	1 分/50 万元
签约客户服务	25%	签约达标客户保留率	100	3 分/百分点
		私人银行产品销售	50	1 分/500 万元
		签约客户持有私行产品余额	50	1 分/100 万元
		签约客户私人银行产品覆盖率	50	2 分/百分点
零售产品渗透	30%	私行签约客户零售产品中间业务收入(不含私人银行)	50	1 分/50 万元
		私行签约客户白(黑)金卡渗透率	20	
		私行签约客户白(黑)金卡动卡率	30	
		私行签约客户基金保险渗透率	50	
		私行签约客户电子银行渗透率(手机银行、个人网上银行和工银 e 支付任一渠道)	50	
		私行签约客户黄金积存及递延客户净增	50	1 分/2 户
		私行签约客户账户贵金属、原油、外汇客户累计净增	50	1 分/2 户
小计	100%		1000	
加分项目		私行签约客户中个贷客户净增		5 分/户
		签约超高净值客户移交分行集中管理		50 分/户
		签约名单制外拓达标客户增量		50 分/户
		私人银行投融资项目推荐及创新产品		10 分
		取得 CFA 专业证书资格		5 分/人
扣分项目	150 分	风险控制	50	
		业务投诉	50	
		客户维护	50	

从分行对财富顾问的考评看，是以“大零售”整体发展为引领，以私人银行客户发展为核心目标，开展零售资产、负债及中间业务全产品线服务。重点加强对签约客户的服务维护、产品配置、资产提升，鼓励外拓客户和业务

创新，同时加强风险控制约束，这里涵盖了大零售专业中个人金融指标的渗透情况，如白金卡、个贷、电子银行、贵金属等，还对财富顾问的专业取证情况给予了加分鼓励（见表9－26）。

表9－26 W分行2015年私人银行财富顾问考核

指标类型	指标名称（一级）	指标名称（二级）	计量单位	权重	考核频度	目标等级			备注	实际完成值	考核得分
						T3	T1	T2			
私银专项类	客户发展类	拉转达标客户	户	50	季度						
		区域达标客户净增		150							
		私银签约		50							
	效益类	私银中收实现额	万元	250	季度						
	产品配置类	私银产品销售规模	亿元	50	季度						
		私银产品销售余额		50							
		达标客户资产提升		50							
	管理类	私银客户非金融服务开展情况	场次	100	季度						
	竞技类	分行私银财富顾问考核得分	分	100	季度						
零售专项类（20%）	个金中间业务收入实现额	中间业务收入实现额＝各项产品折算后销量＊各项产品当季度中收定价（保险、基金、私银、贵金属、外汇）	万元	100	季度						
	贵金属销售	积存或任何实物类	克	50	季度						
	信用卡	成功发卡	张	50	季度						

续表

指标类型	指标名称（一级）	指标名称（二级）	计量单位	权重	考核频度	目标等级			备注	实际完成值	考核得分
						T3	T1	T2			
附加项目	扣分项目	风险控制	无	50	季度						
		业务投诉									
		财富顾问服务标准执行情况									
	加分项目	特约商户	无	50	季度	推荐成功					
		融e购商户									
		对公企业开户									

从W分行对私人银行财富顾问的考核看，既突出了“大零售”战略下财富顾问的全面性，私人银行及零售类在总考核权重中各占80%、20%，又强调了公私联动和私私联动类激励加分项目，如特约商户、融e购商户、对公企业开户等。总体来看，私人银行财富顾问兼备了管片区域业务发展的管理督导作用及个人独自销售能力的提升，既考量业绩成果也考评分行位次，还考虑私人银行特有的非金融服务活动的组织和推动，理论上较为全面和细致，方向上也较为明确和准确。

从上述总分支行的私人银行业务考评引导看，定量为主、定性为辅，是任务指标的层层传导，也是专业发展优劣的尺度。基层行作为各类任务指标的落地行和实现行，会根据自身状况在一定的分配依据下再传递至网点、直营团队和财富顾问、客户经理等。W分行资产500万元以上客户约600户，资产规模近70亿元，从规模体量看，在北京分行位列前位，因其传统零售基础较好，私人银行客户的产品销售和渗透工作相对较顺，创收能力也因此较好，按照上述评价体系，成绩是显然的。然而，除去指标考量，在面对如此体量的私人银行客户理财意愿时，却存在以下四点问题：一是客户理财意愿挖掘不深，多是销售产品结构简单、收益稳定、期限短的产品，如PBZO1302、北京之星等，存在对待不同金融特征的客户销售同类产品的现象，支行私人银行客户资产结构单一，风险分散度不强；二是围绕“产品为导向+考核为引导”来开展私人银行业务，服务客户的视野相对狭窄，高端服务创新有待加强,容易在财富顾问、客户经理和私人银行客户间形成“赚大钱、赚快钱”的共识,不利于客户忠诚度的长期培养;三是目前工行私人银行业务种类相对全、平台相对广,但在满足私人银行客户或潜力客户的理财意愿时,很难从品牌角度推广私人银行,有意识推荐客户体验品牌旗下的专户理财、融资服务、跨境投资以及顾问咨询等业务,正时工行家族信托基金启动,等等,在一定程度上导致了支行盈利模式单一,只能依靠销售手续费和资产管理费充实中收;四是从考核指标看,缺乏对直营团队专业技能、持证情况、社会关系嵌入及公私联动、私私联动等方面的引导,没有形成定量和定性的客户输送、分润分成和联动营销的机制,导致各级营销人员的“大联动、大营销”配合意识缺乏,进而不能将单一的产品营销转型为综合的财富管理,不能使得客户理财意愿从被动转为主动,以减少客户的“资产搬家”和“用脚投票”。

(5)私人银行客户是“绝对”还是“相对”的高端客户

联动营销是自20世纪末由美国传入中国的一种市场理念,旨在对企业现有部门、专业和渠道间通过创新营销视野,整合人力、物力和财力,共享市场资源,为客户提供综合化的增值服务,培养和加强客户的忠诚度和黏合度。私人银行客户作为银行的高端客户,一方面,从其客户规模数量的稀缺性、单个客户的年度综合贡献度和未来价值潜力等方面来看,占据全部客户群的“塔尖”位置,属于重点服务对象;另一方面,虽然私人银行客户从属于零售部门或专业管理,但从私人银行客户的资金来源和资产积累看,一定有企业背景支撑,也会是银行群雄逐鹿的目标,因此,私人银行客户绝非只是某个部门、专业或是财富顾问的服务对象,或者称为“相对”的高端客户,而应是“绝对”的高端客户。

近年来,工行一直高度重视联动营销,提出了“大联动、大营销”“公私联动、私私联动”“交叉营销”等综合营销策略,特别是通过精准营销锁定代发工资客户中的“高收入、高职务”客户、大股东、民营企业家、小企业主等拓展私人银行客户,同时,也通过具有企业背景的私人银行客户来渗透发展对公业务,在综合授信、融资及理财等方面提供更优质的服务。从现有工行私人银行客户拓展途径看，大致分为内联内拓、内联外拓、外联外拓三种，其中，内联内拓是指通过行内潜力客户提升、客户转介绍等方式拓展客户；内联外拓是指以客户在工行的公司业务、结算业务、国际业务为突破口，协同各专业部门、二级分行和各营业网点，以点带面开展客户外拓工作；外联外拓是指与工商联、商会等第三方机构建立全面合作关系，通过品牌互补，客户共享，实现客户外拓的新突破①。同时，从分行层面增扩与对公业务线的联动发展机制，协同制定客户推荐、项目合作、服务互补、收益共享、分配激励、考核评价等机制，通过共同开发公司客户、提供综合服务方案、实现公私联动，整合发展。当然，也在激励机制、目标市场开发机制、分层目标管理机制、团队转型发展机制等方面进行了政策指引和联动策略，不乏经典案例和丰硕成果。

W 分行自 2013 年年中私人银行业务“落地”以来，一直在摸索和分析因地制宜的发展模式，从党委层面给予了高度重视，行长亲自带队营销，组建私人银行直营团队，挖掘“大零售”“大资管”“大国际”的营销动力，力争多创亮点，开拓新局面，打造 W 区域私人银行的服务招牌。然而，围绕私人银行客户的联动营销，在“绝对”的高端客户服务方面，还存在诸多的不足和问题，主客观原因兼有：一是惯有的“单打独斗”作战方式，未能形成打破专业壁垒的市场营销思维，对公、对私独立管理，交叉不足，私人银行客户还只是“大零售”中的高端客户，只能围绕个人资产配置做文章，而企业客户主要围绕存款、融资和结算现金类开展营销，二者的交叉点主要集中在代发工资企业客户中员工的零售业务渗透的批量化发展，如薪金卡、信用卡、电子银行、账户贵金属、财寿险和理财等，未能形成“高端”客户名单式的共享机制。二是现有的营销人员主要在国际、机构、零售、公司等专业部室的分开管理模式下，围绕本专业开展培训、考核和市场拓展，具备了客户经理的综合化理论水平，但实践多元化营销时，在非本专业主要知识点、实时产品发布、阶段性政策和风险点等方面，很难及时同步更新，加之未能存在统一的关于联动营销的系统化培训，因此，在面对 600 名私人银行客户和近 8000 家企业时，

①工商银行教育部，私人银行部组．营销序列岗位培训教材（私人银行业务初级）[Z]. 2013.

特别是352名企业背景的私人银行客户及百十来家知名事业单位、企业、学府等时，如何真正开启公私联动的营销，依照现状还存在人力、机制和激励等方面的问题和困难，在一定程度上增加了营销成本，还错失了新的盈利增长点。三是私人银行客户是"绝对"的高端客户，但在"一站式"金融服务方面还需要突破瓶颈，关键在于挖掘到客户的多种金融需求后，如何调动和集中人力资源为客户解决问题，这既是检验私人银行客户服务的最高标准，也是反映基层行发展私人银行是否"落地有声"的重要标准，W分行的成功案例较少，经验积累不足，可能造成了个别客户的高端体验感觉不佳。四是私人银行客户的人脉圈相对较广，"财富圈"能量潜力巨大，从W分行直营团队的客户拜访看，如果能够从时间和资源上投向"绝对"的高端客户，相信能够事半功倍地促使对公对私业务提升到一个新的发展平台，但未能形成一支综合素质较高的"大客户"专营团队，嵌入客户的社会关系中，通过建立牢固的信任关系，为行内注入新客户、新资产、新存款。

9.3.4 私人银行发展应当确立的五大措施

(1)高瞻远瞩，培养第一代管户经理正确的私银发展观

私人银行是伴随着中国经济金融发展而诞生和成长的，也是在金融业功能不断完善和法律体系日趋健全的环境中逐渐成熟的，相比于欧美国家的私人银行演变史，中国任重而道远，不是要克隆别人的轨迹，更不是要颠覆传统零售模式，而是要与时俱进地围绕"客户为中心"做好财富管理的服务工作。

2014年，我国私人财富规模大幅增长49.2%，达到22万亿美元，仅次于美国。据预计，到2018年，我国的私人财富将从2014年的22万亿美元增长到40万亿美元，增幅超过80%，其中，2015年，国内私人银行高净值客户(1000万元以上)规模将增至126万人，资产规模增至37万亿元，并且在未来5年将以年均17%的速度增长①。毋庸置疑，私人银行在中国的发展只是

①洪心欣，闫文晶. 国内商业银行私人银行业务盈利模式分析[J]. 金融发展研究，2015(5)：76－82.

朝阳产业的起步阶段，未来一段时间还将在“大零售”模式中孕育成长。私人银行业务作为工行重点发展的业务线，是总行战略转型的重要抓手之一，发展私人银行业务，对推动公私业务结构优化、客户结构升级、收益结构转型具有积极的推动作用，姜建清董事长对私人银行业务发展提出：私人银行要以创新家庭财富管理和跨境业务为突破，深耕重点区域、延伸两级城市、聚焦各行业尖端财富人群，打响工银私人银行品牌，不断扩大同业竞争优势。

在“大零售”模式中发展私人银行，具有充分的渠道和资源优势。基层行的一线营销人员，是在多年的客户关系积累中依靠相互信任、依托工行品牌成长起来的，他们经历了中国经济的“奇迹”，也见证了客户财富的“丰盈”，既开启了第一代私人银行客户服务，也成为第一代高端客户的管户经理。W 分行作为工行北京分行私人银行业务“先行先试”，紧跟总分行战略导向，通过以人为本的管理理念提升营销队伍整体素质，无论是财富顾问还是个人客户经理，都应树立正确的私人银行发展观，主要从以下三方面入手：一是客户资源是银行生存的根本，要充分借助“大零售”的渠道和资源优势，特别是在当前财富客户激增、同业竞争激烈的市场环境中，本着“开源节流”的管户理念发展私人银行业务，从客户规模、资产规模、销售规模及中收规模考量基础的薄厚，从达标签约率、产品渗透率、产品覆盖率及客户流失率考核工作的粗细，因此，既要从“大零售”的融资客户群、电商客户群、特约商户群挖掘潜力客户，又要从优质企业“双高”人群、名人志士、小企业主、大股东、自由职业者入手拓展签约客户，还要加强私人银行客户“人脉圈”的关系营销。二是第一代私人银行客户的理财理念已经悄然从财富的保值、增值转为传承，特别是在经历了一轮资本市场的“大起大落”后，短期化的理财方式及唯收益的风险策略弊端日趋明显，这就需要管户经理用心挖掘客户的金融需求，精耕细作服务私人银行客户，一方面，坚信工行的品牌价值，潜移默化地培养客户全权委托型理财方式，资产管理不再局限于权益类、杠杆类、房地产信托类风险标的，而是寿险、黄金积存、大额定单及家族信托基金等稳健传承型产品；另一方面，资产管理要体现差异化和针对性，不限于为客户配置资产,还应从子女教育、遗产规划、移民留学、法律税务、汽车分期、消费贷、企业发债等角度做好协助服务,体现“绝对”的高端服务。三是摒弃传统个金的“卖产品、拼收益”的客户关系理念,讲究3A[Any time(任何时候)、Any where(任何地点)、Any demand(任何需求)]服务理念,以“方案+套餐”作为资产管理的核心内容,通过“一站式”服务解决客户的多元化需求,从传统手续费创收方式升级为管理费、咨询费的盈利模式,当然,这就需要管户经理有专业知识、有判断能力、有鉴赏水平、有充沛精力等,形成客户与管户之间相辅相成、相得益彰的良好局面。

(2)服务至上,就没有同质化的产品配置

如前所述,受制于国内宏观经济开放有限、离岸金融不发达、专业人才不足及金融投资品种甚少等因素,国内金融业产品同质化现象屡见不鲜,特别是银行同业间理财产品在期限、利率计价方式、投资标的种类及信息披露模式等方面尤为相似,加之客户在看似种类繁多的产品中被动选择有限的理财产品,在一定程度上,使得以“产品为导向”的客户服务工作也衍生成为同质化的服务,私人银行客户在“大零售”模式的发展模式中也很难例外。因此,要改变私人银行客户因理财产品同质化而导致的服务感受,既要从产品配置又要从配置以外出发做好服务供给工作,增加客户的满意度、忠诚度和贡献度。

工行总行提出了“快速确立私人银行业务绝对领先的同业优势”,从“打造核心地区竞争优势+深化全行办机制的落地+加强高端客户外拓营销”到“提升自主理财产品业务规模和内涵+推进代理及顾问咨询业务转型发展+创新发展专户及家族财富顾问服务”,从“推进全球中心布局+发展离岸金融服务+推进跨境顾问咨询业务”到“完善增值服务体系+加大品牌宣传力度+加强互联网金融工具的应用”,旨在丰富和提升私人银行客户“绝对”的高端服务,也对未来基层行提出了更高的服务要求。

从现有基层行私人银行客户的服务难度看,以W分行为例,客户信息量增大、教育程度提高、价值理念先进以及思维方式灵活,已经不能在“以产品为导向”的思路下，用一个管户经理、一类产品、一种服务定式来满足客户的需求，而是要切实“以客户为中心”，通过一个团队、一系列产品、一揽子服务来实现客户价值。具体来说：

一是打破传统个人客户经理单枪匹马的营销服务方式，逐步将“客户经理—私人银行客户”的“小”关系模式转型为“银行直营团队—私人银行客户”的“大”关系模式，建立“高端营销高端”的专业服务队伍（私人银行直营团队），W 分行现行以“1 + 3 + N”的财富顾问团队来服务私人银行客户，无论是老客户还是新客户，由部室经理、网点负责人、财富顾问、客户经理之间组成“双人搭班”制的鉴证服务模式，对“大零售”全产品体系熟悉，理财不限于私人银行专属产品，还能根据客户现状配置财寿险、重点基金、黄金以及行内的海外投资项目，甚至优质的房地产置业，通过团队协作形成专业化的配置分析报告，利用客户企业背景或是社会人脉深入挖掘对公、对私的金融需求，以起到事半功倍的创收效果。

二是现有的私人银行客户中近半数关注资产的增值，近三成关注保值，其余开始关注财富的传承，要实现客户资产的保值、增值和传承，还得依托“个金 + 私银”产品配置来实现，通过存款类理财如“节节高 2 号”、灵通快线、PBZO1300、国债、大额存单及保本理财来实现长短期固定收益的资产保值，通过投资权益类基金、“股债混搭”的私人银行产品如北京之星、PBZO1302、PBZO1308、PBZO1303 等来实现基准利率和分红的浮动综合收益，通过家族信托基金（2015 年发布）、私人银行专户、工银寿险、实物贵金属以及遗产规划、留学移民和教育基金、慈善捐助等实现财富的传承，当然，还要遴选优质的第三方机构，从养生健身、艺术品投资、会员俱乐部和私募基金入股等方面丰富私人银行客户的个人财富管理要求，对于企业背景的客户，还要从授信、质押、融资以及企业年金、融 e 购商城等对公产品方面挖掘需求。

三是秉承 3A［Any time（任何时候）、Any where（任何地点）、Any demand（任何需求）］的服务理念，丰富服务内涵和形式，重在流程标准化、内容差异化，强化网点作为私人银行业务主战场的认识，优化网点精准营销系统，制定营业网点私人银行客户识别、营销服务、产品配置、售后服务等全流程标准，并将服务管理作为全行网点营销服务标准的重要组成部分，发挥财富中心网点和私人银行延伸中心网点的客户落地接待工作。同时，财富顾问和个人客户经理要充分利用现有 PBMS（个人客户营销管理系统）和 CRM（客户关系管理系统）的数据发掘功能，细化研究客户资产结构和异动情况，定期为客户出具所配产品及信息披露的综合报告，除此之外，还要加强日常非金融客户关系的建立与维护，建立客户服务档案，关注客户兴趣、偏好、家庭、单位及社会关系的相关情况，能在离岸金融服务、资产配置、合理避税、流动性管理、辅导上市、财务管理、慈善捐助、家族信托、子女财富管理教育、工作实习等高价值的私人银行服务平台资源中"投其所好"，以增强私人银行客户的黏性与忠诚度，切实提升私人银行服务的衍生价值。

（3）直营团队，落实"专家办"的"行商"轨迹

在零售市场激烈竞争的银行业，在"互联网+"和"泛金融化"的时代，客户需要有专业人士管理财富，银行需要依靠"软实力"获得经营提升，人力资源配置重如泰山，特别是面对高净值、超高净值、极高净值的私人银行客户群时，一支"特别能学习、特别能营销、特别能公关、特别是能创收"的专业团队就显得弥足重要。

工行总行对私人银行业务提出了"专家办"的工作要求，不断加强全行专业人才的培训力度，提升专业服务能力，形成"高端营销高端"的私人银行人才队伍建设机制，建立了"私人银行财富顾问序列"的资质管理体制，在全行范围内开展专业服务队伍布设，旨在打造一支专业性强、投融资专家型人才队伍，在总分行层面打造一支包括家庭财富投资经理、专业产品经理、融资顾问专家、委派制投资经理以及专业支撑人员在内的 5 支人才队伍，强化私人银行业务线发展的顶层设计，提升对业务发展的指导能力和培训水准①。

2014 年，W 分行深入贯彻总分行"大零售"战略部署，把人才队伍建设作为经营转型的措施之一，从考核评价与职业晋升规划出发，在零售金融业

①工商银行教育部，私人银行部组编．营销序列岗位培训教材（私人银行业务中级）[Z]. 2015.

务部成立了一支由绩优客户经理组成的私人银行直营团队，力争锻造能够与“大零售”战略推进相适应的综合型、复合型和精英型的营销管理团队，坚决打破传统网点营销人员的“坐商”习惯，落实“专家办”的“行商”轨迹。

一是合理架构直营团队，形成“1＋3＋N”的管理队形，由一名财富顾问主管（零售金融业务部副职人员）牵头，将W分行所辖网点区域划为3片（西区、中区、东区）管理，区域内以财富中心网点为私人银行延伸中心，选拔综合素质高的客户经理作为财富顾问负责片区的私人银行业务负责人，协同个人客户经理（N）做好签约、资产配置、创收和非金融活动等，通过“片区业绩（80%）＋个人业绩（20%）”来考评财富顾问的综合绩效，最终以私人银行贡献度来考量直营团队综合绩效。

二是从五方面落实直营团队的导向性工作，提升私人银行发展的“硬实力”：①要求资产800万元以上客户“应签尽签”，提升签约率，存量签约T1目标80%；②要求具备专业技能，提升私人银行客户规模，日均达标客户T1目标300户；③要求有“重点”地配置零售产品，提升客户资产水平，全年私人银行产品销售T1目标35亿元；④要求开展多种主题的非金融活动，提升客户忠诚度，每季度活动T1目标至少6场；⑤要求加大专业培训力度，提升营销队伍的专业技能，每月培训T1目标2次。

三是看准未来私人银行业务发展趋势，既要提高“零售产品化”的资产管理能力，为客户提供风险、期限、收益、标的差异化的系列产品，降低资产流失率，提高客户留存度，又要协助“私银企业主”的融资能力，于公于私地联动营销，减少割裂营销方式，增加资源共享创收效率，还要“走出去”行商，建立W分行特有的第三方合作平台，提高“三方间”的互利互惠，如已有的汽车4S店、餐饮商户、旅行社、养生馆、亲子教育、蔬果基地、开发贷楼盘、艺术鉴赏机构等，丰富私人银行的服务内涵，吸引“望京商圈”的财富族体验特色“离行式”的金融服务。

（4）双管齐下，形成“分层服务＋分润激励”的考核机制

“金字塔式”的客户资产结构，在人、财、物有限的情况下，必然要采用分

层服务的方式着力做好批量化和精细化的资产管理工作。当前各行私人银行财富管理的模式不太相同:子公司模式下的私人银行服务只面向签约客户,拥有独立的自主运营权,客户资源需要自行外拓,经营自负盈亏;事业部模式下的私人银行服务主要针对目标客户和签约客户,总行统一部署下运营,客户资源有存量、有外拓,采用独立核算;在大零售模式下的私人银行服务涉及资产500万元以上全部客户,主要依托存量客户资源,辅以外拓,隶属大零售考核范畴,亦有专业考评办法。

2013年工银58号文《关于推进私人银行业务改革发展的通知》中,明确了私人银行分部转制的职能定位和考核激励原则,北京分中心针对资产2000万元以上超高净值客户采取名单制的服务模式,各基层行(二级分行或支行)成立分中心,面对资产2000万元以下的私人银行客户做好分层服务和团队考核激励。2014年,在总行"大零售"战略部署下,基层行经营转型,W分行积极推进机构改革,升级个金部为零售金融业务部,并成立了私人银行直营团队,独立考核评价。

为了保障"大零售"战略下W分行私人银行业务快速发展,采取了"分层服务+分润激励"的考核机制,并形成了《2015年W分行客户分层管理办法》。具体如下:

一是制定总体原则。对管户客户实施分层维护,按照客户在工行中金融资产的规模,分为金融资产800万元以上、500万~800万元、100万~500万元、100万元以下四个层次。根据客户上年度季度时点平均资产规模,凡金融资产在800万元以上的客户,由私人银行直营团队主要负责资产配置、客户维护和达标提升等工作;凡金融资产在800万元以下的客户,由网点主要负责现场接待、客户维护、资产配置和资产提升等工作。

二是采取分层管理的工作职责。金融资产800万元以上客户,私银直营团队负主要职责,由财富顾问发起客户的日常联络、上门服务、资产配置和邀约拜访等,但必须采取"双人面谈"制,即任何涉及与客户当面沟通事宜应有网点负责人或客户经理参与,无特殊情况不得单会访客户。金融资产800万元以下客户,网点负主要职责,由客户经理发起客户的日常联络、上门服务、资产配置和邀约拜访等,但凡为客户资产配置时基金、保险、贵金属、私银等单项产品超过客户总资产 20%,必须向网点负责人及时汇报。对于资产 100 万元以上客户,采取"以客户为中心"的服务原则,凡是行内发起回访工作可认定客户对原管户客户经理或财富顾问的金融服务工作不认可或有服务调整需求等,由零售金融业务部统一调配管户关系,改善行内客户的金融服务供给水平。

三是实施逐级递进的管理细则。金融资产 800 万元以上客户,由直营团队、网点管理层、财富顾问及个人客户经理逐层联合维护,其中,直营团队必须做到管户情况的"首问负责制",熟知客户个人金融及非金融信息,体现 W 分行财富中心品牌价值,务必做到"有人管、管得好",保障日常有沟通与会面,坚决保证客户不流失,重点关注客户资金波动情况,明确客户风险承受能力,确保资产配置合理稳健,稳步提升行内资产总额。金融资产 500 万 ~ 800 万元客户,网点负责人应做到知晓概况并定期听取汇报,由个人客户经理主要维护,财富顾问辅助维护,要确保维护的准度和精度,不断挖掘客户的金融及非金融需求,务必做到每日有关注、每月有联络、每季有邀约、每年有资产提升,逐步向私人银行达标客户服务迈进。金融资产 100 万 ~ 500 万元客户,网点负责人应做到知晓概况并定期关注,由个人客户经理及其助理逐层联合维护,通过短信、电话、邮件确保与客户的良好联络关系,提高客户的产品贡献度与忠诚度,落实客户在电子渠道或柜面资产配置的业绩归属,至少每季度邀约参加沙龙一次,每年参加分行、支行、网点各类活动一次,使财富客户向私人银行体验客户逐步升级。

四是形成"输送 + 分润"的考核机制。对于资产 800 万元以上客户,凡在重要时点达标的,原管户网点有权利分享一切业绩成果,对资产 800 万元以下客户,网点有义务按照目标计划完成输送指标。一方面,直营团队主要考评资产 800 万以上的客户规模、资产规模和销售规模,必须做到重要时点的环比提升。客户规模以分行下达的任务为准,对网点输送的资产 800 万元以上客户要有承接维护，对存量资产800万元以上客户要有保持，对新拓展客户要有目标和计划；资产规模应至少做到重要时点环比5%的增幅，全年至少20%的增幅；销售规模应占整体资产规模60%以上，由财富顾问负主要营销职责，其中，私银产品占50%，基金+保险+贵金属合计占10%。对于由资产800万元以上客户产生的中收，将按原管户网点100%落地；对于依据中收的奖励，原则上财富顾问与客户经理按最高3∶7的比例分成。另一方面，落地网点，主要考评资产100万~800万元的客户规模、资产规模和销售规模，必须做到重要时点的环比提升。客户规模以支行下达的任务为准，应积极做好客户的联合维护，有计划、有目标、有行动地提升客户资产，完成输送任务，分享输送成果；资产规模应至少做到重要时点环比10%的增幅，全年至少30%的增幅；销售规模应占整体资产规模10%以上，由客户尽力负主要营销职责，其中，私银产品占1%，基金+保险+贵金属合计占9%。对于由资产800万元以下客户产生的中收，将按原管户网点100%落地；对于依据中收的奖励，原则上由客户经理享受分配权。

（5）公私联动，以“全行办”促进“大零售”战略的快速发展

近年来，公私联动已是老生常谈，但主要集中在房地产开发贷与个人按揭贷、对公企业员工代发工资的批量发卡、特约商户收单业务、电商平台B2C等业务中，也已形成了标准化、流程化的合作模式，但创新步伐较慢。自2008年全行开办私人银行业务以来，以其占用资本少、附加值高、高资本回报率、收入流持续稳定等特点，成为大资管时代业务创新和发展的新亮点，前景广阔，加之未来3年，特别是在“十三五”规划即将登台之际，中国高净值人群数量可能达到335万元，拥有亿万元资产以上的高净值人群约6.7万①人，市场吆喝声不绝于耳，特别是“大零售”战略应声而出，给私人银行发展铺平了渠道、储备了资源。

私人银行成立之初，就提出了“全行办、专家办”的经营理念，其服务对象从个人到家族再到企业，从投资到融资到传承，客户的服务需求已远超一般的零售对象，是工行绝对的高端公私客户，迫切需要从综合性、整体性、长

①工商银行教育部，私人银行部组编．营销序列岗位培训教材（私人银行业务中级）[Z]. 2015.

期性的服务视角出发,加速建立零售金融与公司金融的联动机制。基层行是私人银行服务客户需求的第一负责人,从 W 分行现有 600 名私人银行客户的背景看,其中有著名物流公司的创始人,有天使基金的投资人,有合资汽车龙头 4S 店的董事长,有上市公司的上榜股东,有国企高管,有知名度假胜地的民营企业家,有非物质文化遗产的保护者,有当红演艺明星,有华裔富商,有另类画家,有收藏家,有有机农场主……虽然市场拓展空间很大,但"以私促公""以公带私"的成功案例较少,因此,要坚持从私人银行客户入手,坚决贯彻"全行办"的联动营销理念,促进"大零售"战略的快速发展,主要包括以下三点措施:

一是打破专业线条各自为政的营销藩篱,营造"共享、共赢"的联动营销氛围。这就需要管理层从上到下要有共识,对"大联动、大营销"要在讨论平台、团队合作和分工分润等方面有引导和措施,从政策支持到资源保障给予高度关注,避免专业间、员工间采取短期化、功利化的营销手段,财富顾问不能只关注私人银行客户的个人资产,还应挖潜其背后企业的经营状况,寻求机构存款、代发工资、抵押贷款、股票质押等商机,公司客户经理应该邀约企业法人、股东和高管体验工行的私人银行服务,从直营团队专业理财的角度增加服务供给,拉转他行个人资产,同时,零售板块与公司板块应该定期以公私联动为题展开客户资源的讨论和分析,从自身打通一条公私联动的畅通渠道。

二是建立公私联动的合作机制,打造一支综合素质高、市场嗅觉敏的直营团队。结合"大零售"战略思路,首先,从组织层面建立一个公私联动的推动小组,要制订阶段性的高端客户走访、调研和营销计划,对困难和问题要从高层决策中寻求帮助和解决,对亮点和优点也要从全行层面推广和宣传。其次,直营团队不限于财富顾问,还可以包括公司部骨干人员,对于私人银行客户的投融资需求,要有快速响应意识,第一时间回访客户。最后,对于零售、公司的新业务、特色业务、优势业务等,财富顾问和公司业务骨干都应定期学习和培训,掌握基本点,培养市场敏锐度。

三是完善联动考核和利润分配办法。通过交叉考核保障交叉营销的重视度和达成率，要在零售板块中加入机构新开户、对公存款、公司贷款推荐等考核项目及任务，要在公司板块中加入私人银行推介、个贷融资、“融 e 购”商户及“融 e 联”“融 e 行”的推广等考核项目及任务，可将联动考核纳入绩效工资包的奖励范畴，也可通过专项激励的办法来推动联动营销，对于成功达成彼此业务并带来经营效益的考核内容或项目，应该从业绩贡献度和双方参与度来定性、定量利润分配办法，直营团队或其个人在季度或年度中表现突出者（2015 年已经在私人银行财富顾问考核中加入公私联动的考核内容），也应给予荣誉激励和嘉奖，鼓励“全行办”，笼络全行员工发挥社会关系的能量，促进经营效益形成新的增长点和持续性。

9.4 新形势下零售银行信用卡收单业务发展情况研究

9.4.1 引 言

随着互联网提速及覆盖率提升，2015 年中国移动支付交易规模达到 108.2 万亿元，同比增幅达 379.1%，也带动了非现金支付交易规模的暴增，达到了 3448.9 万亿元，同比增幅达 89.8%①。随着消费者对非现支付的信任增强，越发对 POS 行业提出了更高的标准和要求，同时，智能 POS 冲击着传统银行 POS 的收单业务。

国内收单行业经过了五个阶段的发展：中国银联成立之前，由于卡交易不能实现全国性的联网通用，覆盖人群较少，影响有限；2002 年银联成立后，卡交易有所发展，但由于当时的政策背景，商业银行对收单业务并无热情，此外，由于手续费过高等问题，出现银行商户主动向银联商务或区域性收单机构批量迁移的现象；2003 年“126 号文”和 2010 年“2 号令”②的出台，在一

---

①艾瑞咨询．中国银行卡收单行业研究报告简版[Z]．2016.

②126 号文：央行同意银行卡跨行交易收益办法，确定 7∶1∶X 分润比例，放开收单机构，正对商户类别作差价定价；2 号令：央行颁布了《非金融机构支付服务管理办法》，开放了收单市场，承认了非金融机构在支付领域的合法地位，并对非金融机构从事收单业务实行牌照管理。

定程度上改善了行业内混乱的情况;2013 年央行发布《银行卡收单管理办法》,新增了对“银行卡清算机构”的定义,并取消了商户对应收单机构家数的限制;2015 年 8 月,发改委会同人民银行、银监会、商务部与商业银行代表召开会议,提出了《中国支付清算协会〈关于完善银行卡刷卡手续费定价机制有关问题意见〉的征求意见函》(以下简称《意见函》),并要求各家银行提出反馈意见,该方案已经获得国务院批复,于 2016 年 9 月 6 日开始实施,《意见函》将收单服务费由现行政府指导价改为实行市场调节价(见表 9－27),这有助于降低总体费用水平,扩大银行卡及第三方支付的使用范围,从而促进我国收单行业的规模增长。除此之外,央行还于 2016 年 4 月发布了《信用卡业务有关事项的通知》,于 2017 年开始取消超限费、滞纳金等,并清晰界定现金提取、现金转账和现金充值等预借现金业务,极大地增加了消费者的信用卡消费信心,促进了 POS 收单行业的发展。

从 2016 年上半年工行北京区域银行卡收单业务发展情况看,承压较大,虽然收单额同比增长 14%,但收入下降 7%,盈利水平明显下降,特别是在国务院批复 9 月 6 日起实施《意见函》后,银行卡收单收益率将持续降低,同时,伴生问题也渐多,虚假办卡、盗刷、伪冒卡等风险点凸显,未来如何增长,亟待思考和转型。

表 9－27　2015 年《关于完善银行刷卡手续费定价机制的通知》实施前后费率变化情况

	费率类别	收费区间		不同行业
		借记卡	贷记卡	
调整前	发卡机构	0.70%		政府根据商户行业进行管控
	清算机构	0.10%		
调整后	收单机构	0.20%		
	发卡机构	不高于 0.35%	不高于 0.45%	各行业收单费率将趋于一致,由市场定价
	清算机构	0.03%		
	收单机构	与商户自主协商		

9.4.2　文献综述

从现有的文献看,多是银行从业人员撰写,大体可分为三类:第一类是从 IT 角度设计收单体系的架构，兰军（2009）①通过对银行商户收单体系的分析研究，提出了商户收单体系的整体框架设计思想，在此基础上以现代金融机构的业务流程和信息技术管理的角度，规划实施了商户收单系统的整体业务架构与功能布局及其 IT 应用架构与实施路线；第二类是从商业银行收单的挑战角度来看第三方支付的影响，侯瑞（2016）②认为目前支付宝移动支付线下收单业务发展还处于初级阶段，短期来看，支付宝迅速取代银联、商业银行以及其他第三方支付独霸线下收单市场的可能性不大，但其释放的信号已经让产业链各环都产生了强烈的不安，以及刘英群、吕忠浩（2014）③以银联为盈利组织对生产商（银行卡组织）和零售商（收单机构）纵向一体化关系进行分析从而解释银联通过禁止直连模式以及其子公司银联商务直接参与到线下收单市场的动机；第三类是从商业银行收单业务发展现状和问题等角度研究，俞薇（2009）④考虑银行卡市场中的搭售行为对持卡人和商户的影响，通过模型说明银行卡的搭售行为对商户受理决策的影响，黄瑞峰（2016）⑤通过对某经济发达省银行卡收单业务的实地调研，指出了违反交易收费价格、企业内控机制缺失、资金存在风险隐患等一系列问题，相关研究者还有戴一岗（2011）⑥、高海文（2014）⑦、朱淳豪（2015）⑧等，其中不乏对信用卡分期业务作细致讨论的，麦幸萍（2013）⑨、宋玥（2016）⑩通过分析信用卡分期费率问题研究商业银行及个人选择分期的优势原因，甘

---

①兰军．银行商户收单体系设计研究[J]．信息系统工程，2009（11）：30－31.

②侯瑞．支付宝发力线下移动支付对传统银行卡收单市场的影响[J]．河北金融，2016（6）：62－63.

③刘英群，吕忠浩．银行卡组织对线下收单市场的纵向一体化行为分析[J]．东北财经大学学报，2014（1）：15－19.

④俞薇．银行卡双边市场中的搭售行为与商户受理决策[J]．知识经济，2009（13）：20.

⑤黄瑞峰．关于银行卡收单业务存在问题及治理对策[J]．现代金融，2016（3）：36－38.

⑥戴一岗．银行卡特约商户管理的问题及应对措施[J]．金融科技时代，2011（12）：78－79.

⑦高海文．银行卡收单市场拓展中的问题与对策[J]．金融教学与研究，2015（6）：51－52.

⑧朱淳豪．银行卡收单业务的现状及发展[J]．上海金融，2015（8）：109－110.

⑨麦幸萍．信用卡分期付款业务浅析[J]．当代经济，2013（22）：132－133.

⑩宋玥．信用卡账单分期费率问题探析[J]．会计之友，2016（12）：74－77.

永红(2011)[①]研究认为信用卡汽车分期付款业务存在信用风险、操作风险和道德风险,提出从团队建设到制度设定、日常巡查等方面防范风险。

上述文献对银行卡收单业务的研究主要集中在提高收单和防范风险方面,较少能够从样本银行的深度数据挖掘消费群或客户群的行为特征,本节是以工商银行基层零售银行为研究对象,就近4年该银行信用卡、收单及分期业务发展情况作分析,通过数据的历史及趋势,结合工作实践的方向和措施,对业务发展过程的问题作出解释并探寻未来银行卡收单的发展之路。

9.4.3 宏观环境的"新常态"

银行卡收单业务是消费者或客户自发金融行为的结果,与宏观经济境况有关,与微观个人收支结构有关,也与发卡银行或收单机构的促销有关。因此,该业务最能反映银行零售团队的市场化占有能力,然而,当前面对中国经济的四大困难:经济下行压力较大、结构调整阵痛显现、企业生产经营困难多、部分经济风险暴露,作为网络社会如影随形的金融业着实遇到了"新常态":在大数据、云计算和移动互联的信息腾飞时代,金融监管平衡中审慎包容,民营金融、互联网金融、普惠金融、农村金融异军突起,顶层设计重质量、讲效益,底层运营博创新、拼活力,社会经济金融体在"市场化、专业化、国际化、信息化"的新格局中寻找新增长点,在开放创新中改革发展。

(1)可支配收入及消费支出

从图9-30中看,2013年至今,全国人均收入和支出缓慢增长,每年1季度为收入和消费的高峰,平均收入5166元/季度,平均支出3688元/季度,从图9-31看,2012年至今,北京人均收入及支出受季度影响不大,持续上升,但收入在2013年年末、支出在2014年年末出现了较大波动,平均收入11498元/季度,平均支出7291元/季度。从两套数据对比来看(见表

①甘永红.发展信用卡汽车分期付款业务的思考[J].区域金融研究,2011(11):55-57.

9－28)，虽然北京的人均收入和支出绝对高于全国水平，但从消费率来看，全国(71.39%)高于北京(63.41%)。

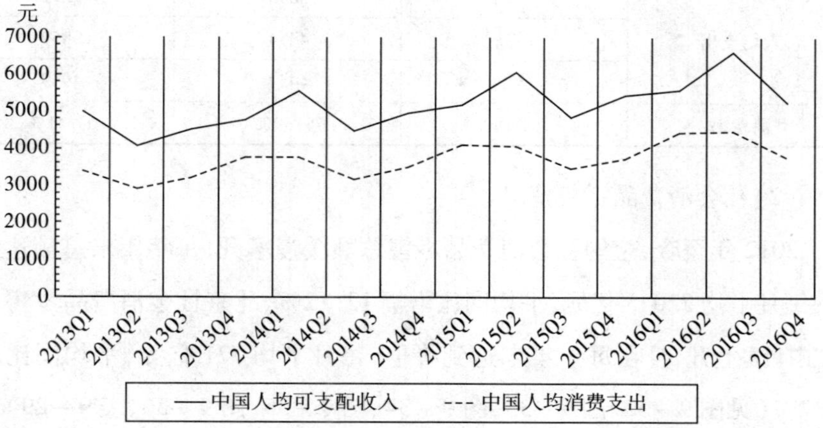

图9－30　中国人均收入及消费情况(2013—2016年)

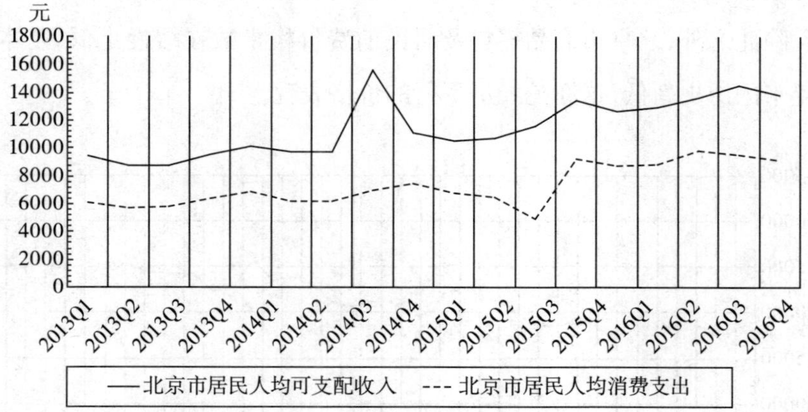

图9－31　北京市居民人均可支配收入及消费支出(2012—2016年)

表9－28　人均收入消费情况

单位：元/季

		全国	北京
人均收入	平均	5166	11498
	最高	6619	15648
	最低	4043	8729

续表

		全国	北京
人均支出	平均	3688	7291
	最高	4454	9859
	最低	4454	4959
消费率	平均	71.39%	63.41%

(2)社会消费品零售情况

2012年至今,全国社会消费品零售总额缓慢攀升,每年年末总额达到高峰,每月平均22045亿元,平均同比增幅12.12%,北京社会消费品零售总额也在持续上升,且在每年年末达到峰值,每月平均771亿元,平均同比增幅8.37%(见图9-32、图9-33、图9-34、图9-35、图9-36、表9-29)。从两套数据对比来看,全国的同比数据在萎缩,北京的同比数据波动较大,从趋势来看,二者的同比增幅都在向下走低,且北京的增幅收窄速度快于全国。除此之外,北京市商品零售及居民消费价格指数在缓慢走低,基本达到近年来的历史新低,这亦是经济下行的价格表现。

图9-32　中国社会消费品零售总额(2012.7—2016.6)

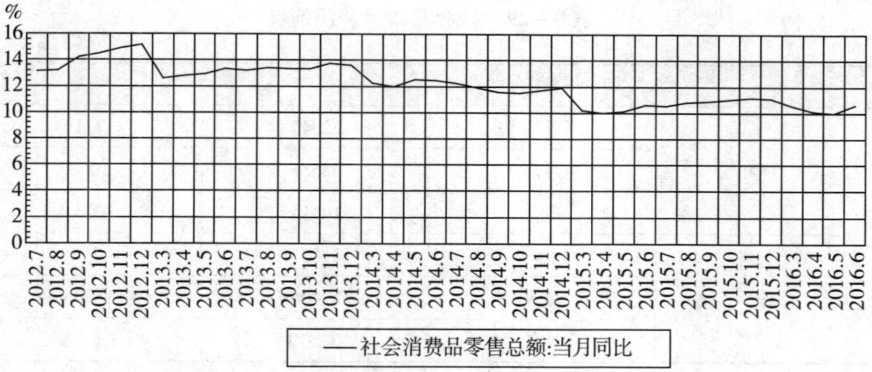

图 9-33　中国社会消费品零售同比变化趋势(2012.7—2016.6)

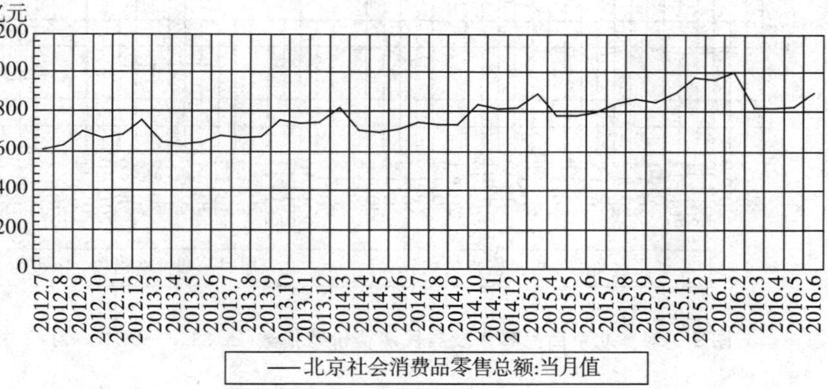

图 9-34　北京社会消费品零售总额(2012.7—2016.6)

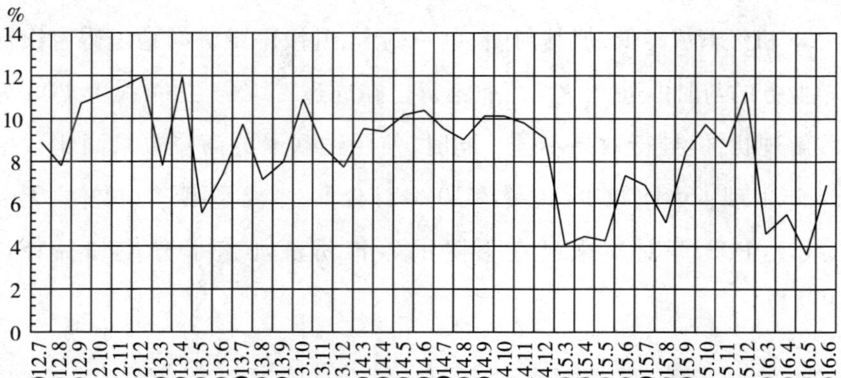

图 9-35　北京社会消费品零售同比情况(2012.7—2016.6)

表 9-29　社会零售消费品情况

单位：亿元/月

		全国	北京
总额	平均	22045	771
	最高	28635	1003
	最低	16315	611
同比	平均	12.12%	8.37%
	最高	15.20%	11.90%
	最低	10.00%	3.60%

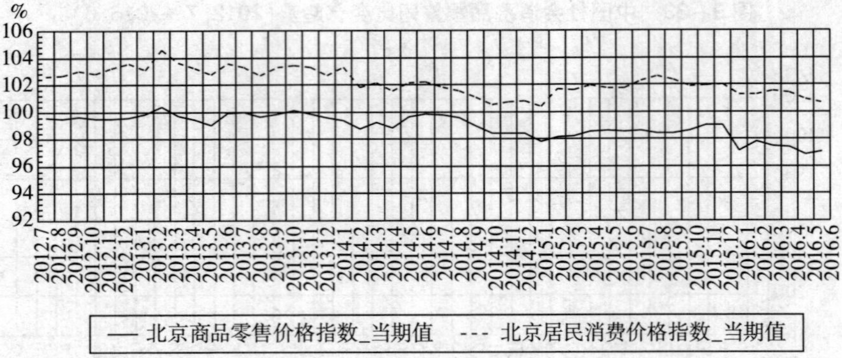

图 9-36　北京商品零售及居民消费价格指数（2012.7—2016.6）

（3）银联商户及 POS 机数量

在智能 POS 机未全面推广前，传统 POS 机数量已经在逐步减少，虽然传统 POS 机经营成本低，但其封闭、单一刷卡、升级困难等问题阻碍着银行卡收单业务的与时俱进，当然，商业银行也在通过二维码支付、线上 POS 等方式缓解现状，但推行效果不佳。同时，使用银联卡的商户数量同比数据在 2014 年出现了大幅减少，减少约 20 个百分点，主要是第三方支付、无卡支付、线上 POS 等对本来已在下降的零售份额加速了分流和稀释（见图 9-37）。

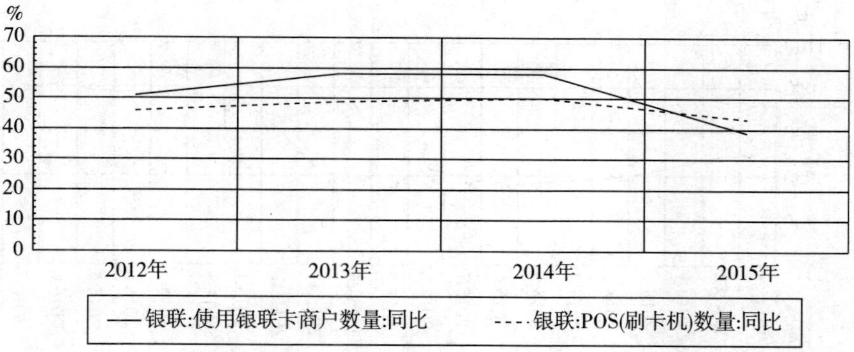

图9-37 银联商户使用数量及POS(刷卡机)数量同比(2012—2015年)

9.4.4 基层银行卡收单业务发展分析

基于国内宏观经济发展及样本零售银行的银行卡收单业务历史及现状,就整体、分行业及分期等内容作如下简析。

(1)银行卡收单业务发展概况

本节选取工商银行W分行作为研究对象,该银行地处北京市朝阳区东北区域,辖内餐饮、写字楼、汽车4S店、医院、高校等较多,各类商业盈利机构较多,偏重生活及办公社区,所辖23家营业网点,管理零售资产近600亿元,员工600余人,个人客户越百万元,财富客户过万户,私人银行客户超300人,信用卡存量45万张,有效商户规模1000户,零售贡献占比近70%,是典型的基层零售银行①。

1)收单情况。该零售银行有效商户数量规模增幅不大,存量1071户,主要在于新增与销户、无交易商户等体量发展,且在费率固定的前提下,收单业务存在以本区域经营为主的特点,跨区域因市场占有、单据对账等问题存在“天然”门槛;该零售银行每月平均收单6.64亿元,在2014年年末出现收单高峰10.49亿元,历史最低为2014年2月的3.78亿元(见图9-38、图9-39)。

①因篇幅限制,文中数据报表略去,暂以图形展示。

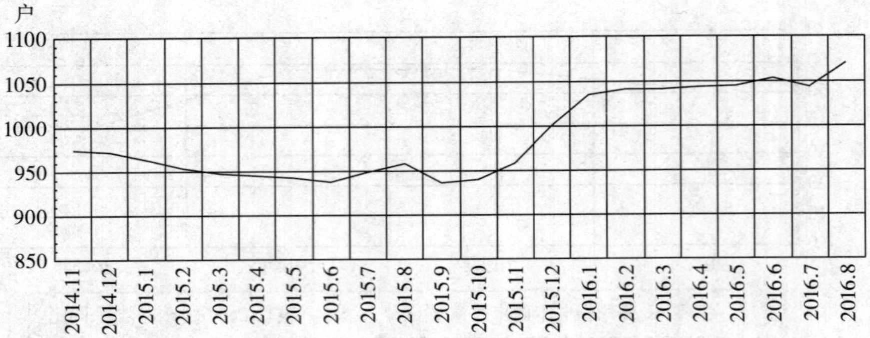

图 9－38　有效商户数量（2014. 11—2016. 8）

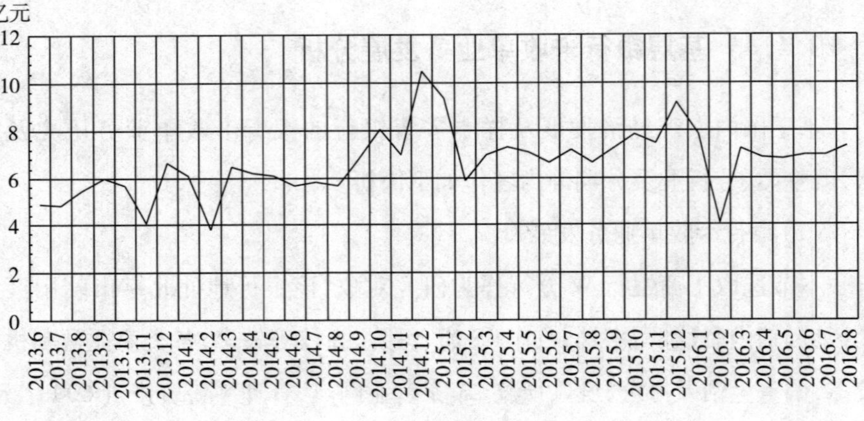

图 9－39　商户收单每月交易金额（2013. 6—2016. 8）

从该零售银行收单结构看，本行卡的交易金额中贷记卡（信用卡）与借记卡占比分别是 28% 和 72%，而本行卡与他行卡①占比分别是 23% 和 77%。可以看出，一方面，本行的贷记卡消费占比很低，还有较大的营销空间渗透；另一方面，虽然本行卡在北京区域的占比处于同业第一，但在本行的收单 POS 上他行卡的交易金额也不容小觑，占比近八成（见图 9－40、图 9－41）。

①本行卡指工商银行的卡，他行卡指非工商银行的卡。

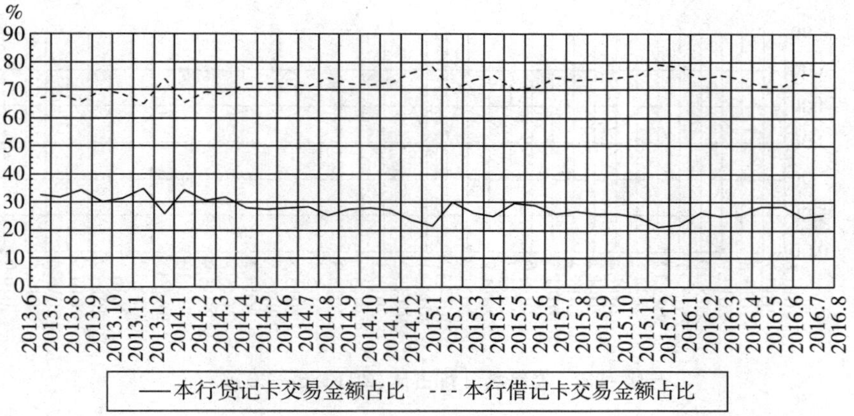

图 9-40 本行贷记卡及借记卡交易金额占比(2013.6—2016.8)

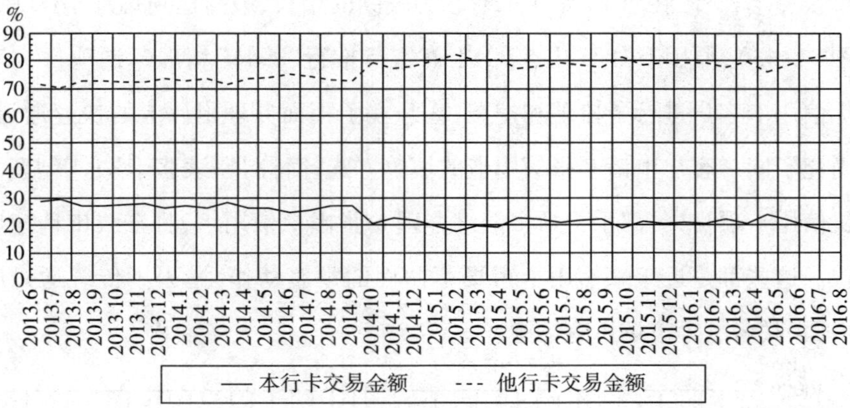

图 9-41 本行卡及他行卡交易金额占比(2013.6—2016.8)

该零售银行的收单额在北京分行的占比平均在 3.84%,2014 年出现了较大的波动,主要由于某大型汽车商户启用了本行 POS 机,大幅增加了收单交易额,但近年来的整体状况却在减少(见图 9-42)。

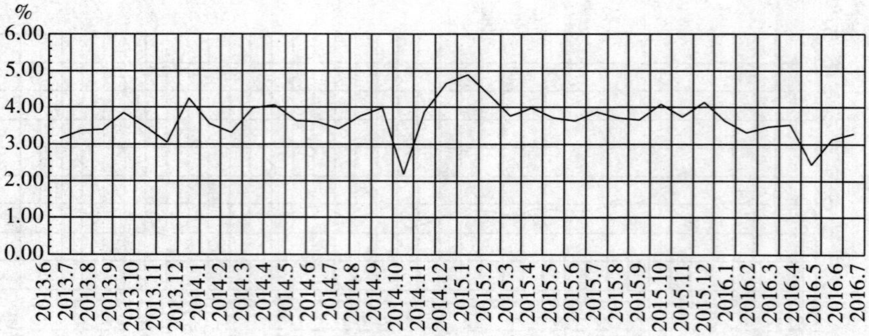

图 9－42 收单额分行占比(2013.6—2016.7)

2)信用卡(贷记卡)情况。该零售银行月度发卡数除在 2014 年年末有过快速增长外,在 2015 年年末有较为强劲的增长,最高达到每月 8700 张(见图 9－43),原因有如下几点:①工商银行推行"9944"精准营销项目[①],对目标信用卡客户进行了梳理和挖掘;②开立了柜面办理附属卡的快速通道;③简化了同一客户申请多张信用卡的填单方式,简称"一表多卡";④创新了手机信用卡项目,一部手机最多能够办理 5 张虚拟信用卡,且在线申请速度极快。这些都是近年来信用卡市场革命性的举旗动作,抛去了传统通过题材卡面、联名卡等市场占有措施。

图 9－43 信用卡月度发卡量(2013—2016 年)

①"9944"项目是指工行在借记卡客户中提取有消费记录、有联系方式但无信用卡的客户来配发信用卡的专项营销活动,根据客编将目标客户归属到网点,目标客户共计 9944 万人,W 分行目标客户为 11.5 万人。

根据工商银行内部信用评级授信系统，从对客户申请信用卡卡种的评级结果看，金卡成为客户首选的卡种，在一定程度上与刷卡优惠活动等相关联，但并非与最终信用卡授信额度有关联，其中，近年来白金卡的发展有较大提升，这与私人银行客户、财富客户的快速增长密切相关（见图9-44）。

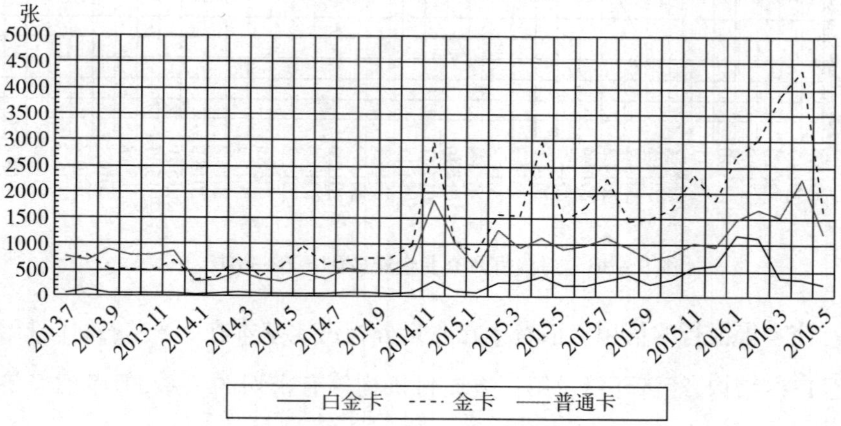

图9-44 不同种类信用卡发卡量（2013.7—2016.6）

虽然信用卡发卡规模还在持续壮大，但“跑马圈地”后市场开发程度却不高，存量和新增的信用卡启用率约在70%，但启用后未有消费的却占了多数，特别是在2016年存量卡动卡率只有20%左右，这在一定程度上与一个客户持有多张信用卡有关，而新增卡动卡率在40%，有所提高（见图9-45）。

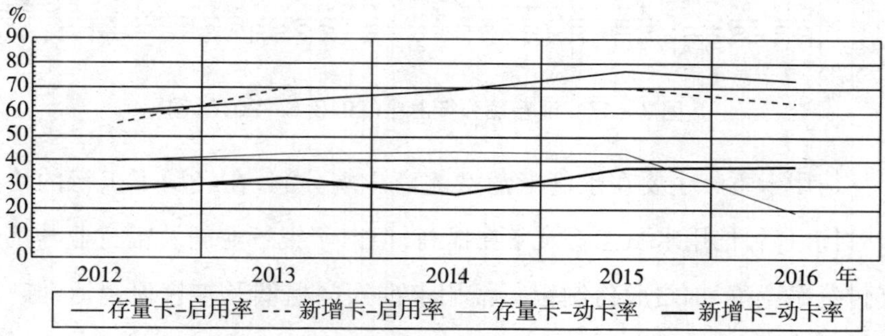

图9-45 信用卡启用率及动卡率（2012—2016年）

该零售银行所发信用卡的每月消费金额的绝对数量较高，平均约在3.81亿元，略有上升态势，消费金额主要集中在6月、9月、12月，每年年末会达到当年的一个峰值,然而,每年2月(春节)却是当年的一个低谷,这与通常认为春节是消费旺季的说法有所矛盾(见图9-46)。

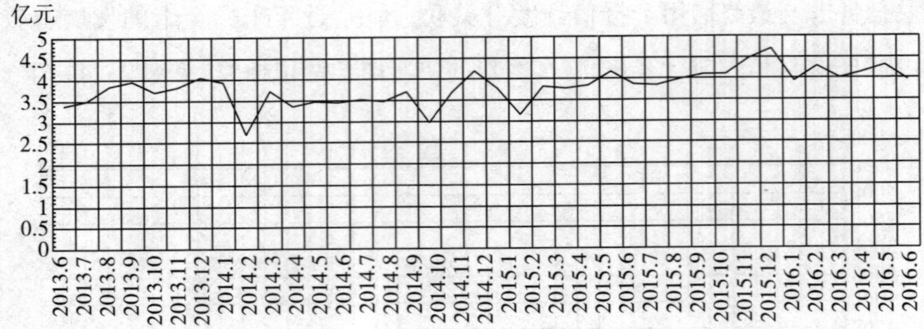

图9-46　消费每月交易金额(2013.6—2016.6)

该零售银行的信用卡消费额在北京分行占比基本在5%左右,体量增幅与客户群结构、经济环境及第三方支付机构等有密切的关系,但考虑经济下行及无卡支付、智能POS盛行等因素,未来还将缓慢走低(见图9-47)。

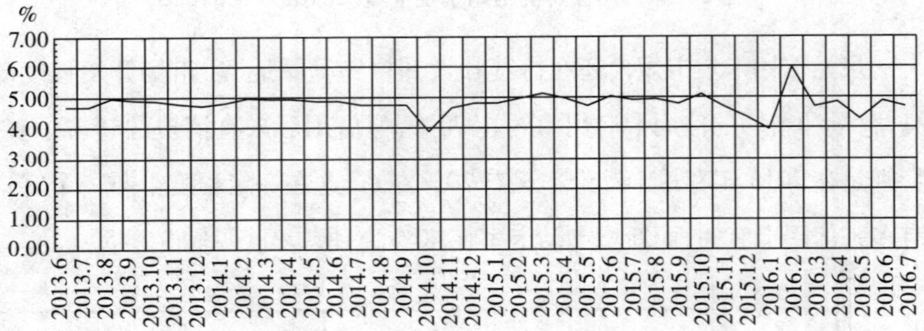

图9-47　消费额分行占比(2013.6—2016.7)

信用卡贡献主要在于刷卡消费的商户端分润,在经历了工行的快速发卡时代以后,信用卡虽然普及率在提高,但由于银行业间及银行业与第三方支付费率竞争,加之股份制银行信用卡准入门槛低及零售促销活动旺盛等原因,信用卡贡献占比在持续走低,且普通客户>财富客户>私银客户①,但

①本书从客户经理管户数据出发调研数据;普通客户指银行资产100万元以下的客户,财富客户指银行资产在100万~800万元的客户,私银客户指银行资产在800万元以上的客户。

又随着节假日及校期放假而小幅跳跃(见图 9 - 48)。

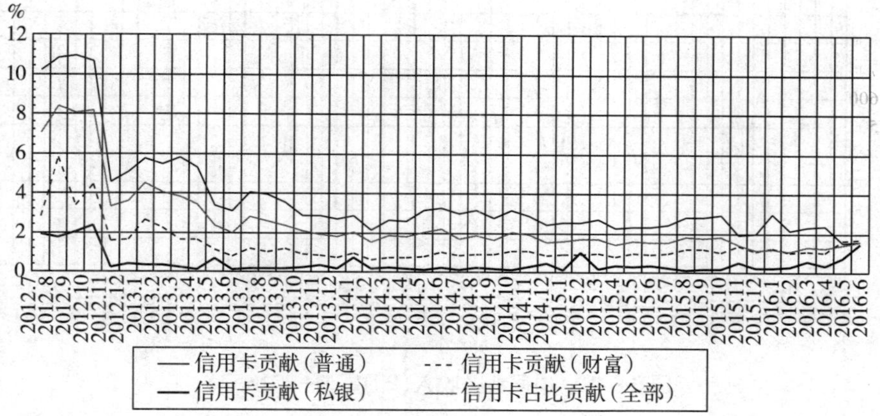

图 9 - 48　信用卡贡献占比变化趋势(2012.7—2016.6)

随着银行卡收单业务的发展,信用卡风险事件也越发增多,特别是盗刷、逾期等典型的主客观风险事件种类,在近 4 年的信用卡逾期中,2014 年、2015 年成为逾期高发年份,金额多、笔数多,从 2016 年来看,笔数始终在增加,但逾期金额却回落较多,从银行年末主动发起扣收金额看,数额逐年增多,也就是说,2014 年、2015 年的逾期情况最差,成为信用卡坏账的主要部分(见表 9 - 30)。

表 9 - 30　信用卡逾期情况

单位:万元/笔

年份	逾期金额	不良笔数	银行扣收
2013	89	28	14
2014	300	19	4
2015	444	277	22
2016	92	115	26

3)中间业务收入。每季度末的中收呈现峰值,主要是上级机构对当季中间业务收入进行集中返还,该零售银行年度银行卡收单业务获得的收入在 5000 万 ~6000 万元(见图 9 - 49),在北京分行排名靠前,其中包含了上级机构对信用卡发卡量及收单等统筹考核后的收入返还。

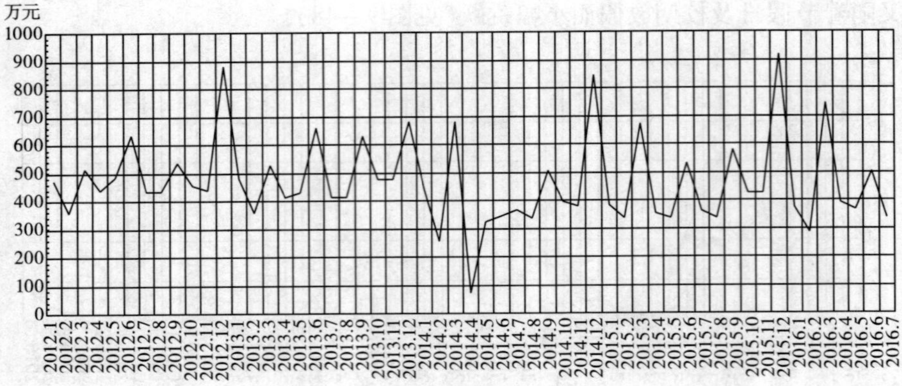

图 9－49　中间业务收入（2012. 1—2016. 7）

（2）分行业银行卡收单业务发展情况分析

在 2016 年 9 月 6 日国务院批复《中国支付清算协会〈关于完善银行卡刷卡手续费定价机制有关问题意见〉的征求意见函》前，各商业银行会根据收单商户的行业性质给定指导费率，大体分为餐娱、公益、一般、民生四类。具体说来，餐娱类大体 200 户，主要包括餐饮、酒店、售车等；公益类大体 50 户，主要包括医院、学校、政府机关等；一般类大体 450 户，主要包括超市、商店、电影院等；民生类大体 50 户，主要包括加油站、体育用品店、会展中心等，当然，若干商户会因其产品性质不同，归属行业不同。下面就分行业收单业务作分析（见表 9－31）。

表 9－31　收单商户行业结构分布

商户结构	餐饮 197 家	汽车 45 家	餐厅 82 家	酒店 19 家	咖啡厅 4 家	工艺品 1 家	其他 46 家
	公益 34 家	医院 4 家	学校 9 家	街道办 3 家	部队 3 家	其他 14 家	
	一般 423 家	各类公司 338 家	其他类（药房、建筑、美容、食品店）85 家				
	民生 47 家	汽车维修类 4 家	加油站 17 家	咨询公司 3 家	体育用品店 2 家	航空公司 9 家	其他 12 家

1）总体交易金额比较。从商户收单整体交易金额结构看，餐娱类＞一般类＞公益类＞民生类，平均水平分别为 57%、17%、15%、11%，餐娱类交易金额较大，主要受益于汽车 4S 店及餐馆，该零售银行约有 50 家汽车 4S

店、80 家餐馆,分布在所辖商圈内(见图 9 - 50)。

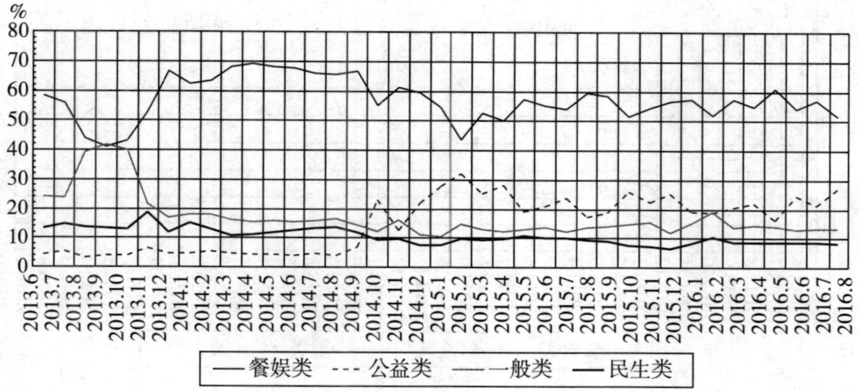

图 9 - 50　商户收单交易金额分行业比较(2013.6—2016.6)

从商户收单整体笔数结构看,民生类 > 公益类 > 一般类 > 餐饮类,平均水平分别为 36%、26%、23%、15%,民生类较多主要受益于大型商场及加油站,该零售银行有 1 家大型百货商店、17 个加油站,分布在所辖商圈内(见图 9 - 51)。

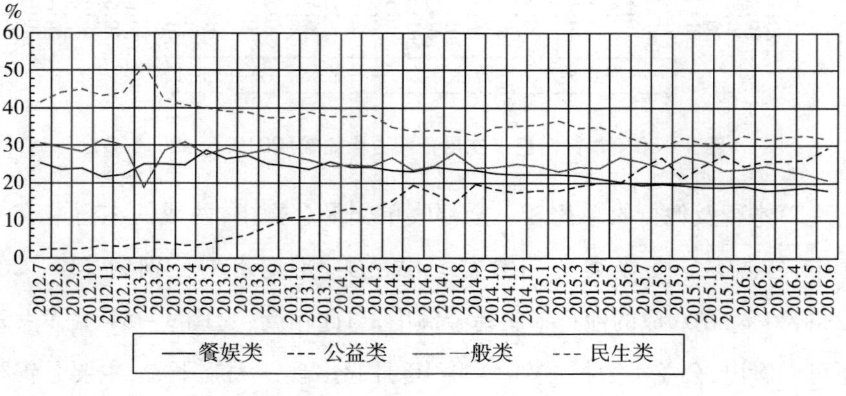

图 9 - 51　商户收单交易笔数分行业比较(2012.7—2016.6)

2)本行卡收单比较。从图 9 - 52、图 9 - 53 来看,在全部收单交易金额中,对近两成的本行卡交易金额按照行业对比,其贷记卡占比中,发现民生类 > 一般类 > 餐娱类 > 公益类,平均水平分别为 58%、48%、21%、13%。从本行卡中借记卡占比比较看,发现公益类 > 餐娱类 > 一般类 > 民生类,平均水平分别为

87%、79%、52%、42%。

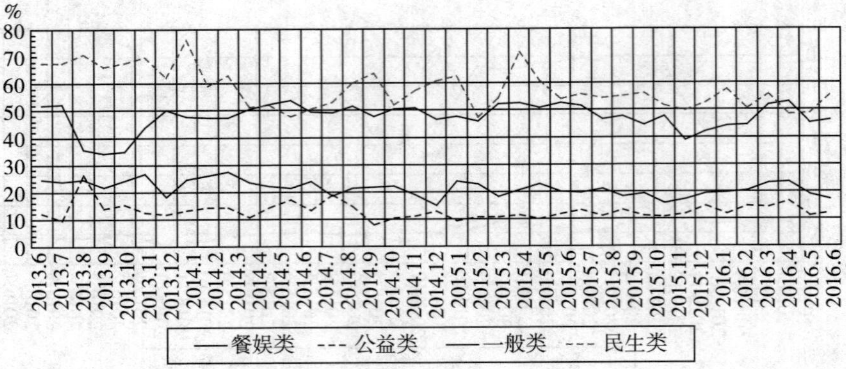

图 9－52　本行贷记卡交易金额占比比较(2013.6—2016.8)

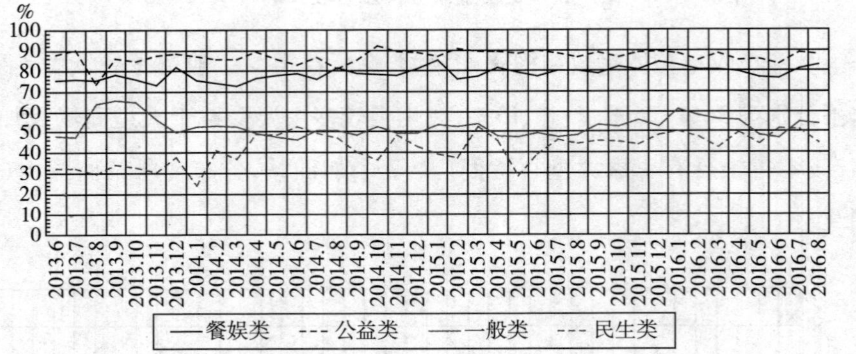

图 9－53　本行借记卡交易金额占比比较(2013.6—2016.8)

3)本行及他行收单比较。全部收单交易金额中,两成的本行卡交易金额中,公益类 > 餐娱类 > 一般类 > 民生类,平均水平分别为 28%、26%、22%、20%,在八成的他行卡交易金额中,与此相反(见图 9－54、图 9－55)。还可以看出,公益类数据在 2014 年 10 月起出现了大幅下滑,主要是银行理财 POS 机的统计口径有所调整所致。同时,还可认为,人们对刷卡交易习惯并不容易发生改变,即便有多张各家银行信用卡,一般也不会随意调整惯用的信用卡。

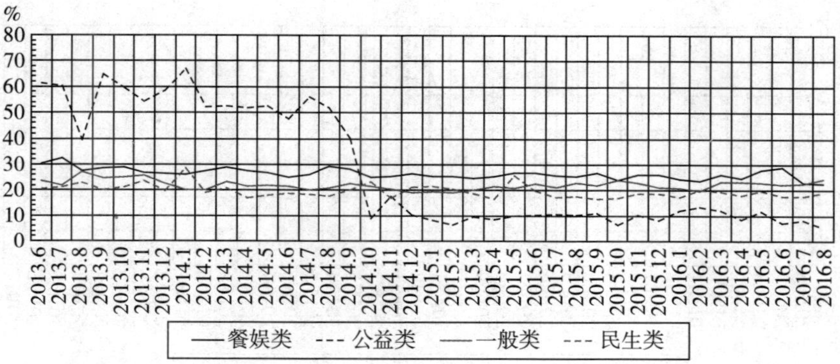

图 9－54　本行卡交易金额占比比较（2013.6—2016.8）

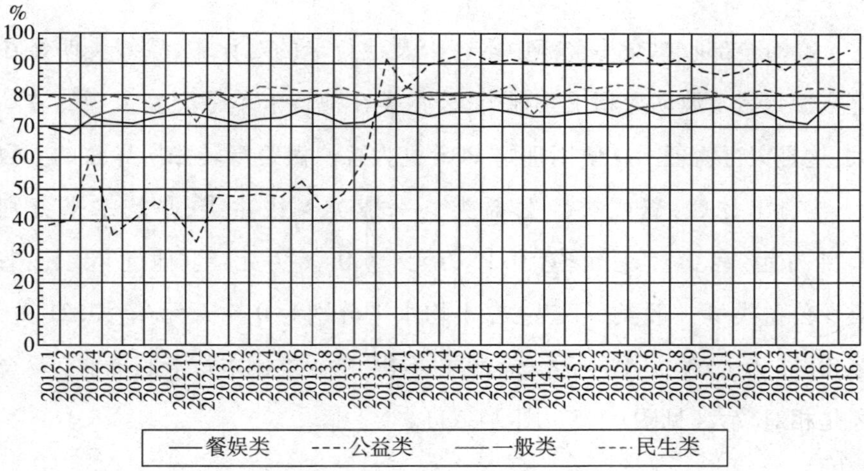

图 9－55　他行卡交易金额占比比较（2012.7—2016.8）

4）单笔交易金额比较。在 4 类行业的单笔交易金额比较中，餐娱类和公益类的波动最大且金额在上升，而一般类和民生类相对较为平稳，数据上，餐娱类＞公益类＞一般类＞民生类，平均水平分别为 0.46 万元/笔、0.20 万元/笔、0.11 万元/笔、0.05 万元/笔，原因主要集中在餐娱类中汽车销售等大额交易多，而一般类、民生类多是月均千元左右的生活类消费，公益类则是受到理财 POS 的影响较大（见图 9－56）。

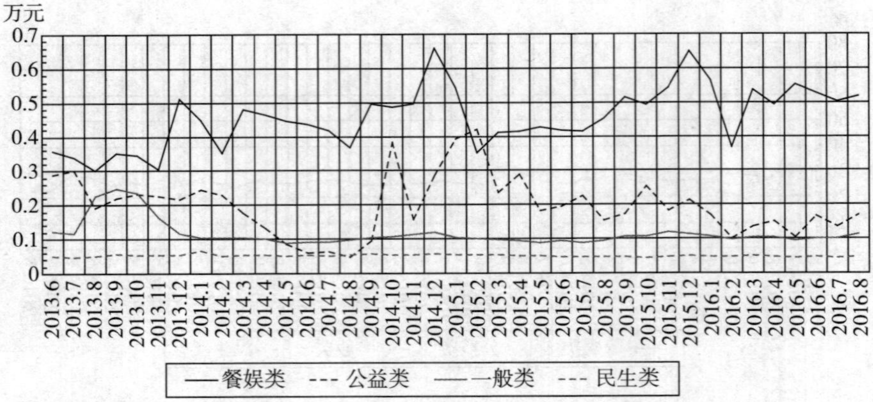

图 9－56　单笔交易金额比较（2013. 6—2016. 8）

在对全部收单交易金额中本行卡及他行卡的对比中，餐娱类明显在单笔金额数量及波动上超出其他类，公益类在他行卡单笔交易金额的波动较大，这是银行物理网点使用理财 POS 机为客户做跨行转账所导致的。数据上，本行卡比较：餐娱类 > 公益类 > 一般类 > 民生类，平均水平分别为 0. 74 万元/笔、0. 15 万元/笔、0. 15 万元/笔、0. 05 万元/笔，他行卡比较：餐娱类 > 公益类 > 一般类 > 民生类，平均水平分别为 0. 4 万元/笔、0. 21 万元/笔、0. 11 万元/笔、0. 05 万元/笔，可以看出，餐娱类刷本行卡的单笔交易金额还是相对较大（见图 9－57、图 9－58）。

图 9－57　本行卡单笔交易金额比较（2013. 6—2016. 8）

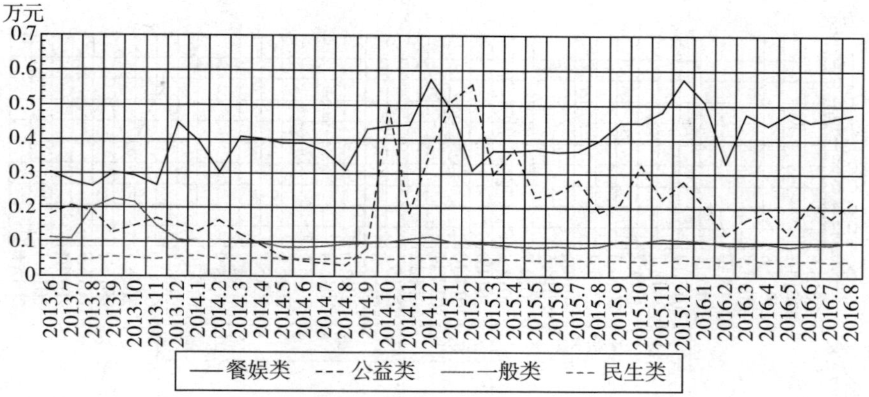

图 9－58　他行卡单笔交易金额比较(2013.6—2016.8)

在对全部收单交易的本行卡金额对比中,餐娱类还是明显在单笔金额数量及波动上超出其他类,而一般类在本行贷记卡中的波动较大。数据上,本行贷记卡比较:餐娱类＞一般类＞公益类＞民生类,平均水平分别为0.3万元/笔、0.08万元/笔、0.16万元/笔、0.06万元/笔,本行借记卡比较:餐娱类＞公益类＞一般类＞民生类,平均水平分别为1.22万元/笔、0.17万元/笔、0.14万元/笔、0.05万元/笔,可以看出,餐娱类刷本行借记卡单笔交易金额还是相对较大,说明本行在信用卡的市场占有方面还存在很大的扩展空间(见图9－59、图9－60)。

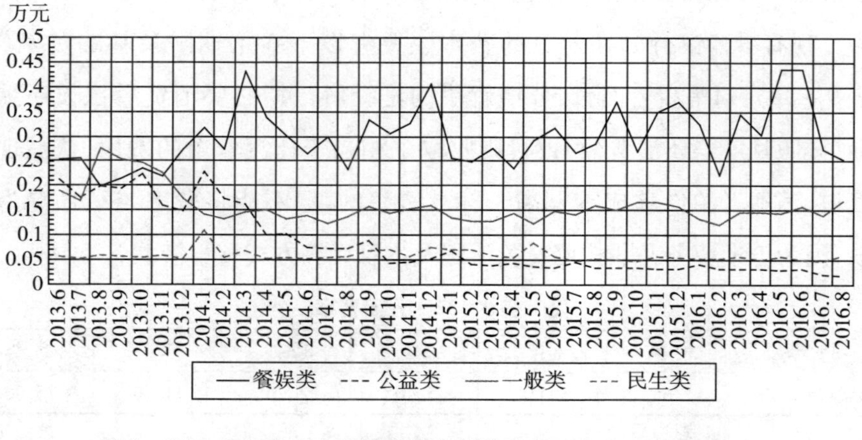

图 9－59　本行贷记卡单笔交易金额比较(2013.6—2016.8)

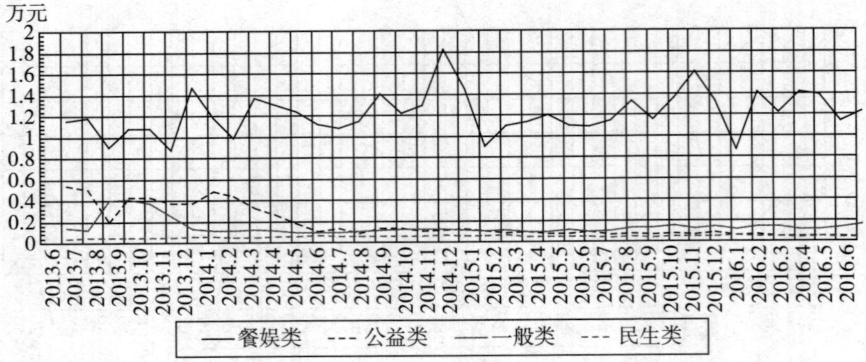

图 9－60　本行借记卡单笔交易金额比较（2013. 6—2016. 6）

(3)信用卡分期业务发展情况分析

2007 年 4 月，工商银行开启了信用卡分期业务，并相应地实现了 POS 消费分期及消费转分期业务。简单来讲，商户 POS 消费分期是指持卡人在工行特约商户消费时，直接通过具备分期付款功能的 POS 机完成分期付款，消费转分期是对已经入账且在免息期内的普通消费通过电子银行渠道进行分期偿还的业务，其消费金额不能小于分期付款的起始金额，起始金额为人民币 600 元、600 港元、100 美元、100 欧元。2011 年，又开展了专项分期业务，产品已经涵盖汽车、建材、家装、家电、家居、百货、旅游和教育等行业，形成了消费种类比较齐全的分期付款业务体系。

现有零售银行分期业务的费率主要有以下 6 个期限及基准费率（见表 9－32），对消费者而言，分期解决的是缓解当期必要消费后拉长还款时间，按照月度偿还消费额，银行则收取了相当于让渡资金的费用，从贴现角度讲，消费者的借款成本是高于标准费率的，但不能将费率与利息混为一谈，因为分期业务并非按照贷款流程及本息计算方式核算借款。

表 9－32　分期费率

期数	3 期	6 期	9 期	12 期	18 期	24 期
标准费率(%)	1.65	3.60	5.40	7.20	11.70	15.60

分期业务成为未来信用卡收单业务中间业务收入的主流，随着信用卡市场覆盖率的高速提高，近八成信用卡使用者在 40 岁以下，超前消费理念的

习惯已经养成,商业银行正积极抢占各类商户市场,特别是100元以下各类零售小商户的消费收单市场,同时,也通过各类促销争揽客户,该零售银行近年来的分期促销活动大体如下(见表9-33):

表9-33 部分信用卡分期促销活动(2013—2016年)

	活动时间	活动内容
1	2013.9.18—2014.1.4	网上银行或回复短信申请分期付款业务可享受12期分期付款手续费优惠,由原费率7.2%降至4%
2	2014.1.5—2014.3.31	网上银行或回复短信申请分期付款业务可享受12期分期付款手续费优惠,由原费率7.2%降至4%
3	2015	交通卡客户消费转分期手续费率4.2折优惠
4	2015.11.11—2016.3.31	工银信用卡持卡人申请办理消费转分期业务12期、24期可以获得首期手续费减免优惠
5	2016.2.1—2016.6.30	1.累计满10000元,赠送价值100元的礼品;累计满20000元及以上,赠送价值300元的礼品(以卡片为准,每张卡片每月仅可获赠一次礼品,以最高档计算;同一持卡人的不同信用卡可以分别获赠礼品)
		2.活动结束后,累计分期金额排名前10位的持卡人可以额外获赠价值1000元的大礼,18期费率由11.7%下降到5%
6	2016.8.23—2016.10.31	18期费率由11.7%下降到5%,24期费率由8%下降到7%

1)分期消费交易客户数比较。

12期的客户明显较多且呈较有规律的波峰,每年1月达到峰值,但9期、18期、36期的客户非常少,在一定程度上与12期的银行费率折扣活动居多有关,当然也与消费者费率比较习惯有关,因为定期利率主要有3月、6月、12月、24月、36月、60月,人们更容易比较同期限的存贷产品之间的"利率"。平均月度数据上,12期(164户)>6期(57户)>3期(48户)>24期(45户)>9期(6户)>18期(3户)>36期(2户),其中,36期产品是在2014年后推出,从2016年始客户数明显增多,超过了9期、18期(见图9-61)。

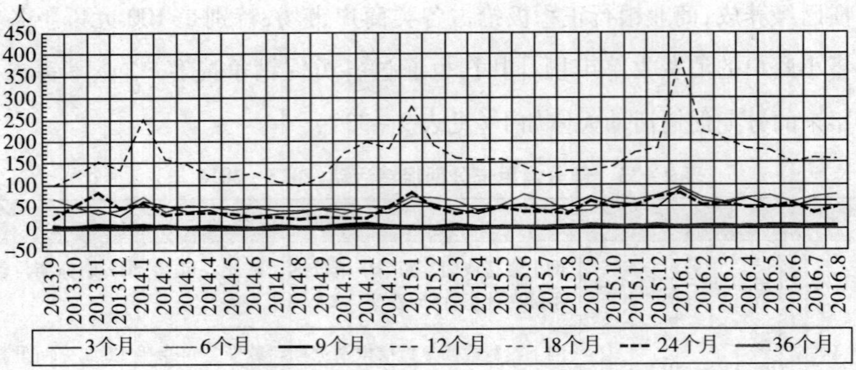

图 9－61　分期消费交易客户数比较(2013. 9—2016. 8)

2)分期消费交易笔数比较。依旧是 12 期的分期消费交易笔数突显,且大体在年末达到峰值,这与图 9－61有所呼应,客户在消费后会再"享受"最长 56 天的免息期,并在免息期结束前进行分期选择和操作。在平均月度数据上,12 期(458 笔) >3 期(139 笔) >6 期(118 笔) >24 期(112 笔) >9 期(10 笔) >18 期(4 笔) >36 期(3 笔)(见图 9－62)。

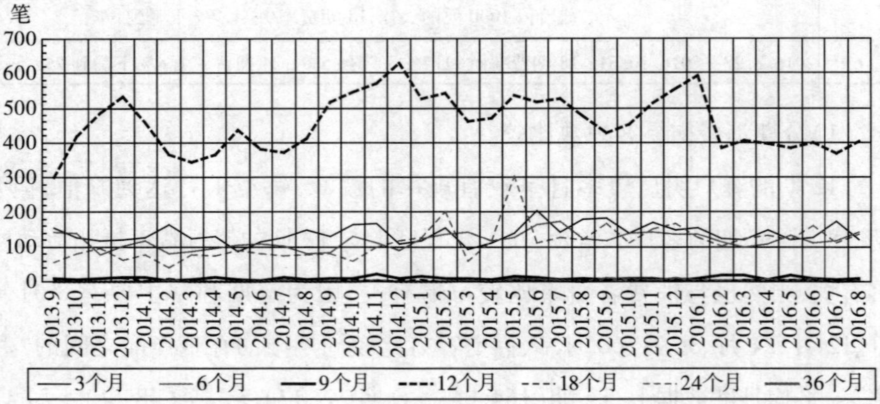

图 9－62　分期消费交易笔数比较(2013. 9—2016. 8)

3)分期消费交易余额比较。从图 9－63 中看,12 期余额突显,但 24 期余额呈较大幅度的增长,且基本与 12 期相当。除此之外,36 期在 2015 年 3 季度开始出现增长抬头。平均月度数据上,12 期(2838 万元) >24 期(1839 万元) >6 期(231 万元) >36 期(219 万) >3 期(166 万) >18 期(77 万元) >9 期(32 万元)。

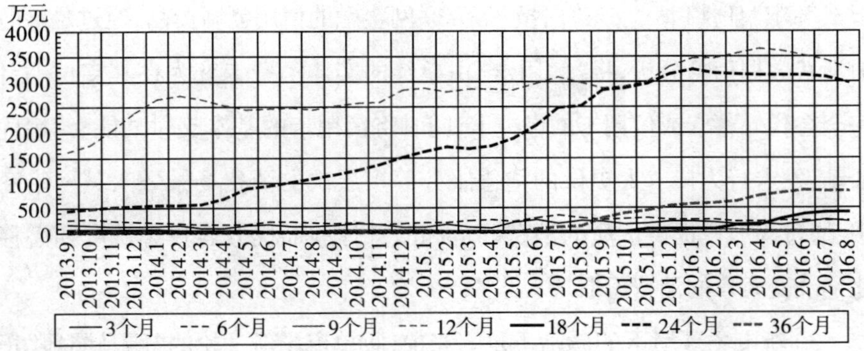

图9-63 分期消费交易余额比较(2013.9—2016.8)

9.4.5 新挑战与新机遇

经典经济增长理论认为,消费与投资、进出口为一国经济增长的“三驾马车”。在人民币国际化真正大踏步迈出国门后,世界对人民币的需求将激增,而在此之前,大量的人民币在市场中将继续大额高速流转,除了投资就是存款,还有就是消费,因此,随着财富的增长而增长的消费是长久支撑银行收单业务的基石。同时,在互联网、大数据、云计算和智能手机加速发展的经济社会,人们的财务理念、生活态度和消费方式也在悄然发生着革命,从上述基层零售银行卡收单业务近年来的发展数据分析可见:

(1)新挑战

1)新政策形势下的盈利监管趋紧。信用卡盈利能力正因日趋严格的监管、日益激烈的市场竞争而导致渠道变窄,银行卡收单业务的收入结构在调整。一方面,银行收单手续费下调和监管政策收紧而导致的信用卡线下盈利难度提高;另一方面,线上收单业务相对滞后,银行无法直接向商户收取回佣,而只能收取由第三方支付机构直接定价分润比例的回佣收入,导致商业银行在盈利及分润模式中处于弱势。

2)新金融时代下的同业竞争激烈。同业的激烈竞争和新兴网络金融机构的冲击,使得银行卡收单业务的拓展和盈利的提升受到多方的压力,尤其是在移动互联网、大数据技术浪潮下引发的经营模式的创新,例如,阿里“花呗”、苏宁“任性付”、京东“白条”等互联网金融的信用创新产品，通过足量的客户消费数据信息分析，将“信用卡”由单纯的实体消费卡变为在其支付平台可完全替代储蓄卡或信用卡的虚拟卡，同时将信用卡的基本支付功能、营销优惠活动、发卡行为持卡人提供的增值服务等多层次的消费场景融入其网络商城中，通过为客户提供优质的消费环境和服务体验而提升客户忠诚度和潜移默化地改变客户的消费习惯。

3）新市场环境下的激励不足。当前，收单市场新一轮的“跑马圈地”正在如火如荼地进行，这是一个需要耗费大量人力费用的市场，然而，从当前零售银行的人力资源激励来看，正面激励严重不足，负面激励缺乏依据，即便员工每天的生活和工作都将接触收单业务，但收单业务却在人力资源激励上不能调动一切可以调动的营销力量，在一定程度上错失了商机。除此之外，对于信用卡发卡的审批程序也欠科学化，申请审批通过率较低，授信额度不高，也不利于如“9944”等精准营销项目的实施，从客户端制约了客户的用卡积极性和消费热情。除此之外，在近年来的分期业务特别是汽车、家装等专项分期正加速市场脚步的重要时期，专人专岗虽有设置，但人力资源激励上缺乏相对科学的设计和考量。

（2）新机遇

1）新消费需求在低增长态势下逆袭。中国信用卡产业的发展势头强劲，在存量近4亿张的国度内，将引发小额信贷的规模递增，由于我国正处在构建以消费为主导、以服务为主题的经济增长新格局的历史转折点，需要大量的生产消费，这将为信用卡产业服务消费升级和小微金融、服务大众创业和万众创新及民生改善提供巨大的发展契机。除此之外，虽然经济在“L”形的下行趋势中，但居民信用消费需求却在集中迸发，中国目前已经成为世界上消费市场增长最快的国家之一，主要在于国家大力支持消费金融的发展，信息、旅游、教育、文化、健康等服务的消费趋旺，有介质和无介质的信用卡产业以及收单业务将在信用消费大潮中顺势而为。

2）新创新平台在互联网金融中深化。工商银行从战略高度上，重视互联网金融的龙头发展，积极从国有企业向商业银行实现市场化转型，并朝互联网金融思维转型和发展努力，在同业率先提出互联网化的金融战略，推动线上线下共同发展的举措，为工商银行信用卡和收单业务在新环境、新形势下的进一步发展提供了良好的基础。一方面，构建以“融 e 购”为电商平台、“融 e 联”为即时通信平台、“线上 POS”为新收单平台、“商户之家”和“工银 e 生活”为互联网服务平台；另一方面，打造“工银二维码支付”为线下支付平台等覆盖和贯通线上和线下的金融服务、电子商务、社交生活的网络金融整体架构，坚持“巩固线下优势，加快线上拓展”的发展思路，深入运用大数据思维，从客户需求出发，拓展盈利渠道，确保工商银行信用卡在支付与信贷融资领域的主导地位。

3）新数据挖掘在客户资源配置上发酵。工商银行是具备丰富客户资源的零售银行，拥有大量的个人客户资源和优质的机构客户资源，以及充分而珍贵的交易数据资源，这些都是零售、科技、信贷在制定和实施营销方案时，重点发掘和把握的宝贵营销资源。特别是近年来通过“大数据”深度挖掘目标客户，作为拥有 100 万个人客户资源、40 万张信用卡的基层零售银行，只要充分利用和分析好此类数据，切实推广总行“9944”精准营销项目、“交通卡配发信用卡”项目以及 POS 精准营销项目，将迅速提升信用卡发卡和收单业务有质量的规模发展，夯实零售银行贡献。

9.4.6 发展建议

对于银行卡收单业务，应积极适应“互联网 +”的新常态，实现信用卡产业转型升级。近年来，支付宝、微信支付、快捷支付等新兴移动支付方式逐渐嵌入传统实体行业，给传统信用卡支付机构带来了严峻挑战，但智能化支付、大数据技术的加速推广，也为信用卡产业发展带来了新的转型契机。对于工商银行来说，把握“互联网 +”的机遇，发挥自身科技实力，广泛应用互联网新技术，不断探索创新产品和精细化服务，使信用卡与互联网融合朝着纵深方向发展，是赢得市场的关键因素。

(1)丰富线上渠道,提高易得性和便利性

随着电子银行技术的发展和工商银行网点智能化水平的不断提升,到店客户呈逐步减少的趋势,等候时间也大幅减少,信用卡营销传统网点获客将向线上获客转移。目前工商银行已开通移动PAD终端办卡、二维码办卡和网上办卡,未来可进一步丰富线上办卡渠道,将申请表简化为一个移动端随处可见的"入口",借助微博、微信等自媒体的使用,以客户朋友间"圈营销"作为突破口,着力打通线上与线下场景化营销,提升信用卡产品的易得性和便利性。

(2)实施精准营销,增强数据挖掘的广度和深度

零售银行要充分利用大数据技术,整合银行内客户资源,开展各类精准营销活动。信用卡行业是一个靠规模效应盈利的行业,需要依赖科学的数据挖掘分析工具实现对大规模客户的经营和管理,工商银行丰富的业务体系积累了大量的客户资源,前期通过整合行内个人客户资源,开展的"9944"精准营销项目取得了良好效果,发卡成功率和动卡量均较普通客户高出许多,未来将继续整合行内客户资源,根据客户消费习惯、消费场景等数据,开展定向精准营销,实现客户精细化营销:一是要优化客户结构,在积极拓展中高端客户的同时,还要做好新型年轻客户营销,培养未来增长潜力;二是要根据支付市场发展形势,不断推出新产品,丰富产品线,提升工行信用卡产品市场竞争力;三是要加强发卡的针对性,在满足客户结算需求的同时,为客户提供更多附加权益,促进卡启卡动率提升,提升发卡质量;四是针对工行代发工资客户及偏好分期客户要有数据挖掘,给予其定向的分期优惠。

(3)完善支付场景,无缝链接线上线下收单体系

基层零售银行要从完善支付场景、打造线上线下一体化的收单体系上下功夫,不断丰富消费场景,促进消费额与收单额同步提升。工商银行已推出线上POS和首家银行系二维码支付产品,进军移动支付和线上支付市场,下一步可整合线上线下商户资源,将支付服务嵌入商户和销售或服务管理系统中,为持卡人提供更为简洁的一键化支付服务,帮助商户更好地管理销售、交易和营销,并为其提供更为便捷和智慧的支付服务。

(4)拓宽收单服务内涵,提升银行卡竞争力

银行卡业务的收入来源主要在于收单额和消费额,基层零售银行应从以下三方面入手:一是要做好收单商户分类,完善差别定价策略,通过精确核算收单的成本和收益,合理确定收单的价格;同时对商户的收单结构进行细分,采用灵活的调整定价策略,必要时可适当采取关系定价、感受价值定价等手段,建立既能盈利又利于竞争的价格体系,提高收单业务的盈利能力;二是要将商户收单与小微商户逸贷有机结合,根据商户收单情况为商户提供专属信贷产品,提升商户对银行业务的依赖性;三是要完善促销活动方式,丰富促销层次,打造高、中、低端全方位的促销体系,并要加强活动宣传力度,提升客户参与的积极性。

(5)支付与信用融资并重,拓展银行卡融资功能

随着2017年央行《关于信用卡业务有关事项的通知》的执行,滞纳金将成为历史,透支利率实行上限、下限区间管理,信用卡传统利息收入会逐步减少,想要实现信用卡产业的长远发展和收入的稳定增长,需充分发挥信用卡的融资功能,加强拓展信用卡分期及信用消费贷款业务发展。基层零售银行要做到:一是要优化授信政策,根据客户消费情况及资产状况,动态调整授信额度,提升信贷资源利用率;二是要整合银行内商户及客户资源,创新分期业务推动方式,开展"团购式"专项分期;三是要优化个人信用消费贷款、现金分期等业务推广方式,开展信用卡信贷业务全员营销。

9.5 财富水平、资产配置与金融市场的实证研究——基于VAR模型分析

9.5.1 引 言

资产管理是金融业的核心业务,未来的资管时代将在监管趋紧与规模井喷中寻求新发展,银行作为中国金融业的主导力量,市场化和多元化的竞争冲击已让银行身上裸露出搏斗的痕迹,庞大的客户规模是其赖以生存的重要基

础,应当做好客户金融行为的深入分析,寻求建立双方共赢的运作机制。本节正是基于此,借助VAR模型研究不同财富水平的客户及其资产配置与金融市场的动态关系。2016年年末,中国改革开放40余年来,GDP年均增速9.9%,人均GDP已达8900美元,位列世界第69名。财富水平的提高既是金融市场深化的结果,也是深化金融市场的源头,金融业增加值占GDP的8.4%,超过美、日等发达国家,仅次于以金融业和航运业为支柱的新加坡,除此之外,金融业利润占比也远超美国。然而,看似繁荣的金融市场却在脱离实体“逆势生长”,监管对过去的“牛栏里关猫”已经觉悟,未来的资管时代将迎来巨变,那么,作为资管机构主力和金融业主导的银行,将如何在激烈的金融市场中保持江湖地位和续航能力,又如何应对规模庞大而又财富差异的客户群,在时变的金融市场中做好资产配置呢?本节正是基于此,研究不同财富水平的银行客户其资产配置与金融市场的变动关系,并为银行资管实务提供相关建议。

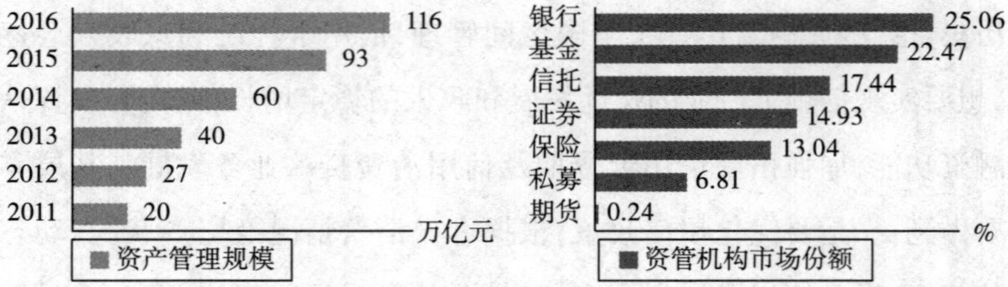

图9-64 中国金融机构资管规模总量及占比

9.5.2 文献综述

19世纪50年代,Markowitz(1952)①最先提出并用均值方差分析框架分析投资者资产组合选择,Samuelson(1969)②和 Merton(1969,1971)③在后期的研究中又将消费纳入效用函数中来研究动态经济环境变化中的资产选择

①Markowitz, H. Portfolio Selection [J]. *Journal of Finance*, 1952, 7(1): 77-91.

②Samuelson, P. A. Lifetime Portfolio Selection by Dynamic Stochastic Programming [J]. *Review of Economics and Statistics*, 1969, 51(3): 239-46.

③Merton, R. C. Lifetime Portfolio Selection under Uncertainty: The Continuous-Time Case [J]. *Review of Economics and Statistics*, 1969, 51(3): 247-257.

问题，Tversky 和 Kahneman（1974）①从直觉偏差和框架依赖的心理学角度对资产配置行为创立了前景理论，并以此分析金融市场异象，上述鼻祖经济学家是在市场是否有效的判断前提下展开了关于资产配置的相关研究。

关于金融市场与资产配置关系的相关文献，主要有以下四类：一是从宏观层面的金融市场对银行产品资产投向标的的配置角度研究，王光宇（2016）②对银行理财业务资产配置的状况分析中，提出资产配置分为战略性和策略性，并认为策略性资产配置需要银行根据自身对宏观经济和金融市场的理解，对投资组合进行管理，实施再平衡操作，银行理财配置具有逻辑可循，应积极布局创新和转型；易纲和宋旺（2008）③研究了 1991—2007 年随着金融体系的发展中国金融资产结构的演进状况，发现股票、债券等金融资产增长迅速。二是从微观层面的家庭单位研究国内个人资产配置，陈蕾（2015）④认为中国还将继续处于存贷利率控制的金融环境，低利率和高通胀使家庭财富配置由储蓄转为理财，但也通过设定目标效用函数最优化得出，家庭会不自觉地减少风险资产的持有；杜春越、韩立岩（2013）⑤根据 2009 年奥尔多家庭资产负债调查结果看，家庭金融资产结构中银行存款为 78.08%、债券为 1.58%、股票为 12.07%、外汇为 0.43%、基金为 7.77%、期货为 0.06% 等，得出三个特点：①投资方式单一，储蓄倾向过高；②风险性资产的投资比例过低，相对来说，居民更偏好股票这种风险产品；③对新的投资方式如期货等的认识和接受度低，投资比例极低；陈彦斌（2008）⑥、陈斌开和李涛（2011）⑦也利用奥尔多数据对我国城乡居民的家庭资产和负债进行了分析，发现高财富家庭的资产组合较为多元化，中低财富家庭资产组合较

①Tversky，A.，D. Kahneman. Judgment under uncertainty：Heuristics and Biases[J]. *Science*，1974，185：1124 - 1131.

②王光宇. 银行理财的资产配置：逻辑与趋势[J]. 银行家，2016（7）：60 - 62.

③易纲，宋旺. 中国金融资产结构演进：1991—2007[J]. 经济研究，2008（8）：4 - 15.

④陈蕾. 基于金融约束视角的中国家庭资产配置研究[J]. 福建论坛·人文社会科学版，2015（11）：41 - 46.

⑤杜春越，韩立岩. 家庭资产配置的国际比较研究[J]. 国际金融研究，2013（6）：44 - 55.

⑥陈彦斌. 中国城乡财富分布的比较分析[J]. 金融研究，2008（12）：87 - 100.

⑦陈斌开，李涛. 中国城镇居民家庭资产——负债现状与成因研究[J]. 经济研究，2011（S1）：55 - 66.

为单一;魏先华、张越艳、吴卫星、肖帅(2014)①以奥尔多投资研究中心的调查数据为基础,以结构方程模型为分析工具,从替代效应、生命周期效应、财富效应以及住房投资的挤出效应等多方面分析了影响我国居民家庭金融资产配置的因素,实证结果证明,以上效应在我国均在一定程度上存在,居民家庭所在区域对金融资产投资比例有着显著影响,同时,居民家庭资产配置中的财富效应较为显著,即资产的增加会提高金融资产的配置比例等。三是从微观层面的家庭单位研究国外个人资产配置,Bertaut 和 Starr - McCluer (2000)②对美国市场进行研究后发现,财富与股票市场、储蓄存款市场、家庭住房市场以及私人产业的参与都是正相关的,投资者持有的风险资产份额也随着财富的增加而上升;Guiso(2002)③等对多个国家的研究发现,家庭的股票市场和风险资产市场的参与决策与财富强相关;Campbell(2006)④运用美国的数据进行分析发现,流动性资产和汽车是穷人主要的投资对象,房产是中产阶级主要的投资对象,而富人主要的投资对象则为权益资产,认为家庭金融主要关注投资者的效用目标,通过合理配置股票、债券、基金、外汇等金融资产实现资源的跨期优化,从而达到平滑消费并实现效用最大化。四是从国内银行客户的角度研究资产配置,王小平、瞿宝忠(2012)⑤通过问卷调查方式,对来自商业银行的高端个人客户的资产配置特征作了统计分析,从资产结构上看,主要持有的资产包括现金存款、股票与开放式基金、房地产、货币挂钩结构型投资产品、私人股权及实体企业,而期货及其衍生产品与信托产品呈两极状态,大部分不持有债券与债券基金和保险产品。

关于财富水平与资产配置关系的相关文献主要有两类:一是基于家庭财

---

①魏先华,张越艳,吴卫星,肖帅,等. 我国居民家庭金融资产配置影响因素研究[J]. 管理世界,2014(7):20 - 28.

②Bertaut C. C. ,Starr - McCluer M. HouseholdPortfolios in the United States [A]. Guiso L. ,Haliassos. M. ,Jappelli T. Finance and Economics Discussion Series[C]. USA: MIT Press,2000.

③Guiso L. , Haliassos M. , Jappelli T. Household Portfolios: An International Comparison[R]. CSEF Working Papers,2002.

④Campbell,J. Y. Household Finance[J]. *Journal of Finance*,2006,61(4) : 1553 - 1604.

⑤王小平,瞿宝忠. 商业银行高端个人客户资产配置特征分析[J]. 金融论坛,2012(8):62 - 67.

富水平高低与金融市场参与度、产品风险偏好和财富分配效应等的研究，徐佳、谭娅（2016）①利用中国家庭金融调查数据，建立了一个包含家庭异质性和风险市场参与成本异质性的两期 OLG 模型，并用 Oaxaca - Blinder 分解方法检验，研究发现，随着家庭财富水平的积累，家庭优先通过金融产品间接参与股票市场，随后提高股票的直接持有，在财富上升到较高水平后，家庭对股市的直接参与和间接参与水平都显著提高，这与已有文献中发达国家的经验规律也一致（Bricker et al.，2012；Guiso et al.，2002；Iwaisako，2009）；史代敏和宋艳（2005）②发现中国居民投资组合中的储蓄存款和股票所占的份额会随着财富的增加而增加，但是财富对于储蓄性保险持有比例的影响是不显著的；Abel（2001）③通过在 OLG 模型中引入股市的固定参与成本，解释了为什么高收入家庭参与股市的比例更高；Carroll（2002）④研究发现，高财富家庭持有股票等风险资产的比例明显高于其他家庭，且投资组合更为分散化，原因是他们更有能力支付持有多种股票所需要的交易成本。二是集中在高净值的私人银行客户群体的理财行为研究，李善平、毛丹平（2010）⑤在建立理财行为决策概念模型（PFPDM）和个人理财行为分析模型（PFPAM）后，通过调查问卷来考察影响高净值财富客户的 10 个假设，主要包括家庭生命周期、财富来源、理财习惯、理财性格、购买经历等，结论是显著有效的；曹彤（2009）⑥则从银行家的身份看如何发展财富管理业务；笔者（2016）⑦基于银行客户财富水平的分层管理，主要就不同财富水平客户在金融市场的时变中如何影响银行资产贡献作了相关分析。

综上所述，目前学术界和实务界的主流文献，从宏观上看，主要基于金融市场环境变化对银行大类资产配置结构的影响作研究，提出应对性的决

①徐佳，谭娅．中国家庭金融资产配置及动态调整[J]．金融研究，2016（12）：95 - 110.

②史代敏，宋艳，居民家庭金融资产选择的实证研究[J]．统计研究，2005（10）：43 - 49.

③Abel，A. B.. The Effects of Investing Social Security Funds In the Stock Market When Fixed Costs Prevent Some Households From Holding Stocks [J]，*American Economic Review*，2001，98（1）：128 - 148.

④Carroll，C.. Portfolios of the Rich，Household portfolios，ed. Guiso，L.，Haliassos，M. Jappelli，T. MIT Press，2002.

⑤李善民，毛丹平．高净值财富个人理财行为研究[J]．经济研究，2010（1）：83 - 96.

⑥曹彤．财富管理：商业银行零售业务发展的战略选择[J]．财经问题研究，2009（5）：63 - 67.

⑦咬亮．基于客户分层视角的零售银行资产配置与零售贡献研究[J]．西南金融，2016（11）：32 - 39.

策思路和建议。从微观上讲，是基于家庭问卷调查形式获得金融及非金融资产配置结构及趋势，提出了影响家庭（个人）资产配置的主要因素，如人口数量、收入、教育程度、风险偏好等，其中，对银行客户的资产配置尚可纳入此类研究。然而，其一，较少研究能从财富水平分层的角度就各类客户真实的资产配置情况作比较分析；其二，较少文献能从金融市场变动与资产配置的角度作计量分析；其三，大多分析也仅基于调查问卷检验假设，从问卷的设计、对象及回收质量、信度等方面考量结果，结论可能带有先验性。基于此，本节以零售贡献占比70%的商业银行为样本，就5年的不同财富水平客户的真实资产配置结构变化为研究对象，通过VAR模型及格兰杰因果性检验、脉冲响应、方差分析等，初步分析金融市场时变对配置结构的影响情况。

9.5.3　财富水平、资产配置和金融市场

财富水平：个人客户在银行的资产规模。本节将财富水平划分为6个区间，*a*为资产800万元以上，*b*为资产100万~800万元，*c*为资产20万~100万元，*d*为资产5万~20万元，*e*为资产0.5万~5万元，*f*为资产0.5万元以下（见表9-34）。

资产配置：各类财富水平的客户其银行资产结构。主要包括存款、国债、理财、基金、保险、三方存管及黄金，其在总资产中的比重定义为资产配置。

金融市场：影响各类资产配置的市场。本节选取一种指标来代表其金融市场变化情况，也是人们在资产配置时主要观察的市场指标，储蓄存款——1年期定期利率（MD），国债——中证国债1年期即期收益率（MN），理财——6个月期银行理财平均收益率（MB），基金——上证综指（MF），保险——保费收入（北京）（MI），三方存管——A股成交额（MS），黄金——工商银行实物黄金现价（MG）。

一是随着财富水平的减少，客户规模在快速增加，*a*，*b*以外的客户称为“长尾”；二是随着财富水平的减少，存款占比递增，理财、基金占比递减；三是从不同财富客户总体资产规模看，呈“偏正态分布”型，*c*类总资产达到222亿元。其余特征不再赘述。

表 9-34 不同财富水平客户基本情况

财富水平	规模/户	总资产/亿元	户均资产/万元	各类资产占比（d,n,b,f,i,s,g 依次代表各类资产）(%)							
				存款	国债	理财	基金	保险	三方存管	黄金	合计
a	214	35	1635.51	33.49	2.76	39.75	15.45	3.56	3.68	1.32	100.00
b	8421	154	182.88	50.04	7.15	18.28	10.95	9.78	3.18	0.62	100.00
c	54142	222	41	68.42	6.04	9.49	5.62	7.21	2.60	0.62	100.00
d	92516	93	10.05	79.13	2.81	3.69	4.49	5.87	3.28	0.74	100.00
e	176719	33	0.19	88.00	0.71	0.15	3.62	2.44	4.23	0.86	100.00
f	1189714	4	0.03	92.89	0.01	0.04	0.87	0.07	5.82	0.29	100.00

9.5.4 VAR 模型讨论

VAR（Vector Auto－regression Mode）矢量自回归模型是计量经济学家西姆斯（C. A. Sims）①在 1980 年发表的文献中推广的，是基于数据的统计性质建立的模型，是将系统中每一个内生变量作为系统中所有内生变量的滞后值的函数来构造模型，从而将单变量自回归模型推广到由多元时间序列变量组成的“向量”自回归模型。VAR 模型中各个等式中的系数并非研究关注的对象，也是基于 VAR 模型中的系数过多，同时，要借助格兰杰因果关系检验、IRF 脉冲响应函数和方差分解等工具。其一般表达式为：

$$Y_t = A_t Y_t - 1 + A_2 Y t - 2 + \cdots + A_{t-p} Y_{t-p} + B_0 X_t + \cdots + B_r X_{t-r} + \varepsilon_t (t = 1,2,\cdots,n) \tag{9-17}$$

其中，A_t 是 $k \times k$ 维系数矩阵，B_r 是 $k \times d$ 维系数矩阵，都是待估计的参数矩阵，ε_t 是由 k 维随机误差项构成的向量，其元素相互之间可以同期相关，但不能与各自的滞后项相关及不能与模型右边的变量相关。本节 VAR 模型的设定主要考虑 3 个问题：①变量的平稳性，本节就短期互动关系进行分析，因此，选择平稳变量；②变量的选择，选取与资产密切相关的金融市场指标作分析；③滞后阶数 p 的选择，以赤池信息准则 AIC 最小为标准。

---

①C. A, Sims. Macroeconomics and Reality[J]. *Econometrica*, 1980, 48: 1－48. Reprinted in Granger, C. W. J(ed), Modelling Economic Series. Oxford: Clarendon Press, 1990.

9.5.5 实证分析

对6类财富水平客户的7种资产配置与相关的金融市场指标建立VAR模型,并借助Granger因果检验、脉冲响应函数及方差分析等工具,进行实证分析。各线性变化代表了不同财富水平客户的资产配置时序情况,其中,*a*,*b*,*c*,*d*,*e*,*f*代表不同财富水平客户, *d*,*n*,*b*,*f*,*i*,*s*,*g* 依次代表各类资产,字母间的组合代表某类财富水平客户的某类资产配置,如AD代表*a*类客户的存款等,MD,MN,MB,MF,MI,MS,MG代表金融市场指标,前述文已。

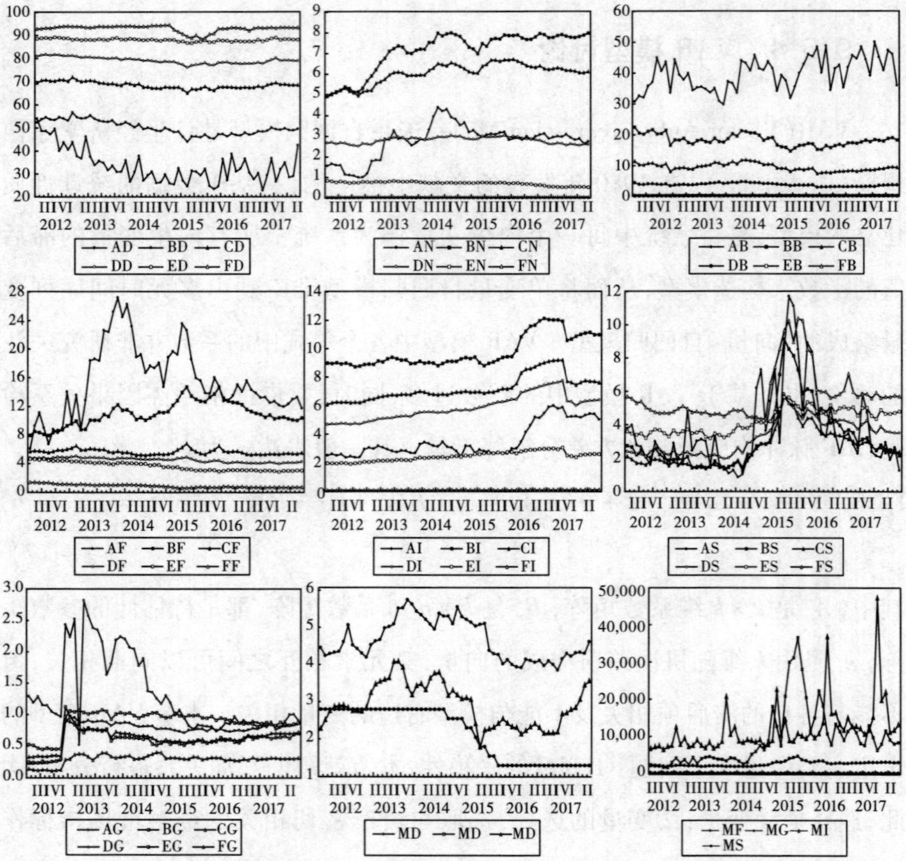

图9－65 不同财富水平客户及金融市场指标时序

对不同财富水平资产配置及金融市场指标的均值和标准差进行统计描述(见表9－35)。

表 9 - 35 变量的平衡性检验及处理

变量	Mean	Std. Dev.	变量	Mean	Std. Dev.	变量	Mean	Std. Dev.	变量	Mean	Std. Dev.	变量	Mean	Std. Dev.	变量	Mean	Std. Dev.	变量	Mean	Std. Dev.
MD	4.51	0.87	MN	3.35	0.53	MB	4.65	0.54	MF	4902.23	1053.36	MI	118.66	68.44	MS	9.48	7.82	MG	277.05	33.63
AD	33.49	7.31	AN	2.76	0.82	AB	39.75	5.24	AF	15.45	4.93	AI	3.56	1.17	AS	3.68	2.49	AG	1.32	0.6
BD	50.04	3.07	BN	7.15	0.96	BB	18.28	1.8	BF	10.95	1.69	BI	9.78	1.11	BS	3.18	1.91	BG	0.62	0.12
CD	68.42	1.43	CN	6.04	0.5	CB	9.49	1.17	CF	5.62	0.36	CI	7.21	0.86	CS	2.6	1.1	CG	0.62	0.14
DD	78.13	1.42	DN	2.81	0.16	DB	3.69	0.48	DF	4.49	0.31	DI	5.87	0.86	DS	3.28	1.04	DG	0.74	0.2
ED	88	0.6	EN	0.71	0.09	EB	0.15	0.02	EF	3.62	0.59	EI	2.44	0.33	ES	4.23	0.73	EG	0.86	0.25
FD	92.89	1.45	FN	0.01	0	FB	0.04	0	FF	0.87	0.23	FI	0.07	0.02	FS	5.82	1.56	FG	0.29	0.07

以财富水平 a 为例的实证分析。在对不同财富水平客户进行批量分析前，以财富水平 a 类客户为例进行存款资产与1年期定期利率的VAR模型分析，其余财富水平的VAR模型分析框架一致。

(1)建立模型

建立标准的VAR模型，其中，A_t 是 $k \times k$ 维系数矩阵，p 为滞后阶数，$Y_{t.}$ 为不同财富水平客户的资产配置与金融市场(指标)的组合，每个VAR模型都由这两个变量构成，因此就有两个回归方程构成了VAR整体模型。式(9－18)为本节的基本模型，在研究分析中，共需要建立42个VAR模型，篇幅所限，仅以财富水平a为例，对存款AD与1年期定期利率MD建立VAR模型，如式(9－19)，其中，最优滞后阶数为 $p=2$，共需要估计参数 $p \times n^2 = 2 \times 2^2 = 8$，n为变量数。

$$Y_t = C + A_t Y_{t-1} + A_2 Y_{t-2} + \cdots + A_{t-p} Y_{t-p} + \cdots + \varepsilon_t \quad (9-18)$$

$$t = 1,2,\cdots,n \quad Y_t = \left(\frac{\text{资产配置 AD,AN,AB,}\cdots\text{,AG}}{\text{金融市场 MD,MN,MD,}\cdots\text{,MG}}\right) \quad (9-19)$$

$$\left(\frac{AD}{MD}\right)_t = \left(\frac{c_1}{c_2}\right) + \left(\frac{a_{11}\ a_{12}}{a_{21}\ a_{22}}\right)\left(\frac{AD}{MD}\right)_{t-1} + \left(\frac{b_{11}\ b_{12}}{b_{21}\ b_{22}}\right)\left(\frac{AD}{MD}\right)_{t-2} + \left(\frac{\varepsilon_1}{\varepsilon_2}\right) t = 1,2 \quad (9-20)$$

(2)数据的标准化处理

在VAR模型前，以95%的置信区间为检验标准，所有变量进行序列的ADF平稳性检验，均为不平稳，然后，对变量进行对数处理后再做一阶差分，变量均通过平稳性检验(见表9－36)。

表9－36　变量的平稳性检验及处理

变量名称	ADF检验	是否平稳(5%)	变量处理(对数后一阶差分)	ADF检验(5%)	结论	变量名称	ADF检验	是否平稳(5%)	变量处理(对数后一阶差分)	ADF检验(5%)	结论
MD	－1.53	否	lnMD	－2.89	是	AF	－2.33	否	lnAF	－10.05	是
MN	－1.25	否	lnMN	－6.31	是	BF	－1.91	否	lnBF	－7.07	是
MD	－1.73	否	lnMD	－8.05	是	CF	－2.75	否	lnCF	－6.99	是

续表

变量名称	ADF检验	是否平稳(5%)	变量处理(对数后一阶差分)	ADF检验(5%)	结论	变量名称	ADF检验	是否平稳(5%)	变量处理(对数后一阶差分)	ADF检验(5%)	结论
MF	-0.94	否	lnMF	-5.62	是	DF	-1.33	否	lnDF	-6.8	是
MI	-5.38	否	lnMI	-14.96	是	EF	-1.41	否	lnEF	-9.82	是
MS	-1.73	否	lnMS	-7.4	是	FF	-2.08	否	lnFF	-6.93	是
MG	-2.13	否	lnMG	-5.33	是	AI	-0.7	否	lnAI	-7.34	是
AD	-3.02	否	lnAD	-11.17	是	BI	-0.74	否	lnBI	-5.86	是
BD	-1.27	否	lnBD	-4.44	是	CI	-1.42	否	lnCI	-6.09	是
CD	-1.94	否	lnCD	-10.07	是	DI	-1.34	否	lnDI	-7.51	是
DD	-1.61	否	lnDD	-8.62	是	EI	-1.57	否	lnEI	-5.45	是
ED	-2.81	否	lnED	-10.23	是	FI	-0.99	否	lnFI	-9.91	是
FD	-1.64	否	lnFD	-6.77	是	AS	-3.11	否	lnAS	-10.42	是
AN	-1.68	否	lnAN	-6.85	是	BS	-1.78	否	lnBS	-7.07	是
BN	-2.48	否	lnBN	-3.29	是	CS	-1.17	否	lnCS	-7.78	是
CN	-2.04	否	lnCN	-5.77	是	DS	-1.29	否	lnDS	-7.9	是
DN	-1.27	否	lnDN	-8.24	是	ES	-1.5	否	lnES	-8.97	是
EN	-0.33	否	lnEN	-3.17	是	FG	-1.54	否	lnFG	-6.35	是
FN	-1.82	否	lnFN	-10.82	是	AG	-1.08	否	lnAG	-7.65	是
AB	-3.24	否	lnAB	-8.63	是	BG	-3.43	否	lnBG	-8.74	是
BB	-3.14	否	lnBB	-9.68	是	CG	-2.96	否	lnCG	-8.12	是
CB	-2.53	否	lnCB	-4.24	是	DG	-2.69	否	lnDG	-7.02	是
DB	-2.03	否	lnDB	-10.04	是	EG	-2.6	否	lnEG	-4.94	是
EB	-1.5	否	lnEB	-8.45	是	FG	-2.46	否	lnFG	-4.59	是
FB	-3.49	否	lnFB	-10.19	是	—	—	—	—	—	—

(3)VAR模型的参数估计

以财富水平 a 为例,在对序列的平稳性处理后进行VAR模型估计,联立方程(9-21)及整体检验结果(见表9-36)如下,表示存款(AB)及1年期定期利率(MD)的上一期及二期变化(一阶差分,可以认为是变量间的弹性关系)程度分别对各自的影响估计,模型整体估计检验效果较好。

$$\begin{pmatrix} \ln AD \\ \ln MD \end{pmatrix}_t = \begin{pmatrix} -0.012 \\ -0.006 \end{pmatrix} + \begin{pmatrix} -0.751 & -0.105 \\ 0.024 & 0.026 \end{pmatrix} \begin{pmatrix} \ln AD \\ \ln MD \end{pmatrix}_{t-1} + \begin{pmatrix} -0.544 & 0.414 \\ 0.007 & 0.518 \end{pmatrix} \begin{pmatrix} \ln AD \\ \ln MD \end{pmatrix}_{t-2} + \begin{pmatrix} \varepsilon_1 \\ \varepsilon_2 \end{pmatrix}$$

$$R_1^2 = 0.45, R_2^2 = 0.28, F_1 = 10.75, F_2 = 4.96 \qquad (9-21)$$

表 9 – 37 lnad – lnmd 的 VAR 模型整体检验效果

Determinant resid covariance (dof adj.)	Log likelihood	Schwarzcriterion
0.0000252	145.1967	-4.385313

依次对 42 对变量构建 VAR 模型并作如下分析处理。

(4) VAR 模型平稳性、脉冲响应及方差分析

对 lnAD – lnMD 的 VAR 模型的平稳性进行检验，AR 特征多项式应有 $p \times n = 2 \times 2 = 4$ 个根，且都在单位圆内，因此，模型是稳定的。VAR 模型是一种非理论性的模型，它无须对变量作任何先验性约束，所以，一般并不分析一个变量的变化对另一个变量的影响如何，而是分析当一个误差项发生变化时，或者说模型受到某种冲击时对系统的动态影响，本节是两变量 VAR (2) 模型，采用常用的 Cholesky 分解，且不存在变量次序选择问题。此后，再借助脉冲响应（观察期选定 60 个月）及方差分析工具，粗线代表财富水平 a 的存款，细线代表 1 年期定期利率，可以看出（见图 9 – 66），lnAD 对其 lnMD 的一个标准差新息在第 1 期就作出了反应，但这种响应大约只有 0.01，之后冲击的影响更小，同时，AD 对自身一个标准差信息的冲击立即作出了响应，并在第 1 期达到最大影响，约在 0.13，高于来自 lnMD 的，并在此后对新息冲击的扰动在波动中减缓，最终在第 18 期左右稳定地趋于 0。除此之外，在 Cholesky 因子分解过程中，第 1 期 lnAD 的预测方差全部是由自身扰动引起的，而在此后受到 lnMD 扰动的影响程度逐渐增大，最终在 26 期稳定，lnAD 对自身的预测方差的影响程度大约在 94%，lnMD 对 AD 预测方差的影响程度大约在 6%。

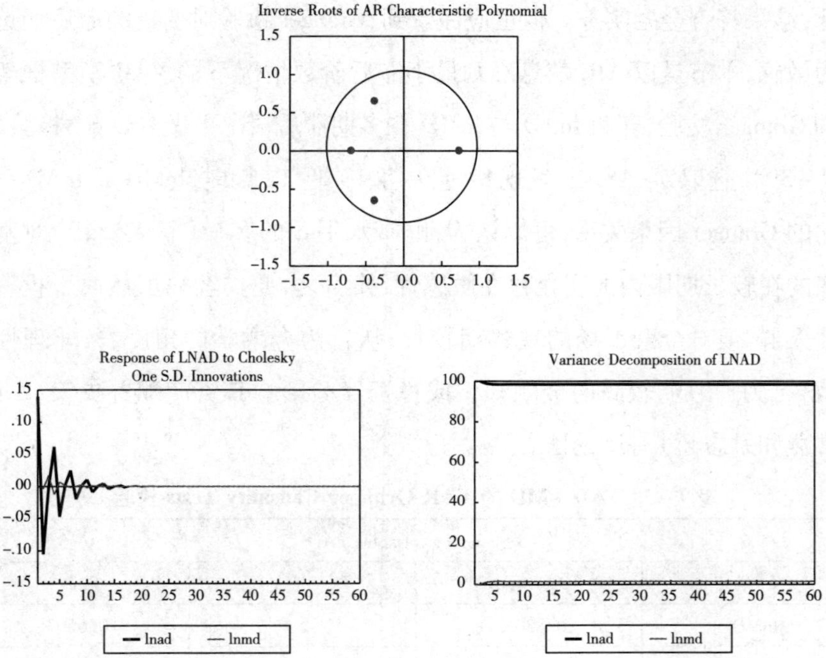

图 9－66　ad－md 的平稳性、脉冲响应及方差分析结果

(5)格兰杰因果检验

VAR 模型的重要应用就是分析经济时间序列变量之间的因果关系，格兰杰解决了两变量是否互相引起的问题，也就是说，现在财富水平的客户，其当前的资产配置水平变化能够在多大程度上被过去的金融市场指标变化解释？加入指标的滞后值是否使得解释程度提高？如果不能，则是等价于市场指标的变化外生于资产配置水平，VAR 中的 Granger 检验服从$\chi^2(n)$分布。从表 9－38 看出，p 值很大，远大于 5%，可以认为 lnMD 与 lnAD 在短期内(2 期)互不构成格兰杰因果关系，也就是两个变量过去 2 期的环比变化并未对彼此形成统计意义上的因果关系。再从实际情况来看，财富水平 a 的客户属于银监会认定的私人银行客户，是资产量相当大的客户群，其储蓄存款占比一般很低，仅有 30% 左右，风险承受能力强，风险偏好较为激进，投资愿望强烈，银行资产证券化倾向高，对储蓄存款利率的弹性在储蓄存款资产的变化上相对较弱，但对因基准利率变化而引起的资本市场变化较为敏感，因此，结果符合金融实务。但也应注意到，Granger 检验对变量的滞后期选择较为敏感，本节是以 AIC 信息准则最小滞后阶数情况下的 VAR 模型框架中做的 Granger 检验，若将 lnAD 与 lnMD 在多期滞后情况下做 Granger 检验（见表 9－39），选取 3～18 期，发现 8 期、9 期、10 期、12 期时，lnMD 对 lnAD 存在单向的 Granger 因果关系，可以认为，财富水平 a 的客户（私人银行）对基准利率的在较长期限内的变化存在敏感性，换言之，此类客户虽然属于投资活跃性人群，但对金融市场的观察期较长，从行为金融学的角度看，非理性的“羊群行为”很弱，较高的金融知识或投资经验影响其资产配置决策，吴雨、彭常燕和尹志超①有所论证。

表 9－38　AD－MD 的 VAR Granger Causality Tests 检验

Dependent variable：lnAD			
Excluded	Chi－sq	df	Prob.
lnMD	0.83023	2	0.6603
All	0.83023	2	0.6603
Dependent variable：lnMD			
Excluded	Chi－sq	df	Prob.
lnAD	1.022204	2	0.5998
All	1.022204	2	0.5998

表 9－39　多期滞后下的 Granger Causality Test 检验

Pair wise Granger Causality Tests				
滞后期	Null Hypothesis	Obs	F－Statistic	Prob.
8	lnMD does not Granger Cause lnAD	51	2.03612	0.0715
	lnAD does not Granger Cause lnMD		0.78639	0.6178
9	lnMD does not Granger Cause lnAD	50	1.94694	0.0816
	lnAD does not Granger Cause lnMD		0.65927	0.7382
10	lnMD does not Granger Cause lnAD	49	1.877	0.0923
	lnAD does not Granger Cause lnMD		0.98411	0.479

①吴雨，彭常燕，尹志超．金融知识、财富积累和家庭资产结构［J］．当代经济科学，2016（4）：19－29.

续表

Pair wise Granger Causality Tests				
滞后期	Null Hypothesis	Obs	F - Statistic	Prob.
12	lnMD does not Granger Cause lnAD	47	3.10675	0.0102
	lnAD does not Granger Cause lnMD		0.97817	0.497

9.5.6 VAR 模型整体检验效果的简要分析

依次对全部财富水平客户进行 VAR 模型分析，并借助 Granger 因果检验、脉冲响应函数及方差分析等工具。

(1) VAR 模型的平稳性检验

与上述财富水平 a 类客户的分析方法一致，对 6 类财富水平客户及 7 大市场指标构建了 VAR 模型群，单位 AR 特征多项式应都落在单位圆内，因此，所有模型是稳定的(见图 9 - 67)，其中，"列"代表每类财富水平的客户，从左到右依次为 a，b，c，d，e，f，"行"代表金融市场指标，从上到下依次为 MD，MN，MB，MF，MI，MS，MG。

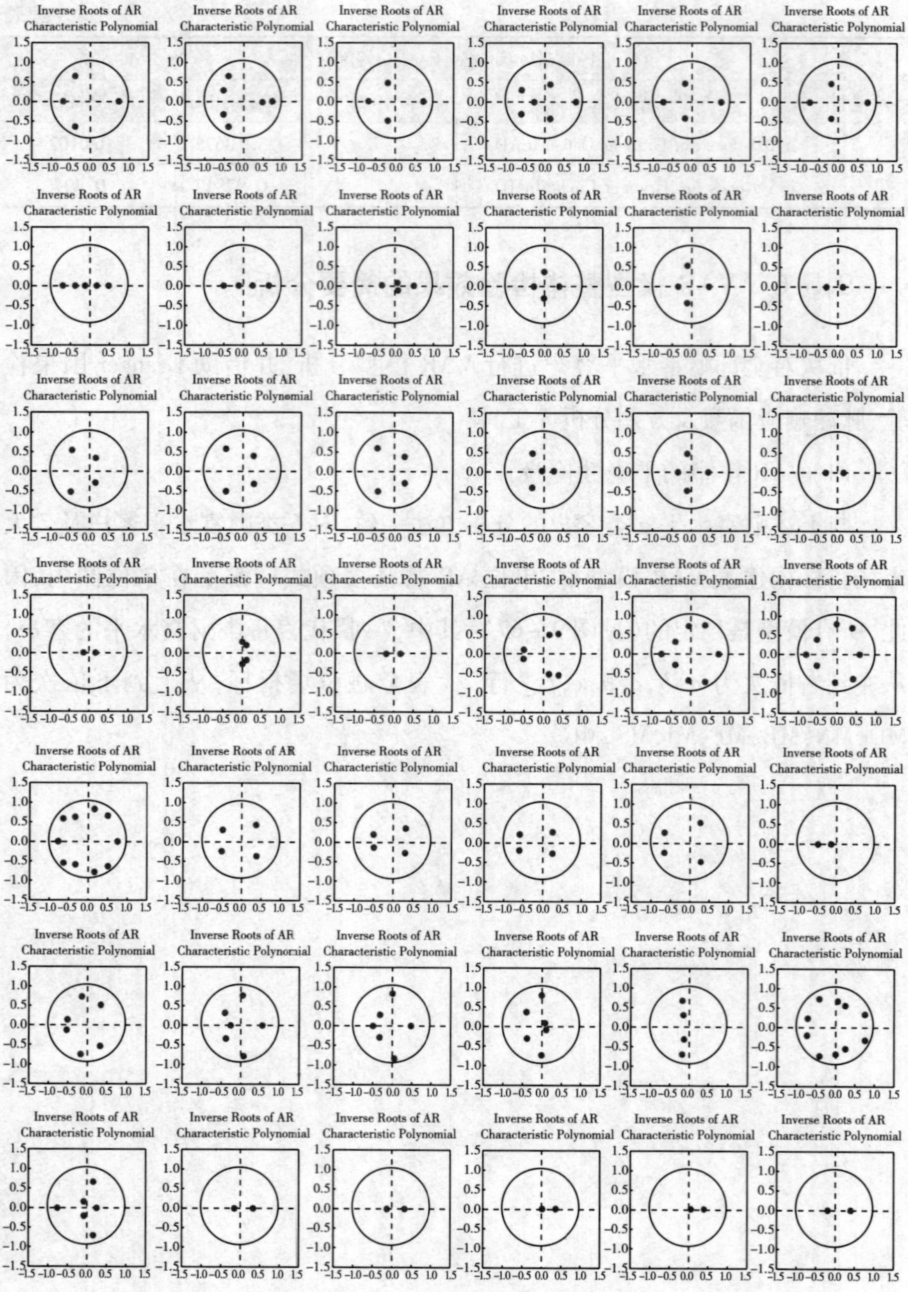

图 9 – 67　不同财富水平 VAR 模型的平稳性结果

(2)脉冲响应分析

图例如上所述,结果分析如图 9－68 所示。

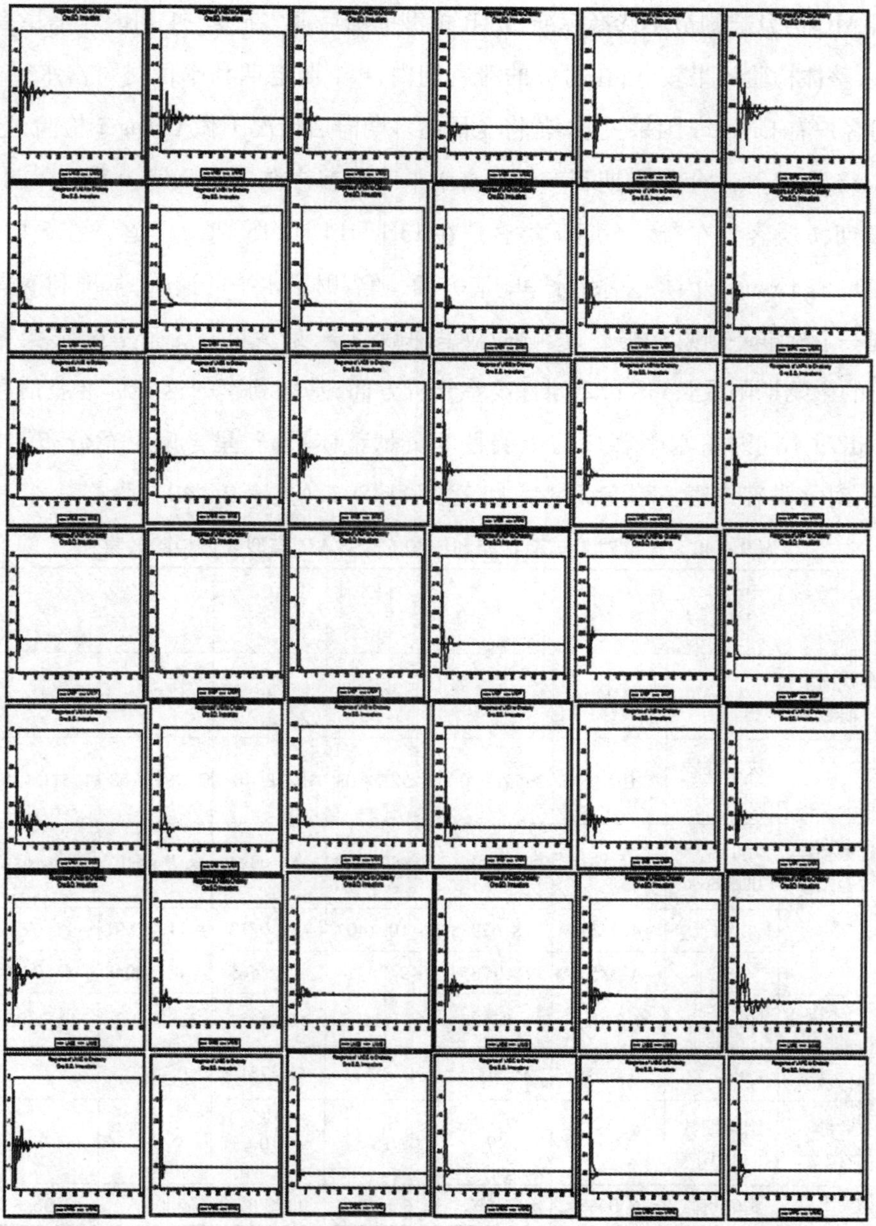

图 9－68 不同财富水平的脉冲响应结果

(3)简要分析

1)存款——1年期定期利率的VAR分析。对不同财富水平的客户，根据AIC信息准则最小选择标准，VAR模型的滞后期多在2~4期内就平稳有效，整体检验效果较好；在对应的滞后期内，1年期定期利率仅对财富水平*f*的客户有Granger因果关系，若将变量在多期滞后情况下做Granger检验，选取18期以下，1年期定期利率对财富水平*a*类客户在滞后8期、9期、10期、12期，*b*类客户在滞后6期，*c*类客户在13期、14期、15期，*d*类客户在5期、6期，有Granger因果关系；脉冲响应方面，随着财富水平的递减，基准利率受到一个标准差新息冲击后，影响期限呈递减趋势，最少也有3个季度，*a*类客户的影响期限最长，达到26期；残差分析方面，基准利率的这种标准差信息冲击对不同财富水平客户的影响程度贡献整体不高，呈“偏正态分布”特征，对d类客户影响程度贡献最大，达到11.89%(见表9-40)。

表9-40　存款对1年期定期利率的6个VAR模型整体检验效果

VAR模型(MD)	估计指标	*a*	*b*	*c*	*d*	*e*	*f*
最优滞后阶数	AIC*	2	3	2	3	2	4
模型整体检验结果	决定性残差的协方差	2.10E-05	3.53E-07	9.52E-08	3.23E-08	1.78E-08	1.51E-08
	Log likelihood	145.1967	257.0366	299.0091	323.9976	346.8389	339.1953
	AIC	-4.743743	-8.67988	-10.1407	-11.07134	-11.81891	-11.67983
	SC	-4.385313	-8.17354	-9.78224	-10.565	-11.46048	-11.02288
格兰杰因果检验—市场对资产	Chi-sq	0.83023	1.81528	0.311565	2.484652	1.458993	43.2307
	Prob.	0.6603	0.6116	0.8557	0.4781	0.4822	0
脉冲响应函数	结束期数(IRF)	26	17	16	10	9	9
残差分析	影响贡献	6.00%	4.45%	6.84%	11.89%	6.04%	2.36%

2)国债——中证国债1年期即期利率的VAR分析。对于不同财富水平的客户，根据AIC信息准则最小选择标准，VAR模型的滞后期多在1~2期

内就平稳有效，整体检验效果较好；在对应的滞后期内，国债利率对各类财富水平的客户均无 Granger 因果关系，若将变量在多期滞后情况下做 Granger 检验，选取 18 期以下，国债利率对财富水平 *a* 类客户在滞后 9 期、10 期、12 期，*d* 类客户在 6 期、9 期、18 期，*e* 类客户在 4 期、5 期，有 Granger 因果关系；脉冲响应方面，国债利率受到一个标准差新息冲击后，影响期限在 2 ~5 个季度，其中，*b* 类、*c* 类客户的影响期限最长，与其国债资产占比（BN = 7%、CN =6%）高息息相关；残差分析方面，国债利率的这种标准差信息冲击对不同财富水平客户的影响程度贡献整体较小，*e* 类客户影响程度贡献最大，达到 6.5%（见表 9 -41）。

表 9 -41　国债对中证国债 1 年期即期利率的 6 个 VAR 模型整体检验效果

VAR 模型（MN）	估计指标	*a*	*b*	*c*	*d*	*e*	*f*
最优滞后阶数	AIC *	2	2	2	2	2	1
模型整体检验结果	决定性残差的协方差	2.32E -05	9.97E -07	6.54E -07	7.93E -07	1.75E -06	1.18E -05
	Log likelihood	142.3368	232.0739	244.0721	238.5963	216.0724	164.3667
	AIC	-4.643395	-7.79207	-8.21306	-8.020923	-7.230612	-5.46092
	SC	-4.284965	-7.43364	-7.85463	-7.662493	-6.872182	-5.247771
格兰杰因果检验—市场对资产	Chi - sq	0.096576	0.102925	0.315929	1.071992	3.884062	1.355038
	Prob.	0.9529	0.9498	0.8539	0.5851	0.1434	0.2444
脉冲响应函数	结束期数（IRF）	9	14	11	7	8	9
残差分析	影响贡献	0.20%	0.25%	0.50%	2.30%	6.50%	3.88%

3）理财——6 个月期银行理财平均收益率的 VAR 分析。对于不同财富水平的客户，根据 AIC 信息准则最小选择标准，VAR 模型的滞后期多在1 ~3 期内就平稳有效，整体检验效果较好；在对应的滞后期内，理财收益率对财富水平 *a* 类、*b* 类、*c* 类的客户均有 Granger 因果关系，且非常显著，若将变量在多期滞后情况下做 Granger 检验，选取 18 期以下，理财收益率对财富水平

d 类客户在滞后 6 期、7 期，*e* 类客户在 4 期、5 期、8 期，有 Granger 因果关系；脉冲响应方面，理财收益率受到一个标准差新息冲击后，影响期限在2 ~7个季度，其中，*a* 类、*d* 类客户的影响期限最长；残差分析方面，理财收益率的这种标准差信息冲击对不同财富水平客户的影响程度贡献基本与理财资产占比梯次正相关，且较存款 VAR 分析结果较高，*b* 类客户影响程度贡献最大，达到 17.41%（见表 9 –42）。

表 9 –42　理财对 6 个月期银行理财平均收益率的 6 个 VAR 模型整体检验效果

VAR 模型（MB）	估计指标	*a*	*b*	*c*	*d*	*e*	*f*
最优滞后阶数	AIC*	2	2	2	2	2	1
模型整体检验结果	决定性残差的协方差	2.13E –05	4.75E –06	5.85E –06	5.10E –06	1.75E –06	1.18E –05
	Log likelihood	144.8628	187.6003	181.6161	185.5505	216.0724	164.3667
	AIC	–4.732028	–6.23159	–6.02162	–6.159665	–7.230612	–5.46092
	SC	–4.373598	–5.87316	–5.66319	–5.801235	–6.872182	–5.247771
格兰杰因果检验—市场对资产	Chi – sq	6.556108	9.745741	9.601834	3.144901	3.884062	1.355038
	Prob.	0.0377	0.0077	0.008222	0.2075	0.1434	0.2444
脉冲响应函数	结束期数（IRF）	20	17	12	22	7	8
残差分析	影响贡献	16.92%	17.41%	5.24%	11.68%	0.39%	1.77%

4）基金——上证综指的 VAR 分析。对于不同财富水平的客户，根据 AIC 信息准则最小选择标准，VAR 模型的滞后期多在 1 ~2 期内就平稳有效，整体检验效果较好；在对应的滞后期内，上证综指仅对财富水平 *e* 类的客户有 Granger 因果关系，且非常显著，若将变量在多期滞后情况下做 Granger 检验，选取 18 期以下，上证综指对财富水平 *a* 类客户在滞后 18 期，*b* 类客户在 5 期，*c* 类客户在 5 期、6 期，*f* 类客户在 12 期、13 期、14 期、15 期，有 Granger因果关系；脉冲响应方面，上证综指在受到一个标准差新息冲击后，影响期限在 1 ~9 个季度，基本随着财富水平的降低而增加，其中，*e* 类客户

的影响期限最长，达到2年以上；残差分析方面，上证综指的这种标准差信息冲击对不同财富水平客户的影响程度贡献基本与基金资产占比(风险承受能力)梯次负相关，*f*类客户影响程度贡献最大，达到17%(见表9-43)。

表9-43 基金对上证综指的6个VAR模型整体检验效果

VAR模型(MF)	估计指标	*a*	*b*	*c*	*d*	*e*	*f*
最优滞后阶数	AIC*	1	1	1	2	1	1
模型整体检验结果	决定性残差的协方差	1.02E-04	8.48E-06	4.67E-06	1.29E-06	2.19E-06	6.36E-06
	Log likelihood	101.9635	174.0426	191.3327	224.627	213.3747	182.3893
	AIC	-3.309085	-5.79457	-6.39078	-7.530772	-7.150851	-6.082391
	SC	-3.095936	-5.58142	-6.17763	-7.172342	-6.937702	-5.869242
格兰杰因果检验—市场对资产	Chi-sq	0.012483	0.154127	0.28546	0.800128	10.95934	0.037659
	Prob.	0.911	0.6946	0.5931	0.6703	0.0009	0.8461
脉冲响应函数	结束期数(IRF)	4	6	3	15	26	25
残差分析	影响贡献	0.01%	0.55%	0.22%	1.17%	16.60%	17.00%

5)保险—保费收入(北京)的VAR分析。对于不同财富水平的客户，根据AIC信息准则最小选择标准，VAR模型的滞后期多在1~5期内就平稳有效，整体检验效果相对较好；在对应的滞后期内，保费收入对财富水平*a*类、*e*类、*f*类的客户有Granger因果关系，且非常显著，若将变量在多期滞后情况下做Granger检验，选取18期以下，保费收入对财富水平*c*类客户在滞后13期，*d*类客户在11期、12期、13期、14期，*e*类客户在3期、9期，*f*类客户在10期、11期，有Granger因果关系；脉冲响应方面，保费收入在受到一个标准差新息冲击后，影响期限在3~10个季度，与保险资产占比呈相反趋势，即保险资产占比高，其影响期限反而短，其中，*a*类客户的影响期限最长，达到2年半以上；残差分析方面，保费收入的这种标准差信息冲击对不同财富水平客户的影响程度贡献基本与保险资产占比负相关，即保险资产占比高的客户

反而受到市场的影响小，*a* 类客户影响程度贡献最大，达到 18.5%（见表 9－44）。

表 9－44　保险对保费收入（北京）的 6 个 VAR 模型整体检验效果

VAR 模型（MI）	估计指标	*a*	*b*	*c*	*d*	*e*	*f*
最优滞后阶数	AIC*	5	2	2	2	2	1
模型整体检验结果	决定性残差的协方差	4.49E－04	4.95E－05	7.39E－05	8.60E－05	7.87E－05	3.52E－04
	Log likelihood	54.89634	120.7541	109.358	105.0447	107.562	66.02044
	AIC	－1.218383	－3.88611	－3.48625	－3.334902	－3.423227	－2.06967
	SC	－0.408056	－3.52768	－3.12782	－2.976472	－3.064797	－1.856521
格兰杰因果检验—市场对资产	Chi－sq	11.44894	1.631145	1.731522	2.00217	8.009696	7.117853
	Prob.	0.0432	0.4424	0.4207	0.3675	0.0182	0.0076
脉冲响应函数	结束期数（IRF）	29	19	10	15	22	11
残差分析	影响贡献	18.50%	5.93%	2.52%	2.58%	8.76%	13.70%

6）三方存管——A 股交易额的 VAR 分析。对于不同财富水平的客户，根据 AIC 信息准则最小选择标准，VAR 模型的滞后期多在 2～5 期内就平稳有效，整体检验效果一般；在对应的滞后期内，A 股交易额仅对财富水平 *f* 类的客户有 Granger 因果关系，且非常显著，若将变量在多期滞后情况下做 Granger 检验，选取 18 期以下，A 股交易额仅对财富水平 *a* 类客户在滞后 7 期、8 期、9 期、11 期、12 期、13 期、18 期，有 Granger 因果关系；脉冲响应方面，A 股交易额在受到一个标准差新息冲击后，影响期限在 7～12 个季度，与三方存管资产占比呈现相反趋势，即三方存管资产占比越低，其影响期限反而越长，其中，*c* 类客户的影响期限最长，达到 3 年；残差分析方面，A 股交易额的这种标准差信息冲击对不同财富水平客户的影响程度贡献基本与三方存管资产占比正相关，即三方存管资产占比高的客户受到市场的影响大，*f* 类客户影响程度贡献最大，达到 27%（见表 9－45）。

表 9－45　三方存管账户对 A 股交易额的 6 个 VAR 模型整体检验效果

VAR 模型（MS）	估计指标	*a*	*b*	*c*	*d*	*e*	*f*
最优滞后阶数	AIC*	3	3	3	3	2	5
模型整体检验结果	决定性残差的协方差	1.24E－02	1.69E－03	6.04E－04	2.80E－04	1.73E－04	4.10E－04
	Log likelihood	－35.99979	19.74091	48.60343	70.11841	85.06949	57.34402
	AIC	1.785707	－0.20503	－1.23584	－2.004229	－2.634017	－1.309038
	SC	2.292045	0.301305	－0.7295	－1.497891	－2.275587	－0.498711
格兰杰因果检验—市场对资产	Chi－sq	3.451071	1.436898	1.6565	5.546799	1.31339	17.10915
	Prob.	0.3272	0.6969	0.6466	0.1359	0.5186	0.0043
脉冲响应函数	结束期数（IRF）	26	27	35	29	21	31
残差分析	影响贡献	4.33%	2.37%	3.03%	8.57%	2.89%	27.00%

7）黄金——工商银行实物黄金现价的 VAR 分析。对于不同财富水平的客户，根据 AIC 信息准则最小选择标准，VAR 模型的滞后期多在 1～3 期内就平稳有效，整体检验效果较好；在对应的滞后期内，黄金价格对各类财富水平的客户均无 Granger 因果关系，若将变量在多期滞后情况下做 Granger 检验，选取 18 期以下，黄金价格对财富水平 *a* 类客户在滞后 10 期、11 期、16 期，*b* 类客户在 4 期、5 期，*c* 类客户在 3 期，*f* 类客户在 5 期，有 Granger 因果关系；脉冲响应方面，黄金价格在受到一个标准差新息冲击后，影响期限在 2～7个季度，与黄金资产占比呈正相关趋势，即黄金资产占比越高，其影响期限也越长，其中，*a* 类客户的影响期限最长，达到近 2 年；残差分析方面，黄金价格的这种标准差信息冲击对不同财富水平客户的影响程度贡献随着财富水平的递减反而递增，即财富水平越高的客户受到市场冲击的影响越小，*f* 类客户影响程度贡献最大，达到 3.54%（见表 9－46）。

表 9-46 黄金对工商银行实物黄金现价的 6 个 VAR 模型整体检验效果

VAR 模型（MG）	估计指标	*a*	*b*	*c*	*d*	*e*	*f*
最优滞后阶数	AIC*	3	1	1	1	1	1
模型整体检验结果	决定性残差的协方差	6.66E-05	1.90E-05	1.86E-05	2.49E-05	2.29E-05	1.71E-05
	Log likelihood	110.3693	150.6283	151.2352	142.8718	145.2643	153.7063
	AIC	-3.441761	-4.98718	-5.00811	-4.719716	-4.802219	-5.093321
	SC	-2.935424	-4.77403	-4.79496	-4.506567	-4.58907	-4.880172
格兰杰因果检验—市场对资产	Chi-sq	2.349474	0.029196	0.129274	0.27687	0.283388	2.372713
	Prob.	0.5031	0.8643	0.7192	0.5988	0.5945	0.1235
脉冲响应函数	结束期数（IRF）	21	5	7	7	7	7
残差分析	影响贡献	0.05%	0.05%	0.22%	0.49%	0.50%	3.54%

9.5.7 结论与建议

在对 6 类不同财富水平客户的 7 种资产配置情况与相关金融市场的 VAR 模型分析后，结合银行资产配置实务，从统计学的规律性出发，得到以下若干结论与建议：

（1）财富水平高低与金融市场影响程度的关系。随着财富水平的提高，存款配置受到 1 年期定期利率变化的期限越长，基金配置受到上证综指变化的影响程度越小，黄金配置受到黄金价格的影响程度越小。也就是说，作为风险资产的基金和黄金，财富水平高的客户抗风险能力强，同时，拥有更多的"弹药"在金融市场上打"持久战"，在较长的时期内调拨资金往来熨平市场波动对自身投资的影响，在投资经验上更为"老练"，市场观察的频次和周期较长。

（2）财富水平高低与金融市场影响期限的关系。本节是基于滞后 5 期以内 VAR 模型的 Granger 因果分析，因此，从短期来看，金融市场变化并非对所有财富水平客户都会同时或马上产生影响，这与某种资产相关的金融市场特征紧密关联，国债、黄金都属于长期投资类资产，在 VAR 模型分析中可以看出，国债利率及黄金价格的确在短期内对任何财富水平的客户在资产配置水平上没有明显影响，而财富水平非常低的 f 类客户资产配置短期内会受到基准利率、保险市场、股市的影响，财富水平略低的 e 类客户短期内会受到保险市场、股市的影响，而财富水平非常高的 a 类客户短期内会受到理财市场、保险市场的影响，财富水平中等的 c 类客户短期内只会受到理财市场的影响。从长期来看，也就是超过滞后 5 期，所有财富水平的客户都会受到金融市场较为显著的影响，其中，a 类客户在 15 个月内会主要受到基准利率、股市和黄金市场的显著影响，b 类客户会在 12 个月内受到利率市场、黄金市场的显著影响，c 类客户会在 6 个月左右受到利率市场、股市、保险及黄金市场的影响，d 类客户也会在 6 个月左右受到利率市场、理财市场的显著影响，e 类客户从 4 个月到 14 个月，分别受到利率市场、理财市场及保险市场的显著影响，f 类客户从 5 个月到 15 个月，依次受到黄金市场、保险市场、股市的显著影响。

(3)资产配置高低与金融市场影响程度和期限的关系。理财、三方存管资产配置水平越高，受到内外部冲击的金融市场变化对其影响程度的贡献越小，也就是说，将资产锁定在相对固定收益及期限的配置中，割裂了外界的扰动；基金、保险资产配置水平越高，金融市场变化对其影响程度的贡献越大，一般而言，当前的基金市场多是股票型或偏股型产品，人们在选择购买基金时机时，主要参考股市指数的变化情况，锚定过去几年的动态情况，而近年来，险资直接入市及间接控股入市也越发频繁，也受到了监管的关注和制约，但其保费收入的资产收益却与客户保险资产分红及到期返还息息相关，从 Wind 资讯数据看，2005 年至今，保险资产投资存款和债券的比例逐年递减，从 90% 跌落至 50%，而投资收益率也与资本市场直接挂钩，2007 年达到 9.68%，2015 年为 5.22%，而 2017 年却只有 1.33%；国债资产配置水平越高，受到利率市场冲击的影响越长，这与当前银行国债产品期限绝大多数为 3 年、5 年有极大关联，一旦客户锁定此类国债产品，3～5 年后，利率市场就会在调整周期内发生较大的改变，因此，国债利率的变化对国债资产配置的影响期限较长。

综上所述，在结合 VAR 模型分析及实务讨论后，可以得出：财富水平越高的客户，资产配置越多元化，金融市场受到系统冲击影响的期限越长，但影响程度越小。相关政策建议是，银行可以对财富水平高的客户增加配置旗下自有基金或遴选市场地位高的券商、基金公司产品，夯实银行与客户整体抗系统性风险冲击能力；在产品设计上应拉长周期，减少市场波动带来的短期冲击，如黄金买入应采取定投方式长期追加；应进一步分析不同财富水平客户的银行贡献度，结合各类产品间的期限错配，提高银行与客户的契约价值。

9.6 金融市场、资产配置与零售贡献变动关系的实证研究——来自零售银行客户分层管理视角

9.6.1 引 言

互联网信息交换越发强大加速了经济世界的纵横发展，金融和资本已经构建了远远超过围绕利率开展供需关系的市场内涵，金融市场正是在金钱、权利、风险和债务的系列关系中序时而动，丰富改造着世界的格局。在大数据、云计算和移动互联的信息腾飞时代，金融监管平衡中审慎包容，民营金融、互联网金融、普惠金融、农村金融异军突起，顶层设计重质量、讲效益，底层运营博创新、拼活力，工商银行正是在“金融新常态”中从更宽视野、更广领域、更深层次启动实施“大零售”战略，以开放、共享、共赢的平台思维发展零售金融，提高零售贡献。

根据波士顿咨询预测，到 2017 年，全球私人金融财富规模将达到 171.2 万亿美元，除日本外，亚太地区年平均增速将达到 11.4%，总规模将达到 48.1 万亿美元，而中国将成为个人金融财富管理的“主战场”和“桥头堡”。近年来，中

国居民可支配收入以10%的平均增速发展,在经济"L"形筑底过程中,以高储蓄率(平均40%)为特征的个人金融资产即零售资产将出现资产配置井喷式的需求局面,加之代际传承从创富到守富,提高零售贡献将成为商业银行在银行主导型金融市场的趋势和目标。

本节以笔者所在工商银行基层行作为分析样本,着力通过结合趋势比较与实证分析研究金融市场、资产配置与零售贡献的相互关系,旨在寻找规律性的趋势并作预测。该银行管理零售资产近600亿元,员工600余人,所辖营业网点22家,个人客户越百万人,财富客户过万户,私人银行客户超300人,零售贡献占比近70%,是典型的基层零售银行。首先,对该银行2012年7月至2016年6月个人客户经理所管理客户按照资产余额进行分层,分别划分为普通客户(资产[0,100]万元)、财富客户(资产[100,800]万元)、私银客户(资产[800,∞]万元),并对不同资产层次客户之间在各类资产及其贡献占比变化趋势进行比较分析;其次,在金融市场中选取与各类资产相关联的重要指标,再就此类指标与各类资产配置占比变化趋势进行比较分析;最后,对不同层次客户的金融市场与零售贡献进行实证分析,得出结论并提出发展建议。

9.6.2 文献综述

关于基层零售银行与金融市场、资产配置与零售贡献三者关系研究的文献不多,相关研究大体有四类:一是从宏观层面的金融市场对银行产品资产投向标的的配置角度研究,王光宇(2016)①对银行理财业务资产配置的状况分析中,提出资产配置分为战略性和策略性,并认为策略性资产配置需要银行根据自身对宏观经济和金融市场的理解,对投资组合进行管理,实施再平衡操作,银行理财配置具有逻辑可循,应积极布局创新和转型;易纲和宋旺(2008)②研究了1991—2007年随着金融体系的发展,中国金融资产结构

①王光宇. 银行理财的资产配置:逻辑与趋势[J]. 银行家,2016(7):60-62.

②易纲,宋旺. 中国金融资产结构演进:1991—2007[J]. 经济研究,2008(8):4-15.

的演进状况,发现股票、债券等金融资产增长迅速。二是从微观层面的家庭单位研究国内个人资产配置,陈蕾(2015)①认为中国还将继续处于存贷利率控制的金融环境,低利率和高通胀使家庭财富配置由储蓄转为理财,但也通过设定目标效用函数最优化得出,家庭会不自觉地减少风险资产的持有;杜春越、韩立岩(2013)②根据2009年奥尔多家庭资产负债调查结果看,家庭金融资产结构中银行存款为78.08%、债券为1.58%、股票为12.07%、外汇为0.43%、基金为7.77%、期货为0.06%等,得出三个特点:①投资方式单一,储蓄倾向过高;②风险性资产的投资比例过低,相对来说,居民更偏好股票这种风险产品;③新的投资方式如期货等认识和接受低,投资比例极低。陈彦斌(2008)③、陈斌开和李涛(2011)④也利用奥尔多数据对我国城乡居民的家庭资产和负债进行了分析,发现高财富家庭的资产组合较为多元化,中低财富家庭资产组合较为单一;魏先华、张越艳、吴卫星、肖帅(2014)⑤以奥尔多投资研究中心的调查数据为基础,以结构方程模型为分析工具,从替代效应、生命周期效应、财富效应以及住房投资的挤出效应等多方面分析了影响我国居民家庭金融资产配置的因素,实证结果证明了以上效应在我国均在一定程度上存在,居民家庭所在区域对于金融资产投资比例有着显著影响,同时,居民家庭资产配置中的财富效应较为显著,即资产的增加会提高金融资产的配置比例等。三是从微观层面的家庭单位研究国外个人资产配置,Bertaut 和 Starr – McCluer(2000)⑥对美国市场进行研究发现,财富与股票市场、储蓄存款市场、家庭住房市场以及私人产业的参与都是正相关的,投资

①陈蕾.基于金融约束视角的中国家庭资产配置研究[J].福建论坛·人文社会科学版,2015(11):41 – 46.

②杜春越,韩立岩.家庭资产配置的国际比较研究[J].国际金融研究,2013(6):44 – 55.

③陈彦斌.中国城乡财富分布的比较分析[J].金融研究,2008(12):87 – 100.

④陈斌开,李涛.中国城镇居民家庭资产——负债现状与成因研究[J].经济研究,2011(S1):55 – 66.

⑤魏先华,张越艳,吴卫星,肖帅,等.我国居民家庭金融资产配置影响因素研究[J].管理世界,2014(7):20 – 28.

⑥Bertaut C. C., Starr – McCluer M. Household Portfolios in the United States[A]. Guiso L., Haliassos. M., Jappelli T. Finance and Economics Discussion Series[C]. USA: MIT Press, 2000.

者持有的风险资产份额也随着财富的增加而上升；Guiso(2002)①等对多个国家的研究发现，家庭的股票市场和风险资产市场的参与决策与财富强相关；Campbell(2006)②运用美国的数据进行分析发现，流动性资产和汽车是穷人主要的投资对象，房产是中产阶级主要的投资对象，而富人主要投资对象则为权益资产。四是从国内银行客户的角度研究资产配置，王小平、瞿宝忠(2012)③通过问卷调查方式，对来自商业银行的高端个人客户的资产配置特征做了统计分析，从资产结构上看，主要持有的资产包括现金存款、股票与开放式基金、房地产、货币挂钩结构型投资产品、私人股权及实体企业，而期货及其衍生产品与信托产品呈两极状态，大部分不持有债券与债券基金和保险产品；史代敏和宋艳(2005)④发现中国居民投资组合中的储蓄存款和股票所占的份额会随着财富的增加而增加，但是财富对于储蓄性保险持有比例的影响是不显著的。

综上所述，目前学术界和实业界的主流文献，从宏观上看，主要基于金融市场环境变化对银行大类资产配置结构影响做研究，提出应对性的决策思路和建议。从微观上讲，是基于家庭问卷调查形式获得金融及非金融资产配置结构及趋势，提出影响家庭资产配置的主要因素，例如，人口数量、收入、教育程度、风险偏好等，其中，对银行客户的资产配置尚可纳入此类研究。然而，其一，较少文献能从银行基层行客户的真实金融行为结果来分析金融市场与资产配置、金融市场与零售贡献之间的变动关系，也少有关于资产配置结构对银行主体贡献结果的研究；其二，少有出自客户真实资产配置及各类资产贡献的数据分析，大多基于问卷调查，数据的可信度不高；其三，对于按照财富水平划分客户层次，也较少有依据明确的银行资产标准，且更少有针对不同层次客户来分析金融市场、资产配置与零售贡献。

---

①Guiso L., Haliassos M., Jappelli T. Household Portfolios: An International Comparison[R]. CSEF Working Papers, 2002.

②Campbell J. Y. Household Finance[J]. *The Journal of Finance*, 2006, 61(4): 1553-1604.

③王小平，瞿宝忠．商业银行高端个人客户资产配置特征分析[J]．金融论坛，2012(8):62-61.

④史代敏，宋艳．居民家庭金融资产选择的实证研究[J]．统计研究，2005(10):43-49.

本节是在银行与客户各自对零售资产配置的混合决策前提下，就工商银行基层零售银行近4年的不同层次客户数据分析，试图通过选取有代表性的金融市场指标，并与其关联的各类零售资产结构与贡献的变动情况作统一视图比较，旨在提出如何及时应对金融市场变化作出恰当的零售金融资产配置建议，最终提高基层零售银行的零售贡献。

9.6.3 客户分层与零售贡献

一般而言，银行主体对其自身客户群体依据战略发展目标按照一定的金融特征标准作出划分，如依据职业、年龄、持有产品种类、业务类别及资产余额等，本节依据客户在工商银行资产的季末时点余额高低将客户划分为三个层次，资产[0,100]万元为普通客户、资产[100,800]万元为财富客户、资产[800,∞]万元为私人银行客户，或可认为分别是低端、中端和高端[①]。

零售贡献主要指个人业务创造的收入，包含个人客户结算手续费、中间业务收入、信用卡消费、贷款付息等，衡量单位为元。零售贡献 = 存款贡献（活期 + 定期）+ 贷款贡献（消费贷 + 经营贷 + 住房贷）+ 银行卡贡献（贷记卡 + 准贷记卡 + 国际借记卡）+ 中间业务（国债 + 基金 + 理财 + 保险 + 贵金属）+ 其他贡献。

零售贡献通常会随着零售资产规模的壮大而“自然”增加，通常也用零售贡献占比来衡量零售银行的“零售”水平，但笔者认为，真正衡量零售银行业务发展的零售贡献指标应该为每万元资产的零售贡献（Retail Contribution of Assets Per 1% Million，RCAPM），即每万元零售资产所创造出的价值，这里体现了零售银行对客户相对有限的资产在配置方面的水平，也是对零售资产使用效率的评判。资产配置不是一次性或是短期的金融行为，它随着金融市场起伏波动，既有零售银行竞争发展目标（任务）的导向，也有财富顾

①按照工商银行总行对全国客户依据资产的划分标准，对资产大于5万元的客户都定为中高端（笔者认为与全国居民五等份收入分组，高收入组人均年可支配收入54544元有关），鉴于研究地域为北京，笔者做了100万元以下为普通客户的划分。

问、客户经理对金融市场的研判,还有客户自身资金状况的安排要求,因此,零售贡献与金融市场、资产配置息息相关,这其中,假定了资产配置是在银行与客户交互信息的混合决策中产生,是金融市场与 RCAPM 的中介,不存在有意的误导与失误,但存在配置决策时滞(错过了金融市场最佳时机),短期内会使 RCAPM 偏离价值。那么,金融市场看似是"外生变量",从中长期(半年以上)来看,只要零售银行的资产配置恰当应对了金融市场的普遍信息,至少做到了平滑传递金融信息的帕累托改善,则 RCAPM 就与金融市场的选取指标之间就有了一定的价值关联,再依据客户分层来观察探析不同资产层次客户的 RCAPM 在同一金融市场环境中对各类指标的反映程度。

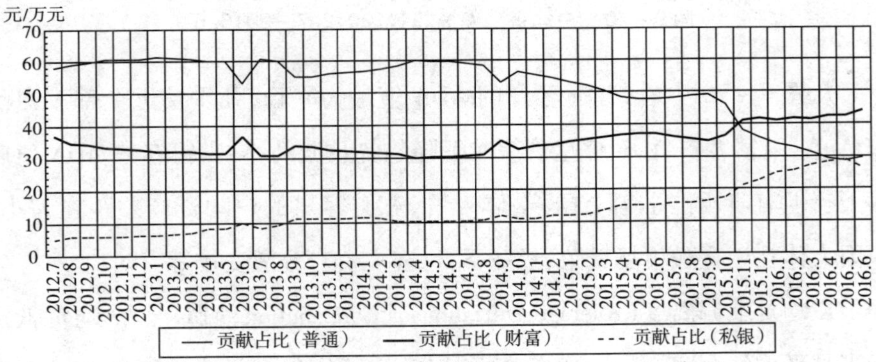

图 9-69 贡献占比变化趋势(2012.7—2016.6)

从图 9-69 看,除了在 2015 年 9 月该行零售战略调整后中高端客户贡献占比迅速提高以外,三类客户的贡献占比都相对稳定在 6:3:1,但相比图 9-69资产占比变化趋势的平滑看存在普通客户和财富客户"∨∧"形对调,还可能是该行短期零售激励或是针对财富客户的精准营销造成的异动。

9.6.4 分层客户金融市场、资产配置和零售贡献的趋势分析

(1)户均资产、户均贡献及零售贡献的趋势比较

户均资产偏离度(Average Deviation of Assets, ADA)。户均资产是指当月平均每个客户的金融资产规模,为了清楚地比较三类客户近年来户均资产增减情况,定义户均资产偏离度概念,来观察户均资产走势。

$$\text{户均资产偏离度(ADA)} = \frac{\text{某类客户户均资产} - \text{全部客户户均资产}}{\text{全部客户户均资产}}$$

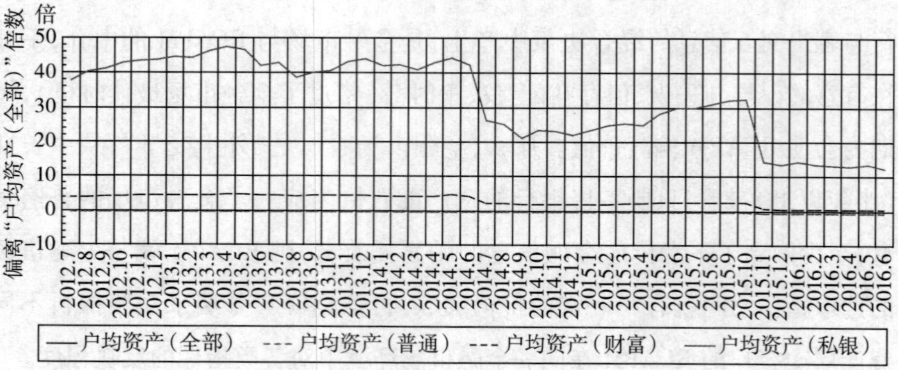

图 9－70　户均资产偏离趋势（2012.7—2016.6）

从图 9－70 中看，普通客户的 ADA 值最为平稳，几乎接近全部客户的 ADA 值，财富客户 ADA 值呈现缓慢下降趋势且波动小，私银客户 ADA 值震荡下行但有阶段性小幅上扬，整体来看，三类客户的户均资产差距在缩小，原因大体在于金融市场繁荣、经济下行、客户资产分散安排等。

户均贡献偏离度（Average Deviation of Contribution，ADC）。户均贡献是指当月平均每个客户的金融资产贡献值，为了衡量三类客户近年来的高低情况，定义户均贡献偏离度概念，来观察户均贡献走势。

$$\text{户均贡献偏离度(ADC)} = \frac{\text{某类客户户均资产} - \text{全部客户户均贡献}}{\text{全部客户户均贡献}}$$

图 9－71 与图 9－70 整体走势相似，印证了零售贡献通常会随着零售资产规模的壮大而“自然”增加，然而，对于三类客户而言，是什么因素导致户均资产或是户均贡献变动的，尚需进一步分析，但金融市场行情与资产配置结构应是最主要的解释因素。

每万元资产的零售贡献（Retail Contribution of Assets Per 1% Million，RCAPM），是指每万元零售资产所创造出的价值，既体现了零售银行对客户相对有限资产在配置方面的水平，又是对零售资产使用效率的评判。RCAPM 在 20～50 元的范围。然而，却呈现出一个悖论和两个特点：一个悖论：虽然财富客户的

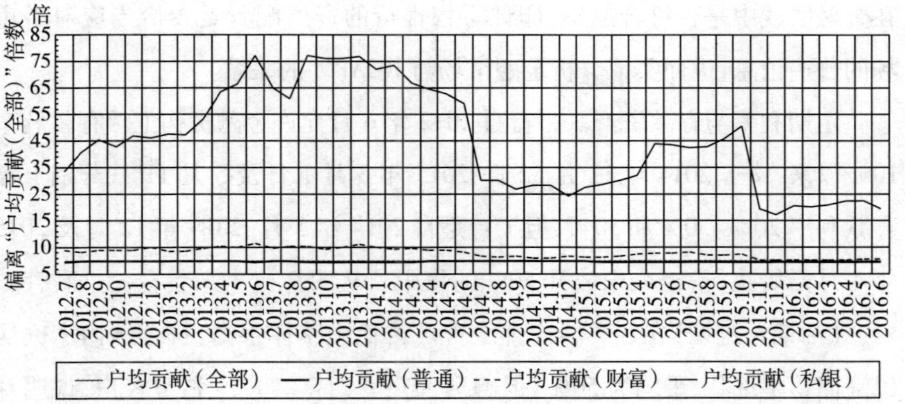

图9－71　户均贡献偏离度趋势(2012.7—2016.6)

ADA 和 ADC 值都高于普通客户,但其 RCAPM 小于普通客户的 RCAPM,难道财富客户的资产配置效率低于普通客户,还是金融市场对二者的影响程度呈现的反差,或是风险偏好的影响,又或是资产分割与"羊群效应"共同作用?两个特点:一是私银客户的 RCAPM 波浪较长,约 30 个月,而普通客户与财富客户的 RCAPM 波浪较短,约 18 个月;二是私银客户抵御金融市场风险能力要高于普通客户与财富客户,财富客户的 RCAPM 稳定在较小波动范围内延伸(见图9－72)。

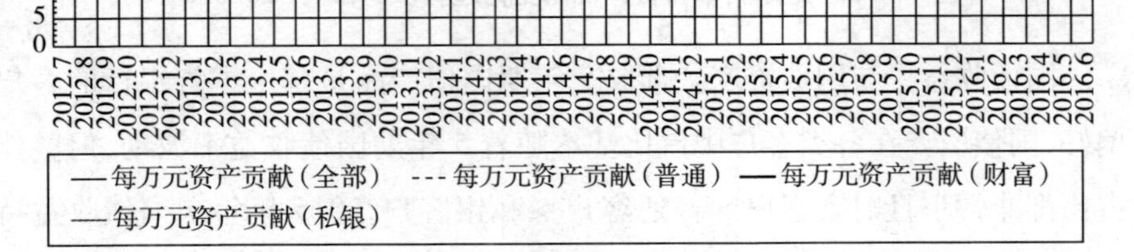

图9－72　每万元资产贡献度趋势(2012.7—2016.6)

(2)金融市场与资产配置的趋势比较

对金融市场相关指标与各类资产配置情况作趋势比较,观察二者之间在金融实践中是否符合逻辑，印证零售银行的资产配置是否恰当应对了市场的普遍信息，进而实证分析金融市场与 RCAPM 的关系。

定期利率与存款资产。央行自 2012 年 6 月允许金融机构上浮存款利率 10% 以来，又于 2014 年 11 月 22 日、2015 年 3 月 1 日及 5 月 11 日分别上浮存款利率 20%、30% 和 50%，但工行是自 2014 年 3 月、2014 年 12 月及 2015 年 4 月开始执行，至今未放开 50% 的权限。从图 9－73 来看，一方面，存款资产（活期＋定期）在各类客户金融资产占比中整体很高，符合国内家庭居民高储蓄率现状，平均为 50%，但普通客户＞财富客户＞私银客户，说明存款占比随着客户财富规模增加而减少；另一方面，存款资产在三类客户中的占比基本稳定，只是随着央行利率市场化及存款利率下调节点而略有波动，其中，私银客户在季末波动相对较大（商业银行存款时点考核驱使），在一定程度上说明私银客户资产配置活跃。

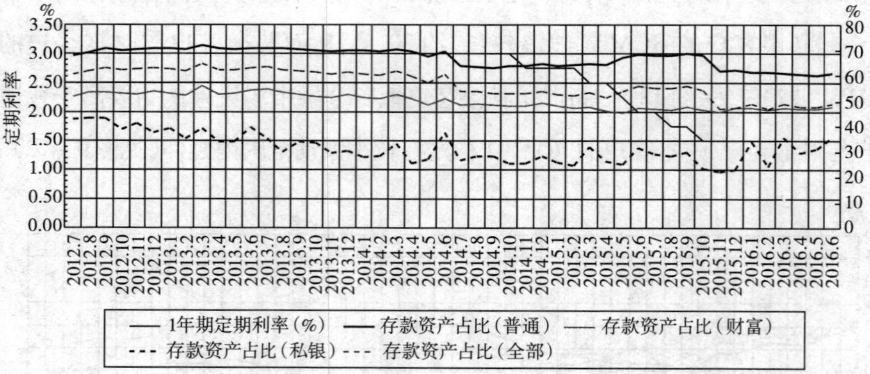

图 9－73　定期利率与资产占比变化趋势（2012. 7—2016. 6）

国债收益率与国债资产。选取 5 年期国债产品是基于零售银行的客户偏好，国债资产在各类客户中占比基本随着 5 年期国债收益率波动，但整体占比都非常小且财富客户＞普通客户＞私银客户，2015 年年末国债收益持续走低后，存款与国债出现了替代性波动，整体来看，5 年期国债收益率曲线能够反映国债资产的配置逻辑（见图 9－74）。

理财收益率与理财资产。选取了主要各商业银行理财预期平均收益曲线与理财资产配置水平相比较，整体来看，考虑到客户理财配置意愿与当期

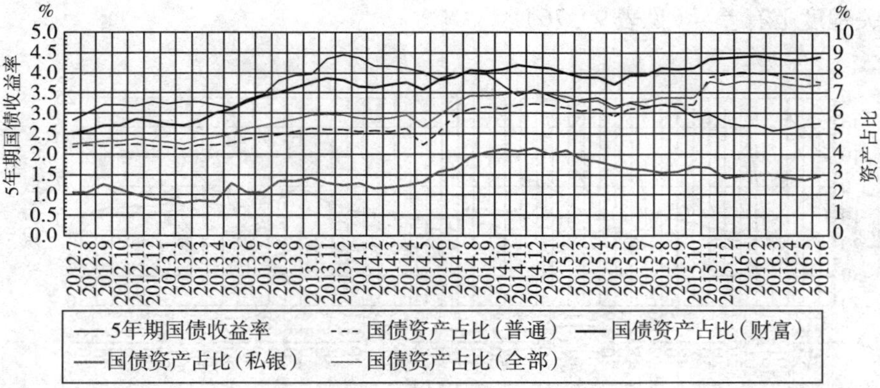

图 9-74　5 年期国债收益率与资产占比变化趋势(2012.7—2016.6)

公布收益率之间存在时滞，导致了曲线间波谷波峰的错时显现，但除私银客户的理财资产有较大的相对波动外，资产占比变化与理财收益率曲线的波动较吻合，在占比情况中，私银客户 > 财富客户 > 普通客户（见图 9-75）。

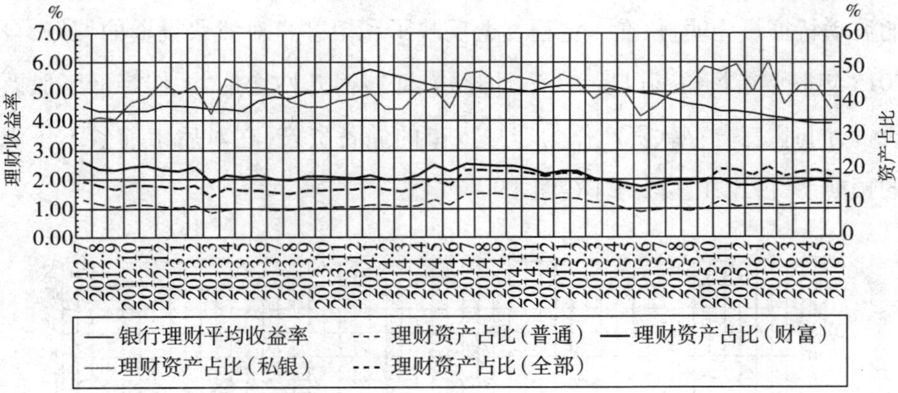

图 9-75　理财收益与资产占比变化趋势(2012.7—2016.6)

中证 500 指数与基金资产。选取了中证 500 指数涨跌幅与基金资产配置情况作比较，一方面，私银客户对风险资产的偏好相对较为强烈，波动与指数较为相似，但财富客户和普通客户则较小，原因在于二者的风险资产占比较小，且资产占比私银客户 > 财富客户 > 普通客户；另一方面，三类客户基金资产与指数在趋势性走势上是相似的，大可理解为客户基金资产与指数有正相关，鉴于三类客户基金资产中股票型基金占比不同，导致与指数正相关程度上有差异(见表9－76)。

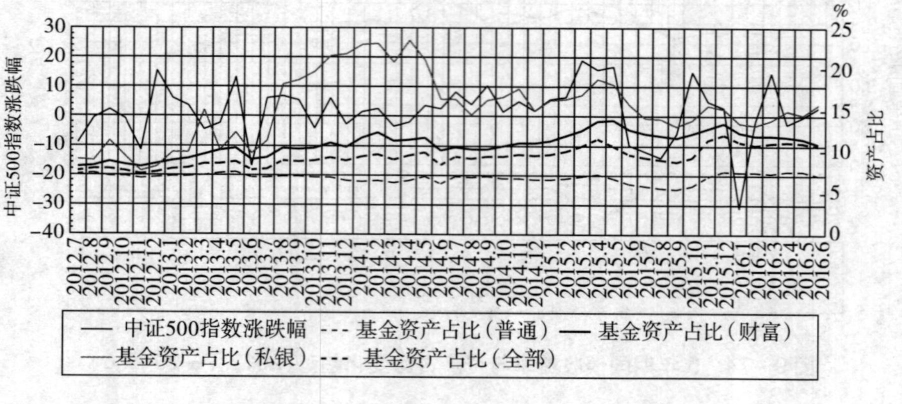

图9－76 中证500指数涨跌幅与资产占比变化趋势(2012.7—2016.6)

银证转账净变化额与三方资产。选取了银证转账净变化额(银转证)与三方存管资产配置情况作比较,二者有极强的波动吻合性,特别是私银客户的波动特征最为明显,在一定程度上反映了私银客户对股票投资的偏好,自2015年股票市场震荡以后,从7月开始,证转银开始增加,人们降低了股票投资,同时,三方存款资产作为客户入市的储备资产,在对后市前景不乐观的预期下,占比在逐渐缩小(见图9－77)。

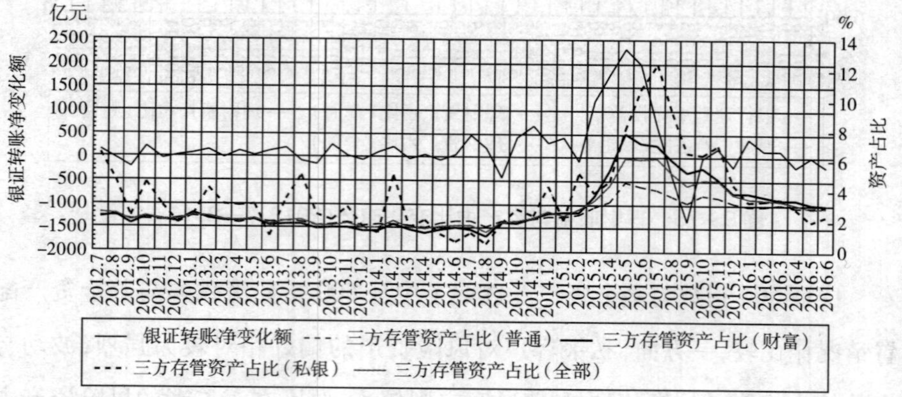

图9－77 银证转账净变化额与资产占比变化趋势(2012.7—2016.6)

黄金现货价格与贵金属资产。贵金属资产在三类客户中整体占比及绝对额都非常小,财富客户与普通客户不相上下,私银客户占比相对较大且有较大波动。整体而言，“买涨不买跌”现象明显，随着黄金现货价格的上扬，贵金属资产占比提高，趋势相似，其中，私银客户对贵金属杠杆类产品有较强的偏好，造成了私银客户贵金属资产较为大幅的波动（见图 9－78）。

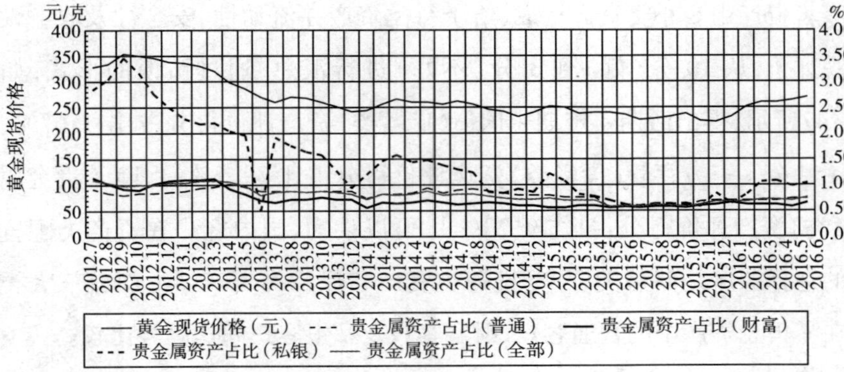

图 9－78　黄金现货价格与资产占比变化趋势（2012. 7—2016. 6）

保费收入（北京）与保险资产。从图 9－79 来看，选取了北京地区所有保险公司保费收入的趋势线与三类客户保险资产占比作比较，除去保费年初 1 月结算因素导致曲线峰度较大外，整体都是逐步上扬，然而，可以看出，私银客户的保险资产占比却低于财富客户和普通客户，一是客户对保险资产的保障功能投入有预期限额，验证了“有钱人都爱买保险”的误导说法，但随着财富的增长而提高；二是金融财富达到一定规模后，客户对保险资产的投入力度不再随财富的增长而提高；三是客户对保险的认知和购买绝大多

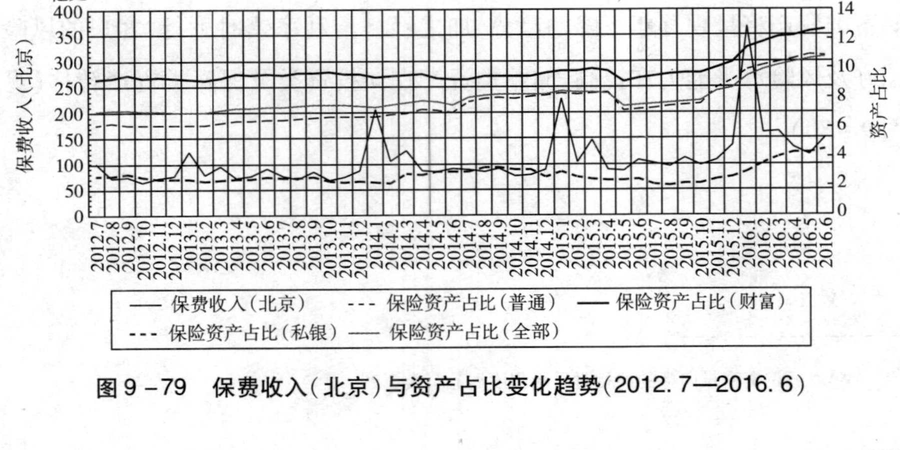

图 9－79　保费收入（北京）与资产占比变化趋势（2012. 7—2016. 6）

数情况下依托财富顾问及客户经理的专业销售,因此,保险收入曲线间接反映了银行对客户保险资产的配置地位和力度。

(3)储蓄类、投资类与保障类资产的趋势比较

零售资产由8小类资产构成,给予每类资产在流动性、安全性及收益性上主观评价,从10分(好)到3分(不好)进行汇总,通过访谈的形式,如表9-47所示,得出活期+定期+国债(储蓄类)资产评价得分占比41.67%,理财+基金+三方存管(投资类)资产评价得分占比39.1%,保险+贵金属(保障类)资产评价得分占比19.23%①,可以认为,国内客户在资产类配置权重的选择顺序是储蓄类资产、投资类资产和保障类资产。下面就三大类资产在零售总资产中的普通客户、财富客户及私银客户间作趋势比较。

表9-47　资产综合评价

	储蓄类资产			投资类资产			保障类资产	
	活期	定期	国债	理财	基金	三方存管	保险	贵金属
流动性	10	9	5	6	8	7	3	4
安全性	9	8	10	6	4	3	7	5
收益性	3	5	6	8	9	10	4	7
合计	22	22	21	20	21	20	14	16
评价占比	41.67%			39.10%			19.23%	

1)储蓄类资产的趋势比较。

储蓄类资产整体占比在缓慢下降,其中,普通客户>财富客户>私银客户,其中,私银客户占比明显很低。随着金融深化及普惠金融的推进,客户储蓄类资产将呈现逐年下降的趋势,加之经济与利率错时下行,客户的风险偏好及风险承受能力在提高,储蓄类资产在向投资类及保障类资产转移(见图9-80)。

①笔者通过资产投向标的的相对风险程度划分三类资产。

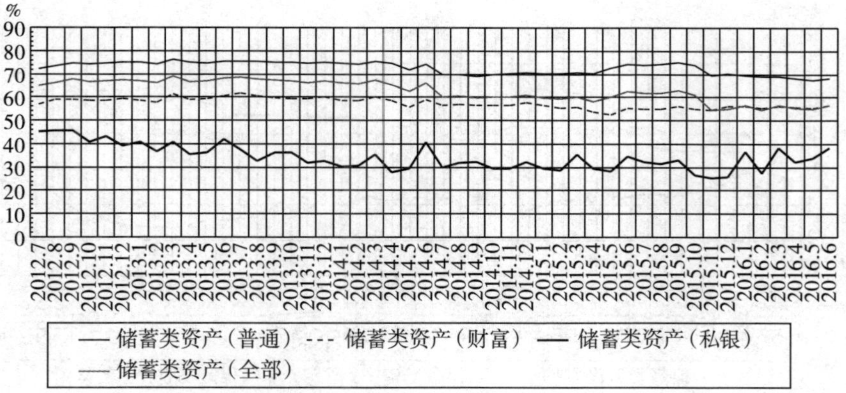

图9-80 储蓄类资产占比变化趋势(2012.7—2016.6)

2)投资类资产的趋势比较。

投资类资产整体占比在逐步提高,其中,私银客户>财富客户>普通客户,其中,私银客户的占比明显很高,主要在于其风险承受能力非常强,非金融资产实力也雄厚,但也随市场波动较大(见图9-81)。

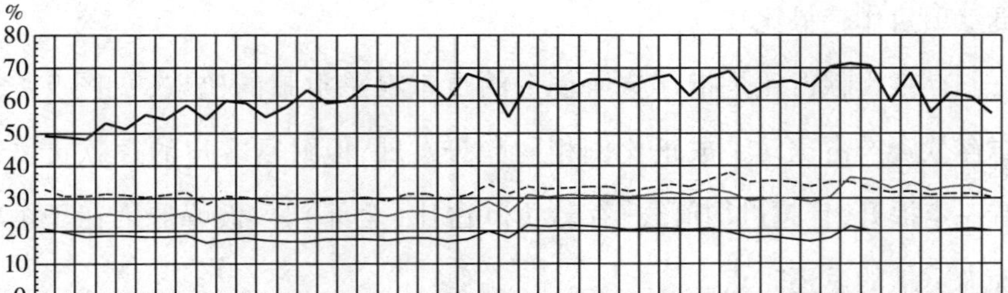

图9-81 投资类资产占比变化趋势(2012.7—2016.6)

3)保障类资产的趋势比较。

保障类资产整体占比在逐步上升,其中,财富客户>普通客户>私银客户,它并未与客户财富层次相呼应,而且,仅有私银客户的保障类资产呈阶段性波动,可能在于私银客户在贵金属投资上有部分的杠杆投资导致保障类资产波动(见图9-82)。

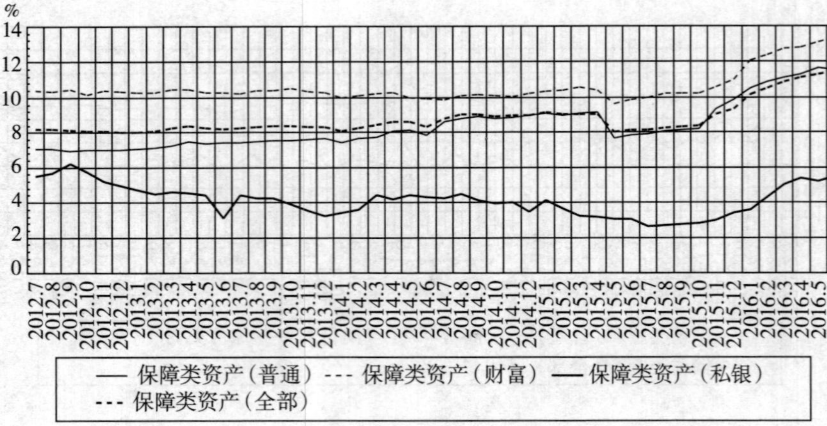

图 9－82　保障类资产占比变化趋势（2012.7—2016.6）

（4）零售贡献的趋势比较

如前所述，零售贡献主要包括存款、贷款、银行卡、中收及其他类贡献，需要解释的是，国债、保险、贵金属的零售贡献值过于小，在此只对其他主要贡献项目作趋势比较。

存款贡献占比是指存款所创造的贡献在总贡献的比重（见图 9－83）。与存款资产占比几乎成正比例相同趋势发展，但财富客户的存款贡献占比有一定提升，且越过均值线［存款贡献占比（全部）］。波峰原因在于工行系统内贡献的返还时点。

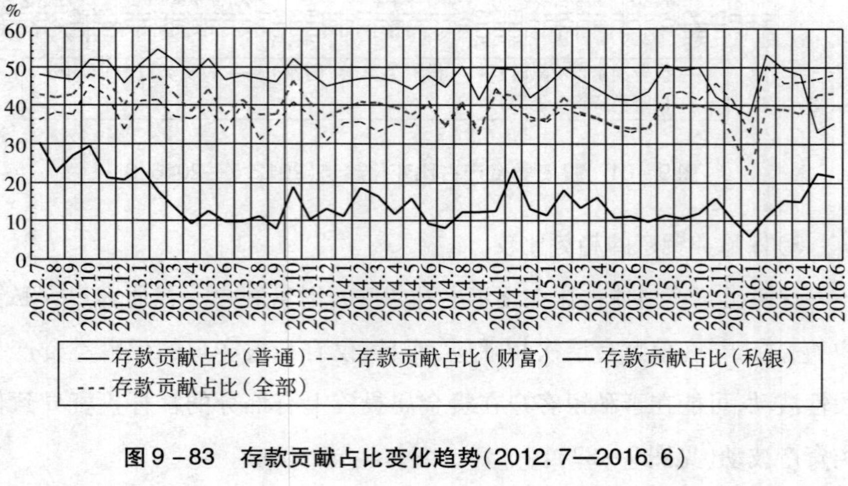

图 9－83　存款贡献占比变化趋势（2012.7—2016.6）

理财贡献占比是指理财所创造的贡献在总贡献中的比重(见图9－84)。与理财资产占比几乎成正比例相同趋势发展。波峰原因在于工行系统内贡献的返还时点。

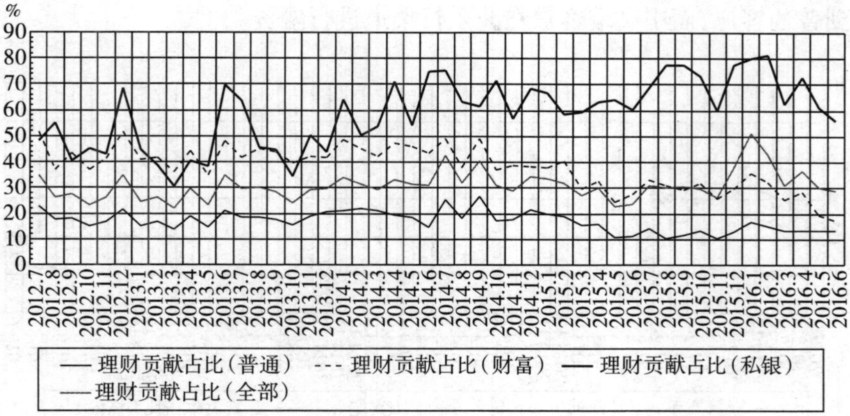

图9－84 理财贡献占比变化趋势(2012.7—2016.6)

基金贡献占比是指基金所创造的贡献在总贡献的比重(见图9－85)。在基金资产占比变化趋势中,三类客户的基金资产占比呈现平行态势且私银客户＞财富客户＞普通客户,而在图9－85基金贡献占比变化趋势中,财富客户、私银客户却与平均线及普通客户线有多次交叉,一定程度上在于中高端客户的投资偏好较重,且按照代售基金的中收返还标准,大规模的买卖基金在银行端的收益反而较小,波峰原因在于工行系统内贡献的返还时点。

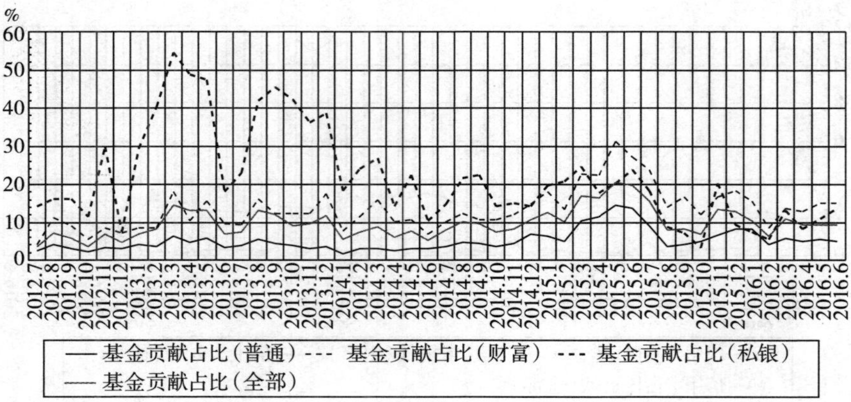

图9－85 基金贡献占比变化趋势(2012.7—2016.6)

各种个人贷款的利息贡献中(见图9-86),普通客户>财富客户>私银客户,可能在于"有钱人现金充裕",也可能在于该零售银行个人贷款业务的客户群主要集中在"没钱人",或是工行的贷款政策及业务处理效率只能吸引到普通客户,而中高端客户在非工行渠道进行融资。

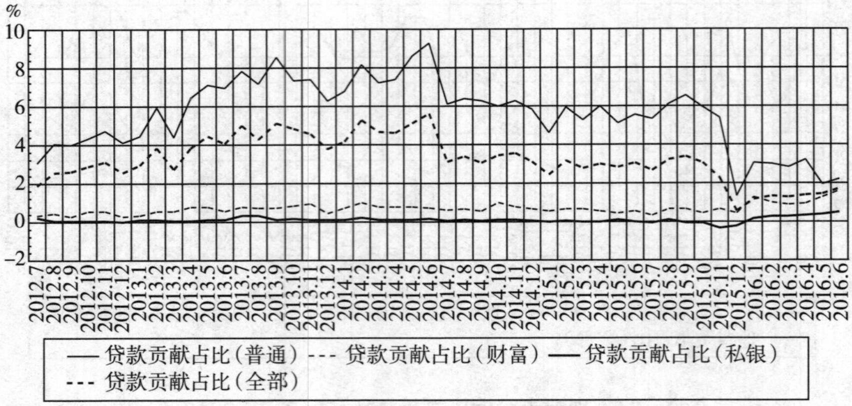

图9-86 贷款贡献占比变化趋势(2012.7—2016.6)

信用卡贡献主要在于刷卡消费的商户端分润,在经历了工行的快速发卡时代以后,信用卡虽然普及率在提高,但由于银行业间及银行业与第三方支付在费率上的竞争,加之股份制银行信用卡准入门槛低及零售促销活动旺盛等原因,信用卡贡献占比在持续走低,且普通客户>财富客户>私银客户,但随着节假日及校期放假而小幅跳跃(见图9-87)。

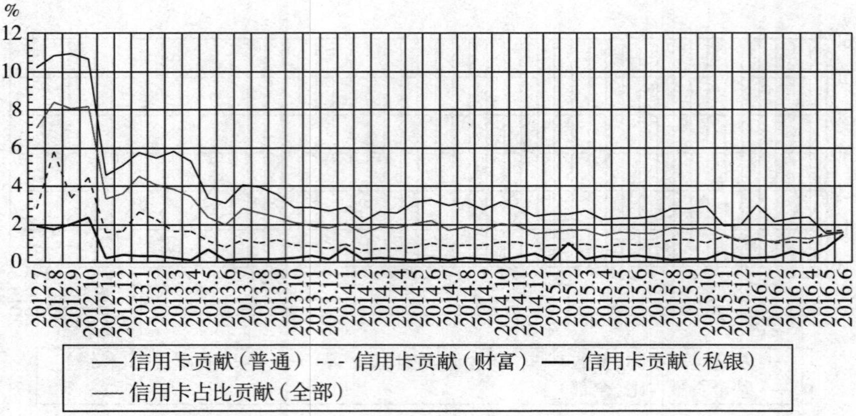

图9-87 信用卡贡献占比变化趋势(2012.7—2016.6)

9.6.5 分层客户的金融市场和零售贡献实证分析

银行与客户在金融市场的混合决策。资产配置是多元的,金融市场是多变的。假定银行与客户在金融市场是混合决策,即双方是相互商讨中决定资产配置的,不存在单纯一方擅自作决定,如表9-48所示:

表9-48 银行与客户的混合决策博弈

混合决策博弈		银行	
		主导	被导
客户	主导	20,10	15,5
	被导	5,15	10,10

将所有资产看作是银行与客户两方事宜,当客户主导资产配置时,收益是20(银行主导)或15(银行被导),客户被导资产配置时,收益是5(银行主导)或10(银行被导),同样,银行主导资产配置时,收益是10(客户主导)或15(客户被导),银行被导资产配置时,收益是5(客户主导)或10(客户被导),那么,对客户和银行而言,主导成为占有策略,则"主导、主导"是银行与客户的唯一博弈结果。原因在于,客户在主导资产配置时,银行的专业主导会促进双方收益最大化,而单方被导资产配置时,主导方会倾向于配置有利于自己的资产种类,主导方的收益会相对大于被导方。因此,双方是各为主导角色的混合决策。

在对各类零售资产配置水平与金融市场作趋势性比较后,得出客户最终的资产配置是符合金融市场的正常逻辑——趋利避害,那么,现在就每万元资产零售贡献(RCAPM)与选取的金融市场各主要指标的关联性作实证分析。线性方程如下:

$$Y=\beta_0+\beta_1X_1+\beta_2X_2+\beta_3X_3+\beta_4X_4+\beta_5X_5+\beta_6X_6+\beta_7X_7+\beta_8X_8+\beta_9X_9+\varepsilon$$

表 9-49　变量的描述性统计

	Y(RCAPM)			X1	X2	X3	X4	X5	X6	X7	X8	X9
日期	每万元资产贡献（私银客户）	每万元资产贡献（财富客户）	每万元资产贡献（普通客户）	1 年期定期利率（%）	5 年期国债收益率（%）	银行理财平均收益率（%）	黄金现货价格/元	中证 500 指数涨跌幅（%）	银证转账净变化额/亿元	保费收入（北京）	同业拆借利率（%）	房产景气指数
2012.7	28.24	31.53	31.88	3.00	2.832	4.49	327.08	-9.17	153.50	563	2.6832	94.57
2012.8	30.70	28.74	31.42	3.00	3.016	4.31	333.78	-0.42	-41.40	635	2.7218	94.64
2012.9	30.78	27.46	28.02	3.00	3.209	4.31	354.60	2.19	-223.75	710	2.7862	94.39
2012.10	27.30	25.91	28.46	3.00	3.208	4.32	350.66	-0.90	223.33	774	2.7269	94.56
2012.11	29.70	26.03	28.12	3.00	3.19	4.33	345.91	-11.53	-31.80	847	2.4089	95.71
2012.12	29.36	26.30	28.50	3.00	3.284	4.52	338.17	15.40	40.75	923	2.3588	95.59
2013.1	29.05	25.22	28.28	3.00	3.242	4.52	335.77	6.26	84.50	124	2.1266	96.76
2013.2	27.84	23.99	27.09	3.00	3.277	4.45	329.14	3.75	135.00	203	2.5935	97.92
2013.3	30.33	24.15	27.58	3.00	3.291	4.40	320.49	-4.31	-26.20	298	2.3099	97.56
2013.4	32.42	21.48	25.31	3.00	3.204	4.39	298.71	-2.18	129.25	370	2.3796	97.35
2013.5	32.63	20.42	23.65	3.00	3.129	4.32	286.46	13.28	34.40	446	2.7967	97.26
2013.6	38.26	21.70	18.93	3.00	3.324	4.67	269.03	-16.73	119.00	536	6.4334	97.29
2013.7	37.20	21.60	25.54	3.00	3.464	4.83	259.34	6.21	194.00	612	3.3363	97.39
2013.8	39.54	21.97	26.03	3.00	3.817	4.74	269.37	6.74	-84.20	681	3.2292	97.29
2013.9	43.93	21.86	21.75	3.00	3.949	4.96	267.98	5.65	-153.00	765	3.2177	97.25
2013.10	44.53	22.47	22.88	3.00	3.961	5.01	260.09	-3.96	266.00	834	3.6230	96.88

续表

日期	Y(RCAPM)			X1	X2	X3	X4	X5	X6	X7	X8	X9
	每万元资产贡献（私银客户）	每万元资产贡献（财富客户）	每万元资产贡献（普通客户）	1 年期定期利率（%）	5 年期国债收益率（%）	银行理财平均收益率(%)	黄金现货价格/元	中证 500 指数涨跌幅(%)	银证转账净变化额/亿元	保费收入（北京）	同业拆借利率（%）	房产景气指数
2013.11	41.30	21.51	23.13	3.00	4.34	5.11	251.75	6.21	33.60	908	3.8841	96.38
2013.12	41.14	21.64	23.23	3.00	4.432	5.60	241.59	-2.79	-71.25	994	3.7130	97.21
2014.1	41.74	21.95	24.28	3.00	4.373	5.78	244.78	1.63	109.80	207	3.3648	97.06
2014.2	44.52	22.67	25.89	3.00	4.179	5.64	257.00	2.50	208.75	312	2.4854	96.91
2014.3	43.89	23.62	27.50	3.00	4.158	5.47	265.01	-3.25	-40.00	437	2.2979	96.40
2014.4	42.82	22.70	30.75	3.00	4.114	5.36	259.67	-1.81	51.20	524	2.4726	95.79
2014.5	45.88	25.10	36.50	3.00	4.022	5.21	259.35	3.71	-61.50	608	2.4429	95.02
2014.6	40.60	23.70	31.68	3.00	3.848	5.21	256.43	2.56	45.00	699	2.7209	94.84
2014.7	38.94	23.57	43.20	3.00	3.99	5.17	261.86	8.21	473.50	788	3.2292	94.82
2014.8	41.43	23.98	44.00	3.00	3.984	5.09	256.91	4.03	198.60	873	2.9700	94.79
2014.9	39.95	24.53	37.64	3.00	3.964	5.10	245.63	10.61	-435.00	964	2.8069	94.72
2014.10	41.07	24.59	41.55	3.00	3.681	5.08	242.64	1.53	434.50	1040	2.5192	94.76
2014.11	40.12	24.57	40.31	2.75	3.431	5.01	231.80	5.18	666.75	1118	2.5932	94.30
2014.12	35.22	24.61	38.78	2.75	3.584	5.15	239.03	1.88	303.00	1207	2.9700	93.93
2015.1	36.74	24.40	37.18	2.75	3.435	5.20	251.26	5.97	414.00	226	2.8058	93.85
2015.2	34.32	23.78	34.44	2.75	3.273	5.22	250.05	6.72	-83.50	329	3.0717	93.77

续表

日期	Y(RCAPM)			X1	X2	X3	X4	X5	X6	X7	X8	X9
	每万元资产贡献（私银客户）	每万元资产贡献（财富客户）	每万元资产贡献（普通客户）	1年期定期利率（%）	5年期国债收益率（%）	银行理财平均收益率（%）	黄金现货价格/元	中证500指数涨跌幅（%）	银证转账净变化额/亿元	保费收入（北京）	同业拆借利率（%）	房产景气指数
2015.3	33.95	23.50	32.76	2.50	3.326	5.19	237.95	18.85	1205.25	474	3.3651	93.11
2015.4	34.69	22.27	30.22	2.50	3.374	5.19	239.51	15.93	1777.60	563	2.2590	92.56
2015.5	32.78	20.01	20.26	2.25	3.177	5.06	239.70	17.00	2308.75	650	1.2367	92.43
2015.6	31.65	20.89	21.03	2.00	3.245	4.96	236.34	-9.76	1991.25	757	1.1928	92.63
2015.7	31.85	20.83	21.70	2.00	3.153	4.90	226.58	-12.01	667.20	859	1.3137	93.03
2015.8	32.33	21.62	23.16	1.75	3.217	4.72	228.82	-14.11	-400.25	953	1.6801	93.46
2015.9	33.72	21.32	23.73	1.75	3.144	4.59	231.63	-6.06	-1359.20	1064	1.9339	93.40
2015.10	35.56	21.62	21.67	1.50	2.915	4.49	238.23	15.18	-16.75	1160	1.9061	93.34
2015.11	36.66	21.05	34.14	1.50	2.971	4.32	224.13	4.97	199.25	1268	1.8155	93.35
2015.12	34.21	21.10	33.63	1.50	2.772	4.31	222.91	2.99	-202.60	1404	1.8605	93.34
2016.1	38.22	20.76	31.47	1.50	2.708	4.24	231.88	-31.24	393.25	368	2.0268	93.51
2016.2	39.47	21.00	30.99	1.50	2.697	4.16	251.21	-1.51	142.00	529	2.0229	93.67
2016.3	40.31	20.18	29.30	1.50	2.574	4.08	260.42	14.61	151.25	692	2.0288	94.18
2016.4	42.54	19.50	26.73	1.50	2.627	3.99	259.02	-2.57	-199.00	825	2.0594	94.41
2016.5	40.74	19.34	26.69	1.50	2.731	3.92	264.85	-0.28	0.50	941	2.0564	94.48
2016.6	35.95	18.96	25.07	1.50	2.755	3.89	270.65	3.15	-190.75	1091	2.0687	94.40

9.6.6 分析结论

通过客户分层管理视角看待基层零售银行,在对普通客户、财富客户和私银客户近4年的资产配置结构进行趋势分析后,得出:

(1)按照银行资产的规模划分客户层次,资产100万元以下的普通客户趋于保守,风险偏好属于稳健型,资产800万元以上的私银客户趋于激进,风险偏好属于进取型,介于二者之间的财富客户则属于平衡型,随着财富的增加,客户的储蓄类资产占比在降低,投资类资产占比在提高,但保障类资产在财富客户中的占比却最高。

(2)资产配置逻辑与金融市场各主要指标走势相符合,即在收益率提高时加大对存款、国债、理财、基金的配置(可以理解为,在经济复苏升温时),在市场启动走热时加大对黄金、保险、三方存管的配置(在经济衰退降温时),那么,资产配置是有效的,它成为金融市场与零售贡献之间的桥梁和纽带。

(3)本节选取了与资产配置有关的市场指标作为参考,初步找到与零售贡献相关的参数或系数,也发现,同业拆借利率作为市场资金宽松的象征,对零售贡献的影响不显著,同时,房产景气指数作为房市冷热的表现,也对零售贡献的影响不显著,更多体现在极个别客户买卖房产的大额资金异动中。

(4)普通客户虽然属于储蓄类客户,但其每万元资产零售贡献(RCAPM)却高于财富客户,其信用卡及贷款贡献占比高于财富客户及私银客户;财富客户虽然资产量不低,但其资产配置却在国债和保险方面较普通客户和私银客户高,而这些资产都是中长期类,对零售贡献只能在一次而非长期内返还,因此,财富客户的资产容易成为“睡眠资产”;私银客户的零售贡献最高,多在于私银客户在投资方面更愿意“冒险”,使资金的配置频率高和标的风险性大,特别是在银行渠道代理类产品的配置方面给予零售银行的贡献较大。

(5)金融市场对于银行和客户而言是一样的,但存在信息不对称,银行的机构角色可以有更多关于市场信息真伪的辨别能力,它是经过层层筛选后公之于众的,也是基于双方或多方利益共赢的视角来主导客户资产的多元化配置,而客户也是在信任银行专业的基础上主动配置资产,只有双方充分有效沟通,资产配置才能实现长期双赢。

9.6.7 发展建议

在当前经济"新常态"下,下行趋势明显,利率及收益率顺势而下,但在人民币国际化、深港通启动、民营金融起立、互联网金融渗透、房地产转冷等宏观金融环境中,资产配置应该在不同市场环境中有所调整,特别是在家庭金融资产配置需求升温、居民理财意识增强的趋势下,笔者有以下建议:

(1)对各层客户而言,资产配置应该开始注重中长期,可以对固定收益类的中长期产品如3年、5年增加配置,避免下行期的收益损失,中国已经进入"十三五"阶段,消化既往投资沉积、启动新一轮增长拉动也需要时间,对普通客户和财富客户而言,可将部分储蓄类资产向保障类及投资类资产转化,如定投方式配置黄金、基金等,或是购买期趸交寿险等;对私银客户而言,在乏力的资本市场中寻求机遇越发需要时间成本,可将部分券商资产回流银行转化为中长期产品。

(2)应提高零售银行的资产管理能力,与以往不同,客户开始注重的是长期传承和保值增值,而非一时的获利,特别是对于中高端客户而言,场外投资机会越发减少,个人抵御市场风险的能力有限,零售银行应将客户回流银行的投资类资产做好打包的资产管理,利用创新方式如家族信托基金来增加客户收益以外的增值服务,包括税费、理财、传承等,以提高非金融的零售贡献。

(3)在银行息差收窄的趋势下,要提高资产管理以外的零售贡献,如加大对财富客户及私银客户在信用卡使用上的优惠和便利,提高授信额度及高档商户有针对性的促销,增加中高端客户本行信用卡的消费力度,发挥其贡献潜力;加大对已经配置的中长期可抵押产品的融资力度,盘活客户"睡眠资产",起到类"杠杆"作用。

(4)丰富产品种类,增加客户灵活性和选择性,银行金融资产最显著的特征是安全性,但在同行同业日益竞争的市场环境中,如果说比拼预期收益是利润贴补的结果，那么，这是短期市场策略，但长期来看，还得抓住客户对银行金融产品的理解和需求，引导“收益外所得”，从产品的灵活性、种类及投资标的创新，讲究“君子伙伴”关系，分享业绩比较基准以外的超额回报，让客户体验从被动管理到主动管理的零售银行新资产管理策略。

(5)壮大银行零售资产规模是长期占优策略，提高零售银行专业服务能力是当务之急，随着零售管理资产的缓慢提升，特别是国有大型商业银行的零售银行，应该注重的是整体零售资产的先稳健、后增值，无论是MOM或FOF，小类资产的“小众之嗜”可以有，但大类资产的“大船掉头”要谨慎入策，力争做到每个客户的资产有管理。

9.7 基于资产配置的零售银行“长尾”客户管理的实证研究——兼论“羊群行为”

9.7.1 问题的引出

当前，商业银行的竞争不再止步于传统同业间的“你来我往”，民营银行、直销银行、互联网金融、金融超市等机构的活跃，很好地迎合了金融消费者的需求，特别是传统银行老生常谈而又经常忽略的低资产“长尾”客户，这也是“余额宝”规模能超过招行储蓄存款余额，达到1.43万亿元的结果和原因。尽管各大银行也积极通过利率上浮和高息理财吸引客户，从2017年1季度银行存款利率报告看，国有五大行在35个城市的各期限存款利率最高上浮40%，邮储银行6个月定期存款最高上浮40%，股份制商业银行存款利率高于国有银行、最高上浮45%，城商行存款利率差最高上浮53.6%①。同时，Wind数据显示，2017年7月以来发行的银行理财产品共计5877款，其中有1358款收益率超过5%，然而，在费用低廉和方便快捷的基础上，客户的跨行转移较以往更快，因此，商业银行很难再依靠一时的让利长期沉淀客

①数据来源：腾讯财经，2017年5月31日，www. finance. qq. com。

户，客户管理的评价应该重估和改善以应对日趋激烈的金融竞争。

1997年，美国权威战略咨询机构高德纳（Gartner Group）公司首度提出了客户关系管理（Customer Relationship Management，CRM）的概念，将CRM定义为企业的一项商业策略，即按照客户细分有效组织企业资源，培养以客户为中心的经营行为和实施以客户为中心的业务流程，并以此为手段来提高企业的客户满意度、获利能力和营业收入①。在引入商业银行客户管理后，主要是通过搭建CRM系统支持客户管理人员维护中高端客户或潜力目标客户，但面对庞大的客户群，系统滞后的更新速度和功能开发，远远不可能满足当下的客户管理工作，那么，银行是该以“二八定律”还是“长尾理论”为客户管理理念呢？

传统的“二八定律”（即20%的客户和产品带来了80%的销量）在传统的国有商业银行中普遍存在，大多围绕中高端客户建立直营团队开展关系营销，少有针对低端客户设立专门部门或机构发掘市场的，但随着“互联网+金融”的兴起和发展，物理场所已经不是消费金融产品的主阵地，指尖滑动中完成了查询、转账及资产配置等，这就引发了业内关于“长尾理论”的再探寻。“长尾理论”由Chris Anderson于2004年10月首次提出，认为非热门市场的供需失衡在很大程度上源于区域或货架的限制。通俗地讲，当商品存储流通渠道足够宽广时（如网络平台），商品生产成本和销售成本急剧降低，需求和销量不高的产品所占据的共同市场份额，足以和主流产品和市场份额相比，甚至更大②。对于商业银行而言，就是要关注那些海量级的低端客户，这些客户从存款、资产和贡献规模都是远超中高端客户的，如果逐步开发，将促使“长尾”变“肥尾”，提升银行的盈利能力，当然，这是需要一定量的技术支持和人力投入的。

然而，有报告显示，50%～70%的客户关系管理活动（CRM）是无效的（Gartner Group，2001，2003；Forrest Research，2009）。也就是说，“二八定律”

---

①杨飞．新形势下再造商业银行客户关系管理[J]．中国银行业，2016（5）：89～92.

②陈侃，嵇祎．新形势下商业银行客户管理探究[J]．中国商论，2014（23）：137～139.

与“长尾理论”并非互为有益的补充,在没有足够的信息和产品差异时,客户管理的内容是相似的,结果是趋同的。笔者在对样本零售银行的账户数据分析时也发现,一方面,针对中高端客户的 CRM 系统的搭建和完善还是相对有效率,银行财富顾问将数量空间有限的“客户包”内纳入目标客户后,会把部分相对低端但有潜力的客户放入 CRM 中一并管理,但占到 CRM 容纳客户规模的 60% ~80%,我们称之为“有管户”的长尾客户;另一方面,还有规模巨大的未被纳入 CRM 的“无管户”长尾客户。然而,从数据反馈的结果看,“有管户”和“无管户”的资产配置结构比例和波动趋势却有较高的一致性,那么,银行在市场中对客户的管理到底有什么作用,或者说,“羊群行为”是发生在作为银行代理人的财富顾问还是“长尾”客户身上?

9.7.2 “长尾”客户、有管户和无管户、金融资产

“长尾”客户:资产余额 100 万元以下的个人客户。

有管户:纳入 CRM 系统由财富顾问直接管理的“长尾”客户。

无管户:未被纳入 CRM 系统不被财富顾问直接管理的“长尾”客户。

银行零售金融资产是指个人户在账户内各类资产折算成人民币的总和,整体结构及平均余额占比如表 9-50 所示。

表 9-50 金融资产结构及平均余额占比

储蓄存款	国债	保险	基金	理财	贵金属	第三方存管
活期+定期	包括6个品种的记账式国债及4个品种的储蓄式国债(凭证)	银行系统内购买的本行及代售类财险、寿险及保险类理财产品,虽然资金已经划拨到保险公司,但其到期后回账至银行,故纳入客户在银行的资产	银行系统内购买的本行及代售类货币、股票、债券、混合及集合理财计划等基金产品	银行系统内发生金融理财交易,包括人民币和外币的各类银行理财产品	银行系统内购买的实物、积存金及递延类黄金、白银、钯金等贵金属产品	银行与券商、客户开立证券交易账户的银行账户上未实现证转银的活期存款
64.17%	5.23%	7.17%	7.42%	12.27%	0.66%	3.08%

9.7.3 不同资产水平的客户结构及资产结构

(1)客户结构

从图9－88看,样本银行资产800万元以上(私人银行级)客户仅占全部客户的0.01%,资产100万～800万元(财富级)客户仅占全部客户的0.4%,但“长尾”客户却占到99.5%,数量庞大。“长尾”客户中,资产20万～100万元客户占3%左右,资产5万～20万元客户占5%,资产0.5万～5万元客户占10%,资产0.5万元以下客户占82%。

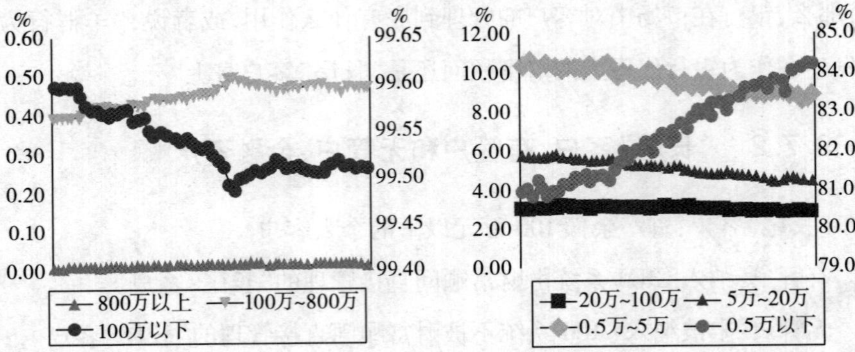

图9－88 样本银行总体及“长尾”客户结构情况

(2)资产结构

从图9－89,样本银行资产800万元以上客户资产占全部客户资产的6%,资产100万～800万元客户资产占全部客户资产的29%,“长尾”客户资产占到65%。“长尾”客户中,资产20万～100万元客户资产占63%左右,资产5万～20万元客户资产占27%,资产0.5万～5万元客户资产占9%,资产0.5元以下客户资产却只占1%。

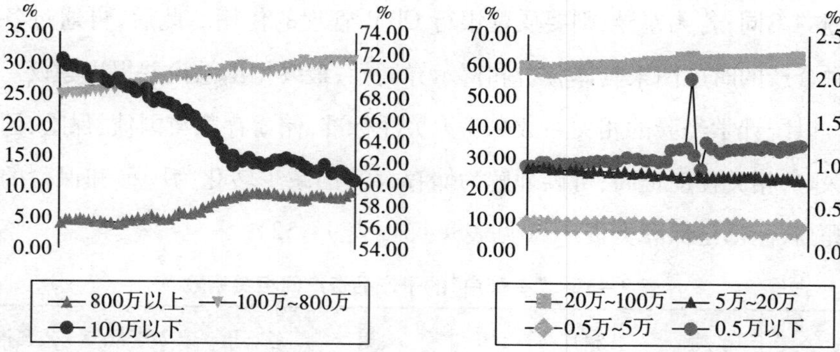

图9-89 样本银行总体及“长尾”客户资产结构情况

(3)有管户与无管户

从图9-90看,样本银行“长尾”客户中,“有管户”占“无管户”的客户规模比重呈递减趋势,为1%~10%,资产占比相应递减,但比重却在50%~200%,说明财富顾问CRM的客户选择是有针对性的,在一定程度上可以理解为,此类纳入CRM的客户是可以主导或支配并带来潜在价值贡献的。

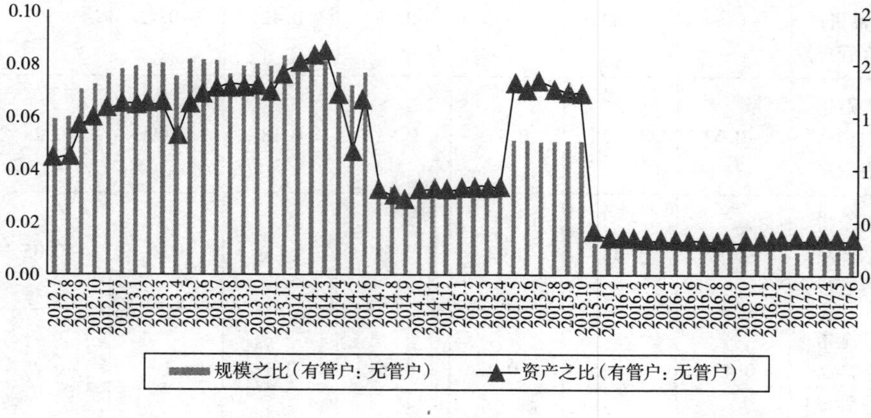

图9-90 样本银行“有管户”与“无管户”客户对比情况

9.7.4 实证分析

本节将“有管户”与“无管户”的7项金融资产分别选取金融市场指标进行线性一元回归,通过观察模型中同一指标与二者之间的参数估计情况,来初步判断有、无管户在资产配置上的差异,若有差异,则体现了有管理与无管理的不同,若无差异,则要质疑银行 CRM 管理的作用。此后,再通过各个金融资产的时序图来具体分析和揭示异同性,最终得出结论并提出建议。

以统计学经验的相关系数0.8为关注标准,储蓄存款与国债、保险,国债与保险,相关程度很高,可以理解为储存存款的减少转化为国债和保险的同时提高,但都是保障类资产①(见表9－51、表9－52)。

表9－51 "有管户"的子产品资产间相关系数

	存款指数产品(有管户)	国债指数产品(有管户)	保险指数产品(有管户)	理财指数产品(有管户)	基金指数产品(有管户)	黄金指数产品(有管户)	股票指数产品(有管户)
存款指数产品(有管户)	1	－0.9	－0.94	－0.57	－0.43	0.43	－0.38
国债指数产品(有管户)	－0.9	1	0.89	0.32	0.18	－0.65	0.45
保险指数产品资产(有管户)	－0.94	0.89	1	0.33	0.42	－0.42	0.37
理财指数产品(有管户)	－0.57	0.32	0.33	1	0.18	0.09	－0.25
基金指数产品(有管户)	－0.43	0.18	0.42	0.18	1	0.3	－0.05
黄金指数产品(有管户)	0.43	－0.65	－0.42	0.09	0.3	1	－0.75
股票指数产品(有管户)	－0.38	0.45	0.37	－0.25	－0.05	－0.75	1

①咬亮．基于客户分层视角的零售银行资产配置与零售贡献研究[J]．西南金融,2016(11):32－39.

表 9－52 “无管户”的子产品资产间相关系数

	存款指数产品（无管户）	国债指数产品（无管户）	保险指数产品（无管户）	理财指数产品（无管户）	基金指数产品（无管户）	黄金指数产品（无管户）	股票指数产品（无管户）
存款指数产品（无管户）	1	-0.42	-0.84	-0.43	-0.83	0.3	-0.89
国债指数产品（无管户）	-0.42	1	0.53	0.22	0.44	-0.53	0.18
保险指数产品资产（无管户）	-0.84	0.53	1	0.32	0.71	-0.14	0.31
理财指数产品（无管户）	-0.43	0.22	0.32	1	0.06	0.02	0.06
基金指数产品（无管户）	-0.83	0.44	0.71	0.06	1	-0.24	0.55
黄金指数产品（无管户）	0.3	-0.53	-0.14	0.02	-0.24	1	-0.16
股票指数产品（无管户）	-0.69	0.18	0.31	-0.06	-0.55	-0.16	1

构建模型如下：

$$y_t = \beta_0 + \beta_1 x_t + \varepsilon_t \tag{9-22}$$

模型经过初步回归后，经 DW 检验存在自相关，故采用科克伦—奥科特（Cochrane－Orcutt）迭代法对模型进行修正，其基本思想是通过逐次迭代去寻找 ε_t 与 ε_{t-1}，ε_{t-2} …之间的自相关系数 ρ 的估计值，然后进行广义差分法。对于一元线性回归模型 $y_t = \beta_0 + \beta_1 x_t + \varepsilon_t$，假定 ε_t 为一阶自回归 AR1，即 $\varepsilon_t = \rho_1 \varepsilon_{t-1} + \nu_t$，除“无管户”的黄金指数产品占比与黄金价格需要二阶自回归 AR(2) 以外，其余模型均通过一阶自回归 AR(1) 进行修正。

9.7.5 实务分析

羊群行为(Herd Behavior)最早是由凯恩斯(1934)提出的,也就是从众心理,是行为金融学从心理角度对金融市场异象的解释之一,主要是指在不确定条件下投资者受制于有限的信息、能力和认知水平等,投资决策随着市场环境的变化而改变,且这种投资策略的改变具有与大众的一致性和趋同性,是模仿而非自己所挖掘信息的结果。Festinger(1957)指出在遇到冲突时,人们的思想会潜意识地剔除那些与整体关联性最弱的看法,不自觉地寻求平衡。如果从众的结果是获利的,则称之为理性的羊群行为,而非获利的,称之为非理性的羊群行为,等等,关于羊群行为的划分理解很多,不再赘述。

财富顾问是竞争上岗、薪酬较高的职业,同时,作为银行对客户资产配置的委托代理人,常常会基于声誉、薪酬、晋升等,在对市场环境没有明确的判断结果时,会模仿资历较深或业绩较优的财富顾问,对客户形成相似的配置建议,保持职业群体里居中的位势,这也符合统计分布中的大数定律,因此而发生羊群行为,Scharfstein 和 Stein(1990),Trueman(1994),Zweibel(1995),Prendergast 和 Stole(1996),Graham(1999)等提出了基于基金管理人或分析师声誉考虑的羊群理论,而 Maug 和 Naik(1996)考虑了一个风险规避的投资者(代理人),他的奖励随着自己投资绩效的增加而增加,由于报酬的激励,代理人将倾向于模仿基准投资者,使得他的最优投资组合更接近于基准点的投资组合[1]。同样,客户群在面临金融市场时,关于投资的信息都是公共的,但信息的质量是不能确定的,例如,GDP 增速的发布、“党的十九大”召开、投资品的价格等,这就会导致基于信息的羊群行为和“信息瀑布”,其非专业性必然致使其选择追逐一个市场平均的回报率,而羊群行为也会由此而发生,特别是资产规模较少的“长尾”客户,较大可能会咨询银行财富顾问相关的投资事宜,而结果会与财富顾问的羊群行为发生叠加,最终使得银

---

①李心丹. 行为金融学——理论及中国的证据[M]. 上海:上海三联书店,2004:116-123.

行在资产配置上可能成为“噪声”交易者,即不能真正使资产配置成为价值投资,反而会更进一步与银行外市场格局形成高度的趋同和联动。

本节在对“长尾”客户中“有管户”和“无管户”的资产配置情况进行了模型分析及图学分析后,结合羊群行为,主要发现:一是股市的羊群行为常常发生在小散户中,三方存管资产作为与股市息息相关的活期存款,可以认为很好地反映了客户的投资动向,因此,模型回归与图学分析同时印证了“追涨杀跌”的非理性羊群行为是存在于银行的,但并非来自银行的主导,是个体自发行为的结果,且是一阶自回归 AR(1),即当前的三方存管资产与上期的数值多少有关。二是虽然银行理财产品与保险在同业内有同质化特点,但对于经常在一家银行配置金融产品的“长尾”客户,其资产水平相对较低,而银行对此类客户群是没有差异化的产品供给,国债也是如此,所以,对于“有管户”和“无管户”所能选择的理财、保险、国债产品而言,具有一致性和相对唯一性,这就被动形成了理性的羊群行为,他们的选择与市场定价本身如何无关。三是与股市中的金融异象相似,基金和黄金市场也非常容易发生羊群效应,但在上述的实证分析中,看出“无管户”较“有管户”的基金资产、黄金资产与基金市场、黄金市场更为显著相关,且是二阶自回归 AR(2),即当期资产配置占比还受到了前两期的配置水平影响,因此,“无管户”在基金和黄金资产配置上的羊群行为主要是来自相应的市场,而非银行财富顾问的传导。四是储蓄存款是银行金融资产配置的源头,没有储蓄存款就没有资产配置,就“长尾”客户而言,多是家庭中低资产客户群,储蓄率较资产100 万~800 万元、800 万元以上客户高 10~20 个百分点①,但整体相对稳定,银行财富顾问为客户配置产品的首要工作就是存款资产化,即将客户“心理储蓄率”以上的存款配置为金融产品,这也是居民个人在银行“金融深化”的重要过程,因此,在未接受银行财富顾问配置建议的情况下,“无管户”的存款资产往往相对较高,且随着基准利率有显著的正相关影响。

①咬亮. 金融新常态下基层零售银行储蓄存款发展情况研究——以工商银行 W 分行为例[J]. 甘肃金融,2017(1):29-41.

9.7.6 结论与建议

在对样本银行“长尾”客户进行“有管户”和“无管户”区分后,分别进行了资产配置结构与金融市场指标的线性回归,并在结合银行实务及“羊群行为”理论的基础上,就回归结果对银行管理客户的角色(CRM)和作用再次进行分析,主要有以下若干结论与建议。

(1)“二八定律”与“长尾”理论兼容。国有商业银行一直注重中高端客户的价值贡献,财富顾问的 CRM 也主要用于发掘此类客户的信息,但从各类客户的贡献价值占比看(见图 9 -91),资产 800 万元以上的私人银行级客户的贡献占比在 10% 左右,资产 100 万 ~800 万元的财富级客户的贡献约在 30%,“有管户”的“长尾”客户从 40% 缩减至 20%①,而“无管户”的“长尾”客户至少也在 30%,也就是说,0.5% 的中高端客户贡献了近 30% ~40%,远远超出了“二八定律”的价值内涵,这也是商业银行争抢“大”客户的根本原因,同时,“长尾”客户的整体贡献占比也不低,很难说服一家银行放弃对“长尾”客户的拓展和开发,加之从上述分析看出,“无管户”客户的资产配置具有与“有管户”较多

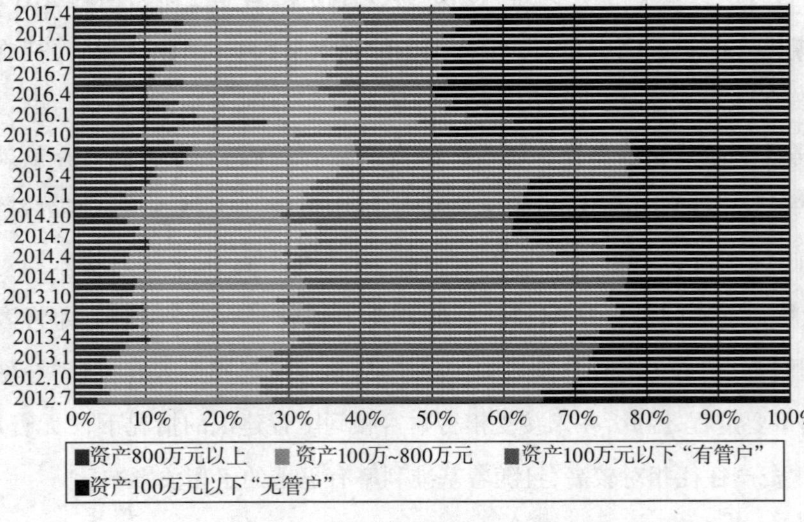

图 9 -91 各类客户贡献值占比时序图

①减少的原因主要是 CRM 系统内容纳客户数量的减少。

的趋同和一致,羊群行为的存在可使银行低成本地“自然”获利。

(2)“无管户”切莫成为“无关户”。进过分析得出,“无管户”在基金资产和黄金资产的配置上与市场指标显著相关,与“有管户”相比,不仅资产的波动较大,而且在市场遭受重创时(2015 年 6 月 A 股)下跌幅度更大,而此类客户恰恰是风险承受能力有限的低资产群体,因此,银行应该加强“无管户”客户在基金和黄金资产配置上的主导地位,利用自身渠道遴选抗市场风险能力强的若干支产品向此类客户推介,如基金定投、账户贵金属积存等平滑成本的产品,以匹配“无管户”客户的风险偏好,提高抵御市场外来冲击的影响。从 2014 年 5 月是国债 Chow 突变点看,“有管户”和“无管户”出现了配置方向上的反差,但“无管户”明显超出市场振幅,波动性过大,从风险控制角度看,这是与低资产客户不相匹配的配置。

(3)产品设计向“长尾”客户贴近。在垄断竞争的银行主导型金融市场中,银行产品的同质化必定长期存在,从分析中可以看出,理财和保险很少有根据客户资产水平高低开发的产品,对于大多数客户而言,可选择的产品都在同一个篮子,在额度有限的情况下只有申购“成功”和“失败”的区别,但“长尾”客户的价值贡献和金融需求还是非常可观的,因此,应借鉴“余额宝”类产品的市场模式,起点低、无额度限制和市场吸金能力强①,利用“长尾”客户的羊群行为,研发新产品,配备远程或线上的资产管理团队,当然,对银行流动性和规模管理也提出了更高的要求。

(4)鼓励理性的羊群行为。理性的羊群行为就是从众后的利己福利增加,无论是作为银行代理人的财富顾问还是“无管户”的客户群,还是应该理性面对市场的变化,合理评估自身的专业素养和风险承受能力,避免“过度自信”和“后悔厌恶”的非理性金融行为,让理性的羊群行为不能成为伪羊群行为(从众的原因是获得信息的一致性,而非基于自身寻求平衡)。因此,银行在客户银行资产的配置过程中,不仅是存款的资产化,也是风险的分散化,更是金融深化的个体表现,虽然银行的资产配置过程并不能让客户的财

①工商银行已研发了“工银 e 添利”(2016 年)、“财富盈”(2017 年)等产品。

富暴增，但却是抗击市场冲击、保值增值的有效机构。

9.8　商业银行营业网点行长的四种角色

随着银行操作系统的日趋成熟，网点经营职能也逐渐向服务靠拢，这里的服务对象在形式上是资本，而实质上却回归于人，因此，网点管理就成为对人的管理，而网点行长则在其中扮演着特殊的管理者角色，是集团队领导、业务模范、营销指挥、服务代表为一体的管理者，下面逐一展开论述。

9.8.1　团队领导

简单来说就是如何管人，其职责就是要整合人力资源，带领团队完成各项既定任务。在中国古代，“官”通“管”，2000 多年的官文化传承至今，管理的思想早已编织在我们的血液中，无论是管理者与被管理者，又或是团队领导与团队下属，特有的“官”式管理已经贯彻于彼此的思想并体现于相互的行为中，所以，对这种管理理念的领悟越深刻，团队的管理就越游刃有余，网点绩效也就会平稳攀升。笔者认为，网点领导的第一职责就是培养员工的团队精神，它强调的是个体与总体的双赢，这就要求个性在团队制度约束内的自由发挥，因为组成团队的个体价值观在一定程度上是相通的，从而团队精神就非一定要以牺牲个体利益来保全团队利益，特殊情况除外。虽然网点团队分工明确，但无论是大堂经理还是客户经理，或是营业经理还是前台柜员，又或是后台会计，不同的岗位归根结底都是在经营资本、防控风险，因此，网点领导就应从两方面加强团队精神的培养：一是自身的综合素质，这里包括了人格魅力、业务技能、管理方法、职业操守等，而且缺一不可，否则就无法服众，团队领导也只能是网点附庸。二是成员之间的相互理解，由于网点成员的年龄、学历、家庭出生、性格等有诸多不同，特别是在综合性的大网点其差异性体现得非常突出，这就导致员工在工作中难免会出现矛盾，因此，网点领导就应巧妙处理网点人际关系，不仅要了解每一位员工，包括个性、业绩、思想动态等，善于倾听，以自己的阅历为参照真诚地与员工沟通，更多地给予勉励而非批评；而且要有意识地创造网点员工交流的机会，可以是例会、聚餐、郊游、竞赛等，在彼此敞开心扉、展示自我的同时，让大家意识到“我为人人，人人为我”、公平、公正、公开的团队精神的现实价值和重要性，当然，这需要大家齐心协力、义无反顾才能实现。

9.8.2 业务模范

这里并非是指所有业务都要精通，毕竟金融环境变化起伏不定，业务代码及操作要求也在不断升级换代，而是能够在业务上举一反三，当然，关键所在就是对制度根本原则的准确理解与把握，这需要长期积累才能形成，其中包括业务法规、操作流程、风险防控、真伪鉴别等。网点行长之所以要担负起业务模范的重责，一方面在于以个人严谨踏实的业务作风可影响并带动整个网点，例如，在新进业务或是系统升级后的业务变化后，应当最先理解此项业务，并针对不同岗位进行解释，做到业务在网点衔接顺畅、运行正常；另一方面，以自身职业经验果断处理诸多棘手问题，其抉择的结果可能导致客户不满意甚至投诉，也可能化险为夷、烟消云散，避免一场金融事故，因此，称网点行长为业务模范，并非因其业务出色而嘉奖封号，而是发挥了业务“领头羊”的示范作用，从网点业务量到差错率，从客户满意度到营销水平等方方面面都直接或是间接地受到影响。显然，业务制度的改革会一直进行下去，那么，网点行长就有义务随同改革的步伐研习业务，更为重要的是，要带动网点其他员工从广度和深度加强业务学习，既帮助他们从制度原则上把握业务尺度，又要增加不同岗位员工间的和谐与理解，也只有在夯实网点业务的基础上，网点行长才能胜任团队领导，继而开展理财营销、提供金融服务。

9.8.3 营销指挥

营销似乎成为考核现今网点行长能力的一项重要指标，也是整个网点绩效优劣的核心所在，所以，网点行长就有必要担负起营销指挥这个重责。

然而,受到网点周边环境资源质量的差异性影响,营销业绩喜忧参半,但是,网点营销水平高低的关键因素却是团队成员的营销技能与相互配合,因此,网点行长有必要也是必然要成为营销的指挥者,紧跟行内发展的需要,让网点有条不紊地实施营销计划,那么,如何做到呢?第一,根据岗位合理分配任务,以体现营销在各岗位应有的比重,例如,同样是前台柜员,个人业务就应比对公业务的柜员任务大,因为二者日常接触的客户群有明显的差异,前者有更多机会将客户现金流引向营销,包括理财金卡、信用卡、基金、保险等,而后者则以处理票据业务为主;第二,加强客户经理、大堂经理、前台柜员等之间的沟通,毕竟客户经理及大堂经理在营销方面有较多培训学习的机会,经过相互间的交流,在增加产品认识的同时,提高网点整体营销的竞争力,其中包括营销术语、专业词汇、客户识别等;第三,定期统计并公布成员营销业绩,奖罚分明,尽可能采取个别谈话的形式与成员沟通,找出营销中存在的问题。总之,网点行长应鼓励员工扬长避短进行营销,而非不加分析地制定任务,导致成员营销存在两极分化,要么一味营销忽略本职业务,要么只办业务无心营销,同时,作为营销指挥,还应注意控制风险,并非有资质的客户就一定要成为营销对象,避免以牺牲客户忠诚度去换来网点短期的营销业绩。

9.8.4 服务代表

回归到服务问题,一般而言,各家银行网点的选址大体相同,这促使同一区域的客户有意识对比各家银行,服务质量就成为网点口碑的“晴雨表”。简单说来,服务的好坏就是客户能否及时有效地办理完业务,更进一步讲,就是客户是否对网点从环境到人员素质达到满意,然而,浸泡在经济中的人们几乎每天都与银行在打交道,服务渐渐成为人们关注的焦点。网点行长并不是以其外在成为服务代表,而是取决于其看待问题的态度和解决问题的方式,或者说是如何理解客户与银行之间的关系。可以说,网点行长从日常工作的点滴中就可以表露出对待客户的态度,深深影响着网点团队,日渐形成一种氛围,并成为客户来网点的第一感受,包括卫生环境、器具摆放、标识位置、设备运转以及员工精神状态等。当然,服务问题的出现可能是两方面的,如果是网点员工自身的,那么解决问题的方式就是通过客户的谅解来实现,相反,问题出在客户自身,那么,设身处地理解客户就是解决问题的最佳途径,当然,无论何种情况,一旦发生问题,网点行长都应当第一时间站出来,以理性的姿态判断是非,做到大事化小、小事化无。从根本上讲,网点行长应当切实贯彻"以客户为中心"的服务理念,带动团队让服务成为网点发展的催化剂。

综上所述,从不同角度看,网点行长有四种角色:团队领导、业务模范、营销指挥、服务代表,然而,实际中却在同时扮演着四种角色,也许还有更多,它们缺一不可地组成了衡量现今网点行长综合素质的重要标准。

9.9 本章小结

本章主要围绕商业银行零售银行业务的核心部分——客户管理、营业网点管理、财富管理、储蓄存款、私人银行、银行卡、零售贡献等展开讨论,是在工作实践的基础上,对近年来笔者发表撰写论文主要内容的简要概述。

面对中国经济的四大困难:经济下行压力较大、结构调整阵痛显现、企业生产经营困难多、部分经济风险暴露,作为网络社会如影随形的金融业着实遇到了"新常态":在大数据、云计算和移动互联的信息腾飞时代,金融监管平衡中审慎包容,民营金融、互联网金融、普惠金融、农村金融异军突起,顶层设计重质量、讲效益,底层运营博创新、拼活力,社会经济金融体在"市场化、专业化、国际化、信息化"的新格局中寻找新增长点,在开放创新中改革发展。作为金融业"领头羊"的银行,迫切需要"认识新常态,适应新常态,引领新常态",只有充分深刻认识到金融新常态的特征,才能主动地应对金融新常态下的风险挑战,更加积极地推动银行业转型发展,为银行业发展注入更加持久的内生动力。

顺势而为,2015 年,正值工行从建章立制到跨越发展的 30 年之际,总行党委从更宽视野、更广领域、更深层次启动实施“大零售”战略，既是对现有零售市场中利率市场化、存款保险制、IPO 重启、余额宝、P2P、电子现金等“新金融常态”的积极应对和创新，也是对“大个金”和“强个金”战略的延续和扩展，即以开放、共享、共赢的平台思维发展零售金融，将基于所有个人客户账户和小微企业贷款账户所产生的金融交易业务纳入“大零售”金融范畴，全面涵盖个人金融、银行卡、资产管理、小微贷款、电子银行、私人银行、贵金属、养老金、金融市场、国际业务、基金、保险等专业领域，科学、全面、完整地反映零售金融对全行的经营贡献，打造多层次、立体式、多方共赢互利的零售金融生态圈。着眼于紧紧围绕以客户为中心，实施以结构优化、效能提升、质态改善为主要特征的内涵式发展，着力从战略驱动、文化引领、体制机制、基础工作、队伍建设等方面整体推进，坚持顶层设计与基层创新相统一，稳步提升零售金融对工商银行的整体贡献。

参考文献

[1][美]安德瑞·史莱弗. 并非有效的市场——行为金融学导论[M]. 北京:中国人民大学出版社,2003.

[2][美]保罗·格莱姆齐. 决策、不确定性和大脑——神经经济学[M]. 北京:中国人民大学出版社,2010.

[3][美]波士顿咨询公司. 2014 全球财富报告[R]. 波士顿咨询公司,2014.

[4]陈芙. 中国商业银行非利息收入业务影响研究——基于上市商业银行的数据[D]. 沈阳:辽宁大学,2015.

[5]陈华友,王居平. 证券组合投资的动态模型研究[J]. 工科数学,2001(3):16-20.

[6]陈蕾. 基于金融约束视角的中国家庭资产配置研究[J]. 福建论坛(人文社会科学版),2015(11):41-46.

[7]陈奇斌. 尤金·法马与有效市场理论[J]. 福建论坛·人文社会科学版,2014(1):38-41.

[8]程鹏亮. 中国商业银行资产管理制度重构研究[D]. 上海:上海社会科学院,2017.

[9][美]达摩达尔·N. 古拉扎蒂,唐·C. 波特. 计量经济学基础(上下册)[M]. 北京:中国人民大学出版社,2011.

[10][美]戴维·达斯特. 资产配置的艺术(完整版):所有市场的原则和投资策略[M]. 北京:中国人民大学出版社,2014.

[11][美]丹尼尔·卡尔曼. 情商[M]. 北京:中信出版社,2018.

[12][美]丹尼尔·卡尼曼,保罗·斯洛维奇,阿莫斯·特维斯基.不确定状况下的判断——启发式和偏差[M].北京:中国人民大学出版社,2013.

[13]丁志国,苏治水,杜晓宇.现代金融学理论的疏漏与分歧[J].社会科学,2006(3):80-86.

[14]董志勇,韩旭.基于GCAPM的羊群行为检测方法及中国股市中的实证依据[J].金融研究,2007(5):108-117.

[15]董志勇.行为金融学[M].北京:北京大学出版社,2015.

[16]杜春越,韩立岩.家庭资产配置的国际比较研究[J].国际金融研究,2013(6):44-55.

[17]范宝珠,滕成业.非负约束下含无风险证券的投资组合方法[J].中山大学学报(自然科学版),2001(3):25-28.

[18]范从来,刘绍保,刘德溯.中国资产短缺影响因素研究——理论及经验证据[J].金融研究,2013(5):73-85.

[19]付诗涵.方差比方法在有效市场检验中的鲁棒性研究——对Andrew Lo和MacKinlay方法的一点质疑[J].中央财经大学学报,2013(8):31-36.

[20]郭存芝.现代证券组合投资理论在我国的应用研究[J].数量经济技术经济研究,2001(1):104-106.

[21][美]哈利·M.马科维兹.资产选择——投资的有效分散化[M].北京:首都经济贸易大学出版社,2000.

[22]郝旭光,张嘉祺,刘子健.损失厌恶、后悔厌恶与沉没成本效应的关联性分析[J].北京工商大学学报(社会科学版),2016(3):91-100.

[23]韩其恒,唐万生,梁建峰.允许卖空情况下证券投资组合的概率准则模型[J].系统工程学报,2003(3):289-293.

[24]何宜庆,王浣尘.E-Sh风险下的证券组合投资多目标决策模型[J].系统工程学报,2001(1):66-71.

[25]胡国政,李楚霖.考虑交易费用的证券组合投资的研究[J].预测,1998(5):33-36.

[26]胡海鹏,方兆本.投资组合VaR及其分解[J].中国管理科学,2003

(3):1-5.

[27]胡金焱,郭峰.有效市场理论论争与中国资本市场实践——2013年度诺贝尔经济学奖获奖成就实证检验[J].经济学动态,2013(12):114-121.

[28]胡支军,叶丹.基于损失厌恶的非线性投资组合问题[J].中国管理科学,2010(4):28-33.

[29]花娟.浅析商业银行个金客户分层管理[J].经济研究导刊,2012(12):58-59.

[30]黄达强.损失厌恶与偏好异质性——来自神经经济学的证据[J].南方经济,2014(7):88-93.

[31]黄斐,张同建.我国国有商业银行客户关系管理体系研究[J].工业技术经济,2010(10):110-114.

[32]金秀,王佳.基于动态损失厌恶投资组合优化模型及实证研究[J].运筹与管理,2014(23):16-23.

[33]拉斯·特威德.金融心理学——掌握市场波动的真谛[M].北京:中国人民大学出版社,2010.

[34][美]理查德.H.泰勒.行为金融学新进展(Ⅱ)[M].北京:中国人民大学出版社,2014.

[35]李景然.我国商业银行个人客户分层管理研究[D].上海:上海外国语大学,2014.

[36]李腊生,刘磊,李婷.基于投资者异质性的投资组合选择与证券市场价格[J].统计研究,2013(2):40-48.

[37]李灵燕,石高宏,白永秀.2010论有效市场假说对真实市场的三大背离[J].经济纵横,2010(5):30-33.

[38]李泉,延莉莉.非利息收入对商业银行经营绩效影响的实证研究——基于中国16家上市商业银行2005—2012年的数据分析[J].西华大学学报(哲学社会科学版),2014(1):62-65.

[39]李心丹.行为金融学——理论及中国的证据[M].上海:上海三联

书店,2004.

[40]李心丹. 行为金融理论:研究体系及展[J]. 金融研究,2005 (1):175 -190.

[41]李雪峰. 居民储蓄存款的计量经济分析[J]. 商业经济,2011(3):30 -32.

[42]李扬,张晓晶,常欣. 中国国家资产负债表2015——理论、方法与风险评估[M]. 北京:中国社会科学出版社,2016.

[43]李仲飞,汪寿阳. 投资组合优化与无套利分析[M]. 北京:科学出版社,2001.

[44]林辉,何建敏. VAR 在投资组合应用中存在的缺陷与 CVaR 模型[J]. 财贸经济,2003(12):46 -49.

[45]廖懿,陈收,杨宽. 成交量对证券组合投资有效边界影响的实证分析[J]. 数量经济技术经济研究,2001(7):85 -88.

[46]雷洪光. 利率市场化进程中我国商业银行中间业务发展研究[J]. 西南财经大学,2017.

[47]柳宏珠,郭晓斌. 证券投资组合优化模型的进一步研究[J]. 运筹与管理,2003(1):70 -73.

[48]刘海龙,孔良,樊治平. 具有固定交易费用的证券投资最优策略[J]. 预测,1999(2):23 -27.

[49]刘海龙,吴冲锋. 证券投资决策的二阶段动态分析法[J]. 系统工程理论与实践,2000(9):9 -13.

[50]刘力,张圣平,张铮,熊德华. 信念、偏好与行为金融学[M]. 北京:北京大学出版社,2007.

[51]刘善存,邱菀华. 极大熵方法求解双层多目标决策问题[J]. 系统工程理论与实践,2000(3):99 -103.

[52]刘泽文,孔亮. 心理账户的理论、特征和应用[J]. 人类工效学,2014(4):74 -79.

[53]陆家骝,等. 行为金融学的兴起[M]. 广州:广东人民出版社,2006.

[54]卢佐冬. 个体投资者心理与行为偏差研究[D]. 武汉:武汉大学,2012.

[55]罗秋兰,陈有禄. 具有交易成本的证券组合投资决策研究[J]. 应用数学,2003(1):55-58.

[56]吕昀卿. 商业银行客户细分及应用研究[D]. 北京:对外经济贸易大学,2006.

[57]马长啸,支蒙. 大数据时代银行客户关系管理研究[J]. 中外企业家,2016(22):59-60.

[58]马超群,杨晓光. VaR之下厚尾分布的最优资产组合的收敛性[J]. 管理科学学报,2002(1):65-69.

[59]马孝先. 中美商业银行非利息收入及其对经营绩效影响的比较研究[J]. 山东财经大学学报,2017(3):12-29.

[60]马永开,唐小我. 行为证券组合投资决策方法研究[J]. 系统工程学报,2003(1):71-76.

[61]米辉,张曙光. 财富约束条件下损失厌恶投资者的动态投资组合选择[J]. 系统工程理论与实践,2013(5):1107-1115.

[62]南京市农村金融学会课题组. 商业银行零售业务转型与竞争力提升策略[J]. 现代金融,2017(9):12-14.

[63]缪琳,姚俭. 摩擦市场的投资决策模型研究[J]. 上海理工大学学报,2003(1):54-57.

[64]彭飞. 基于行为金融的资产选择模型研究[M]. 北京:经济科学出版社,2010.

[65]秦学志,吴冲锋. 模糊随机风险偏好下的证券投资组合选择方法[J]. 管理科学学报,2003(4):73-76.

[66]饶育蕾,盛虎. 行为金融学[M]. 北京:机械工业出版社,2012.

[67]荣喜民,张奎庭. 有交易成本的证券投资研究[J]. 系统工程学报,2003(3):198-202.

[68]史代敏. 居民家庭金融资产选择的建模研究[M]. 北京:中国人民

大学出版社,2012.

[69]苏同华.行为金融学教程[M].北京:中国金融出版社,2006.

[70]孙世杰,高岩.摩擦市场下多阶段投资组合的均值方差模型[J].上海理工大学学报,2008(4):339-344.

[71]屠新曙,王春峰.最佳均值-VAR投资组合问题的研究[J].湘潭大学自然科学学报,2002(2):13-17.

[72]王纯子,郭伟,张斌.求解非线性混合整数规划的算法设计与仿真[J].计算机科学与探索,2013(9):854-864.

[73]王都富.中国富裕阶层金融行为研究——基于财富管理的视角[M].北京:中国金融出版社,2012.

[74]汪贵浦,王明涛.Harlow下偏矩证券组合优化模型的求解方法研究[J].系统工程理论与实践,2003(6):42-47.

[75]王光宇.银行资产管理业务与资产证券化市场的联接[J].银行家,2016(3):15-17.

[76]王洪栋,张光楹,廉赵峰.财富管理与资产配置[M].北京:经济管理出版社,2013.

[77]王健,庄新田.基于损失厌恶的开放式基金业绩激励研究[J].技术经济,2015(3):105-111.

[78]王敏.大数据时代银行个人客户关系管理[J].西南金融,2016(7):30-32.

[79]王小平,韩丽萍.存款保险制度对我国私人银行的影响分析[J].价值工程,2016(11):246-247.

[80]王渊,杨朝军,李欣欣.中国居民部门资产配置的长期行为研究——基于AIDS模型的实证分析[J].上海交通大学学报(哲学社会科学版),2016(3):96-105.

[81]威廉·F.夏普.投资者与市场——组合选择、资产定价及投资建议[M].上海:上海人民出版社,2011.

[82]魏星.证券公司资产管理行业发展回顾与未来展望[J].中国货币

市场,2017(5):23－26.

[83]魏先华,张越艳,吴卫星,肖帅. 我国居民家庭金融资产配置影响因素研究[J]. 管理世界,2014(7):20－28.

[84]吴军,陈丽萍. 损失厌恶视角的居民通货膨胀承受能力研究[J]. 国际金融研究,2017(3):15－24.

[85]吴世农. 风险度量方法与金融资产配置模型的理论与实证研究[J]. 经济研究,1999(9):30－38.

[86]肖峻. 股市周期与基金投资者的选择[J]. 经济学(季刊),2013(4):1299－1320.

[87]谢晓非,陆静怡. 风险决策中的双参照点效应[J]. 心理科学进展,2014(4):571－579.

[88]徐绪松,马莉莉,陈彦斌. 考虑损失规避的期望效用投资组合模型[J]. 中国管理科学,2007(5):42－47.

[89]徐绪松,马莉莉. 基于后悔规避的投资组合模型及其实证分析[J]. 技术经济,2008(1):94－98.

[90]徐绪松,宋奇,马莉莉. 基于代表性偏差的行为投资组合模型及实证[J]. 系统工程理论与实践,2012(1):34－40.

[91]姚佳. 家庭资产组合选择研究[D]. 厦门:厦门大学,2009.

[92]咬亮. 基于客户分层视角的零售银行资产配置与零售贡献研究[J]. 西南金融,2016(11):32－39.

[93]咬亮. 金融新常态下零售银行储蓄存款发展情况研究[J]. 甘肃金融,2017(1):29－41.

[94]咬亮. 当前国内私人银行发展中存在的问题与应对措施研究[J]. 西南金融,2017(2):58－63.

[95]咬亮. "大零售"战略模式下基层行私人银行业务发展调研报告——以工商银行 W 分行为例[J]. 中国银行业,2017(9):91－94.

[96]咬亮. 财富水平、资产配置与金融市场关系的实证分析——基于 VAR 模型[J]. 统计与决策,2018(1):166－170.

[97]咬亮. 银行“长尾客户”的资产配置——基于“有管户”与“无管户”分类的实证研究[J]. 金融论坛,2018(5):40-54.

[98]叶航. 神经元经济学[J]. 学术界,2014(7): 35-40.

[99]袁军鹏,宿洁. 个人消费—投资多阶段决策模型[J]. 中国管理科学,2003(5):12-15.

[100][美]约翰·Y. 坎贝尔,路易斯·M. 万斯勒. 战略资产配置[M]. 上海:上海财经大学出版社,2004.

[101]张兵,李晓明. 中国股票市场的渐进有效性研究[J]. 经济研究,2003(1):54-61.

[102]詹泽雄,吴宗法,程国雄. 基于动态非线性损失厌恶的投资组合优化与实证研究[J]. 运筹与管理,2017(10):137-147.

[103]詹泽雄,吴宗法,程国雄. 基于前景价值与下偏二阶矩的投资组合优化研究[J]. 北京理工大学学报(社会科学版),2017(3):55-66.

[104]詹志斌. 对提升我国商业银行客户管理水平的思考[J]. 浙江金融,2010(1):29-33.

[105]张海峰,张维,熊熊,邹高峰. 损失厌恶对金融市场的作用机理探究[J]. 西南交通大学学报(社会科学版),2011(5):68-72.

[106]张海云. 我国家庭金融资产选择行为及财富分配效应[D]. 广州:暨南大学,2010.

[107]张茂军,秦学志,南江霞. 损失厌恶下带有风险约束的委托投资组合模型[J]. 系统工程学报,2012(4):513-519.

[108]张卫国,谢建勇,聂赞坎. 不相关证券组合有效集的解析表示及动态分析[J]. 系统工程,2002(2):24-27.

[109]张喜彬,荣喜民. 有关风险测度及组合证券投资模型研究[J]. 系统工程理论与实践,2000(9):19-22.

[110]招商银行,贝恩公司. 2013 中国私人财富报告[R]. 招商银行,贝恩公司,2015.

[111]周正清. 商业银行盈利模式转型研究——基于非利息业务的影响

因素、收益与风险的实证分析[D].上海:上海社会科学院,2017.

[112][美]滋维·博迪,亚历克斯·凯恩,艾伦·J. 马库斯. 投资学[M].北京:机械工业出版社,2015.

[113] Abdellaoui. M, Bleichrodt H, Paraschiv C. Loss aversion under prospect theory: Aparameter - freemeasurement [J]. *Management Science*, 2007, 53 (10):1131 - 1150.

[114] Allais, M. Le comportement de L'homme rationneldevant le risque: Critique despostulats et axiomes de L'ecole americaine [J]. *Econometrica*, 1953 (21):503 - 546.

[115] Alexander G, Baptista A. Value at Risk and mean - variance analysis [R]. Workingpaper, University of Minnesota, 1999.

[116] Atkinson C , Al - Ali B. On an investment - consumption model with transaction costs: an asymptotic analysis [J]. *Applied Mathematical Finance*, 1997 (4):109 - 113.

[117] Ayubu, Shah S Z A, Abbas Q. Robust analysis for downside risk in portfoliomanagement for a volatile stock market [J]. *Economic Modelling*, 2005 (44):86 - 96.

[118] Bajeux - Besnainou I. Portait R. Dynamic asset allocation in a mean variance framework [J]. *Management Science*, 1998 (44):79 - S95.

[119] Balakrishna S H. On a Generalized Stein Estimator of Regression Coefficients [J]. *Communications Statist Theory Method*, 1988 (6):1741 - 1746.

[120] Banz. R. The relation between return and market value of common stocks [J] *Journal of Financial Economics*, 1981 (9):3 - 18.

[121] Barberis N, Huang M. Mental accounting, loss aversion and individual stock returns [J]. *Journal of Finance*, 2001 (56):1247 - 1292.

[122] Barron, G. Erev. I. Small feedback - based decisions and their limited correspondence to description - based decisions [J]. *Journal of Behavioral Decision Making*, 2003 (16):215 - 233.

[123] Basak. S. . A. Shapiro. Value - at - Risk Based Risk Management: Optimal Policies and Asset Prices [J]. *The Review of Financial Studies*, 2001, 14 (2): 371 - 405.

[124] Bell R. , Cover T M. Game - theoretic optimal portfolis [J]. *Management Science*, 1988 (34): 724 - 733.

[125] Berkelaar A B, Kouwenberg R, Post T. Optimal portfolio choice under loss aversion [J]. *The review of Economics and Statistics*, 2004, 86 (4): 973 - 987.

[126] Bernard C, Ghossoub M. Static portfolio choice under cumulative prospect theory [J]. *Mathematics and Financial Economics*, 2010, 2 (4): 277 - 306.

[127] Booij A. S. , van Praag B M S, van de Kuilen G. A parametric analysis of prospect theory's functional general population [J]. *Theory and Decision*, 2010 (68): 115 - 148.

[128] Brauers, W. K. M. , Zavadskas, E. K. , Turskis, Z. , et al. Multi - objective contractor's ranking by applying the MOORA method [J]. *Jouranl of Business Economics and Management*, 2008, 9 (4): 245 - 255.

[129] Chen M K, Venkat L, Laurie R S. How basic are behavioralbiases? Evidencefrom capuchin monkey trading bavior [J]. *Journal of Political Economy*, 2006, 114 (3): 517 - 537.

[130] Chopra, N. Lakonishok, J. and Ritter, J. "Do stocks overreact?" [J]. *Journal of Financial Economics*, 1992 (31): 235 - 268.

[131] Cover T. M. , Ordentlich E. Universal portfolios with side information [J]. *IEEE Transaction on Information Theory*, 1996 (12): 348 - 363.

[132] Cumovad, Nawrocki D. Asymmetric LPM model for heuristic mean - semi variance analysis [J]. *Journal of Economics and Business*, 2011 (63): 217 - 236.

[133] Cumovad, Nawrocki D. Portfoliooptimization in an upside potentialand-downside risk framework [J]. *Journal of Economics and Business*, 2014 (71): 68 - 89.

[134] Dachraoui K. , Georges Dionne. Stochastic dominance and optimal portfolio [J]. *Economic Letters*, 2001 (71): 347 - 354.

[135]Davis M H A. ,Norman A R. Portfolio selectionwithtransaction costs [J]. *Mathematics of Operations Research*,1990,15(4):676 - 713.

[136]DeBondt W. F. M. ,Thaler R. Dos the stock market overreact? [J]. *Journal of Finance*,1985(40):793 - 805.

[137]De Giorgi E,Hens T. Making prospect theory fit for finance[J]. *Financial Market Portfolio Management*,2006(20):339 - 360.

[138]Denisa Cumova,David Nawrocki. Portfolio optimization in an upside potential and downside riskframework[J]. *Journal of EconomicsandBusiness*,2014(71):68 - 89.

[139]Estrada J. Mean - semi variance optimization:a heuristic approach [J]. *Journal of Applied Finance*,2008,18(1):57 - 72.

[140]Fama,E. F. Efficient Capital Markets:A review of Empirical Work [J]. *Journal of Finance*,1970(25):383 - 417.

[141]Fama E. F. Efficient capital market[J]. *Journal of Finance*,1991(46):1575 - 1617.

[142]Foo T,Eng S. Asset allocation in a downside risk framework[J]. *Journal of Real Estate Portfolio Management*,2000,6(3):213 - 223.

[143]Fishburn P C. Mean - risk analysis with risk associated with below - targetreturn[J]. *American Economic Review*,1977,67(2):116 - 126.

[144]Fortin I, Hlouskova J. Optimal asset allocation under linear loss aversion[J]. *Journal of Banking and Finance*,2011,35(11):2974 - 2990.

[145]FortinI,Hlouskova J. Downside loss aversion:winner or loser? [J]. *Mathematical Methods of Operations Research*,2015(81):181 - 233.

[146]Friedman M. ,Savage L. J. The utility analysis of choices involving risk[J]. *Journal of Political Economy*,1948(56):279 - 304.

[147]Friedmen M. Choice, chance, and the personal distribution of income [J]. *Journal of Political Economy*,1953,61(4):277.

[148]GeorgeA. Akerlof,Robert J Shiller. Animal Spirits:How Human Psy-

chology Drives the Economy, and Why It Matters for Global Capitalism[M]. Princeton, 2009.

[149] Gomes F J. Portfolio choice and trading volume with loss - averse investors[J]. *Journal of Business*, 2005, 78(2): 675 - 706.

[150] Hallow. W. V. Asset Allocationina Downside - Risk Framework[J]. *Financial Analysts Journal*, 1991, 47(5): 28 - 40.

[151] Hawawini G., Keim D. The Gross Section of Common Stock Return: A Review of the Evidence and some New Findings. Working paper. University of Pennsylvania, 1998.

[152] HE X D, ZHOU X Y. Portfolio choice under cumulative prospect theory: an analysis treatment[J]. *Management Science*, 2011, 57(2): 315 - 331.

[153] Helmbold D., Schapire R., Singer Y., Warmuth M. Online portfolio selection using multiplicative updates[J]. *Mathematical Finance*, 1998(8): 325 - 347.

[154] Hersh S, Statman M. Behavioral portfolio theory[J]. *Journal of Financial and Quantitative Analysis*, 2000, 35(2): 127 - 151.

[155] Hirshleifer. Investor psychology and asset pricing[J]. *Journal of Finance*, 2001(4): 1553 - 1597.

[156] Hoerl, AE, Kennard, R. W.. Ridge Regression, Application for Nonorthogonal Problem[J]. *Technometrics*, 1970(12): 69 - 72.

[157] Homans, George C. *Elementary Formsof Social Behavior*[M]. New York: Harcourt Brace Jovanovich, 1974.

[158] Hwang S, Satchell S E. How loss averse are investor in financial market? [J]. *Journal of banking & Finance*, 2010, 34(10): 2425 - 2438.

[159] Jaffe. J. Special Information and Insider Trading[J]. *Journal of business*, 1974(47): 410 - 428.

[160] Jamshidian F. A symptotically optimal portfolio[J]. *Mathematical Finance*, 1992, 2(2): 1313 - 1350.

[161] Janiszewski C, Lichtenstein D R. A range theory account of price

perception[J]. *Journal of Consumer Research*,1999,25(4):353 –368.

[162]Jarrow R,Zhao F. Downsidelossaversionandportfoliomanagement[J]. *Management Science*,2006(52):558 –566.

[163]Jegadeesh, N.,Titman,S. Returns to buying winners and selling losers: Implications for stock market efficiency[J]. *Journal of Finance*,1993(48):65 –91.

[164]Kahneman D,Tversky A. Prospect theory: an analysis of decision under risk[J]. *Econometric*,1979,47(2):263 –292.

[165]Kamara. A. Liquidity,taxes,and short – term treasury yields[J]. *Journal of Financial and Quantitaive Analysis*,1994(29):403 –417.

[166]Kast R,Luciano E,Peccati L. Value – at – riskasadecisioncriterion [R]. Working Paper,University of Turin,1999.

[167]Keim D. B.. Size related anomalies and stock return seasonaloties:further empirical evidences[J]. *Journal of Financial Economics*,1983(12):13 –22.

[168]Konno H,Yamazaki H.. Mean – Variance deviation portfolio optimization model and its application to Tokyo stock market[J]. *Management Science*, 1991,37(5):519 –531.

[169]Koop G J,Johnson J G. The use of multiple reference points in riskydecision making[J]. *Journal of Behavioral Decision Making*,2012,25:49 –62.

[170]Levy A.,Livingstion M. *The gains form diversification reconsidered: Transaction Costs and Superior information, Financial Markets, nstitution &Instrument*[M]. *New York:University Salomon Center*,1995.

[171]Longstaff. F. A. Optimal portfolio choice and valuation of illiquid securities[J]. *Review of Financial Studies* 2001,14(2):407 –431.

[172]Lopes L L. Between hope and fear: the psychology of risk[J]. *Advance in Experimental Social Psychology*,1987(20):195 –255.

[173]Markowitz H. Portfolio selection[J]. *Journal of Finance*,1952,7(1): 77 –91.

[174]Marquardt D W. Generalized inverses,Ridge Regression,Biased Linear

Estimtion, and Nonlinear Estimation[J]. *Technometrics*, 1970(12):591 – 612.

[175] Manel Baucells, Martin Weber, Frank Welfens. Reference – point formation and updating[J]. *Management Science*, 2011, 57(3):506 – 519.

[176] Mehra R., Prescott E. C. The equity premium: a puzzle[J]. *Journal of Monetary Economics*, 1985(15):145 – 162.

[177] Meir Statman. Behaviorial Finance: Past Battles and Future Engagements [J]. *Association for Investment Management and Research*, 1999(11):12 – 16.

[178] MeirStatman Behavioral Finance: Past Battles, Future Engagements [J]. *Financial Analyst Journal*, 1999, 55(6):18 – 27.

[179] Merton. R. C. Optimum consumption and portfolio rules in a continuous – timemodel[J]. *Review of Economic Theory*, 1971(3):373 – 413.

[180] Michael J Best, Robert R Grauer, Jaroslava Hlouskova, Xili Zhang. Loss-aversionwithkinkedlinearutilityfunctions[J]. *Computational Economics*, 2014 (44):45 – 65.

[181] Morton A, Pliska S. Optimal portfolio management with fixedtransaction costs[J]. *Mathematical Finance*, 1995, 5(4):337 – 356.

[182] Ordonez L D, Connolly T, Coughlan R. Multiple reference points in satisfaction and fairness assessment[J]. *Journal of Behavioral Decision Making*, 2000(13):329 – 344.

[183] Rockafellar R, Uryasev S. Optimization of conditional value at risk [J]. *Journal of Risk*, 2000(2):21 – 42.

[184] Roy, A. D. Safety – First and the holding of assets[J]. *Econometrica*, 1952, (20):431 – 449.

[185] Rose. S. A. Arbitrage theory of capital pricing[J]. *Journal of Economic Theory*, 1976(13):341 – 360.

[186] Rozeff, Kinney. Capital market seasonality: the case of stock returns [J]. *Journal of Finanial & Economics*, 1976(3):379 – 402.

[187] Rubinstein M. Rational market: yes or no? The affirmative case[J].

Financial Analysis Journal,2001(57):15 -29.

[188]Sharpe W F. A Simplified Model of Portfolio Analysis[J]. *Management Science*,1989(20):1323 -1334.

[189]Shefrin H. ,Statman M. Behavioral Capital Asset Pricing Theroy[J]. *Journal of Financial and Quantitative Analysis*,2000,35(2):127 -151.

[190]Shiller J. R.. The volatility of long term interest rates and expectations models of the term - structure[J]. *Journal of Political Economy*, 1979(87): 1190 -1219.

[191]Shiller J. R.. Do stock prices move too much to be justified by subsequent changes in dividends? [J]. *American Economic Review*,1981(71):421 -436.

[192]Shiller J. R.. From efficient market theory to behavioral finance[R]. *Working Paper*,2002.

[193]Siegel,J J. *The Perfect Witness. Ballantine Books*[M]. New York: Irwin,1998.

[194]Siegmann A,Lucas A. Discrete - time financial planning models under loss - averse preferences[J]. *Operational Research*,2005(53):403 -414.

[195]Simaan Y. Estimation Risk in Portfolio selection: the mean variance model versus the mean absolute deviation model[J]. *Management Science*,1997(43):1437 -1446.

[196]Simon H A. Invariants of human behavior[J]. *Annual Review of Psychology*,1990(41):1 -19.

[197]Spiegler R. Monopoly pricing when consumers are antagonized by unexpected pricing increases: a cover version of the Heidhues - Koszegi - Rabin Model[J]. *Economic Theory*,2012(51):695 -711.

[198]Stein C. *Multiple Regression in Contributions to Probability and Statistics: Essays in Honor of Haroid Hotelling. Olkin*[M]. Stanford University,1960.

[199]Thaler,Kahneman,Tversky,D A. Schwartz. The effect of Myopia and LossAversion on Risk Taking: An Experimental Test[J]. *Quarterly Journal of E-*

conomics,1997(112):647 －661.

[200] Thaler, R. H., Shefrin, H. M. *An economic theory of self－control* [M]. Journalof Political Economy,1981(89):392 －406.

[201] Thaler, R. H., Johnson, E. J. Gambling with the house money and trying tobreak even: The effects of prior outcomeson risky choice [J]. *Management Science*,1990(36):643 －660.

[202] Tversky A, Kahneman D. *Advances in prospect theory: cumulative representation of uncertainty* [M]. Cambridge: Cambridge University Press,2000.

[203] Patricia T. The effect of loss aversion on trade policy: Theory and evidence [J]. *Journal of International Economics*,2009,78(1):154 －167.

[204] Wang X T. Decision heuristics as predictors of public choice [J]. *Journal of Behavioral Decision Making*,2008(21):77 －89.

[205] Wang X T, Johnson J G. A tri－reference point theory of decision making underrisk [J]. *Journal of Experimental Psychology*: General,2012(141): 743 －756.

[206] Wu, Gonzalez R. Curvaureofthe probalitity weighting function [J]. *Management Science*,1996,42(12):1676 －1690.

[207] Yager R R, Xu Z S. The continuous ordered weighted geometric operator and its applications to decision making [J]. *Fuzzy Sets and Systems*,2006,157 (10):1393 －1402,1468 －1473.

[208] Zhang W, Semmler W. Prospect theory for stock markets: empirical evidencewith time－series data [J]. *Journal of Economic Behavioral Organization*,2009(72):835 －849.

[209] Zweig M. E. An investor expectations stock price predictive model suing closed－end fund premiums [J]. *Journal of Finance*,1973(28):67 －87.

[210] Zwiebel J. Corporate Conservatism and Relative compensation [J]. *Journal of Political Economy*,1995(103):1 －25.

附 录

附表1 大类资产分类标准

资产大类	资产细类	策略/投资品	工具	业绩基准
货币类	货币市场工具类	货币市场工具	现金、存款、逆回购、货币基金等	中证货币基金指数H11025
		外汇	美元、欧元、日元等	美元指数USDX. FX
固收类	债券类	利率债	国债、地方政府债、央票、政策性金融债、政府支持机构债券等	中债总财富指数037
		信用债	企业债、公司债、商业性金融债、非金融企业债务融资工具、资产支持证券	中债高信用等级债券财富指数063
		纯债组合(配置)	利率债、信用债	存量债权项目类投资品加权收益率
		纯债组合(交易)	利率债、信用债	中证纯质债券型基金指数930609
		债券基金	纯债债基、一级债基、二级债基	中证债券型基金指数H11023
		固收委外	利率债、信用债、打新、货币基金、可转债、可交换债、分级基金、国债期货	中债综合财富指数057
		境外债券		QDⅡ债券型基金指数885066
	债权项目类	债权	理财计划直接投资、理财直融工具、信托贷款、委托贷款、委托债权、信贷资产流转、同业资产、收/受益权、信用证、应收账款、ABS	存量债权投资品加权受益率

续表

资产大类	资产细类	策略/投资品	工具	业绩基准
固收类	债权项目类	票据	银行承兑汇票、商业承兑汇票	存量票据投资品加权收益率
		境外债权		存量境外债权项目类投资品加权收益率
权益类	股票类	流通股票	普通股	中证800指数
		定增股票	定增股	国证定向增发综合指数CN5111
		股票基金	普通股票型基金、股票指数型基金、ETF、LOF	中证股票型基金指数H11021
		混合基金	偏债混合型基金、偏股混合型基金、平衡混合型基金	中证混合型基金指数H11022
		安全垫股票		
		安全垫定增	定增股票	国证定向增发综合指数CN5111×85%
		权益委外	普通股、定增股、股指期货、融券、期权等	中证800指数
		境外股票		QDII债券型基金指数885065
		结构化证券	股票、债券、基金、混合工具、衍生品等	
		股票质押融资	股票	存量资本市场项目类投资品家加权收益率
		两融收益权	衍生品(融资融券)	
		境外资本市场项目		境外存量资本市场项目类投资品加权收益
另类	混合证券	混合型证券	可转债、可交换债、永续债、优先股、分级基金	中证可转换债券指数000832.SH
		境外混合型证券		QDⅡ另类投资基金指数885068

续表

资产大类	资产细类	策略/投资品	工具	业绩基准
另类	股权类	夹层型股权	带回购条款的股权、带差额补足条款的股权	存量夹层型股权投资品加权收益率
		市场化股权	结构化股权、平衡股权	
		股权基金	夹层型股权基金、市场化股权基金	
		境外股权		QDII 另类投资基金指数 885068
	对冲基金（绝对收益类）	相对价值	利率债、信用债、流通股票、国债期货、股指期货、股指期权等	年化收益率 10%；年化波动率 8%
		宏观对冲	利率债、信用债、流通股票、商品期货、货币市场工具等	年化收益率 15%；年化波动率 15%
		混合策略	利率债、信用债、流通股票、国债期货、商品期货、股指期货、股指期权、货币市场工具等	好买·中国对冲基金指数 HBHFI
		管理期货	股指期货、国债期货、金属期货、能源期货、化工期货、农产品期货	年化收益率 15%；年化波动率 15%
		安全垫对冲	利率债、信用债、流通股票、国债期货、商品期货、股指期货、股指期权、货币市场工具等	好买·中国对冲基金指数 HBHFI × 85%
		对冲委外	利率债、信用债、流通股票、国债期货、商品激活、股指期货、股指期权、货币市场工具等	好买·中国对冲基金指数 HBHFI
		境外对冲基金		QDII 另类投资基金指数 885068
	商品类	商品期货	金融、能源、化工、农产品	南华商品指数 NH0100
		商品委外	金融、能源、化工、农产品	南华商品指数 NH0100
		境外商品		QDⅡ 另类投资基金指数 885068

续表

资产大类	资产细类	策略/投资品	工具	业绩基准
另类	另类 - 其他	期酒		
		艺术品		
		影视		
		其他衍生品	远期、期货、互换、期权等	

附表 2　市场规模数据

市场	规模(亿元)	备注
A 股	530670.44	截至 11 月 30 日沪深两市规模合计
沪市	295302.89	
深市	235367.55	
债券	635901.15	截至 11 月 30 日债券存量规模合计
商品	11437.74	截至 11 月 30 日三大商品交易所持仓总金额
上期所	4283.33	
大商所	1946.77	
郑商所	5207.64	
私募证券基金	25400.00	截至 11 月中旬备案私募证券基金管理资产规模

附表 3　指数波动率选择

资产类别	指数名称	指数代码
股票	中证 800 指数	000906.SH
债券	中债综合财富(总值)指数	057.CS
商品	南华商品指数	NH0100.NHF
对冲基金	采用国信对冲基金母基金数据	

附表 4　情景 1:2003 年复苏底部

组合收益率	组合标准差	配置比例				风险贡献			
		股票	债券	商品	对冲基金	股票	债券	商品	对冲基金
2.42%	1.88%	0.48%	92.52%	2.00%	5.00%	0.51%	98.00%	1.10%	0.40%
2.42%	1.88%	0.51%	92.49%	2.00%	5.00%	0.58%	97.90%	1.12%	0.40%
2.42%	1.88%	0.54%	92.46%	2.00%	5.00%	0.67%	97.79%	1.14%	0.40%
2.43%	1.88%	0.57%	92.43%	2.00%	5.00%	0.76%	97.68%	1.16%	0.40%
2.43%	1.88%	0.60%	92.40%	2.00%	5.00%	0.86%	97.56%	1.18%	0.40%

续表

组合收益率	组合标准差	配置比例				风险贡献			
		股票	债券	商品	对冲基金	股票	债券	商品	对冲基金
2.44%	1.88%	0.64%	92.36%	2.00%	5.00%	0.96%	97.44%	1.21%	0.40%
……									
3.67%	3.51%	9.84%	83.16%	2.00%	5.00%	77.22%	20.54%	2.16%	0.09%
3.68%	3.51%	9.87%	83.13%	2.00%	5.00%	77.35%	20.41%	2.15%	0.09%
3.68%	3.52%	9.90%	83.10%	2.00%	5.00%	77.47%	20.29%	2.15%	0.09%
3.69%	3.53%	9.94%	83.06%	2.00%	5.00%	77.60%	20.17%	2.14%	0.09%
3.69%	3.54%	9.97%	83.03%	2.00%	5.00%	77.73%	20.05%	2.14%	0.09%
3.70%	3.55%	10.00%	83.00%	2.00%	5.00%	77.85%	19.93%	2.13%	0.09%

附表 5　情景 2:2010 年 6 月—2011 年 6 月滞胀时期

组合收益率	组合标准差	配置比例				风险贡献			
		股票	债券	商品	对冲基金	股票	债券	商品	对冲基金
2.55%	1.91%	0.47%	92.53%	2.00%	5.00%	0.49%	97.80%	1.31%	0.40%
2.55%	1.91%	0.50%	92.50%	2.00%	5.00%	0.57%	97.70%	1.33%	0.40%
2.55%	1.91%	0.53%	92.47%	2.00%	5.00%	0.65%	97.48%	1.36%	0.40%
2.55%	1.91%	0.56%	92.44%	2.00%	5.00%	0.74%	97.36%	1.40%	0.40%
2.56%	1.91%	0.63%	92.37%	2.00%	5.00%	0.94%	97.24%	1.43%	0.40%
……									
3.21%	3.56%	9.84%	83.16%	2.00%	5.00%	77.08%	20.44%	2.38%	0.10%
3.21%	3.57%	9.87%	83.13%	2.00%	5.00%	77.21%	20.32%	2.38%	0.10%
3.22%	3.58%	9.90%	83.10%	2.00%	5.00%	77.33%	20.19%	2.37%	0.10%
3.22%	3.59%	9.94%	83.06%	2.00%	5.00%	77.46%	20.07%	2.37%	0.10%
3.22%	3.60%	9.97%	83.03%	2.00%	5.00%	77.59%	19.95%	2.36%	0.10%
3.22%	3.60%	10.00%	83.00%	2.00%	5.00%	77.71%	19.83%	2.36%	0.10%

附表 6　情景 3:2013 年钱荒时期

组合收益率	组合标准差	配置比例				风险贡献			
		股票	债券	商品	对冲基金	股票	债券	商品	对冲基金
1.35%	1.88%	0.46%	92.54%	2.00%	5.00%	0.49%	97.81%	1.28%	0.42%
1.35%	1.88%	0.45%	92.55%	2.00%	5.00%	0.46%	97.84%	1.28%	0.42%
1.35%	1.88%	0.44%	92.56%	2.00%	5.00%	0.44%	97.87%	1.27%	0.42%
1.35%	1.88%	0.43%	92.57%	2.00%	5.00%	0.42%	97.90%	1.26%	0.42%
1.35%	1.88%	0.42%	92.58%	2.00%	5.00%	0.40%	97.93%	1.25%	0.42%
1.35%	1.88%	0.41%	92.59%	2.00%	5.00%	0.38%	97.96%	1.25%	0.42%
……									
1.45%	1.92%	0.05%	94.95%	0.00%	5.00%	-0.04%	99.82%	0.00%	0.22%
1.45%	1.92%	0.04%	94.96%	0.00%	5.00%	-0.03%	99.81%	0.00%	0.22%
1.45%	1.92%	0.03%	94.97%	0.00%	5.00%	-0.03%	99.80%	0.00%	0.22%
1.45%	1.92%	0.02%	94.98%	0.00%	5.00%	-0.02%	99.79%	0.00%	0.22%
1.45%	1.92%	0.01%	94.99%	0.00%	5.00%	-0.01%	99.78%	0.00%	0.22%
1.45%	1.92%	0.00%	95.00%	0.00%	5.00%	0.00%	99.78%	0.00%	0.22%

附表 7　有限制条件下 BR 和 BL 模型输出结果

资产	RP 配置方案	BL 配置方案			
		建议方案	配置下限	配置上限	
配置比例	股票	5.47%	8.71%	2.76%	10.00%
	债券	87.53%	85.96%	85.81%	90.24%
	商品	2.00%	2.00%	0.00%	2.00%
	对冲基金	5.00%	3.33%	0.00%	5.00%
组合收益		4.12%	4.28%	—	—
组合风险		2.85%	2.94%	—	—

附表 8　BL 模型建议配置方案

指标	股票	债券	商品	对冲基金
配置比例	8.71%	85.96%	2.00%	3.33%
风险贡献	72.63%	24.57%	2.72%	0.07%
修正后收益	8.56%	3.80%	7.13%	3.64%
标准差	18.88%	1.68%	10.56%	2.60%

续表

指标	股票	债券	商品	对冲基金
组合收益	4. 28%			
组合风险	2. 94%			

附表 9　无限制条件下 BR 和 BL 模型输出结果

资产		RP 配置方案	BL 配置方案		
			建议方案	配置下限	配置上限
配置比例	股票	2. 85%	3. 28%	0. 00%	8. 02%
	债券	55. 34%	76. 58%	27. 60%	91. 98%
	商品	6. 00%	8. 94%	0. 00%	19. 13%
	对冲基金	36. 00%	11. 20%	0. 00%	54. 84%
组合收益		4. 08%	4. 28	—	—
组合风险		3. 04%	2. 17%	—	—

附表 10　中性条件下 BR 和 BL 模型输出结果

指标	股票	债券	商品	对冲基金
配置比例	3. 28%	76. 58%	8. 94%	11. 20%
风险贡献	24. 07%	34. 97%	37. 81%	3. 15%
修正后收益	8. 56%	3. 80	7. 13%	3. 64%
标准差	18. 88%	1. 68%	10. 56%	2. 60%
组合收益	4. 28%			
组合风险	2. 17%			

附表 11　资产配置可选

方案		组合收益率	组合标准差	配置比例				风险贡献			
				股票	债券	商品	对冲基金	股票	债券	商品	对冲基金
	股票悲观、债券悲观	3. 13%	1. 78%	0. 00%	93. 00%	2. 00%	5. 00%	0. 00%	98. 35%	1. 12%	0. 53%
	股票悲观、债券中性	3. 85%	1. 77%	0. 00%	98. 00%	2. 00%	0. 00%	0. 00%	99. 07%	0. 93%	0. 00%

续表

方案		组合收益率	组合标准差	配置比例				风险贡献			
				股票	债券	商品	对冲基金	股票	债券	商品	对冲基金
	股票悲观、债券乐观	4.16%	1.86%	0.00%	98.00%	2.00%	0.00%	0.00%	99.22%	0.78%	0.00%
	股票中性、债券悲观	3.69%	3.29%	10.00%	83.00%	2.00%	5.00%	76.96%	20.43%	2.46%	0.14%
1	股票中性、债券中性	4.28%	2.94%	8.71%	85.96%	2.00%	3.33%	72.63%	24.57%	2.72%	0.07%
2	股票中性、债券乐观	4.28%	1.91%	3.04%	85.96%	2.00%	5.00%	20.56%	76.09%	2.90%	0.45%
3	股票乐观、债券悲观	4.28%	2.67%	7.30%	85.70%	2.00%	62.56%	62.56%	34.34%	2.88%	0.22%
4	股票乐观、债券中性	4.28%	1.81%	2.76%	90.24%	2.00%	18.99%	18.99%	77.38%	3.11%	0.53%
5	股票乐观、债券乐观	4.28%	1.77%	0.90%	92.10%	2.00%	1.98%	1.98%	95.66%	1.82%	0.54%

中国工商银行客户风险评估问卷

尊敬的客户：

根据您对《客户风险承受能力评估问卷》的填写结果，您的最终得分为分，风险承受能力属于型。

评估问卷得分区间与投资者类型对应关系：

176～214分	进取型
142～175分	成长型
108～141分	平衡型
26～107分	稳健型
0～26分	保守型

进取型：属于可以承受高风险类型的投资者。适合投资于能够为您提供高升值能力而投资价值波动大的投资工具。在最坏的情况下，可能失去全部投资本金并需对您投资所导致的任何亏损承担责任。

成长型：属于可以承担中等至高风险类型的投资者。您适合投资于能够为您提供升值能力，而投资价值有波动的投资工具。

平衡型：属于可以承担中等风险类型的投资者。您适合投资于能够为您提供温和升值能力，而投资有温和波动的投资工具。

稳健型：属于可以承担低至中等风险类型的投资者。您适合投资于能够权衡保本而亦有若干升值能力的投资工具。

保守型：属于可以承担低风险而作风谨慎的投资者。您适合投资于以保本为主（含保障型保险产品）的投资工具，但您因此会牺牲资本升值的机会。

重要须知：

（1）理财类金融产品指我行销售的本外币理财产品，以及基金公司及其资产管理子公司、证券公司及其资产管理子公司、保险公司及其资产管理子公司等机构通过我行代销的基金、保险、资管计划等产品。

（2）风险提示：投资需承担各类风险，可能遭受资金损失。同时，还应考虑本金兑付风险、市场风险、流动性风险、汇率风险、赋税风险、产品复杂度风险等各类风险。

（3）首次购买理财类金融产品前，请进行风险承受能力评估（其中首次购买本外币理财产品、保险产品需要到网点进行评估），并于每年进行重新评估。或者，当您已进行过风险评估，但认为发生可能影响您自身风险承受能力的情形，则再次购买理财类金融产品时，您应主动进行新的风险承受能力评估。

（4）本问卷旨在了解您的财务状况、投资经验及风险承受能力等，请认真阅读并客观填写（每个问题仅可选择一个答案），以便确定您的投资风险偏好，并协助您根据您的投资风险偏好，选择合适的理财类金融产品，更好地配置资产，达到您的投资目标。

1. 您的家庭收入为？

A. 5 万元以下　B. 5 万 ~20 万元　C. 20 万 ~50 万元

D. 50 万 ~100 万元　E. 100 万元以上

2. 您的投资目的是？

A. 子女教育费，退休计划　B. 个人目标（置业、购车）

C. 让财富保值增值

3. 您期望的投资回报是？（附注：高回报附带高风险）

A. 和银行定期利率大体相同　　B. 比定期存款利率稍高

C. 远超定期存款利率

4. 您的年龄是?

A. 18 ~ 30 岁　　B. 31 ~ 40 岁　　C. 41 ~ 50 岁　　D. 51 ~ 60 岁　　E. 高于 61 岁

5. 未来 5 年,您预计自己每月可拿出多少资金用于投资?

A. 预计未来每月可投资金额会减少(如退休)

B. 预计未来每月可投资金额和现在大体相同

C. 预计未来每月可投资金额比现在高

6. 如果您要参与投资理财,您打算购买理财类金额产品的资金占个人总资产的比例是多少?

A. 25% 以下　　B. 25% ~ 50%　　C. 51% ~ 75%　　D. 75% 以上

7. 您希望您的投资目标在多长时间内实现?

A. 1 年以下　　B. 1 ~ 2 年　　C. 3 ~ 5 年　　D. 5 年以上

8. 以下哪项最能说明您的投资经验?

A. 经验优先:除存款、国债,我几乎没有其他投资经验

B. 经验适度:我有一些投资经验,但希望得到专业人士的进一步帮助

C. 经验丰富:我是活跃且有经验的投资人,希望自行进行投资决策

9. 以下哪项是适合您的投资风格?

A. 无风险:不希望本金承担风险

B. 保守:希望保守投资,回报高于定期存款

C. 稳健:希望以平衡的投资方式,寻求资金的较高收益和成长性

D. 进取:希望赚取高回报,能接受为期较长期间的负面波动,包括本金损失

10. 当您购买的理财类金融产品价值出现负收益时,您的反应是?

A. 明显焦虑　　B. 稍有焦虑　　C. 可以接受　　D. 无所谓

11. 您可承受的价值波动幅度?

A. 能够承受本金 50% 以上亏损

B. 能够承受 20% ~50% 的亏损

C. 能够承受本金 10% 以内的亏损

D. 不能承受本金损失

12. 您是否已充分了解拟购买的理财类金融产品的类型、风险、期限、收益计算方式以及提前终止的约定？

A. 是　　B. 否

13. 对于非保本型理财类金融产品，银行及产品管理人不承诺保障本金安全，您可能无法获得任何收益且无法收回全部本金，对于上述情况您是否已经清楚地了解并且能够接受？

A. 是　　B. 否

14. 投资于境外理财类金融产品，从您签署认购协议起至产品到期，您可能会面临人民币升值的汇率风险，您的投资本金会因此面临损失的可能。对于上述风险，您是否已经清楚地了解并且能够接受？

A. 是　　B. 否

15. 您在理财类金融产品持有期内是否有赎回产品的需求？

A. 有　　B. 不确定　　C. 没有

填表说明：

根据《商业银行个人理财业务管理暂行办法》《商业银行个人理财业务风险管理指引》《商业银行理财产品销售管理办法》《证券公司客户资产管理业务管理办法》《证券公司集合资产管理业务实施细则》《证券投资基金销售管理办法》《商业银行代理保险业务监管指引》《关于进一步规范商业银行代理保险业务销售行为的通知》的相关规定，请您填写以上评估问卷，我行承诺对您个人资料进行保密，为了确保评估结果的客观性，本表评估标准恕不公开。

索　引

致　谢

拙笔到此，才感到隐约卸去了三年多的心理沉积，但性情使然，很难释然，未来已来，如何是好。这封可能只是独白的致谢，让我心怀愧疚，难以安寝。

感谢咬建忠和马兰，这个任何搜索引擎都找不到的人名，他们是我的父母，曾经属于工人阶级的无产阶级群众，用真诚和善良捍卫着平凡人的伟大人格，用朴实的家庭教育引导着我，这种一脉相承的血液亲情是崇高无上的，他们的付出叫牺牲，他们的期望是平安，而我这个 18 岁就踢着足球、弹着吉他奔出家门的青少年，归来已是驼背花发的准中年，陪伴你们的时光实在太少，不知不觉中触动到你们的脆弱，人生就是一段心灵救赎的旅程，自己需要弥补太多的亏欠。

感谢岳父岳母、妻子郝悦和女儿星予对我学业和工作的莫大支持，在思考踟蹰不前的时候鼓励我，在工作乏善可陈的时候激励我，在人生苦涩郁闷的时候温暖我，因为你们的理解、付出和奉献，使得拼搏的过程比结果显得更有价值和意义。

感谢中国金融研究中心那些给予我学术帮助的老师和同学，特别是导师王擎主任，当得知您荣获“长江学者”称号时，更是对您敬佩和仰慕，您不仅平易近人，生活简朴通达，更是学业有成，指引着我再次踏入青青校园，潜心读书。感谢刘锡良教授、朱宏泉教授、曹廷贵教授、王鹏教授、尚玉皇教授、潘志远教授、许坤教授等在我开题写作和预答辩过程中提出了宝贵建议；感谢宫志芳老师、张钊老师的日常教务管理；也感谢孙显超、杨海波、冯晓菲、周冰蕊、李俊峰、文书洋、袁奇、张硕楠、刘建清、罗晶等同学，希望和你们一起拼搏的同窗友谊能够天长地久，这种异地求学的不易只有你们最懂。

感谢工商银行的领导和同事，感谢李峰、张都兴、李钢、彭兆芝、霍江、赵丽、易秋霖、陈振锋、于磊、林森、陈晓、赵雷、宛如磐、李辉、张丽霞、郑飞、余树广、赵冰、黄旭、王曦、赵金龙、谭婧、李轩、赵松鹤、裴学成、符翔伟、齐殿鹏、张晓龙、杨洋、金恒钧、吕涛、闫洪杰、李勇、王代音、刘国强、肖骋智、赵欣彤、张培元、朱晓菲、冯小军、豆妍妍、张宁涛、吕迪、石瑾红、查晓霏、陈艳敏、张静、王小青、陈鹏程、杨乃丽、王鑫、李宁、张秋新、高翔、王元、霍通、董浩、曹世杰、张达伟、荚薇、熊飞、舒京燕、冯玉杰、刘媛、张囡、杨慧、金颖、朱学芹、杨作芳、孙继红、张子清、张会军、马赛龙、赵兆晨、梁爽、陈志军、姜昆、杨怀攀、刘晖、高东旭、李鹏、张超、张莹、紫美静，等等，很荣幸能和你们共事，特别是在数据挖掘和问题探讨上给予了我太多的帮助，感谢你们的信任和支持，都是你们的爱岗敬业成就了工行的事业。

感谢朋友，感谢咬立宏、咬丽彬、咬立鹏、咬丽蔷、咬立康、咬立轩、郑虹、马霄、马芳、马花、马力、马腾云、马婷婷、钟林欣、张茹怡、王新建、迟志宏、刘劲松、李立群、詹泽雄、张霓、姚彩瑛、羌洲、曹亚楠、马强、韦家瀚、刘影、吴志东、吴春焕，等等，一如既往地真诚包容我，虽然宴席散罢、各奔东西，但挂念依旧、遥祝安康。

感谢中国经济出版社总编室部主任余静宜女士及编辑贺静博士，正是你们细致而专注的编辑，才让书籍如此熠熠生辉。

感谢自己，让这些年的坚持和付出再次认识了自己，放弃了太多的“喧嚣”和“热闹”。正当博士论文通过答辩时，百味杂陈，其中的坚持只有自己理解，几乎买遍了行为金融学的教材和专著，几近下载了全部和行为金融学相关的期刊文献，企图最大限度地占有文献材料。从计量模型认知到统计软件使用，利用工作午休频繁前往西单图书大厦“分秒必争”地阅读相关书籍，当走出那曾经陌生的理论围栏时，才深感博士之路的不易，但最令我欣慰的是，能够将工作中的“批判性”思考撰写为一篇篇文章并投稿发表，最终也筑成了博士学位论文的主要内容。回想自己的“学业之路”,发表文章20余篇,专著、合著各1本,获得学校及单位学术奖励称号也有20余项,对于一个自小语文欠佳的学生,似乎验证了勤能补拙、笨鸟先飞的古语。

至此,作为一个既无天赋又无禀赋的平凡人,自知实现目标的路径只有一条:努力! 奋斗!

后记

本书是在我博士学位论文的基础上修补完善而成，也是我近年来理论结合实践的主要成果展现。转眼间，中国改革开放已经40年了，国有四大银行从人民银行分离也有34年了，首款理财产品发行也近14年了，上次牛市大顶也过去3年了，但央行等五部委颁布“资管新规”才刚刚过去不到6个月，却让金融市场感觉骤然冷寂，似乎“游戏规则”要有大动，令我这个在工商银行工作10年的人深感“不改变自己，可能要失业”。而事实上，思考工作中存在的问题成了我上班以来的一个“爱好”，不断地通过挖掘数据和寻找证据来发现问题和解释现象，特别是在读博士以后，我更想用理论工具去指导实践，尽管算是迎难而上，却坚持不懈、不忘初心。

5年前，我开始从事个人金融领域的营销管理工作，接触了大量形形色色的个人客户，后来业内统称为零售客户，既有老百姓，又有明星，还有官员，也有游民，个人财富的差距让我感慨万千，但人对财富的欲望却惊人地相似，这便引起了我对各阶层客户金融心理研究的兴趣，凭借“一半是调查，一半是数据”的实践行动，我开启了零售客户的行为研究。于是，带着思考和热情，我完成了3万字左右的关于私人银行发展问题的工作论文，斩获了第十三届全国城市金融论文优秀调研报告奖等，也得到了中国银协的独家采访，但内心却希望能够通过博士理论的学习指导工作实践。

在翻阅了大量金融书籍后，我发现绝大多数是关于宏观层面的，唯独行为金融学可以与个人客户有联系，便翻看了舍夫林的《超越恐惧和贪婪》和勒庞的《乌合之众》，从此便一发不可收拾，买遍了关于行为金融学、金融心理学、金钱心理学、实验经济学和投资心理学的教科书和专著，坚信答案就在其中，但发现无论是文献还是书籍，近年来的新研究成果很少。就在对理论方向有些犹豫之时，2017 年的诺贝尔经济学奖颁给了行为金融学的理论先驱——理查德·泰勒先生，极大地鼓励了我继续探索行为金融学，无论是前人方法的借鉴还是概念的定义，从起初想走套路到思考出一套能够较为科学地将个人客户资产配置结构、收益率、调查问卷和投资心理及风格联系起来的理论框架（体系），虽然不尽完善，但自觉还是有一定的创新和逻辑，并将此研究延伸到了商业银行的非利息收入方面，也算有实践价值。

在选定零售客户资产配置行为研究时，我也有些迷茫：一是如何统筹运用好样本零售客户的数据信息；二是如何结合行为金融学理论论证所要研究的问题；三是如何将资产配置行为与商业银行收入联系起来。最为苦恼的是，我的研究主题几乎没有什么参考文献，只能把相近的理论研究反复翻阅，正是在边看参考文献边设计论文逻辑的时候，思路渐渐清晰，方法也慢慢明确，遇到障碍时，我甚至通过参考文献的作者信息联系到作者本人，沟通解题的思路和逻辑，很庆幸得到了很多好心作者的耐心阐释和无私帮助。习近平总书记在两院院士大会上说过："创新从来都是九死一生。"对此，我深有感触，当看着中国知网上浩瀚的文献，看着西单图书大厦陈列的书籍，却貌似无法匹配自己的研究课题时，焦虑和苦恼应运而生，不过，幸亏没有掉头重来，我在摸索中建立了一套动态场景的投资心理和投资风格的分析框架，也得出了一些符合实际的实证结论，这是我撰写博士论文获得的最大欣慰。

博士研读一晃三年过去了，中国金融研究中心的学术氛围和培养模式让我受益良多，这是在北京与诸多"名门贵校"的莘莘学子对比之后的深切感受，虽然看书越多问题越多，但对认知世界、认识人性却帮助极大。三年的学术与工作探索，让我能在广袤的零售银行领域有"独一无二"的发现，颇感欣慰，累计独立发表 10 余篇近 15 万字关于银行、客户、问题、数据及建议的文章，不仅受邀为杂志社撰稿，也引起了专家的重视和关注，这都是意料之外的收获。虽然博士论文需要善于码字,但密密麻麻的文字堆砌却为我开拓创新、勇于探索增添了信心和能量。

在这个信息交互如此高频的时代,在人工智能已经开始帮助人们阅读和写作的时代,在公众号、微博、朋友圈和耳机独行的时代,我很庆幸自己能够在大多数时间里安静地思考和写作,舍弃和放弃了时代的赋能,也很感谢自己抓住了青春的尾巴攻读博士。我相信,没有白读的书,没有白流的汗,没有白走的路。

咬 亮

2018 年 10 月 29 日

在读博士期间科研成果目录

序号	学术成果	奖项	发表期刊/出版社	发表/出版时间	期刊等级（西财2013年学术认定）	作者
1	商业银行零售客户资产配置行为研究	—	中国经济出版社	2019.5	专著	独立
2	试论工行基层行私人银行发展应当确立的若干措施	—	北京金融评论	2015.12	—	独立
3	培养团队精神是基层银行网点义不容辞的责任	—	现代经济信息	2016.8	—	独立
4	试论基层银行网点负责人应有的四种角色	—	时代金融	2016.9	—	独立
5	经济增长，城镇化与财险需求的非线性关系研究——基于面板平滑回归模型PSTR的检验	第十四届全国城市金融优秀论文评选二等奖	保险研究	2016.10	B1、CSSCI	第一作者
6	基于客户分层视角的零售银行资产配置与零售贡献研究	北京市城市金融学会2016年优秀学术课题评选二等奖	西南金融	2016.11	北大中文核心期刊	独立
7	当前国内私人银行发展问题研究	北京市城市金融学会2016年优秀学术课题评选三等奖	华北金融	2016.12	—	独立
8	当前国内私人银行发展中存在的问题与应对措施研究	北京市城市金融学会2015年优秀学术课题评选一等奖	西南金融	2017.1	北大中文核心期刊	独立

续表

序号	学术成果	奖项	发表期刊/出版社	发表/出版时间	期刊等级（西财2013年学术认定）	作者
9	金融新常态下零售银行储蓄存款发展研究报告	第十四届全国城市金融优秀论文评选二等奖	甘肃金融	2017.1	—	独立
10	新形势下工商银行北京区域银行卡收单业务发展情况研究——以W分行为例	第十四届全国城市金融优秀论文评选优秀奖	甘肃金融	2017.3	—	第一作者
11	“大零售”战略模式下基层行私人银行发展调研报告——以工商银行W分行为例	第十三届全国城市金融优秀调研报告评选优秀奖	中国银行业	2017.9	—	独立
12	财富水平_资产配置与金融市场关系的实证分析——基于VAR模型	北京市城市金融学会2017年优秀学术课题评选二等奖	统计与决策	2018.1	B2、CSSCI	独立
13	零售银行储蓄存款与重要资金往来的实证研究——基于真实账户数据的分析	—	金融管理研究	2018.1	—	独立
14	零售银行资金往来与储蓄存款、金融资产的实证研究——基于真实账户数据的双模型分析	—	西南金融	2018.2	北大中文核心期刊	独立
15	银行“长尾客户”的资产配置——基于“有管户”与“无管户”分类的实证研究	北京市城市金融学会2017年优秀学术课题评选二等奖	金融论坛	2018.5	B2、CSSCI	独立
16	银行网点竞争力分析调研报告	北京市城市金融学会2016年优秀学术课题评选三等奖	—	2016.9	—	第一作者